◇ "南京师范大学研究生课程案例库"建设项目经费资助

Case Analysis of Strategic Management and Risk Control

战略管理与风险控制案例教程

赵自强 等 ◎ 编著

北京大学出版社

图书在版编目(CIP)数据

战略管理与风险控制案例教程/赵自强等编著. —北京:北京大学出版社,2018.1
(21世纪会计专业硕士(MPAcc)规划教材)
ISBN 978-7-301-29084-2

Ⅰ. ①战… Ⅱ. ①赵… Ⅲ. ①企业战略-战略管理-研究生-教材 ②企业管理-风险管理-研究生-教材 Ⅳ. ①F272

中国版本图书馆CIP数据核字(2017)第328456号

书 名	战略管理与风险控制案例教程 ZHANLÜE GUANLI YU FENGXIAN KONGZHI ANLI JIAOCHENG
著作责任者	赵自强 等 编著
责任编辑	黄炜婷
标准书号	ISBN 978-7-301-29084-2
出版发行	北京大学出版社
地 址	北京市海淀区成府路205号 100871
网 址	http://www.pup.cn
电子信箱	em@pup.cn QQ:552063295
新浪微博	@北京大学出版社 @北京大学出版社经管图书
电 话	邮购部 62752015 发行部 62750672 编辑部 62752926
印 刷 者	三河市博文印刷有限公司
经 销 者	新华书店
	850毫米×1168毫米 16开本 21.75印张 464千字 2018年1月第1版 2018年1月第1次印刷
印 数	0001—3000 册
定 价	52.00元

未经许可,不得以任何方式复制或抄袭本书之部分或全部内容。
版权所有,侵权必究
举报电话:010-62752024 电子信箱:fd@pup.pku.edu.cn
图书如有印装质量问题,请与出版部联系,电话:010-62756370

概　　要

　　本案例教程针对当代战略管理学与风险管理的基本概念、重要理论框架和主要学术流派进行了全面系统的呈示、解读和评述。在内容编排上，力求客观、原本地呈现战略管理与风险控制的精髓；在题材甄选上，力求做到传统与前沿并重、经典与潮流共析；在写作手法上，紧密融合重要知识点与现实世界中的商业案例。

　　本案例教程分为八个专题篇，分别从战略并购、战略选择、战略实施、企业文化战略、企业社会责任战略、内部控制与风险管理、金融衍生品与风险管理、战略风险控制等方面详细分析公司所涉及的战略管理和风险控制。每篇由三个部分组成：核心理论、典型案例解析、拓展性案例思考。三个部分有机结合，使学员既能掌握基本理论和方法，又能灵活运用所学知识，充分吸收了国外先进的战略理念和方法，较好地体现了时代发展对MPAcc学员的新要求。

　　本案例教程配套典型案例解析的教学PPT、教学指导手册等，手册内容涵盖：(1)每一篇章重点理论、分析问题及其配套答案；(2)每一篇章案例指导说明书，包括本章案例所要解决的关键问题、案例讨论的准备工作、案例分析要点和教学组织方式；(3)拓展性案例思考的阅读指导等教学资源。

　　本案例教程适用于MPAcc、财会和工商管理相关专业硕士研究生以及高年级本科生的课堂教学，对相关领域的企业管理者也有较现实的参考价值。

前　言

2017年，我国会计硕士专业学位(MPAcc)的发展进入了第13个年头。经过多年的实践探索，众多试点高校收获了MPAcc培养的丰富经验，对于未来10年的MPAcc培养方式的转变和创新更有着各自的方向。十多年来，人才培养方式在管理体制、教学内容和教学方法方面有了很大的进步。例如，10年前的教学方法以课堂讲授为主，现在的教学方法则包括案例分析、模拟实习等丰富多样的形式。随着学科和教学方法的发展，我们也努力在教材编写上与时俱进。

战略管理与风险控制作为MPAcc教学的主干课程，无论是对研究生阶段的理论学习还是对工作阶段的企业实际操作均起到重要作用。本书全面、系统地呈现、解读和评述当代战略管理学与风险管理的基本概念、重要理论框架及主要学术流派。在内容上，力求客观、原本地呈现战略管理与风险控制的精髓；在选材上，力求做到传统与前沿并重、经典与潮流共析；在写法上，力求紧密地融合重要知识点与现实世界中的商业案例。

本书内容分为八篇：第一篇重点介绍战略、战略并购与战略管理的相关概念和理论，分析并购战略在企业中的实施过程；第二篇解读战略选择与竞争战略中的财务政策，分析在不同竞争战略下的企业资本结构和融资选择；第三篇主要阐述与战略相关的理论知识，包括战略计划理论、财务战略理论、战略管理会计理论与战略价值管理理论；第四篇围绕企业文化，依次介绍企业文化和企业文化战略管理、企业文化与企业核心竞争力及经营业绩的关系，并引入企业文化测评工具的使用；第五篇分别从社会责任战略理论模型、发展过程、战略类别等方面详尽分析企业社会责任战略在公司治理中的运用；第六篇围绕内部控制、风险管理与公司治理三者的关系展开研究与讨论；第七篇集中介绍金融衍生品和风险管理的理论知识，并通过案例分析金融衍生品在风险管理中的实际操作；第八篇以内部控制系统的发展历程、构建原则、整合框架等相关理论为基础，着重讲解战略风险相关理论，并借助案例介绍信息化战略风险。

本书全方位地介绍了战略管理与风险控制，每个篇章都由理论与案例组成，内容丰富且生动。其中，每个案例都与理论紧密联系，并且附有案例讨论题便于教师教学和学生学习。特别地，每个篇章中都增添了拓展阅读内容并以二维码形式插入相应位置。衷心期望我们在本书编著过程中所付出的努力,能够帮助更多的学员掌握这门系统性、理论性和艺术性高度统一的课程,并在企业实践中发挥效用。本书同样适合在校 MBA 学员及管理类相关专业学位研究生阅读。

  本书是在南京师范大学金陵女子学院赵自强教授的主持下完成的,并得到南京师范大学研究生院案例库建设项目的支持。本书所涉案例为赵自强教授带领研究生完成。其中,赵自强和张慧玲撰写第一篇、赵自强撰写第二篇、赵自强和朱佳洁撰写第三篇、吴敏茹撰写第四篇、周誉和郭耀中撰写第五篇、赵自强和滕迪撰写第六篇、魏新雅撰写第七篇、赵自强、陈玮和邓纳撰写第八篇。赵自强教授进行最后的审核和统稿。拓展性案例来自中国管理案例共享中心,在此对案例作者和中国管理案例共享中心表示衷心的感谢!

  由于水平有限,不当之处在所难免,恳请读者批评指正。

赵自强
2017 年 5 月

目 录

第一篇 战略并购的理论与案例

第一章 战略并购基本理论 (3)
- 第一节 战略并购理论基础 (3)
- 第二节 核心竞争力理论 (8)
- 第三节 战略并购中的信息不对称 (10)
- 第四节 波特五力模型 (14)

第二章 Mattel 公司的并购战略 (17)
- 第一节 五力模型的运用 (17)
- 第二节 SWOT 分析 (19)
- 第三节 收购计划 (20)
- 第四节 结论与启示 (22)

第三章 思科并购:生命周期法则的应用 (23)
- 第一节 技术生命周期 (24)
- 第二节 生命周期法则的运用 (26)
- 第三节 财务战略与效果 (32)
- 第四节 结论与启示 (38)

第二篇 战略选择与财务政策

第四章 战略选择与竞争战略中的财务政策 (43)
- 第一节 竞争战略对公司资本结构影响的理论假说 (43)
- 第二节 竞争战略与公司融资选择 (43)

第五章 不同竞争战略背景下的财务政策比较:春兰股份与深康佳的对比分析 (46)
- 第一节 春兰股份的财务分析 (46)
- 第二节 深康佳的财务分析 (50)
- 第三节 初步分析 (54)
- 第四节 对比分析与结论 (55)

第六章 竞争战略与公司融资:青岛啤酒发行分离交易可转债的战略效应 ……… (56)
 第一节 背景与意义 …………………………………………………………… (56)
 第二节 青岛啤酒发行分离交易可转债的决策分析 ………………………… (57)
 第三节 青岛啤酒发行分离交易可转债的战略效应分析 …………………… (69)
 第四节 结论与启示 …………………………………………………………… (78)

第三篇 战略实施与公司价值的战略管理

第七章 战略管理基本理论 ……………………………………………………… (83)
 第一节 战略计划理论 ………………………………………………………… (83)
 第二节 财务战略 ……………………………………………………………… (85)
 第三节 战略管理会计 ………………………………………………………… (88)
 第四节 战略价值管理 ………………………………………………………… (98)

第八章 万宝路的战略计划 ……………………………………………………… (101)
 第一节 万宝路案例分析 ……………………………………………………… (101)
 第二节 万宝路案例总结 ……………………………………………………… (102)

第九章 特福瑞斯公司的过程案例:比率分析法构建战略管理 ……………… (104)
 第一节 财务比率分析过程 …………………………………………………… (104)
 第二节 财务比率分析总结 …………………………………………………… (108)

第十章 FR-ESER 公司的平衡计分卡应用 …………………………………… (111)
 第一节 FR-ESER 公司案例分析 …………………………………………… (112)
 第二节 案例总结 ……………………………………………………………… (115)

第十一章 美国西南航空的资源分配:平衡计分卡与战略 …………………… (117)
 第一节 案例背景 ……………………………………………………………… (117)
 第二节 案例分析 ……………………………………………………………… (118)
 第三节 案例结论 ……………………………………………………………… (122)

第四篇 企业文化战略管理

第十二章 企业文化基本理论 …………………………………………………… (125)

第十三章 企业文化战略的应用 ………………………………………………… (132)
 第一节 企业文化与企业绩效 ………………………………………………… (132)
 第二节 企业文化建设的基本理论 …………………………………………… (134)
 第三节 企业文化测评 ………………………………………………………… (139)

第十四章 宝洁公司的文化战略 (144)
- 第一节 宝洁公司的百年传奇 (144)
- 第二节 宝洁公司的表层文化 (145)
- 第三节 宝洁公司的浅层文化 (146)
- 第四节 宝洁公司的深层文化 (149)
- 第五节 宝洁公司文化战略评述 (153)

第五篇 企业社会责任战略管理

第十五章 企业社会责任战略管理 (157)
- 第一节 企业社会责任战略管理理论 (157)
- 第二节 基于利益相关者理论的社会责任战略与公司治理 (162)
- 第三节 企业社会责任感在商业管理中的融合 (163)

第十六章 中国石油的企业社会责任漂绿行为对财务绩效的影响 (172)
- 第一节 理论建构与命题提出 (172)
- 第二节 中国石油之鉴 (174)

第十七章 因陀罗的企业社会责任和创新 (193)
- 第一节 因陀罗简介 (193)
- 第二节 因陀罗实施企业社会责任计划 (194)
- 第三节 因陀罗的企业社会责任行动 (196)
- 第四节 因陀罗内部实施因素 (198)
- 第五节 结论与启示 (200)
- 第六节 案例评述 (202)

第六篇 内部控制与风险管理

第十八章 内部控制与风险管理的基本理论 (207)
- 第一节 内部控制规范与应用指引 (207)
- 第二节 风险管理目标与流程 (210)

第十九章 安然公司的风险管理和公司治理 (213)
- 第一节 安然公司的再设计 (213)
- 第二节 再设计公司的问责制 (214)
- 第三节 安然公司的风险管理和利益冲突 (215)
- 第四节 案例评述 (224)

第二十章 新世纪金融公司的声誉风险 (225)
- 第一节 新世纪金融公司案例的背景 (225)

第二节　新世纪金融公司的问题 ……………………………………………………(229)
　　第三节　反思与启示 ………………………………………………………………(236)

第七篇　金融衍生品与风险管理

第二十一章　金融衍生品的基本理论 ……………………………………………………(241)
　　第一节　金融衍生品介绍 …………………………………………………………(241)
　　第二节　金融衍生品的作用 ………………………………………………………(245)

第二十二章　美国西南航空公司的燃料套期保值 ………………………………………(250)
　　第一节　美国西南航空公司 ………………………………………………………(251)
　　第二节　航空业的燃料套期保值 …………………………………………………(252)
　　第三节　航空公司频繁使用燃料套期保值 ………………………………………(255)

第二十三章　P2P 网络借贷平台的风险控制 ……………………………………………(261)
　　第一节　绪论 ………………………………………………………………………(261)
　　第二节　我国 P2P 网络借贷行业的发展、风险与监管 …………………………(264)
　　第三节　AA 平台风险控制分析 …………………………………………………(270)

第二十四章　华茂股份的棉花期货套期保值策略 ………………………………………(288)
　　第一节　华茂股份棉花期货套期保值策略 ………………………………………(288)
　　第二节　风险测量量化模型 VaR …………………………………………………(289)
　　第三节　套期保值策略方案的预估 ………………………………………………(290)

第八篇　战略管理和风险控制的理论与案例

第二十五章　战略管理和风险控制相关理论 ……………………………………………(297)
　　第一节　战略管理与风险控制 ……………………………………………………(297)
　　第二节　信息化战略风险管理 ……………………………………………………(305)

第二十六章　英国乐购公司的风险管理与企业战略 ……………………………………(313)
　　第一节　基础理论 …………………………………………………………………(314)
　　第二节　案例概况 …………………………………………………………………(316)

第二十七章　中铝宁夏新能源集团的信息化战略规划与实施 …………………………(321)
　　第一节　企业信息化战略规划理论分析 …………………………………………(321)
　　第二节　中铝宁夏新能源集团信息化战略的现状与分析 ………………………(322)
　　第三节　中铝宁夏新能源集团信息化战略规划 …………………………………(328)
　　第四节　中铝宁夏新能源集团信息化实施方案与措施 …………………………(330)
　　第五节　中铝宁夏新能源集团信息化战略实施风险、保障与评估 ……………(332)
　　第六节　结论与展望 ………………………………………………………………(337)

第一篇

战略并购的理论与案例

第一章　战略并购基本理论
第二章　Mattel公司的并购战略
第三章　思科并购：生命周期法则的应用

本篇主要引导读者了解和学习战略、战略并购和战略管理的相关概念，熟悉在战略并购中涉及的核心竞争力理论、信息不对称理论和波特五力模型。以 Mattel 和思科两家企业作为典型案例分析，深入理解并购战略在企业中的实施过程。

第一章　战略并购基本理论

第一节　战略并购理论基础

一、战略含义

企业战略是指企业用以超越竞争对手和获取卓越盈利能力的行动计划。实际上，它代表了整合一系列关于竞争抉择的管理承诺，包含以下内容的特定选择：

- 如何吸引和取悦客户；
- 如何衡量竞争对手；
- 如何定位企业的市场地位；
- 如何更好地回应变化中的经济和市场环境；
- 如何抓住有吸引力的机遇以拓展业务；
- 如何实现企业的业绩目标。

一个好的战略并不是为了获取暂时的竞争成功和短期利润，而是为了获得能够长期支持企业增长并确保企业未来的持续成功。在大多数行业中，我们可以利用许多不同的途径战胜竞争对手和提升企业业绩。于是，一些企业通过实施低于竞争对手成本的战略来提升企业业绩，另一些企业则追求那些凸显产品优势或个性化客户服务，或者提供竞争对手无法比拟的品质的战略；一些企业选择更广泛的产品线，另一些企业则将全部精力投放在狭窄的产品阵容上；一些竞争者刻意将业务局限在本地或区域市场上，另一些竞争者却选择在全国范围、国际范围（多个国家）或全球范围（世界范围内的全部或大多数主要国家市场）进行竞争。

二、战略并购含义

战略并购是指并购双方（即标的企业收购方和标的企业出售方）以各自核心竞争优势为基础，出于企业自身发展的战略需要，为了实现企业发展战略目标，通过优化资源配置的方式在适度范围内继续强化企业的核心竞争力，从而产生协同效应，创造资源整合并实现新增价值的并购活动。简言之，战略并购必须是企业出于自身发展战略的需要而进行的，是企业发展战略的重要组成部分。战略并购的含义至少包括以下四个层面（张海珊，2007）：第一，战略并购必须是以企业发展战略为依据和目标，通过并购达到发展战略所确定的目标或者为达到战略目标而选择的路径，是一种长期的战略考虑；第二，战略并购以增强企业核心竞争力为基础,目的是使并购后的企业能够形成更强的竞争优势;第三,战略并购致力于产生协同效应;第四,战略并购与财务并购具有重要区别。财务并购追求的是在短期内为收购方带来满意的财务收益,是一种分配型行为——改变现有资源存量分配的方式,本质上是"1+1=2";而战略并购致力于产生一体化后的协同效应,本质上是"1+1>2"。

在西方成熟的市场经济国家,大企业的发展实际上就是一系列的战略并购过程。为了控制市场要进行战略并购,为了取得技术要进行战略并购,为了转型要进行战略并购,进入新业务和新市场一般也从战略并购开始。

三、战略管理理论

1965年美国著名管理学家安索夫(Ansoff H. I)的《战略管理》问世以后,"企业战略"一词开始被广泛应用。有关战略管理的理论研究和实践不断深入,相关理论层出不穷,在《战略历程》一书中,明茨伯格等战略管理学者将有关战略管理的理论划分为三大类、十个战略学派。

第一类是说明性学派,包括设计学派、计划学派和定位学派。他们认为,说明性学派关注的是应如何明确地表达战略,而不是战略形成过程中的一些必要工作。以塞尔尼克(Philip Selznick)为最早倡导者的设计学派,其战略模型比较适用于简单的组织和相对稳定的环境。以安索夫理论为依据的计划学派,其理论更适合于比较稳定的环境和比较简单的组织。以波特(Micheal Porter)竞争理论为核心的定位学派,因注重企业对经济市场中战略位置的选择,故被称为定位学派。该学派的研究和分析方法比较适合于处于稳定环境和成熟产业中的产出量大且产出类较少的企业。

第二类是对战略形成过程中的某些方面进行重点研究的学派,有六个学派:一是重视对企业家个人进行研究的企业学派,该学派理论比较适用于新建企业和处于转变时期的企业;二是研究认识过程和认识特征对战略形成作用的认识学派,该学派理论将战略认识只限于少数战略人员,具有明显的局限性;三是以奎恩(Quinn)为代表的学习学派,该学派理论适用于非常复杂环境下的企业;四是权势学派,该学派理论模型出自阿里森(Graham Allison),特别适用于重大变革时期的大型成熟企业;五是以彼特和沃特曼(Waterman)为代表的文化学派,其研究成果比较适用于具有强有力的思想意识的企业和采取直线职能制的企业;六是环境学派,其创始人是安德罗斯(Kenneth. R. Andreaes),该学派研究的重点放在企业的外部环境对战略的影响上。

第三类是重视与战略有关的组织行为的研究,这类学派即以钱德勒(ChandlerA. D)为首的综合学派,在《战略历程》一书中,明茨伯格等人称之为结构学派。该学派的理论研究重点是各类组织的结构和战略的关系,将战略的各个组成部分,如战略制定过程、战略内容、组织结构和组织关系等集中起来,归结为清晰的阶段或时期。

纵观历史上各种战略管理流派以及近年来战略管理理论的新发展,按照分析基础的不同,战略管理理论的演进从总体上可概括为三个方面:以环境分析为基础的经典战略管理理论;以行业分析为基础的竞争战略理论;以资源和能力分析为基础的核心能力理论。

(一)以环境分析为基础的经典战略管理理论

1962年,美国著名管理学家钱德勒的《战略与结构:工业企业史的考证》一书问世,揭开了现代战略管理研究的序幕。在著作中,他首次分析了环境—战略—组织结构之间的相互关系,认为企业经营战略应当适应环境——满足市场需要,而组织结构又必须适应企业战略,随战略变化而变化,即结构追随战略。1965年,安索夫(Ansoff)出版了《公司战略》一书,研究了企业发展的基本原理、理论和程序,并认为战略构造是一个有控制、有意识的正式计划过程,因而企业高层的任务是确定和实施战略计划。

1971年,肯尼斯·R. 安德鲁斯(Kenneth R. Andrews)在其《公司战略概念》一书中首次提出公司的战略思想问题,提出了制定与实施公司战略的两阶段基本战略管理模式,将战略定义为公司能够做的(组织优势和劣势)与可能做的(环境机会与威胁)之间的匹配,并提出了制定战略过程中的SWOT分析框架。1979年,安德鲁斯又出版了《战略管理》一书,进一步系统地论述战略管理模式。

在20世纪70年代,针对战略管理理论的研究十分活跃。安索夫1972年在《企业经营政策》杂志上发表了"战略管理",其要领为后来战略管理理论的发展奠定了基础;1976年,他发表了"从战略计划走向战略管理"一文;在1979年,他出版了《战略管理》一书,系统地提出了战略管理模式,即企业战略行为模式。安索夫认为,企业战略行为是一个组织与环境的交互以及由此引起的组织内部结构变化的过程。他提出了较有新意的观点:环境服务组织;战略追随结构;战略管理过程是一个开放系统。对钱德勒和安索夫的观点进行总结,可以得出以环境分析为基础的战略管理理论的三个核心思想:

(1)企业战略应该适应环境变化,以环境为基点制订战略计划,而环境又常常处于不断变化之中,是企业本身难以左右的,因此企业制定战略必须充分考虑环境的变化。也就是说,只有适应环境变化,企业才能生存与发展。

(2)企业战略目标在于提高市场占有率,企业战略适应环境变化旨在满足市场需求,只有获得理想的占有率才有利于企业的生存与发展。因此,在经典战略管理中,企业如何获得理想的市场占有率居于核心地位。

(3)企业战略实施要求组织结构作出变化与适应,经典战略管理实质上是企业对环境的适应以及由此带来的组织内部结构化的过程。因此,在战略实施上,这势必要求企业组织结构与企业战略相适应。

这一时期的战略思想围绕战略概念、组织与战略、环境与战略以及三者之间的匹配而展开,提出了战略管理的基本过程是制定与实施战略。所有这些研究成果,标志着战略管理思想的产生与基本研究框架的形成,奠定了之后战略管理思想的基础。由安德鲁斯首先提出的企业战略管理框架,可表述为"内外部环境分析—SWOT分析—制定战略—实施战略—业绩",即分析企业内外部环境,提出战略方案,实施战略方案并获得业绩。

20世纪70年代的石油危机和80年代的技术革命给世界经济的发展造成了巨大的冲击，企业所处的外部环境也由此发生了巨大的变化。西方国家的企业从高速增长陷入低速徘徊的困境，市场竞争更加激烈且突破了行业限制，以环境分析为基础的经典战略管理理论的局限性逐步显现出来。一是企业战略限于现有的行业，缺乏对企业可能进入的其他行业的分析与选择；二是企业只能被动地适应环境，属于一种市场追随者的战略，缺乏对不同市场地位的企业战略的研究；三是对企业内部的组织结构如何适应环境考虑较少。针对经典战略管理理论的缺陷，以行业分析为基础的竞争战略理论应运而生，代表人物是哈佛商学院的波特教授，其代表作是《竞争战略》和《竞争优势》。

（二）以行业分析为基础的竞争战略理论

20世纪80年代，随着市场竞争环境的变化，波特在1980年出版的《竞争战略：产业和竞争者分析技巧》及1985年出版的《竞争优势》，阐明了结构学派的战略管理思想和分析框架。他的理论建立在产业组织经济学的结构—行为—绩效（SCP）这一范式上，认为产业结构决定了产业内的竞争状态、企业的行为及其战略，从而最终决定了企业的绩效。因此，波特的战略管理思想的基本点是对产业结构的分析。他提出了用于产业结构分析的五种竞争力模型，认为这五种竞争力决定了一个产业的结构及其平均利润率，同时也影响了单个企业的盈利性。企业竞争战略的本质在于选择正确的产业和比竞争对手更深刻地认识五种竞争力的作用。在产业分析的基础上，波特提出了三种基本的竞争战略——低成本领先战略、特色经营战略和目标集中战略。这三种战略为企业战略理论与实践提供了最基本的模式。

波特的战略管理思想是"产业结构分析—选择潜力巨大的行业进入—制定竞争战略—取得竞争优势—获得业绩"，即在产业结构分析的基础上，选择并进入一个具有超额利润潜力的行业，提出企业竞争战略，实施战略从而建立企业的竞争优势，获得高于竞争对手的业绩（价值）。波特建立了战略管理理论基本的行业分析模式，说明了行业吸引力对企业利润水平的决定作用。但越来越多的事实表明，同一行业内企业间的利润差距并不比行业间的利润差距小。在没有吸引力的行业，可能发现利润水平很高的企业；在吸引力很大的行业，也有经营状况不佳的企业。这些都是波特理论不能很好给予解释的现象。另外，波特理论往往诱导企业进入一些利润很高但企业缺乏经验或与自身竞争优势毫不相关的行业，进行无关联的多元化经营，这方面不少的失败案例对该理论提出了质疑。波特在随后的著作《竞争优势》中，以企业价值链为核心的战略观念一定程度地弥补了原有理论的不足。但随着市场全球化趋势日益明显，企业主营业务和核心能力对企业发展潜力的决定性作用日渐突出，以价值链为基础的战略分析模式，因涉及企业内部几乎所有方面的细致问题，反而使主要问题得不到应有的重视，局限性越来越突出。在这种情境下，以培养企业核心能力为主题的战略理论迅速发展起来。

（三）以资源和能力分析为基础的核心能力理论

该理论认为，企业经营战略的关键在于培养和发展能使企业在未来市场中居于有利地位的核心能力。在战略管理的过程中,企业应首先考察现有资源能力和核心能力,以及这些资源和能力在适当的市场机会中的价值,然后确定与未来可能存在的商业机会所要求的资源和能力的差距,最后做出弥补差距的战略决策。

核心能力战略观念不鼓励企业进入那些与其核心优势缺乏较强战略关联的行业领域,认为只有建立在现存优势基础上的战略才能引导企业获取或保持持久的竞争优势。所以,企业应更多地考虑自身的能力和资源,在自身拥有一定优势的领域周边经营,而不是简单地考虑行业吸引力,盲目地进入其他领域。

但是,需要指出的是,传统的核心能力理论在弥补了只注重企业外部分析的竞争战略理论的缺陷的同时,本身也存在固有的缺陷——因过分关注企业的内部因素分析而使企业内外部分析失衡。为了弥补这种缺陷,近年来的战略理论研究越来越多地将经典战略管理理论的环境分析和波特竞争战略理论的行业分析融入基于核心能力的企业战略分析中,实现了三种分析方法的统一(见图1-1)。

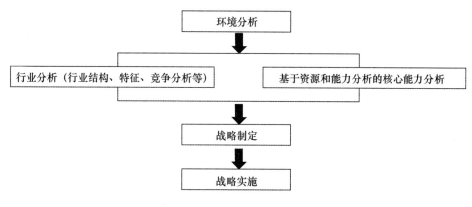

图1-1　战略分析

在这个战略分析的框架下,从对外部环境的适应性考虑,要求企业根据竞争战略的观点,分析各种竞争力量,有选择地进入高回报及有发展潜力的行业;从内部组织考虑,则要求企业整合与发展自身特有的能力和资源,形成自己的核心能力;从两者的相互作用考虑,则必须以环境为基础进行内部组织与外部环境的匹配。

近年来,随着信息技术突飞猛进式的发展,企业组织形式和管理手段日益先进,与此相适应,一些新的战略管理思想也应运而生。例如,基于战略联盟的战略管理理论和基于信息技术的战略管理理论。战略联盟最早由美国DEC公司总裁简·霍普兰德和管理学家罗杰·奈格尔提出,是指两家或两家以上对等经营实力的企业(或特定事业和职能部门),为了达到共同拥有市场、共同使用资源等战略目标,通过各种协议、契约而结成的优势相长、风险共担、要素水平式双向或多向流动的松散型网络组织;美国学者查尔斯·惠兹曼于1988年出版的《战略信息系统》一书,首次系统地探讨了战略信息的概念,他定义战略信息系统为"一个成功的战略信息系统是指运用信息技术支持或体现企业竞争战略和企业计划,使企业获得优势或削弱竞争对手优势"。

第二节 核心竞争力理论

一、核心竞争力理论的来源及含义

核心能力理论也称核心竞争力理论,可追溯至塞尔兹尼克(Selnzikc)1957年提出的独特竞争力的概念,他在对管理过程中领导行为的社会分析中,将那种能够使一个组织比其他组织做得更好的特殊物质叫作组织的能力或独特竞争力。从本质上说,核心竞争力理论脱胎于资源基础论,其战略思想的精髓没有超过资源基础论的范围,细小的差别表现在:传统的资源基础论把能力当作资源的一种,并没有特别突出能力的作用;核心竞争力理论则强调企业是能力的集合体,能力决定企业的发展方向。核心竞争力的标志性文章是1990年普拉哈德与哈默在《哈佛商业评论》上发表的"企业核心能力"一文。普拉哈德与哈默将多元化企业看成一棵大树,树干是核心产品,小的树枝是业务单元,叶、花、果是最终产品,而提供营养、保持稳定的根系是企业的核心能力。显然,能够"提供生计和营养、保持大树稳定的根系"不应该简单定位在技术先进性、企业规模、行业特点或市场背景等某个具体的要素上,而应从深层次的学识、技能角度去考察。普拉哈德与哈默定义核心能力为"组织中的累积性学识,特别是关于怎样协调各种生产技能和整合各种技术的学识"。因此,企业与企业经营战略中的能力观包含以下三层深刻含义:

第一,一贯坚持以"能力"为核心的企业概念认识,企业在本质上永远是一个能力体系。

第二,积累、保持和运用能力开拓产品市场是企业获得长期竞争优势的决定性因素。

第三,企业能力储备参与决定企业的经营范围,特别是企业多元化经营的广度和深度。

二、核心竞争力特征

核心竞争力具有六个方面的特征,使企业竞争优势具有持久性。

(一)价值性

核心竞争力是指企业在所拥有资源的基础上开发的核心专长的集合,其价值性主要通过市场检验来实现。企业所开发的资源要素,必须在各个方面(如时间、地点、价格、数量)上满足市场所需,才具备向顾客提供产品的基础。这样,企业才能在满足顾客需求中实现价值,才可能从中获利,实现企业的生存与发展。符合市场需求的价值性是核心竞争力的根本特性。

(二)稀缺性

在现实中,满足市场需求的资源要素的需求与供给之间的关系是十分复杂的,特别是一些与环境、人力资本有关的个人潜在意识、洞察力、组织等差异,以及在企业成长过程中形成的独特的企业文化等,这些都极不易复制与模仿,从而存在短缺。企业要得到这些要素不仅要付出成本,甚至付出成本也无法得到。那些拥有稀缺资源且极具价值要素的企业,就能够因优于其他企业满足顾客需求而实现目标。

（三）知识性

知识可以分为两大类,即显性知识和隐性知识。具有信息特征的显性知识很容易被仿制,而具有方法性特征的隐性知识相对来说则较难被仿制。核心竞争力是异质的,较难被仿制和替代,以方法性特征的隐性知识为主。这种知识不公开、内容模糊、无法传授、使用中难以察觉、复杂而又自成体系。方法性的知识因利用技能培训而难以转移,但可以通过群体中较长时间的相互作用而转移。

（四）系统性

企业本身就是一个大系统,其持续生存和发展是企业以能力为核心的各类资源要素、环境要素共同作用以及要素间相互作用的结果,而不只是某一方面的个别力量。离开其中任何一类要素,企业的生命、运动都难以为继。企业核心竞争力体系也是一个系统,企业目标的实现程度不仅取决于核心竞争力的强弱,与核心竞争力相配套的能力体系完善与否也会影响企业的竞争位势。同时,企业自身能力体系的优势、劣势对比以及与竞争对手竞争位势的差别都会在不同程度上影响企业优势的发挥。诸多方面优势显著的企业,仍然有可能因能力体系某一方面的显著劣势而葬送其竞争优势,如同链条总是在最薄弱的一环断裂。

（五）延展性

核心竞争力给企业提供了进入多个潜在市场的方法,并在多个市场具备竞争优势。如果企业的竞争能力仅仅局限于一种产品市场,既不具有与其他产品的共享性,更不能够使企业借助核心竞争力打入相关性多元化市场,那么这种竞争能力就不是企业的核心竞争力。

（六）持久性

企业生存和发展的持久性来自核心竞争力的持久性与长期性,但这并不是说企业的核心竞争力是永久不变的,而是要在变化的环境中不断开发、维护已有的,并且善于变更和培育新的核心专长,使企业持续拥有其他竞争对手不易获得、仿效、复制的核心竞争力,在不断变化和发展的环境中长期发挥作用,使企业的竞争优势相对不变或者得到进一步提高,才能使企业长期生存和发展。

三、核心竞争力的识别与确认

普拉哈德和哈默认为,至少有三个方面可以帮助我们识别企业的核心竞争力:核心竞争力必须为市场所认可,即能够提供进入相关潜在市场的机会;核心竞争力必须给顾客带来特别利益,即核心竞争力应当能够提高企业的效率,帮助企业降低成本或创造价值以扩大顾客的利益;核心竞争力必须是竞争对手难以模仿的,只有这样才能保证企业基于核心竞争力的竞争优势得以持续。由此,核心竞争力可以从以下几个方面确认:

1. 核心竞争力必须给顾客带来更大的价值

顾客是企业核心竞争力的终极裁判。企业存在的目的就是满足消费,而消费者的认可和购买才能使企业实现利润。成功的企业必须做到以顾客为导向,并且超越顾客导向。相对企业而言,消费者是普通大众而不是专业人士,他们缺乏先见。尽管通过市场调查找到消费者对现有市场的需求,但等到推出产品时,有可能落后于消费者要求或竞争者。因而,企业必须引导消费者朝未来他们愿意却不自知的方向走。

企业决心建立的核心能力,应该定位在创造一系列新的顾客价值或改进现有的顾客利益,而不是针对单一产品市场而来。索尼公司在随身听、DC 机、微型电视机发明前,就决意致力于发展便携式电器。这种决心不是基于对单一新产品或服务的详细的利润预测,而是基于对消费者利益的深刻认识。

2. 核心竞争力是企业拥有的独特竞争优势的基础

核心竞争力是支撑企业长期发展并在未来产业中确立竞争优势的技能、资源与知识的有效集合。能够使竞争力独树一帜的能力才可称为核心竞争力,如美国 Wachovia 银行以其杰出的授信管理能力著称。1980—1995 年,Wachovia 银行的呆账比例为 0.6%,远低于 1.1% 的同行业平均值。这意味着仅此一项就使得 Wachovia 银行的投资报酬率较同业高出 6—8 个百分点。

3. 核心竞争力能够提供进入相关潜在市场的机会

企业的核心竞争力能够在未来的发展中不断衍生出各种新产品和新服务,做到产业领先,全力开发消费者期待的一个新产品,继而扩展为系列产品,迅速扩大规模,占领市场。因此,核心竞争力是开启明日市场的钥匙。

4. 核心竞争力是一种集合能力

一般情况下,核心竞争力是企业内部不同能力的集成组合,是企业跨部门人员不断学习、获得知识、共享知识和运用知识而形成的整合知识与技能。这也是一家企业的核心竞争力,不容易被竞争对手模仿或复制的原因。单项能力比较容易被模仿和复制,但是仿制经过整合了的核心竞争力就困难得多,因为核心竞争力的整合机制和相关环境条件是难以模仿和复制的。

概括而言,我们可以从以下几个方面认识和理解企业的核心竞争力:核心竞争力是企业竞争优势的根基,核心竞争力是战略资源、能力和知识的有机综合体,核心竞争力是竞争对手难以模仿的并具有独特性、持久性和延展性,核心竞争力的最终目的在于实现顾客所看重的价值。据此,企业可以充分认识自身的核心竞争力,同时也能较为明确地认识竞争对手。

第三节　战略并购中的信息不对称

一、信息不对称理论

信息不对称理论产生于 20 世纪 70 年代,阐述交易双方存在不对称的相关信息,并说明这种信息不对称性影响市场交易行为和市场运行效率。现实情况是卖方比买方拥有更多的信息,而有限理性和认识的局限性阻碍人们充分地认识现实市场中的商品信息。理论上的不完全信息是指一方拥有而另一方无法获得或验证的信息。信息不对称状态是指交易双方的交易信息呈不对称分布。这种对相关信息占有的不对称状况,在交易前会产生逆向选择问题,在交易后会产生道德风险问题,严重降低市场运行效率。通常情况下,市场信号传递是缓解或解决逆向选择问题的措施,下面介绍几个基本理论。

（一）逆向选择

逆向选择是指在交易之前,其中一方已掌握了可以影响双方利益分配的某些信息,并利用信息优势做出利己却损害他人利益的事情,倾向于签订契约进行交易的行为。此时,市场上会出现"劣质品驱逐优质品"的现象,从而导致市场效率和经济效率下降。以旧车市场为例说明此问题。乔治·阿克劳夫在"柠檬市场:质量不确定性和市场机制"的文章中提出,买者和卖者对车辆质量的信息不对称是逆向选择问题的根源。在旧车市场上,车辆的真实质量只有卖者知道,而其在交易时却以次充好,尽管买者不能了解旧车的真实质量,但可估测出车辆的平均质量,并有意愿以平均质量水平车辆的价格购买。在这种情形下,市场中会出现一种现象——那些高价且质量好的旧车可能会退出市场。如此演绎,买者继续降低估价,价高且质量较好的旧车会退出市场。结果可能是市场上成了破烂车辆的展览馆,极端的情况是一辆车都不成交,现实的情况是社会成交量小于实际均衡量。这就是逆向选择的结果。

（二）道德风险

道德风险又称败德行为,是指占据信息优势的一方在交易前实施有损对方利益的行为,而这种行为对对方造成的不利后果只有在交易达成后才能被察觉。在此种情况下,一方在享有收益的同时却给对方带来损失的可能性。道德风险主要发生在经济主体获得额外保护的情形下,具有非常普遍的意义。以保险市场为例。投保人为了自身利益,在签订保险合同后,有可能不会自觉、努力地防止风险的发生,甚至为获得赔偿而故意造成损害或加剧损失。在此种情况下,保险公司难以掌握投保人的行为信息,处于信息劣势的地位,这种信息不对称分布会使占有信息的一方选择不利于对方的行为,给其带来利益损失。

二、信息不对称在企业并购中的表现

（一）企业与外部环境之间的信息不对称

1. 企业与各国法律规定的信息不对称

并购方有时会因操作不当、违反市场准入限制和《反垄断法》等相关法律规定而招致诉讼或遭遇失败。上市企业并购一般是股票在市场上流通的大型企业间进行,甚至跨国并购也不在少数,因此要求收购方详细了解所在国家的法制环境。其中,法制环境包括外国投资的行业范围,外国投资者的权利与义务,外国资本投资企业的经营管理权限,对特定投资项目的鼓励、限制或禁止,以及对外国投资企业的税收优惠、对政治风险的保障等,这些是通过一定法律形式做出明文规定来予以保护的。跨国购并的法律环境包括三个层次:核心层次,即东道国对外资进入证券市场的管制以及对外资收购上市企业控制权的限制;中间层次,即东道国《证券法》的其他方面,如证券交易和证券市场的管理形式、证券市场的性质、政府管理和证券业自律管理的相互关系、新证券的发行、信息的持续披露、内幕交易及其他证券欺诈行为的处罚、法律顾问的作用、对上市企业控股权的收购等;外部层次,即与并购有关的其他重要法律规范,如《公司法》《反托拉斯法》《外资法》《外汇管理法》《税法》等。

2. 企业与市场的信息不对称

信息不对称市场参与者所掌握的信息呈不均匀分布的市场,也可以被看作市场中存在的各种非对称信息的集合体,而收购方与目标公司则是这个集合体的成员。市场不可避免地存在信息不对称问题的原因:一是市场参与者行为的分散、不确定性,使得市场信息只能以分散而不可能以集中的形式出现,除非这些信息被人们以某种方式加以搜集、整理;二是信息的传播和搜集要花费一定成本,而且市场传导系统的局限性及虚假信息的存在,都使得市场参与者不能获得所需的全部真实信息;三是价格是十分典型的市场信息,信息搜集分析主要通过价格搜集分析来体现。

在完全信息市场上,商品最后必定形成统一的价格;但在信息不完全市场上,同一种商品一般不会通行统一的价格,而会形成一个价格系列或价格分布。资本市场本身的构成缺陷会使并购行为产生不确定性、企业对市场认识的不足,以及难以适应市场变化所产生的风险。

(二) 企业实际操作中的信息不对称

1. 收购方所获取信息与目标企业真实信息的不对称

此种信息不对称现象主要表现为四方面:其一,收购方对目标企业真实情况不了解,企业的战略定位与所选择目标企业之间存在信息不对称,有些企业在不知道自己的真实需求及目标企业具体情况的情形下就盲目采取并购行为。其二,收购方对目标企业调查分析客观难度的存在也加大了这种信息不对称程度。收购方不能准确评估目标企业商誉等无形资产价值、发展潜力和远期利润,数据缺乏可靠性,企业不清楚在并购后需要花费多长时间、付出多大附加成本才能运营以及能够产生多大利润。其三,前期调研不充分,如果并购前调研太过仔细,目标企业就可能产生恼怒情绪,甚至终止合作,收购方为了并购的顺利进行,往往缩短前期调查过程的时间和简化程序。其四,由于现实中可能存在信息不对称和道德风险,目标企业为了获得更多利益往往向收购方隐瞒对自身不利的信息,或者杜撰有利的信息。企业是一个复杂性的综合系统,由多种生产要素、多种关系交织而成,收购方很难在短期内全面了解信息,辨别信息真伪就更加有难度,这也是产生信息不对称问题的原因。

2. 目标企业真实价值与收购方估价的信息不对称

此种情况即高成本收购。并购中过高的成本有两种情况:一是出价过高。是否能够准确评估目标企业的真实价值是由并购的准备时间、是善意并购还是恶意并购、目标企业是否上市企业、最近一次被审计距并购的时间长短等决定。但现实中,由于上市企业信息披露不充分导致并购双方的信息严重不对称,此种情况下,目标企业资产价值和盈利能力将很难被准确评估。因此,收购方可能以高于目标企业价值的收购价格达成交易,这样会使收购方的资产负债率过高,被收购企业未能实现预期盈利而陷入财务困境。二是计划外的整合费用。由于整合开始前预算不周或突发变故,通常需要追加投资,并且高成本极易导致财务风险,影响并购双方的未来发展。我们在评估目标企业价值时常常忽略了控制权和商誉(市场资源优势与生产资源优势),买家在交易中会力图寻找可能的最优价格,而卖家在设定价格时会将买家的搜寻行为考虑在内。

3. 时间差距的信息不对称

时间差距的信息不对称即整合中的信息不对称。并购之后,可能会出现以下现象:收购方未能兑现对目标企业管理层及雇员的承诺,使其奉献精神减弱,目标企业生产力降低,不同的管理风格和文化产生冲突,高层管理人员和员工因不满现状而辞职,关键客户资源流失等。整合中的信息不对称现象主要表现为显性和隐性。显性信息不对称现象包括:一是人力资源整合,即人才流失信息不对称。并购企业往往对并购以后的人才流失情况估计不足,原因主要是时间上的不对称,收购方没有及时沟通信息,没有及时对员工的深层行为动机进行评价,导致原企业人员的想法与并购者对人员留用的意图不对称,这种并购活动的动荡特性容易使优秀的人才流失。二是文化整合,文化差异带来的影响在跨国并购中更为明显。我国企业在跨国并购中经常为经营惯性和思维定式所束缚,不了解国际经营运作游戏规则,往往付出沉重代价,表现在并购后原企业与客户的信息不对称,员工对公司规章制度的认识与事实不符等。隐性信息不对称现象为对未来运营的预测与事实的信息不对称。目标企业在条款中的隐性限制会在收购方日后经营的过程中逐渐显现出来。在日后经营过程中,目标企业的关联企业或母公司的关联交易、同业竞争未能详尽地披露信息、对发布的信息产生误导,都会使收购方做出错误的决策。如果目标企业远在异国,目标企业的真实情况就更难以被并购方准确了解,信息不对称现象更严重。例如,并购企业有时并不能完全掌握目标企业的管理能力、组织效率、产品创新能力、财务政策、投资政策、未来生产经营状况等信息,也难以量化目标企业的经营状况,更难以从账面上分析出来。由于信息掌握不充分,并购方极易在并购整合过程中做出错误的决策,影响并购后的运行效果。在这种情形下,信息不对称所引起的问题在收购方签订并购合同后才会被察觉。

4. 并购方的并购能力与目标企业的反并购能力的信息不对称

收购方过于乐观、不能进行客观的自我评估,对未来营运的预测与实际营运能力不对称,无法准确预测未来环境的不确定性与多变性;特别是上市企业,收购方在收购目标企业的过程中,可能会面对目标企业发起的反并购,此时收购方将处于一种进退两难的境地。在这种情形下,收购方必须重新审视自己各方面(如资金方面、战略方面等)的真实能力;此外,收购方在真实地评估自己现有并购能力的同时,还要通过其他方式了解、预测目标企业的动态及反并购能力,以便确定自己的行动方向。

第四节 波特五力模型

一、五力模型简述

波特于20世纪80年代初提出五力模型,运用于竞争战略的分析,可以有效地分析客户的竞争环境,对企业战略制定产生了全球性的深远影响。

五力模型将大量不同的因素汇集在一个简易的模型中,以此分析一个行业的基本竞争态势。五力模型确定了竞争的五种主要来源,即供应商和购买者的讨价还价能力、潜在进入者的威胁、替代品的威胁,以及来自目前在同一行业企业间的竞争。我们将五力模型运用到并购活动中,五力分别指卖方出售力量、买方收购力量、政府监管力量、中介顾问力量和(目标企业)管理层影响力量,它们综合决定并购交易能否完成、并购价格范围、并购整合能否达到预期效果,最终决定并购能否获得成功。在不同行业、不同地域和不同企业类型的并购中,博弈角力因素都可以归结为这五种力量,并推动或阻碍并购的进行。

二、五力模型在战略并购中的应用

(一)卖方出售力量

卖方确定出售规则(例如,是一对一谈判还是竞标)和出售条件(例如,是全部支付现金还是可以用"股票+现金"支付)、选择出售标的、调整标的出售价格,推动标的出售交易的力量就是卖方出售力量。卖方出售力量既可以发挥正面或反面的作用,正面作用如卖方寻找符合其要求的买家,反面作用如卖方对恶意收购采取的反收购措施;还可以同时发挥正反两方面的作用。至于力量强弱,则主要取决于卖方出售动机及卖方提供的标的。

(1)从出售动因来看,当卖方因资金链紧张而急需资金或(如卖方是基金)投资到期须退出或按既定时限剥离非核心资产时,卖方推动并购成功的愿望和力量相对强大;若卖方待价而沽、不急于出售,则其推动并购的力量就比较弱小。

(2)从出售标的来看,若因卖方经营不善或估值倍数差异而使标的企业的运营价值小于转让价值,则卖方出售控股权给更具经营经验或享受更高估值倍数的买家的愿望和力量就相对强大;若卖方继续经营的价值大于转让价值,除非是反收购过程中出售恶意买家看重的优质资产,则卖方出售的愿望和力量通常比较弱小。

(二)买方收购力量

买方根据自身发展战略确定收购策略,准备收购资金,推动收购标的的交易的力量就是买方收购力量。买方收购力量的作用都是正面的,只是力度不同,其力量强弱取决于发展战略、收购动因和资金实力。

(1) 从发展战略来看,根据买方和收购标的所处行业之间的关系,通常可将并购分为三类,即同行业之间的横向并购、行业上下游之间的纵向并购和跨行业的混合并购。横向并购可以帮助买方扩大市场规模,纵向并购可为买方获得稳定的供货来源和销售渠道,而混合并购可以让买方越过行业壁垒直接进入新行业。由于获得稳定货源或销售渠道,进入新行业或扩大市场规模这些战略对于买方的意义越重大,买方自身的发展越难以满足战略要求,因此买方收购的愿望和力量就越强大。

(2) 从收购动因来看,买方对于自身缺乏又难以直接占有的资源(如专利技术、品牌、客户网络、核心人才等),通常希望通过并购的方式来获得。这些资源越稀缺,能给买方带来的协同效应越显著,买方收购力量就越强大。对于上市企业而言,并购协同效应容易通过股价变化得到体现。例如,上市企业估值倍数(股权价值/利润)较大,就能用较小的估值倍数收购非上市的盈利企业,从而实现股价和市值的提升。上市企业和收购标的估值倍数的差距越大,标的企业上市的难度越大,买方收购的愿望和力量越强大。

(3) 从资金实力来看,实力雄厚的买方,通常具有相对强大的买方收购力量。其原因在于:一方面,卖方对于自己不熟悉的买方通常要求其在并购谈判的特定时点提供资金实力的资信证明或银行保函;另一方面,在多个买家对同一个标的均有收购兴趣及买方对上市企业标的进行要约收购的情形下,买方的资金实力越雄厚、融资能力越强,其能承受的收购价格越高,买方收购力量就越强大,越有可能在价格竞争中胜出。

(三) 政府监管力量

并购中的政府监管力量是指政府通过法规政策的制定以及对特定交易的审批来推动并购的力量,这种力量对并购的作用既可能是正面的,也可能是反面的。政府对并购监管能力的强弱,主要取决于国家对相关行业兼并的态度,以及相关行业和特定并购交易触碰国家安全、公共利益与反垄断的程度。近年来,我国支持产能过剩行业(如煤炭、稀土和文化等)的并购,发挥了政府的监管力量,促进了并购业务的发展。

(四) 中介顾问力量

中介顾问力量是指投行并购顾问、会计师事务所、律师事务所、资产评估机构等中介机构提供并购信息、融资安排、财务法律和价值评估等方面的服务,撮合买方、卖方并购交易的力量。

(1) 投行顾问力量。投行顾问力量是指券商、银行等金融机构的投行并购部门为客户寻找并购交易对手、安排并购融资、撮合并购交易等推动并购的力量。其中,我国的券商主要为上市公司的收购活动提供顾问力量,而银行并购顾问则不限于公司类型,可以为所有有兴趣收购或出售的公司客户提供有力的顾问支持;券商依据经营牌照可以为上市公司编写、提交报中国证监会的并购重组材料,银行并购顾问目前还不能处理牌照类并购业务,但中国证监会现已放宽对上市公司收购审批的要求,为银行发力上市公司并购顾问服务提供了更广阔的用武之地;券商为客户提供的并购融资服务主要是发行相关证券,而银行的并购融资服务既包括提供并购贷款、并购债等债权融资,也可以利用理财资金、并购基金为其提供股权融资服务。

（2）其他中介力量。其他中介机构,尤其是指会计师事务所和律师事务所,可以为客户提供股权或资产买卖的并购信息,利用并购经验帮助客户进行并购谈判,撮合并购交易发挥其中介力量。同时,这些中介机构还可以针对卖方产权合法性、并购交易合规性、标的价值合理性等并购交易实施中的重大问题提出专业意见,为保护并购交易各方的合法权益尽心尽力。

（五）管理层影响力量

管理层影响力量是指经营管理标的的企业或标的资产的管理团队,支持买方或卖方,从而对并购交易施加独特影响的力量。管理层影响力量的特殊性在于:一方面,与上述四种外力相比,管理层影响力量是内力。管理层经营管理水平对标的价值具有重要影响,有些收购(如收购高科技企业)的目标就是获得优秀的管理团队,因此反映管理层的态度和支持程度的管理层影响力量对收购成功与否发挥了重要作用;在跨行业收购和对优秀企业的收购会给予管理层股权激励等优厚待遇,以获得正面影响力,而管理层为保住工作通常会对恶意收购发挥负面影响力。另一方面,管理层通常在并购前或并购后拥有部分标的股权,在并购中可能成为卖方或买方的一致行动人,或者在管理层收购中直接成为买方,从而对并购交易发挥"内外兼修"的综合推动作用。

并购动机文献综述
请扫二维码参阅

第二章　Mattel 公司的并购战略

> **导　言**
>
> 　　Mattel 公司是世界上最大的儿童产品设计商、制造商和销售商之一,向零售商和客户直接销售系列广泛的儿童产品,其商业战略是使 Mattel 产品多元化,超越急速发生变化的传统玩具市场。追寻高增长和高盈利的儿童技术市场,持续改善 Mattel 生产的流行玩具,获得市场份额和增加来自玩具市场的收入。
> 　　Mattel 认为其当前的软件分部——Mattel Interactive,缺乏专业技术和资源,不能如 Mattel 所愿快速进入软件市场。因此,Mattel 寻求收购软件公司,以便生产和营销儿童软件,并通过现有渠道及其网站(Mattel.com)进行分销。软件分部可以使 Mattel 将高品牌知名度和以软件开发玩具的趋势相结合,如针对儿童市场开发芭比娃娃、热轮和芝麻街软件等。
> 　　(本章案例部分内容选自:唐纳德·德帕姆菲利斯.兼并、收购和重组[D].北京:机械工业出版社.)

第一节　五力模型的运用

迈克尔·波特提出其最具影响力的战略分析模型——五力模型,用于确定企业在行业中的竞争优势和行业可达到的最终资本回报率(见图 2-1)。

玩具市场是娱乐行业的主要细分市场。娱乐行业中包括许多不同行业的企业,从游乐园到游艇制造商。Mattel 是娱乐行业玩具细分市场中最大的生产商之一,其他主要的玩具企业是 Hasbro、Nintedo 和 Lego。近年来,玩具行业的年销售收入超过 210 亿美元,其中约一半是在第四季度产生的,反映了圣诞节高峰期的现实状况。

(一) 客户

Mattel 的主要客户是大型零售商和分销其产品的电子商务网店。这些零售商和电子商务网店包括 Toys"R"US Inc、沃尔玛特商店、凯马特、Target. Consolidated Stores、Toystore.com 和 Toysmart.com。零售商是 Mattel 的直接客户,最终买家则是从零售商处购买玩具的父母、祖父母和儿童。

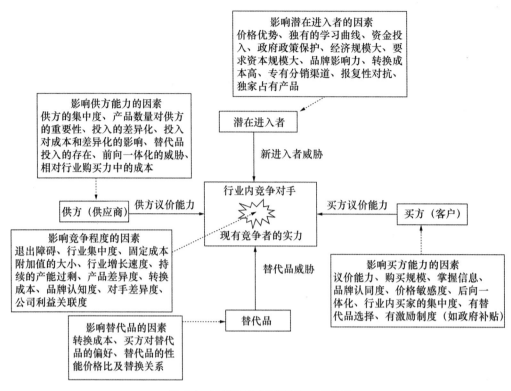

图 2-1　波特五力模型及其影响因素

(二)竞争者

Mattel 和 Hasbro 是两家最大的玩具生产商,两者的销售收入相加几乎占行业收入的一半。在过去的几年内,Hasbro 收购了几家主要产品为电子或交互式玩具和游戏的企业。

1999 年 12 月 8 日,Hasbro 宣布进行重组。在重组中,它削减了 2 200 个职位,关闭了两家工厂,将其主要精力转移至软件和其他电子玩具上。传统游戏(如 Monopoly)将转换成软件,客户和竞争者的差异正日益变得模糊。网络零售商 eToys 从 Mattel 处购买了许多玩具,在 1999 年占据了超过 5 000 万美元在线玩具市场的 50%,直接与 Mattel.com 竞争。

(三)潜在进入者

潜在进入者在进入玩具市场方面面临巨大的障碍。当前的竞争者(诸如 Mattel 和 Hasbro)已经与主要客户(如沃尔玛特和 Toys"R"US Inc)建立了长久的关系,并获得产品的分销渠道。而新的进入者要获得同样的关系,其代价是很高的。此外,诸如芭比娃娃、Nintendo 和 Legos 等品牌认知度也使得新进入者难以渗透到玩具市场内的某个细分市场中。私有技术和专利保护使得进入这个产品线又多了一个障碍。大型玩具生产商拥有许可协议,该协议赋予其权利营销基于主要娱乐公司的产品。例如,Mattel 与迪士尼的许可协议,使得 Mattel 能够持续接触到基于迪士尼动画影视的一系列产品。

(四）替代品

诸如芭比娃娃和卡车等传统玩具的主要替代品之一是电视游戏与计算机软件。1997年，电视游戏的销售收入增长了45%（以美元统计），销售的产品单位增长了62%。客户对Nintendo和Sony Play station电视游戏系统的需求一直都很强烈，甚至诸如Mattel著名的芭比娃娃类传统玩具产品线部分也采用了电子部件，名为芭比娃娃光盘的发行，使得孩子可以在屏幕上设计芭比娃娃的发型。其他的替代品包括各种各样的娱乐产品，如书籍、运动服饰、磁带和电视。然而，由于这些产品不是传统玩具的直接替代品，因此与网络游戏和电子游戏相比，玩具生产商更担心后者。

（五）供应商

如今，预计80%的玩具产品在国外生产。Mattel和Hasbro在远东与墨西哥拥有工厂，以利用当地低廉的劳动力成本。部件，如软件和芯片，通常外包给Mattel在其他国家的非Mattel生产商；Mattel进口这些部件，在其拥有的工厂内组装成诸如芭比娃娃等这样的产品。虽然外包节省了劳动成本，但是难以保持始终如一的质量。通常，从其他国家进口的玩具或部件，Mattel必须重新加工以符合美国相关的安全规定。

第二节 SWOT 分 析

运用SWOT分析工具（见表2-1）分析Mattel的产品现状。

表2-1 SWOT四要素分析

要素	阐述
优势	是指能给企业带来重要竞争优势的积极因素或独特能力
劣势	是限制企业发展且有待改正的消极方面
机会	是随着企业外部环境的改变而产生的、有利于企业的时机
威胁	是随着企业外部环境的改变而产生的、不利于企业的时机

（一）机会

（1）新分销渠道。Mattel.com有80多种独立的玩具和软件产品，Mattel希望当这项业务盈利时，将其分离出去并成立一家独立的企业。1999年，Mattel.com损失了7 000万美元。分销玩具的其他新渠道是通过目录直接销售给客户。由网络和目录销售商提供的所谓直销渠道，帮助Mattel减弱对一些大众零售商的依赖。

（2）老龄化人口。1999年，购买玩具人群中有14%是祖父母。预计祖父母的数量将从1999年的5 800万人增长到2005年的7 500万人。

（3）交互式媒体。随着孩子越来越多地接触电脑，预期对交互式电脑游戏的需求会快速增长。高科技玩具细分市场年增长达20%，而传统玩具市场年增长仅为5%。

（4）国际增长。1999年，Mattel 44%的销售收入来自国际业务。Mattel为亚洲和南美市场的客户重新设计了芭比娃娃,包括其面部特征和服饰。

(二)威胁

(1)对传统玩具的需求在减少,儿童的喜好在改变。当今流行的玩具更可能是运动服、儿童软件和电视游戏,而不是诸如洋娃娃和肚皮被塞得满满的动物等传统玩具。

(2)分销商退货。被认为不安全或不流行的玩具将被分销商退回。Cabbage Patch Dull 的质量问题会造成包括退货等纠纷,Mattel 所付出的代价将达到 1 000 万美元。

(3)日益缩小的目标市场。历史上,玩具行业认为主要市场是刚出生的婴儿至 14 岁的儿童;但如今,购买玩具的最佳年龄段是刚出生的婴儿至 10 岁的儿童。

(4)及时的存货管理。由于对客户存货的管理经常变化,难以准确预计客户的再次订货,造成当前生产的存货不能满足意料之外的销售增长,从而使得销售遭受损失。

(三)优势

Mattel 的主要优势是相对较低的生产成本,其 58% 的产品在诸如中国和印度尼西亚等劳动力成本低的国家生产;其他优势还在于 Mattel 所建立的分销渠道。此外,与迪士尼的协议也使得 Mattel 可以在其产品线中增加流行的新角色。人们认为这些因素使得 Mattel 相比其他许多较小的竞争者拥有一定的竞争优势。

(四)劣势

尽管 Mattel 的芭比娃娃和热轮产品线是成熟的,但在定位这些核心品牌方面较为缓慢。由于缺乏创造和革新基于软件产品的专业技术,限制了 Mattel 从传统玩具向电视或交互式游戏转换的能力;而且,Mattel 董事会对高级管理层丧失了信心,因为他们不能达成在过去两年内向投资方承诺的财务目标。

第三节 收购计划

(一)目标

Mattel 战略是使 Mattel 业务多元化,超越成熟的玩具细分市场,并进入高增长的细分市场。Mattel 认为,它必须收购玩具行业内儿童软件和娱乐细分市场公认的品牌,这个市场有时也称为教育娱乐细分市场,向交互式或集娱乐和教育为一体的基于软件产品的市场转换。Mattel 认为这种收购消除了季节性对销售的一些影响,扩大了其全球收入的基础。其主要的收购目标包括:截至 2013 年 7 月,建立全球品牌战略,使国际销售量翻倍,建立价值 10 亿美元的软件业务等。

(二)目标行业的定义

教育娱乐细分市场主要在娱乐细分市场中实现高速增长。父母目睹劳动力拥有科技能力的重要性,期望孩子尽可能早地熟悉技术。1998 年,超过 40% 的家庭拥有计算机;有孩子的家庭中,70% 拥有教育软件,大多数的学前和幼儿园教室配备了 2—4 台装载儿童软件节目的电脑。随着全球拥有电脑家庭数量的增多和电视游戏的普及,对教育和娱乐软件的需求预期会急速增长。

（三）策略

Mattel 正在寻找品牌知名度高、独立的儿童软件公司，要求其年销售额超过 4 亿美元，但宁愿不收购属于另一个竞争者的部分业务（例如 Hasbro Interactive）。Mattel 管理层声明，目标公司必须拥有对 Mattel 业务战略起补充作用的品牌、支持现有品牌和开发新品牌的技术。Mattel 宁愿进行股票置换交易，以保持易于管理的债务水平并保留对所有软件专利和许可证的权利。此外，因为这样的交易使得目标公司股东可以延迟支付税项，Mattel 推断该交易对潜在的目标公司更具吸引力。

（四）潜在的目标公司

Mattel 选择高盛作为中介以寻找潜在的收购对象，并对收购对象进行初始接触。游戏和教育娱乐开发部门通常是软件集团的一部分，如 Cenaant、Electronic Arts 和 GT Interactive，这些公司为不同市场生产包括游戏、系统平台、业务管理、家庭改进和纯粹的教育应用等软件。其他也可能是大型书籍、光盘或游戏发行商的子公司，但其母公司几乎不愿意以 Mattel 认为合理的价格出售这些业务。因此，Mattel 专注于五家公开交易的上市公司——Acclaim Entertainment Inc、Activision、Interplay Entertainment Coip、The Learning Company 和 Take-Two Interactive Software。在这些公司中，只有 Acclaim Entertainment Inc.、Activision 和 The Learning Company 在游戏与教育娱乐领域拥有自己的品牌，并且规模足以满足 Mattel 的销售收入标准。

（1）Acclaim Entertainment Inc. 的年销售收入超过 4 亿美元，在以后的 5 年内预期年增长率为 20%。尽管 Acclaim 的毛利收益在某种程度上超过了行业的平均水平（55%），但是其在为快速增长筹资方面有困难。此外，这家公司更专注于儿童电视游戏细分市场，而非儿童软件市场。

（2）Activision 尽管满足了销售收入的标准，但是其毛利率为 37%，相对无利可图。Mattel 更关心的是，该公司似乎没有足够的产品线或专业技术，以达到 2001 年 1 月 10 万美元的销售收入目标所需的进度，从而使 Mattel 进入软件行业。

（3）The Learning Company(TLC)在 1999 年是世界上仅次于微软的客户软件公司，在教育软件方面是领先者，占有 42% 的市场份额，在家用软件（例如，家庭改进软件）市场上的份额是 44%。公司追寻积极的扩张战略，自 1994 年以来完成了 14 项收购。TLC 拥有著名的品牌和合适的管理人员与专业技能处理 Mattel 所需的产量，公司销售额几乎达到 14 亿美元，使得 Mattel 可以在这个"高科技"市场上实现目标。因此，TLC 似乎最适合满足 Mattel 的收购目标。

（五）完成收购

尽管在尽职调查中发现的信息令人震惊，但是 Mattel 于 1999 年 5 月 13 日以股票置换方式收购了 TLC，价值达 38 亿美元。Mattel 判断，因为从分销商处退回的产品没有从应收账款中扣除，而且计提的坏账是不准确的，所以 TLC 的应收账款被夸大；一笔 500 亿美元的许可证交易也过早地出现在资产负债表上；TLC 的品牌也过时了。TLC 夸大了投入研究和开发新软件产品的资金。为了迅速成为儿童软件市场的主要厂家，Mattel 意识到 TLC 现金流被夸大，从而结束了交易。

第四节 结论与启示

在 TLC 与 Mattel 合并后的第一个季度（1999 年第三季度），由于勾销资产和会计做账存在问题，Mattel 的利润仅为 5 000 万美元，没有达到预期目的；第三季度合并净收入为 1.353 亿美元，而 1998 年同一时期为 1.687 亿美元。TLC 分销商和零售商的退货及 5 600 万美元的坏账增长对利润产生了负面影响，其中 3 500 万美元的坏账与 TLC 的一个主要分销商有关。1999 年全年，TLC 发生 2.06 亿美元的税前损失。在扣除重组费用后，Mattel 1999 年的合并净损失为 8 240 万美元。

TLC 的高级经理离开了 Mattel，并在 1999 年 8 月出售了他们在 Mattel 的股份，正好在第三季度财务业绩发布之前。Mattel 股票在 1999 年的跌幅超过 35%，在年末大约为 14 美元/股。2000 年 2 月 3 日，Mattel 宣布其首席执行官 Jill Barred 将离开公司。

Mattel 可以把部分风险转嫁给 TLC 以达到保护自己的目的。方式是把收购部分的价格与 TLC 的实际经营业绩联系起来，并以利润或收益的形式定义在收购协议中。另外，Mattel 可以坚持部分收购金额在经过尽职调查揭示所有问题后再予以支付。托管也是控制并购风险的有效方法。在并购中，如果对目标公司的尽职调查不充分或面临较大并购风险和整合难度，可设计托管环节。在托管期中，并购方可进一步了解目标公司的资产负债、经营管理及企业文化等状况，一旦发现目标公司不是理想的并购对象就可选择放弃并购，避免因并购而可能带来的风险。

并购仅仅创造了机会，实际价值的创造是由成功的执行和运作来达成的。Mattel 通过并购带来的规模扩张并最终落实到绩效的提高，还有很长的路要走。

 讨论题

1. 为什么 Mattel 对业务多元化感兴趣？
2. Mattel 认为收购的替代方式是什么？讨论每一种可选方式的好处和坏处。
3. 网络是如何影响玩具行业的？可能与客户产生的潜在矛盾是什么？
4. 进入玩具行业的主要障碍是什么？
5. Mattel 采取什么措施保护自己以防范在尽职调查中发现的风险？

讨论题的分析要点
请扫二维码参阅

第三章　思科并购：生命周期法则的应用

> **导言**
>
> 　　思科成立于1984年，由斯坦福大学的两名毕业生雷纳德·波萨克和莎拉·雷纳创立。当时他们只是单纯地想将校园里的不同电脑连接在一起，共享数据，于是生产出一种兼容多种协议的路由器，可以在互联网上传输不同的信息流。这种路由器将不同的系统组成了一个大的网络，解决了人们互联互通的问题。1995年，思科一跃成为世界最大的网络设备制造商；2000年，思科的年销售额高达180亿美元，雇员为31 000人，市值达到4 440亿美元，仅次于通用的5 050亿美元和英特尔的4 460亿美元，首次超过微软的3 580亿美元，成为世界上最有价值的公司之一。
>
> 　　思科的崛起并不是仅仅因为在技术领域的眼光独到，更是在于其拥有的价值观、文化观和一支关注发展速度与环境协调的管理团队。思科最核心的价值观是像"偏执狂"一样关注并满足客户需求。思科重视市场和客户，随时根据客户的要求确定技术方向，在过去10年中曾经7次改变方向，客户向什么样的技术和产品迁移，思科就跟着改变。结果，思科从一家单一生产路由器的公司变成一家生产25类网络通信设备的公司，销售额则从7 000万美元增长到180亿美元。思科的另外一个重要策略是把市场切割，并在每个产品领域里争取第一或第二的位置。如果在某个领域做不到，就与伙伴合作，其实就是收购或者并购对方的公司。"客户需要而我没有，那就去买吧"已经成为思科并购活动的一个标准。自此，思科并购"成瘾"，自1993年并购Crescendo以来，思科在10年不到的时间里并购了81家公司。因此，除了始终占据信息技术产业的新兴增长点，思科将并购作为公司发展的一个基本战略，进行大规模、持续的系列并购是思科公司发展的一个重要特征。

第一节　技术生命周期

全球科技创新中最富戏剧性的变化就是向能够配合内部研究开发投资的外向型合作战略的转变。如今,企业使用联盟、合资、授权、股权投资、兼并和收购等方式达成自身所需的一个技术生命周期的技术和市场目标。要了解企业如何决定何时使用何种形式的合作关系,就必须理解技术生命周期模型。

技术生命周期理论是基于生命周期理论衍生而来的。根据Roberts et al. (2001)的研究,技术生命周期主要分为四个阶段,分别是流动阶段、过渡阶段、成熟阶段和终止阶段。不同阶段的划分标准主要是当时的技术水平,不同阶段存在不同的外部合作方法(如结盟或并购)以加速企业发展。对管理人员的挑战是:要认识到技术和产品处于哪个阶段,哪种外部合作方法能够加速企业发展。这个事实也表明了对管理者态度的一个要求:企业研发的每一项产品可能处在技术生命周期的不同阶段,因为一项技术在某个阶段的合作关系最终会在另一项技术的另一个阶段具有不同的用途,所以必须谨慎对待所有的合作关系。

技术生命周期的前三个阶段是在20世纪70年代由Utterback提出的,他随后又提出了第四个阶段——终止阶段。技术生命周期模型如图3-1所示。

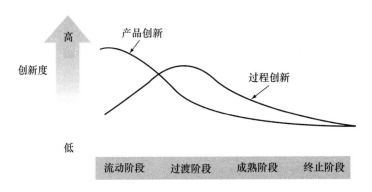

图3-1　技术生命周期模型

资料来源:J. M. Utterback, Mastering the Dynamics of Innovation, Boston, 1994.

在各个阶段,产业结构和关键成功因子、企业竞争压力及企业间合作方法会随着技术的演变而变化(见表3-1)。

在流动阶段,其特点是市场需求的增长率高,企业的进入门槛低,拥有专有技术的企业可以轻松进入,品牌的忠诚度低,客户要求的功能和质量相背离,现有企业之间的直接竞争相对较弱,因此利润率高,供应商的议价能力弱(因为制造产品所使用的材料和设备在本质上并无差别)。如今,随着高科技市场上产品生命周期的收缩,新技术必须被快速接受。因此,在流动阶段的新技术企业通常会与成熟的技术企业结成营销联盟,购买激进的许可政策以获得市场的认可。科技创业企业的扩散为成熟的技术企业获得新技术或者通过并购或少数股权投资进入小众市场提供了机会。随着预期的主导产品的出现，企业可以形成标准联盟以保护自身的专利技术。

表 3-1 技术生命周期各阶段的特点

	流动阶段	过渡阶段	成熟阶段	终止阶段
阶段动态	• 产品和市场的不确定性 • 高产品创新率和高制程弹性 • 需求高速增长，总产量低 • 产品的功能比品牌更重要 • 直接竞争较少	• 主导设计开始出现 • 客户需求明显增长 • 制成创新加速 • 辅助资产的重要性 • 基于产品品质和可用性的竞争	• 利润率压力很大 • 在最终产品上，相似点多于不同点 • 产品和制成创新减缓	• 新技术的侵入 • 在职者资产持续衰减 • 准入门槛低，新的竞争 • 随着新技术的侵入，部分市场衰退
首要目标	• 技术的发展和保护（集中于产品发展和激进的专利） • 发展所有权技术成为行业标准	• 主导设计技术性能的重新排列 • 技术机会的不断开发 • 追求增长策略（通过激进的能力建构或者建立与供应商和客户的紧密联系）	• 贯穿价值链的费用控制 • 较强的客户集中度 • 有倾向性的、高效的组织	• 在职者必须辨明新技术并重组核心竞争力 • 在任者可以选择退出市场 • 竞争者要获得市场的认可 • 竞争者要致力于产品发展
联盟与合营	• 为了促进技术成为行业标准而结成联盟 • 采用许可政策（开源政策或激进的许可政策） • 营销联盟许可的结成（与供应链的主要成员或行业领头者） • 与技术成熟企业结成技术联盟，常常与股权投资相结合	• 胜利者针对在主导设计竞争中失败的客户和企业采取激进的许可政策 • 与市场上的创业企业结成研发联盟 • 结成营销联盟；签订供应条款以保证持续的产品品质、价格和可用性	• 结成研发联盟以分担技术发展的风险和费用 • 结成营销联盟以进入潜在市场或者从竞争者手里抢夺客户 • 制造能够确保必要产品可用性的许可 • 开放与供应商和客户的许可	• 竞争者为了得到市场认可而结成营销联盟 • 竞争者同意供给技术领先者 • 在职者通过许可协议来瓦解技术
合并与收购	• 初创企业通过来自更加成熟的高科技行业的技术成熟企业进行并购 • 通过成熟的高科技企业进行公司股权投资	• 竞争者为了抗衡主导技术竞争中的胜利者而结盟 • 已进入市场的成熟的技术企业结盟	• 拥有互补产品或服务企业间的平行并购者 • 削减不必要的制造能力 • 很难在企业内部发展产品的技术初创企业的并购	• 竞争者从已建立的技术企业处获得可能的产权筹资 • 并购特定技术企业，已成立企业转移到新市场 • 已成立企业并购有相似生产能力的企业 • 随着同质市场优先权的转移，企业逐渐衰退

在过渡阶段,拥有主导产品的企业获得了股票市场的认可,股价的飙升使他们很可能会收购一些竞争者。

在成熟阶段,技术更加成熟、竞争更加激烈,企业可以结成技术联盟以降低研发成本。如果特定技术不能在企业内部发展起来,那么企业可以在公开市场上予以收购。营销联盟常常能帮助企业瞄准潜力市场,扩大新的地理市场。

在终止阶段,市场遍布新技术,整合增加,联盟减少,在任者可以利用其资源收购新市场所需的技术。竞争者可以通过与技术成熟公司结成战略性的供应链联盟来获得市场认可,这与其在流动阶段的行为类似。

第二节　生命周期法则的运用

一、思科的流动阶段和过渡阶段(1984—1990年)

思科系统公司是世界领先的互联网设备供应商,其系列产品实现了数据由网络计算机甚至跨操作系统的网络计算机所处理的可能。1984年成立的思科公司推出的第一款产品是可以在配置不同操作系统的计算机间翻译电子邮件的路由器。在早期阶段,由于技术满足了缝隙市场的需求,思科公司的销售快速增长。作为一家仅生产路由器的公司,它在1990年售出了5 000个路由器,获得7 000万美元的年总收入。

在这一阶段,思科公司面临的竞争极少。公司的一项首要目标是得到市场认可,达成了大量有关行销联盟和供应的协议。然而,思科在早期并没有积极地参与结盟活动,也没有进行任何收购行为。思科在没有结盟或并购的情形下,依然实现了迅速增长。这主要是因为路由器技术极为前沿,思科在这一领域几乎没有同类竞争。

从技术生命周期理论来看,在流动阶段,公司倾向于将目标集中在提高产品性能和迅速赢得市场认可上。技术生命周期模型提出,公司将与供应链上的主要供应商或某一行业领导者结成营销联盟,还可结成标准联盟并采取各种各样的授权策略。在流动阶段,思科面临极少的竞争和快速的增长。它的路由器技术覆盖了一个利基市场,在此阶段,无论是在联盟还是并购上,思科均不表现得活跃。它签订了一些营销和供应协议,没有任何收购行为,没有强势地将技术推销给其他公司。由于思科的技术相当前沿,市场对此具有需求,因此思科能够迅速地进入市场。在过渡阶段,技术生命周期模型假设,高科技公司将创立合营研发公司,采取积极的授权策略重新调整其技术组合,并签订营销与供应协议以保证一贯的品质、价格和可得性。相比流动阶段,思科在结盟方面也只是稍加活跃,这与技术生命周期模型的预测存在轻微的差异。尽管拥有主导技术,但公司仍被预期会参与共同研发和营销联盟。

二、思科的成熟阶段(1991—1996年)

随着个人电脑市场成形,1991年,网络市场开始迅速扩张。像微软一样,思科在对的时间拥有对的技术,并且充分利用了市场扩张的好处。1991—1996年,思科的销售额达到年均100%的增长率。1996年,思科售出824 000件路由器,净销售额达到历史性的41亿美元。

在成熟阶段,竞争开始出现并增长,思科的主要竞争对手是威福利网通公司。新的替代网络技术(如以太网和ATM交换产品)被利基初创公司开发出来,威胁到思科部分的路由器市场。思科积极地参与联盟和并购活动,以巩固它在技术和营销方面的领先地位。1991—1996年,思科参与了27家合资企业和联盟。在这些合作关系中,47%包含共同的销售计划,27%有许可协议,40%包含共同研发协议。正如生命周期理论假设的那样,在成熟阶段,思科大多数的联盟着眼于营销产品和开发新技术,其大多数的营销合作伙伴为已成立的电脑制造商,包括苹果、康柏、DEC、IBM、NEC和西门子等。

除了联盟,思科向12家技术型初创公司进行了少数股权投资(见表3-2),其中的大多数属于全面战略联盟协议中的一部分。40%的联盟含有思科的投资,表明思科的许多合作伙伴是技术型初创公司。股权投资和结盟往往发展成未来的并购行为。举例而言,1995年2月,思科与NETSYS Technologies结成了广泛战略联盟,并对其进行了少数股权投资;20个月后,思科收购了整家公司,得到了它的网络基础设施管理技术和性能分析软件。

表3-2　思科少数股权投资的12家公司(1991—1996年)

时间	公司	业务简介
1993.12	Cascade Communications	通信技术
1995.01	International Network Service	网络集成、管理和售后服务的主要提供者
1995.02	NETSYS Technologies	疑难解决的发展者,负责网络管理的规范和模拟仿真软件
1995.10	CyberCash	网络金融交易安全软件和服务的主要发展者
1995.12	Objective Systems Integrators	提供服务企业的网络管理软件的主要发展者
1996.01	Terayon	有线数字通信
1996.04	DataBeam	提供通信和应用协议及服务
1996.04	Precept Software	网络软件的主要发展者
1996.05	Visigenic Software	数据库联通性标准和分布式对象信息的提供者
1996.12	VeriSign	数字证明产品和服务的主要提供者
1996.12	Interlink Computer Sciences	企业网络系统管理、高绩效解决方案的提供者
1996.12	OpenConnect Systems	网络互联软件、系统和发展工具的主要提供者

在成熟阶段,思科收购了14家技术型公司(见表3-3)。由于网络产业的快速增长,思科内部的技术能力不再能够满足市场需求。1993年,思科有意识地收购了对于内部开发来说既昂贵又耗时的核心技术。通过这些并购行为,思科能够将业务延伸至新的产品领域,包括千兆以太网、LAN和ATM交换机、ISDN和网络管理软件。思科收购的公司都是各自领域的技术领导者,6/7的公司是私营的。大多数的早期收购行为最终带来了极大的利润。思科并购的第一家公司——1993年以1亿美元买下的Crescendo,是一个

发展至超过 40 亿美元年收入的单位的基础。思科现在的许多核心产品——路由器、LAN 和 ATM 交换机、拨号接入服务器和网络管理软件,都是在成熟阶段被收购的。

表 3-3 思科并购 14 家公司(1991—1996 年)

时间	公司	业务简介
1993.09.21	Crescendo Communications	高绩效网络产品
1994.12.07	Newport Systems Solutions	提供偏远网点基于软件的路由器
1994.10.24	Kalpana	LAN 转换产品的制造者
1994.12.08	LightStream	制造 ATM 转换机
1995.08.10	Combinet	ISDN 远程网络产品的主要制造者
1995.09.06	Internet Junction	网关软件,利用网络链接桌面用户的发展者
1995.09.27	Grand Junction Networks	高速以太网(100Base-T)和以太桌面转换产品的主要供应者
1995.10.27	Network Translation	高成本效益、低维护的网络地址通信和网络防火墙软硬件制造者
1996.01.23	TGV Software	在局域网、企业网、全球网络范围内链接不同电脑系统的网络软件产品的主要供应者
1996.04.22	Stratacom	异步传输模式和帧中继高速广域网络转换设备的主要供应者
1996.08.06	Noshoba Networks	致力于工作组和主干网环境的转换产品
1996.07.22	MICA Technologies	高密度数字扫描技术
1996.09.03	Granite Systems	基于标准的多层次千兆以太网交换技术
1996.10.04	Netsys Technologies	网络基础设施管理和绩效分析软件的先导者

在技术生命周期的成熟阶段,企业被预期会在联盟、缔造合营企业和并购方面非常活跃。技术生命周期理论假设,企业会创立联合研发企业以分摊风险和技术开发成本,利用加工、制造联盟保证基本产品的可供应性,并结成营销联盟来进攻潜在市场。事实上,最初仅是一家路由器企业的思科通过收购将业务延伸至网络领域的每一市场分层。由于内部技术能力不再足以满足需求,思科实施了 14 项技术性收购。在成熟阶段,思科参与了 27 家合营企业并进行了 12 项少数股权投资,40% 的联盟行为包含投资,表明思科的许多合作伙伴是技术初创企业。在思科的 27 条战略伙伴关系中,47% 包含共同营销安排,40% 包含联合研发企业。正如生命周期模型对成熟阶段所做的预测,思科在联盟(缔造联合研发企业和签订共同营销协议方面)表现活跃。另外,思科有意识地收购自身不能开发的技术。替代网络技术的扩散是思科并购战略背后的根本原因。

三、思科的终止阶段(1997—2000 年)

随着企业内部网持续快速扩张,思科成为排名第一的提供端到端硬件、软件和网络管理解决方案的网络企业。互联网的出现在带来新的增长潜力的同时,也带来了新的竞争。由于高额的边际利润和强大的发展前景,越来越多的企业被吸引进入网络市场,竞争压力也随之增大。思科最大的竞争对手包括 3Com、Alcatel、Cabletron、爱立信、IBM、Juniper、Lucent、Nortel 和西门子等。

为了维持技术和营销的领先地位,思科加大了科技收购力度。1997—2000 年,思科购买了 42 家公司(见表 3-4)。仅 2000 年第一个季度,思科就以创纪录的共 30 亿美元的价格购买了 9 家公司,这个数额相当于思科 1999 年第四季度的收入。目标公司规模不一,范围从每笔交易 1 900 万美元至 8 亿美元不等。思科的早期并购着眼于核心网络技术(如路由器和交换机),而近期收购则定位于更广泛的产品和服务范围。自 1999 年,思科收购的公司拥有多媒体、电子商务和网络材料方面的技术。

表 3-4 思科的并购(1997—2000 年)

时间	公司	业务简介
1997.03.26	Telesend	专注于广域网络链接产品
1997.06.09	SkyStone Systems	高速同步光纤网络/同步数字分层技术的倡导者
1997.06.24	Global Internet Software	Windows NT 网络安全市场的先导者
1997.06.24	Ardent Communications	为个人和公共帧中继及 ATM 网络压缩语音、LAN、数据和视频流量设计复合通信支持的先导者
1997.07.28	Dagaz	宽带网络公司
1997.12.22	LightSpeed	语音信号处理技术
1998.02.18	WheelGroup	入侵探测和安全扫描软件产品的领导者
1998.03.11	NetSpeed	用户端设备、集中办公产品和宽带远程接入服务器
1998.03.11	Percept Software	领先的多媒体网络软件公司
1998.05.04	CLASS Data Systems	结合公司政策和优先权手机网络资源的提供者
1998.07.28	Summa Four	交换机的主要提供者
1998.08.21	American Internet	IP 地址管理和网络接入软件解决方案的主要领导者
1998.09.15	Clarity Wireless	无线通信技术的主要发展者
1998.10.14	Selsius Systems	关于 TCP 高质量通信的 PBX 系统的主要供应者
1998.12.02	Pipelinks,Inc.	具备同时转换电路交换和路由 IP 的 SONET/SDH 路由器的先导者
1999.04.08	Fibex Systems	数字环路载波整合接入产品的先导者
1999.04.08	Sentient Networks	发展公司高密度 ATM 电路仿真服务网关
1999.04.13	GeoTel Communications	整合公司数据应用和声音结构设备的软件解决方案
1999.04.28	Amteva Technologies	基于 IP 的中介软件,在单一 IP 网络上巩固声邮、邮件和传真
1999.06.17	TransMedia Communications	提供将复合网络统一起来的多媒体网关技术
1999.06.29	StratumOne Communications	为高速广域网提供高集成电路产品
1999.08.16	Calista	允许古老的数字电话与新时代的语音转换和路由相结合

(续表)

时间	公司	业务简介
1999.08.18	MaxComm Technologies	使附加的声音线路和高速数据利用宽带传播至家庭
1999.08.26	Monterey Networks	注重下一代光传输网络核心的光学传输产品
1999.08.26	Cerent	下一代产品的光学传播市场
1999.09.15	Cocom A/S	有线电视网络标准接入解决方案的发展者(欧洲)
1999.09.22	WebLineCommunications	网络客户服务和电子商务客户关系管理软件的领先发展者
1999.10.26	Tasmania Network Systems	网络现金软件技术的领先发展者
1999.11.09	AironetWirelessCommunications	标准高速无线 LAN 产品的领先发展者
1999.11.11	V-Bits	有线电视服务提供商的数字视频标准处理系统的领先发展者
1999.12.16	Worldwide Data Systems	融合数据和语音网络的咨询与工程服务的领导者
1999.12.17	Internet Engineering Group	高绩效软件的领先发展者
1999.12.20	Pirelli Optical Systems	致密波分裂复用设备的领先发展者
2000.01.19	Compatible Systems	为服务网络提供标准可靠、可扩展的 VPN 解决方案的领先发展者
2000.01.19	Altiga Networks	为远程接入应用融合 VPN 解决方案的市场领导者
2000.02.16	Growth Networks	网络交换纤维,一种新类别的网络硅材料的市场领导者
2000.03.01	Atlantech Technologies	网络元素管理软件的领先提供者
2000.03.16	JetCell	为公司网络提供标准,在建无线电话公司的主要发展者
2000.03.16	InfoGear Technology	用于网络链接管理信息应用的网络应用和软件的领先提供者
2000.03.29	SightPath	创造智能内容分发网络应用的领先提供者
2000.04.11	PentaCom	采用空间复用协议产品的领先提供者
2000.04.12	Seagull Semiconductor	硅技术的领先发展者

　　除了并购,思科与著名的技术公司结成正式的战略同盟,包括 EDS、IBM、Hewlett Packard、摩托罗拉和微软。1997—2000 年,思科参与了 71 家合营企业和联盟(见表 3-5),其签署的合营协议数量稳步增长。在这些合作关系中,55%包含共同的营销计划,15%包括少数股权投资,其中 35%拥有共同研发协议。随着竞争加剧,思科试图向客户提供完整的端到端硬件和软件解决方案,营销联盟变得更为重要。在终止阶段,许多战略关系是长期的且由多样化的倡议所组成。

表 3-5　思科的联盟和合营企业（1997—2000 年）

年份	研发	市场	许可	股权投资	标准	总计
1997	4	4	0	6	1	14
1998	5	11	1	2	1	18
1999	9	15	1	2	1	22
2000	7	9	0	1	1	17

在 71 家联盟和合营企业中，思科进行了 10 项少数股权投资，占这些企业的 15% 左右。除了毕马威会计师事务所，受益者都是技术初创企业。投资规模不等，范围从 400 万美元至 4 900 万美元。包含投资的联盟占比是思科在成熟阶段的 1/3，表明思科在终止阶段更多地与已成立的企业合作。

理论上，随着技术进入终止阶段，企业被预期会参与营销和授权协议及联合开发企业。这是一个产品和市场具有高度不确定性、技术带有侵入性、市场趋于融合的阶段。互联网的出现改变了计算机行业的竞争模式，随着企业以太网和互联网持续快速扩张，竞争压力开始在全球网络市场叠加。思科的首要竞争对手包括 Lucent、Nortel 和 IBM，为了维持技术领先性，思科加大了技术收购力度。1997—2000 年，思科历史性地收购了 42 家技术型企业，业务范围从多媒体至硅材料。通过这些收购活动，思科转型为一家完全的端对端网络企业。除此之外，思科还参与了 71 项联盟和缔造合营企业的行为，并进行了 10 项少数股权投资。在这些合作关系中，55% 包含共同营销计划，35% 拥有共同研发协议。

相较于成熟阶段，思科在技术终止阶段于联盟、合并和收购方面表现得更为活跃。思科是路由器行业的领导者，拥有强大的财力，在技术终止阶段、进入新的成长市场时，思科努力通过加大投资来抵御竞争对手的攻击。正如生命周期模型所预测的，思科参与了大量的缔造联合研发和营销联盟的行为，其收购和股权投资模式也与模型的预测十分相似。思科各阶段的动态和目标如表 3-6 所示。

表 3-6　思科在技术生命周期各阶段的表现

	流动和过渡阶段	成熟阶段	终止阶段
阶段动态	• 160% 的增长率 • 大批量制造的、用于连接网络计算机的路由器 • 竞争非常少 • 产品覆盖利基市场带来的高增长率	• 100% 的增长率 • 个人电脑市场起步带来的持续快速增长 • 竞争开始增大	• 44% 的增长率 • 竞争加剧
首要目标	• 建立高质量生产者的形象 • 迅速获得市场认可 • 开发不能授权的技术	• 紧跟新技术 • 追求增长策略	• 向公司提供端对端解决方案 • 紧跟技术创新

(续表)

	流动和过渡阶段	成熟阶段	终止阶段
联盟与合营	• 奉行授权策略	• 活跃；参与 27 家联盟 • 47% 包含共同的营销计划，27% 有授权协议，40% 包含共同研发，27% 拥有供应协议	• 非常活跃；参与 71 家联盟 • 35% 包含共同研发，55% 有共同的营销计划
合并与收购	• 无合并与收购	• 12 项股权投资，大多数是与联盟协议结合的 • 网络技术领域的 14 项技术性收购	• 非常活跃 • 收购了 42 家网络、多媒体、电子商务和网络材料领域的公司 • 10 项少数股权投资，全部是更广泛的联盟协议的一部分

从表 3-6 可以看出，随着竞争的加剧，市场对新技术和新产品的要求越来越高，思科在市场上可获得的利润率越来越低，其联盟和并购活动也更加活跃，并购企业的业务面越来越广，暗示了思科可能会退出某些已经饱和的市场，开拓新的市场。

第三节 财务战略与效果

成功的并购离不开合适的财务战略的匹配与支持，思科也不例外。它之所以取得并购上如此辉煌的成功，与其有效的财务战略是分不开的。

一、思科的筹资战略

在包括成熟前的各个阶段，思科的短期负债、长期负债、利息费用和应付股利均为 0，说明企业没有任何负债，完全是无债经营；但普通股股本在 6 年中不断上升，说明企业并购资金大部分来自拆股（见表 3-7）。

表 3-7 思科在成熟阶段的财务指标　　　　　　　　　　单位：万美元

项目	1991 年	1992 年	1993 年	1994 年	1995 年	1996 年
短期负债	0	0	0	0	0	0
长期负债	0	0	0	0	0	0
利息费用	0	0	0	0	0	0
应付股利	0	0	0	0	0	0
普通股股本	65 737	98 940	157 479	227 835	362 292	888 067
股本增幅(%)		50.51	59.17	44.68	59.02	145.12

资料来源：Compustat 数据库。

在终止阶段,思科的短期负债、长期负债、利息费用和应付股利同样均为 0,说明企业依然没有举债经营;而普通股股本在 1997—2000 年不断上升,说明思科在这段时期的并购相较成熟时期更为活跃(见表 3-8)。

表 3-8　思科在终止阶段的财务指标　　　　　　　　　　　　　单位:万美元

项目	1997 年	1998 年	1999 年	2000 年
短期负债	0	0	0	0
长期负债	0	0	0	0
利息费用	0	0	0	0
应付股利	0	0	0	0
普通股股本	1 763 200	3 220 205	5 524 000	14 609 000
股本增幅(%)	98.54	82.63	71.54	164.46

资料来源:Compustat 数据库。

一般并购企业的股价低迷时,被并购企业期望付现;当并购企业的股价高涨时,被并购企业愿意换股。因此,并购企业股价上升之时是进行大量并购的好时机。思科利用其股价在这几年不断高涨的大好时机,不断拆分股票进行筹资。表 3-9 反映了 1991 以来思科股票拆分的状况。

表 3-9　1991—2000 年思科股票拆分　　　　　　　　　　　　单位:美元

项目	1991 年	1992 年	1993 年	1994 年	1996 年	1997 年	1998 年	1999 年	2000 年
拆分	1 拆 2	1 拆 2	1 拆 2	1 拆 2	1 拆 2	2 拆 3	2 拆 3	1 拆 2	1 拆 2
拆分前价格	57.0	78.0	92.0	79.0	89.0	80.1	96.6	123.1	144.1
拆分后价格	28.5	39.0	46.0	39.5	44.5	53.4	64.4	61.6	72.2

资料来源:Compustat 数据库。

思科利用拆分股票进行筹资是非常成功的。思科每年拆分一次,多数拆分发生在 3 月左右,拆分后股价下降,但随后会重回拆分前的高位。1991—1999 年实施了八次拆分,除 1993 年拆分后股价虽回升但没有达到拆分前的水平外,其余七次拆分后股价均回升并超过拆分前的水平。在多年的连续并购中,思科共使用了 400 多亿美元资金,但通过市场直接融资达 2 200 亿美元。因此,思科不但没有因并购而举债,自公司成立以来,它就没有负债经营过。

二、思科并购的效果

(一)并购后的离职率分析

思科的所有并购,不管是内部的还是公开的,其是否成功的问题一直备受争议。思科采用的检验并购效果的一种方法是员工离职率。当思科并购一家企业时,会对其做出承诺。这项政策是公司董事长 Chambers 从 Wang 处学到的经验(Wang 不得不解雇 10 000 名员工中的 4 000 名),但 Chambers 发誓不会陷入这样的境地。根据 Chambers 的观点,与 40% 和 80% 的行业平均离职率相比,思科高层和员工的目标自愿离职率大约为12%,这是评判思科并购成功的关键指标之一。事实上,被并购企业半数的董事和大部分的管理人员自1993年以后留在了思科。例如,1995年2月,Giancarlo加入思科,作为商业发展部门的副董事,他帮助思科持续发展了并购政策和活动,在思科的18项并购活动中发挥了重要的作用。1999年,他已成为资深副董事和技术发展部门主管。对于思科竟然能获得这么多企业接受其经营模式,与被并购企业合作的顾问惊异于思科的能力。

(二) 并购后的财务效率分析

会计测度也被用以判断思科并购是否成功。根据Chambers的观点,如果思科在三年内产生的收入大于收购企业的费用,那么小中型并购就是成功的;如果在两年或一年内做到的话,这项并购就是非常成功的。据此,我们分析思科并购后的财务效果。

根据会计测度的观点,在成熟阶段,思科在并购后一年内产生的收入明显大于并购费用(见表3-10),说明成熟阶段的并购是非常成功的。

表3-10 思科在成熟阶段的财务指标

项目	1991年	1992年	1993年	1994年	1995年	1996年
净销售额(万美元)	183 184.00	339 623.00	649 035.00	1 242 975.00	1 978 916.00	4 096 007.00
净销售额增幅(%)	78.34	85.40	91.10	91.51	59.21	106.98
营业利润(万美元)	66 189.00	129 387.00	263 571.00	488 116.00	738 699.00	1 400 806.00
营业利润增幅(%)	92.36	95.48	103.71	85.19	51.34	89.63
并购费用(万美元)	7 563.00	16 601.50	29 269.50	35 178.00	67 228.50	262 887.50

资料来源:Compustat数据库。

根据会计测度的观点,在终止阶段,思科在并购后两年或三年内产生的收入明显大于并购费用(见表3-11),成本回收的速度减缓,这也是终止阶段区别于成熟阶段的特征之一,但依然表明思科终止阶段的并购是成功的。

表3-11 思科终止阶段的财务指标

项目	1997年	1998年	1999年	2000年
净销售额(万美元)	6 440 171.00	8 458 777.00	12 154 000.00	18 928 000.00
净销售额增幅(%)	57.23	31.34	43.69	55.73
营业利润(万美元)	2 135 691.00	2 698 049.00	3 455 000.00	3 297 000.00
营业利润增幅(%)	52.46	26.33	28.06	−4.57
并购费用(万美元)	437 566.50	728 502.50	1 151 897.50	4 542 500.00

资料来源:Compustat数据库。

(三) 可持续发展分析

考察思科的实际增长与自身资源是否相互协调,我们可以利用可持续增长财务模型予以衡量,模型所确定的可持续增长率(企业资源所能支持的最大增长率)是理论值。如果企业的实际增长率超过了可持续增长率,则说明增长过快,企业对资源的需求增加;反之,企业的内部资源则比较充裕,内部资源没有得到有效利用。测度可持续发展能力的模型为：

可持续增长率＝利润率×留存收益率×资产周转率×资产权益率

思科在成熟阶段的可持续增长率与实际增长率的对比结果如表 3-12 和图 3-2 所示。

表 3-12　思科在成熟阶段的实际增长率与可持续增长率的比较　　　　　　　　单位：%

项目	1991 年	1992 年	1993 年	1994 年	1995 年	1996 年
实际增长率	2.09	0.95	1.04	0.85	0.51	0.90
可持续增长率	1.54	1.45	1.43	1.53	1.32	1.52

资料来源：Compustat 数据库。

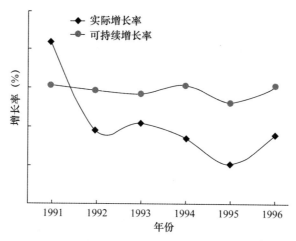

图 3-2　思科在成熟阶段的实际增长率与可持续增长率的比较

从图 3-2 可以看出，1991—1996 年，思科的可持续增长率起伏不大，均在 1.5% 左右。1991 年，思科的实际增长率大于可持续增长率；但 1991 年以后，实际增长率就一直小于可持续增长率。根据可持续增长的财务思想，因为思科通过拆股融资，没有负债经营，所以思科的内部资源充裕，企业管理层应该走出现有的经营范围甚至目前的行业，寻找投资机会从事新的经营业务、开发新产品、多发股利或回购股份、"还钱"给股东、进行并购实现多种经营等，这与思科负债率极低并不断收购新技术企业的战略是吻合的。在成熟时期，市场竞争逐渐加剧，新技术和新产品的发展减缓，企业在利润率上的压力逐渐增大，思科只有不断地收购扩张才能维持企业的市场份额和品牌形象，为后续的并购战略打开空间，立于不败之地。

思科在终止阶段的实际增长率与可持续增长率的对比结果如表 3-13 和图 3-3 所示。

表 3-13　思科在终止阶段的实际增长率与可持续增长率的比较

项目	1997 年	1998 年	1999 年	2000 年
实际增长率	0.52	0.26	0.28	−0.05
可持续增长率	1.33	1.02	1.00	0.83

资料来源：Compustat 数据库。

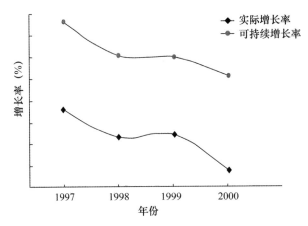

图 3-3　思科在终止阶段的实际增长率与可持续增长率的比较

从图 3-3 可以看出,1997—2000 年,思科的实际增长率依然低于可持续增长率,并且实际增长率和可持续增长率均呈下降趋势,2000 年的实际增长率已经为负,说明终止时期市场逐渐趋于饱和,思科能获得的收益率越来越低。因此,思科于终止阶段在联盟、合并和收购方面表现得更为活跃,不断在新市场上寻求新技术、生产新产品,这也是符合可持续理论的。

（四）风险分析

思科在成熟阶段和终止阶段的并购并不存在财务上的融资与偿债风险,但存在破产风险,我们利用 Mackie-Mason(1990) 提出的模型测量企业在不同阶段发生财务危机的可能性,具体模型为:

$$Z = \frac{3.3 \times 息税前利润 + 销售收入 + 留存收益 + 营运资本}{总资产}$$

其中,息税前利润＝利润总额＋财务费用,销售收入＝主营业务收入,留存收益＝盈余公积＋未分配利润,营运资本＝流动资产－流动负债。Z 值越大,公司发生财务危机的可能性越小;Z 值越小,公司发生财务危机的可能性越大。

思科在成熟时期的 Z 值计算结果如表 3-14 所示。

表 3-14　思科并购在成熟时期的 Z 值

	1991 年	1992 年	1993 年	1994 年	1995 年	1996 年
Z 值	3.8481	3.4072	3.3994	3.6506	3.3437	3.3472

资料来源：Compustat 数据库。

从图 3-4 可以看出,思科并购在成熟时期的波动较大,除 1991 年和 1994 年的 Z 值较大外,其余年份的 Z 值均比较稳定,但基本维持在 3.3 以上。结合成熟时期的竞争程度和思科的融资战略,在成熟阶段,思科的破产风险并不高。

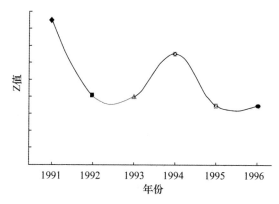

图 3-4　思科在成熟时期的 Z 值

思科在终止时期的 Z 值计算结果如表 3-15 所示。

表 3-15　思科在终止时期的 Z 值

	1997 年	1998 年	1999 年	2000 年
Z 值	3.1826	2.4693	2.0632	1.3927

资料来源:Compustat 数据库。

从图 3-5 可以看出,思科并购在终止时期发生了变化。1997—2000 年,Z 值不断下降且降幅明显大于成熟时期;截至 2000 年,Z 值降至 1.3927,说明思科在终止阶段的破产风险在不断加大。这表明,随着技术生命周期的递延,加上竞争的加剧,思科能获取的收益越来越少,面临的风险越来越大,迫使其选择逐步改变并购战略,退出某些饱和市场,并加强力度开拓新市场。

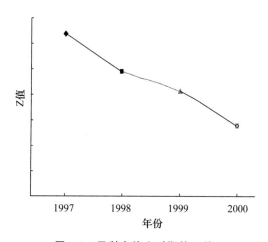

图 3-5　思科在终止时期的 Z 值

第四节 结论与启示

在本章,我们研究了与技术生命周期相关的高科技公司(思科)的并购活动。思科案例研究结果大体上是支持技术生命周期模型的,还显示了高科技公司联盟或并购的决策与技术进化和市场结构相关。

思科案例在很多方面支持了技术生命周期理论。特别地,企业在成熟阶段和终止阶段的行为极好地符合了理论思想。从思科并购的规模和财务效果来看,思科无疑是成功的。我们认为,思科并购有以下两点成功经验可以借鉴:

第一,思科频繁地调整并购和整合策略以吸收新的经验。根据思科一名董事所描述的,"我们犯过书本上出现的每一种错误,但我们也从这些错误中有所收获,它们随后也帮助了我们"。因此,思科吸取经验,不断调整并购策略和方法,在不同的技术生命周期阶段确定不同的目标,并采取不同的并购方法,思科董事长 Chambers 总结出思科领导层需要注意的十项议题,居于首位的就是要有"延展性的目标"。

第二,思科的并购几乎都是通过权益结合法、直接采用换股的形式进行的,这使得思科从不借助举债并购,也从来没有负债经营。各项数据表明,思科拆股的融资策略是成功的,没有负债压力,企业的内部资源可以得到充分利用,进一步支持了思科的并购和可持续发展。在我国的并购会计处理中,权益结合法也应用得较为普遍,2006 年中国财政部发布的《企业会计准则》借鉴了国际会计准则的相关规定,保留了权益结合法的内容,这是因为权益结合法符合我国的经济环境和行业发展状况,具有很强的实际意义。

如果说思科的经营理念是客户至上——执着地追求客户的高满意度,采用的是客户驱动的产品市场战略——客户需要什么产品就开发和生产什么产品,那么实现这一理念和战略的重要手段就是思科的系列并购战略。钱伯斯认为,企业要进入客户需要的产品市场,关键是占有市场的最大份额。在某个产品市场上,如果思科的市场位置还不是第一或第二,譬如只是第六,那么它就要与前五名结盟,或者收购前五名;否则,它就会退出这个市场。

为了确保并购的成功,思科总结出五条并购法则:第一,以客户需求为导向;第二,只并购中小企业,坚持短期见效;第三,通过重组整合,追求长期双赢;第四,企业文化相近;第五,地理位置相邻。如果被并购企业只能满足四条则意味着"黄灯",需要再予以考虑;如果被并购企业只能满足三条则是"红灯",就应该放弃,并且要敢于在最后一分钟放弃。

 讨论题

1. 思科并购方式及资金的主要来源是什么?
2. 思科并购的绩效如何?

讨论题的分析要点
请扫二维码参阅

本篇参考文献
请扫二维码参阅

 拓展性案例
南北车"复婚":双手互搏 or 双剑合璧?

世界最大的两家轨道交通装备制造商——中国南车和中国北车在分开14年后再度合并,成为全球轨道交通装备制造"巨无霸",同时也打响了国有企业合并热潮的第一枪。"两车"相互竞争,为何再度合并?合并后一家独大是否影响高铁技术的持续创新?"两车"携手奔赴海外,能否以"高铁创造"引领"中国品牌"?本案例运用客观事实与数据资料,从公司背景、并购动机、并购过程、并购后续风险四个方面,详细地介绍和分析此次并购事件。

资料来源:中国管理案例共享中心;案例作者为天津大学,张再生、李九阳;作者拥有署名权、修改权和改编权。

 案例分析题

1. 请简要分析中国南车在合并前所面临的战略环境,同时对比中国南车和中国北车各自的战略优势。

2. 如果你是一名决策者,你是否会做出同样的并购决策?南车与北车合并的动机或原因有哪些?

3. 你认为中国南车与北车在后续的整合中应注意什么才能更好地度过整合的"阵痛"期。

4. 结合国家核电与中国电力、南光集团与珠海振戎、五矿集团与中冶集团、中国远洋与中国海运的合并事件,谈谈你对国有企业"合并潮"的看法。

案例全貌
请扫二维码参阅

案例分析要点
请扫二维码参阅

第三章 思科并购:生命周期法则的应用 39

第二篇

战略选择与财务政策

第四章　战略选择与竞争战略中的财务政策
第五章　不同竞争战略背景下的财务政策比较：春兰股份与深康佳的对比分析
第六章　竞争战略与公司融资：青岛啤酒发行分离交易可转债的战略效应

本篇主要引导读者熟悉战略选择与竞争战略中的财务政策，了解竞争战略影响公司资本结构的理论，熟悉竞争战略与公司融资选择。以不同竞争战略背景下的财务政策比较——春兰股份和深康佳的对比分析及竞争战略与公司融资行为——基于青岛啤酒发行分离交易可转债的战略效应，作为典型案例进行剖析，协助读者深入理解竞争战略中的财务政策选择。

第四章 战略选择与竞争战略中的财务政策

第一节 竞争战略对公司资本结构影响的理论假说

自 Modigliani and Miller(1958)提出融资与投资无关论以来,理论界对融资与投资关系的早期研究忽视了竞争战略对公司资本结构影响的可能性。直到 Jensen and Meckling(1976)认识到投资与筹资存在潜在的相互作用时,研究者探索竞争战略如何影响资本结构的大门才被打开。Titman(1984)关于资本结构影响清算决定的分析揭示了资本结构是影响公司战略价值的主要因素。他提出,如果高债务水平确实与较高风险的战略有关,那么关心公司未来存在与否的顾客会负面评价高财务杠杆公司,更愿意购买低财务杠杆公司生产的产品。然而 Sandberg et al.(1987)声称,只要债务融资具有正面结果并且不会阻碍公司发展有效战略的能力,公司就应该提高负债水平。Barton and Gordon(1987)就战略对资本结构的影响进行了探讨,填补了与资本结构有关的财务理论文献的不足。他们指出财务领域中大量的理论研究和实证研究在资本结构的影响因素及其对企业价值是否产生影响等方面尚未达成一致,发现不同的战略定位或选择(如多元化战略、产品差异化战略等)实际上有不同的债务水平与之相适应。进一步地,他们发现战略与财务变量存在多种显著的相互作用关系,表明传统财务变量和资本结构的关系随公司战略的不同而不同。Balakvishan and Fox(1993)认为,战略的运用能帮助我们理解产业内资本结构的变化状况。在一个产业中,我们可以观察到产业内存在战略变化。如果竞争战略能为公司投资决策提供指导,并且投资选择能影响筹资选择,那么我们预期不同的资本结构会满足不同竞争战略的需要。

第二节 竞争战略与公司融资选择

一、风险与交易成本假说

融资决策和资本结构管理是企业管理者基于战略类型、产品及资本市场环境等诸多因素做出的综合权衡。国外的许多学者发现,采用创新型战略以提高核心能力和竞争优势的企业倾向于采用低杠杆率的资本结构,以此减轻来自债权人的偿债压力。企业面临的市场环境因素越不利,企业越倾向于较松弛的资本结构(负债率较低)。一方面,创新型战略企业的创新投资总是面临较高的风险;另一方面,债权人对债务的追索能力受到

"有限责任"体制的限制。当企业准备以举债支持创新投资时,债权人就会要求较高的债务利息率,从而增加了企业融资的成本。与此同时,高负债企业也面临较高的破产风险,因此企业一般不倾向于使用债务融资方式支持未来现金流不稳定的创新投资,而更多地依靠内部资金和权益融资。这一研究结果得到了交易成本理论的支持。Simerly et al. (1998)从企业外部角度寻求进一步的解释。他们认为,企业对创新的投入越多,其财务杠杆率越低,原因在于创新投资创造的是无形资产,而债权人一般倾向于以实物资产作为抵押品,因此在是贷款给创新型项目还是厂房设备型项目时,银行等债权人均倾向于后者。此外,对债务利息的偿还需要一组稳定的现金收益流予以支持,这是多数创新型投资项目所不具备的,所以创新型战略企业无法采用较高的财务杠杆率进行创新项目的融资。但是也有学者认为,许多创新型投资项目之所以主要依赖内部融资或股权融资,有时并不是创新型企业不愿意进行负债融资,而是债权人的过分担心与谨慎导致创新型企业无法实现债务融资。

二、信号传递假说

信号传递理论认为,当资本市场无法甄别负债公司的质量时,优质公司往往具有采取某种行动的动机,以便向市场传递公司质量好的信号。如果劣质公司模拟优质公司的行为,其代价是很高的(Spence,1974)。金融经济学中大多数的信号模型往往利用公司的资本结构、股利或经理人控制向资本市场传递有关公司基本价值的信息(Myers and Majluf,1984;Ross,1977)。但是如果利用一种更广泛的信号方式,公司可以传递出打算承诺采取某种特殊行动的信号。例如,在产品市场的竞争中,公司发现有必要对声誉和品牌资产进行投资,以便在产品市场的竞争中取得主动地位(Klein and Leffler,1981)。虽然这些声誉和品牌资产是特殊的无形资产,但从另一个方面形成了保障公司债权人权益的基础。一方面,如果负债公司无法履行债务责任,公司声誉将受到严重损害,公司价值就会降低;另一方面,如果公司减少广告支出水平,市场就会认为公司处于困难境地,甚至计划退出产品竞争市场,那么公司实现再融资的可能性就会减小。由此可见,一旦声誉和品牌资产得到实现,公司有必要对其进行连续投资,就像维护实物资产一样。声誉和品牌资产的存在与维护被债权人视为负债公司在产品市场竞争中承诺采取积极行动的信号,对这类特殊资产的投资往往容易得到债权人的认同,从而降低公司负债融资的成本。由此,我们认为,一家公司对声誉和品牌资产的投资越多,公司偿债能力越强,其负债程度可以越高。

三、组织环境假说

Cyert and March(1963)提出,是组织"松弛"而不是"困境"培育了企业的创新,维持组织正常开支与组织从外部宽松环境所得资源的差距决定了企业组织创新的力度。一般而言,在资源匮乏时,组织不会进行创新活动。组织宽松是以财务缓冲为假设前提的,这促使大量研究人员使用或提出松弛的财务代理变量,包括财务杠杆的衡量(Bourgeois,

1981)。如果松弛是组织进行创新活动的关键因素,那么对财务松弛的需要就证明企业处于一种相对较低的财务杠杆的状态,而一个较低的财务杠杆应当增强企业的创新能力。

显然,以创新为基础的竞争要求企业必须不断进行新的创新,以保持在竞争市场中的活力。这种持续创新的需要使财务松弛成为以创新为基础的战略行动所必需的补充。正如 Froot et al. (1993)所提出的,现金流的不稳定变动可能危及企业在研发方面的投资,而研发投资比率对创新企业而言是非常关键的,因为在一个给定的时间段内维持一个给定的研发投资率要比将相同的研发投资分两次投入产生更大的技能储备(Dierickx and Cool,1989)。因此,研发投资不允许随着可能的现金流变动而不断改变,而财务松弛正好可以缓冲现金流变动带来的影响,从而确保即使企业处在困难时期研发投资也能持续不断地进行下去。此外,作为有效的创新者,市场不仅要求其能够研发新产品,更要求其能够推动新产品早日打入市场。因此,若没有财务松弛,则任何现金流的减少将直接导致资金的迅速短缺和投资的取消,而财务松弛能够确保企业拥有推动新产品上市的资金来源(Bromiley,1991)。

四、产品竞争假说

波特在20世纪80年代提出了三个非常著名的产品竞争战略:产品差异化战略、成本领先战略和区域集中化战略。其中,产品差异化战略要求投资相应的资产(如专有技术、声誉、品牌、研发与创新能力等),形成公司的特殊性资产,从而增强了公司产品的独特性,提高了公司声誉与产品竞争力,提升了公司的偿债能力。例如,对于改进产品质量的公司而言,在其他条件相同的情形下,可以设置较高的债务水平。直观上的理解是,通过产品质量的改进,公司可以提高自己的声誉,吸引更多的顾客,并且确定更高的产品价格。因此,公司可以设置较高的债务水平以进一步缓解产品价格的竞争,并且不用担心对手掠夺产品市场份额。另外,对于债权人而言,与声誉有关的无形资产是一个担保,它可以增强公司的负债能力(Balakrishnan 和 Fox,1993)。

第五章 不同竞争战略背景下的财务政策比较：春兰股份与深康佳的对比分析

> **导言**
>
> 我国家电行业是一个竞争异常激烈的行业，身处其中的企业一方面要持续投资、开发新产品、更新制造工艺、降低成本，以争夺市场份额；另一方面又要保证自己在激烈的竞争市场中持续生存。按照相关理论的观点，这类行业中的企业应该选择低杠杆的财务保守政策；但是我们惊奇地发现，不同企业选择不同的财务杠杆，有的甚至达到60%—70%，成为高负债率、高风险企业。当然，也有负债率低的财务保守型企业，如春兰股份。我们比较研究家电行业中低负债的春兰股份与高负债的深康佳，从竞争战略角度分析企业是否应该执行财务保守政策。

第一节 春兰股份的财务分析

春兰股份(以下简称"春兰")是生产、销售空调器的专业化企业，多年来，在激烈的市场竞争中，春兰始终保持稳健的发展势头，经营业绩在同行中名列前茅。自1994年4月25日上市以来，春兰的净资产收益率平均水平一直在10%以上，符合中国证监会关于配股和增发新股资格的认定。2001年，春兰有意向收购春兰空调器厂并且增资春兰电子商务公司等，以求扩大企业规模，提高企业效益。因此，春兰需要进行融资。虽然可以在银行贷款、债权融资和股权融资中自由选择，但是春兰实际选择的是股权融资。我们认为这与春兰当时持续走高的股价有一定的关系，2000年年末其股票收盘价达到24.5元/股。股价的持续走高，对于股权融资来说是一个机会窗口，此时股权融资成本相对较低，因此企业在此期间偏重股权融资也就不足为奇了。2001年增发新股后，春兰的总股数从306 306 000股增至519 458 538股；同期，春兰的长期负债降为0，且在2002年、2003年依旧为0。春兰的资产负债率从1999年的31.26%降至2003年的28.45%，2002年甚至降至11.62%，这在家电行业中实属罕见。春兰的流动比率连续四年高于2∶1，在2002年竟然达到4.804∶1，可见企业拥有过多的闲置流动资金。2000年年底，春兰的货币资金与总资产比率为11.59%,内部资金还是比较充裕的,但它却于2001年增发新股。这符合财务保守企业的特征,即财务保守企业的外部融资并不是在内部资金消耗之后才进行的,而且即使进行外部融资,它也会优先选择股权融资。2001年年底,春兰的货币资金占总资产比率达到18.92%;而与此同时,行业的平均水平只有14.17%。2000—2003年,春兰连续四年向全体股东派发现金红利,这在家电行业中也不多见。2002年,春兰还使用自有资金投资兴建物流配送项目,而正是因为这样,其2002年、2003年的货币资金占总资产的比率才较行业平均值有所下降。这些毫无疑问地说明了春兰是一家现金充足型的企业,这与财务保守企业的特征再次吻合。可是,春兰为什么选择财务保守政策呢?我们从四个方面予以说明。

(一)春兰所处的外部环境

中国家电行业在高度竞争的环境中,即使是实力强的企业也面临双重危机:首先是财务危机,家电企业目前所采用的销售体系使更多的资金消耗在了库存、转运等中间环节上,商业只是代销工业产品的部门,导致大量的库存积压和应收账款拖欠;其次是创新危机,目前在一些独具特色的高水平技术开发方面,我国还跟不上国际领先水平,某些产品的自主开发能力较弱。处于这种行业中的企业,其外部环境极不稳定,投资项目前景也不确定,如果还是一味地倾向于债务融资,极大的债务还本付息压力加上企业业绩的不确定性,就会使企业面临很大的风险。就春兰而言(见表5-1),其空调(主营业务)生产的创新并不多,技术含量与国外著名品牌相比还有很大差距,更何况国内还不断涌现更多的空调生产厂家,竞争日趋激烈,企业利润下降,抵抗风险的能力弱化,其业务前景不明朗。为了分散风险、避免债务偿还压力,春兰不进行债务融资是合理的选择。

表5-1 春兰2000—2003年的科研投入 单位:元

年份 名称	2001	2002	2003	2004
研究开发费	1 196 255.05	4 760 866.39	2 890 896.14	2 051 776.20

资料来源:上海证券交易所。

(二)春兰的获利能力

春兰获利能力的财务指标及有关数据如表5-2所示。

表5-2 春兰1999—2003年的经营情况

年份 指标	1999	2000	2001	2002	2003
每股收益(元/股)	0.865	0.870	0.445	0.232	0.118
净资产收益率(%)	17.24	15.30	7.87	4.05	2.03
净资产收益率 (加权)(%)		16.26	9.88	4.08	2.05
销售利润率(%)	15.99	17.44	16.31	8.17	3.03

(续表)

指标 \ 年份	1999	2000	2001	2002	2003
资产利润率(%)	11.40	10.41	5.63	3.34	1.36
主营业务收入(元)	1 947 367 406.71	1 824 980 951.86 (−6.28)	1 762 227 348.47 (−3.44)	1 740 890 896.17 (−1.21)	3 216 605 845.53 (84.77)
主营业务利润(元)	510 857 163.45	499 286 498.41 (−2.26)	412 910 042.64 (−17.30)	364 317 909.11 (−11.77)	596 406 729.49 (63.71)
净利润(元)	264 936 748.85	266 523 026.07 (0.60)	230 967 177.56 (−13.34)	120 399 810.92 (−47.87)	61 490 420.51 (−48.93)

注：括号内数字为同比增长率，单位为%。
资料来源：深圳国泰安CSMAR数据库。

近年来，由于行业竞争激烈，春兰相比同行的优势的缩小趋势非常明显。从表5-2中我们发现，1999—2002年，春兰的主营业务收入和主营业务利润有大幅度的下降，直至2003年才有所增加；而净利润根本无增长，每年相比上年有相当大的降幅，其中2003年的净利润同比2002年竟然减少了48.93%。这些说明了春兰的成长性欠佳。同样，评价春兰获利能力的各项指标也大幅下降。净资产收益率从1999年的17.24%降至2003年的2.03%，每股收益也从最先的0.865元降至0.118元，这些变化说明了春兰的成长性一般或欠佳，从而使其在2001年增发新股后，每股收益随股本扩张逐年减少，净资产收益率也逐年下降；资产利润率从1999年的11.40%降至2003年的1.36%，也暗示着春兰的资产利用效率不但很低而且仍在不断下降。由于空调市场竞争日益激烈，加上大量低价小品牌空调的不断出现和原材料价格的不断上涨，空调产品的利润空间进一步压缩，对春兰的影响甚大，致使其经营状况严重滑坡，不仅丢掉了市场份额老大的位置，甚至还滑出了空调销售一线品牌的阵营。

（三）春兰的财务风险

举债一般会给企业带来消极影响：(1) 高负债企业未来的融资空间有限，无法为将来可能的投资提供足够的资金；(2) 高负债企业的竞争力下降了。出于对破产风险的惧怕，供货商和顾客会对高负债率企业持有谨慎的态度。当然，负债最显著的负面作用就是无论经营状况如何，企业必须满足还本付息的刚性要求、缺乏灵活性，从而增加了财务危机成本。

衡量一家企业出现财务危机的可能性的指标有很多，我们采用目前最常用的、由Mackie-Mason(1990)提出的Z值，其计算公式为：

$$Z=(3.3\times 息税前利润 + 销售收入 + 留存收益 + 营运资本)/总资产$$

其中，息税前利润=利润总额+财务费用销售收入=主营业务收入，留存收益=盈余公积+未分配利润，营运资本=流动资产−流动负债。春兰Z值的计算结果如表5-3所示。

表 5-3　春兰 Z 值的计算结果

年份	1999	2000	2001	2002	2003
Z 值	1.780	1.728	1.218	1.307	1.383

资料来源：深圳国泰安 CSMAR 数据库。

春兰 Z 值的趋势如图 5-1 所示。Z 值越大，企业发生财务危机的可能性越小；Z 值越小，企业发生财务危机的可能性越大。从图 5-1 中我们可以看出，春兰发生财务危机的可能性在增大。

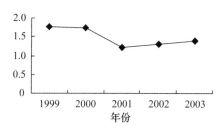

图 5-1　春兰 Z 值的趋势

（四）春兰实际增长率与可持续增长率的比较

可持续增长的财务思想，是指企业的实际增长必须与自身资源相协调。增长过快，会引发企业资源的紧张，进而招致企业的财务危机或破产；增长过慢，会使企业资源不能得到有效利用，同样会引起企业的生存危机。美国财务管理专家罗伯特·希金斯(1998)和詹姆斯·范霍恩(1998)分别利用可持续增长财务模型将可持续增长财务思想予以定量描述，模型所确定的可持续增长率(Sustainable Growth Rate, SGR)——企业资源所能支持的最大增长率是理论值。若企业的实际增长率(g)大于可持续增长率，则说明增长过快，企业对资源的需求增加；反之，若企业的实际增长率小于可持续增长率，则说明增长过慢，则企业的内部资源较充裕，没有得到有效利用。可持续增长率的公式为：

$$SGR = P \times R \times A \times T = 利润率 \times 留存收益率 \times 资产周转率 \times 资产权益率$$

春兰实际增长率与可持续增长率如表 5-4 和图 5-2 所示。1996—2003 年，春兰股票的持续增长率起伏变动不大，均在 0 左右，实际增长率小于可持续增长率的趋势较为明显；直至 2003 年，春兰的实际增长率才大于可持续增长率，根据上述可持续增长的财务思想，企业管理层应该系统地制定一种财务战略（如增加股利、减少债务、增加资产、再回购普通股股票、收购其他公司以获取增长潜力等），为现金流量找到有效的用途，而这正与春兰逐渐降低负债比率、适当增加现金股利是吻合的。

表 5-4　春兰实际增长率与可持续增长率的比较

项目	1996 年	1997 年	1998 年	1999 年	2000 年	2001 年	2002 年	2003 年
实际增长率	0.095616	−0.14673	0.070256	0.001846	−0.07704	0.01679	0.021003	0.905695
可持续增长率	0.037702	0.05412	0.037297	0.021852	0	0	4.81E−05	0.006004

资料来源：深圳国泰安 CSMAR 数据库。

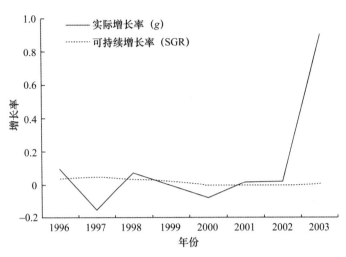

图 5-2　春兰实际增长率与可持续增长率的比较

分析至此,关于春兰实行财务保守政策的原因已经很清楚了。虽然近几年来,春兰在整个家电行业中的业绩还算不错,但已呈现下滑的趋势;如果情况悲观,几年后很可能发生亏损。倘若在此基础上增加长期负债,则无异于雪上加霜。通过分析其发生财务危机的可能性,我们发现春兰发生财务危机的可能性与以前相比也增大了不少。因此,春兰采取保守的财务政策是有理由的。众所周知,身处竞争激烈的行业,投资生产、扩大规模需要大量的资金,但是家电行业日益激烈的竞争使价格战和营销战不断出现,导致整个行业的利润率和经营现金流不断下降,任何一家处于这种状况的企业都应尽量增多股权资本、降低财务杠杆、储备较强的融资能力以降低财务风险,这样才能在后续的投资、收购扩张、营销竞争中维持企业的财务安全,立于不败之地。可以说,财务保守政策无论是对目前的春兰还是将来的春兰都会起到积极的作用,因此春兰实行财务保守政策实际上是一种基于竞争战略的理性行为,也是一种风险管理措施,具有战略价值。当然,我们认为春兰采用这种保守的财务政策应该是为下一个竞争阶段做准备的,企业并不会长久地停留在保守的财务政策上。

第二节　深康佳的财务分析

分析了春兰的财务保守政策,我们还要看看,为什么同属竞争激烈的家电行业,深康佳却是另外一番景象?深康佳是一家以生产经营彩电、数字移动电话和液晶显示器等网络产品及其配套产品(如高频头、模具、注塑、包装等),并兼营电冰箱、空调、洗衣机的企业,其负债状况如表 5-5 所示。

表 5-5　深康佳 1999—2003 年的负债

指标＼年份	1999	2000	2001	2002	2003
资产负债率(%)	62.190	61.500	56.260	54.530	65.880
长期负债/总资产(%)	4.660	0.900	1.240	0.350	0.070
流动负债/总资产(%)	57.530	60.610	55.020	54.190	65.810
流动比率	1.480	1.364	1.357	1.403	1.283

资料来源:深圳国泰安 CSMAR 数据库。

从表 5-5 可以看出,虽然深康佳五年来的资产负债率从未低于 54.53%,但长期负债/总资产并不高,其负债主要是流动负债;从流动比率来看,公司的短期偿债能力也还正常。相比春兰连续四年现金分红,深康佳从 2001 年至 2003 年连续三年既不分红也不进行公积金转增股本,而中国证监会发布的《关于加强社会公众股股东权益保护的若干规定》要求,上市公司最近三年未进行现金利润分配的,不得向公众增发新股、发行可转换债券或向原股东配售股份。我们有理由相信,处在成长期的康佳,在最近的一两年内要进行大规模的投资或并购只能依靠债务融资。我们对深康佳从两个方面进行分析。

(一) 深康佳的获利能力

深康佳获利能力的财务指标及有关数据如表 5-6 所示。

表 5-6　深康佳 1999—2003 年的经营情况

指标＼年份	1999	2000	2001	2002	2003
每股收益(元/股)	0.909	0.374	－1.162	0.059	0.168(184.75%)
净资产收益率(%)	14.320	6.220	－24.180	1.210	3.310(173.550)
净资产收益率(加权)(%)	15.610	6.340	－21.500	1.220	3.370
主营业务收入(元)	10 127 098 593.31	9 016 554 732.77 (－10.97)	6 748 122 042.36 (－25.16)	8 041 652 825.33 (19.17)	12 806 466 103.13 (59.25)
主营业务利润(元)	1 874 905 423.48	1 485 091 536.84 (－20.79)	566 414 837.14 (－61.86)	1 217 861 067.60 (115.01)	1 881 895 908.49 (54.52)
净利润(元)	497 527 792.65	224 883 253.48 (－54.80)	－699 791 454.32	35 590 430.74	101 071 037.71 (183.98)

注:括号内的为同比增长率,单位为%。
资料来源:深圳国泰安 CSMAR 数据库。

深康佳从 1988 年以来持续保持了十多年的增长,1999 年的增长势头依旧良好;但在 2000 年,其各项指标均大幅下降,主营业务收入、主营业务利润和净利润同比分别大幅减少 10.97%、20.79% 和 54.80%,经营性现金净流量为负值。由此可见,家电行业的价格战对公司可持续经营造成了严重威胁。2001 年,深康佳的业绩更是跌入谷底,除每股净资产外,其余评价公司获利能力的各项财务指标均为负值,在主营业务收入、主营业务利润同比下降 25.16% 和 61.86% 的同时,净利润降为 －699 791 454.32 元。当然,正如行家所言,2001年是深康佳的"战略转型"阶段,其研发投入开始增加,新利润增长点的开辟将使深康佳焕发更加旺盛的活力。的确如此,2002年,深康佳稳步推进彩电、手机和海外三大业务的创新,各项指标已呈上升趋势,公司也扭亏为盈,彻底走出了连续两年下滑的通道,进入上升发展期。2003年,深康佳的研发投入超过2002年(见表5-7),在新产品的销售方面实现了飞跃性的突破,彩电业务成功实施了"数字高清战略",使高端彩电产品销售额大幅增长,并带动全线产品的销售。深康佳的手机业务发挥后发优势,成功实施"彩屏先锋战略",抓住彩屏市场的启动时机,销量迅速突破。净资产收益率、资产利润率的同比增幅分别为173.55%和105.88%,净利润的同比增幅达183.98%。对于深康佳而言,它已成功开辟了新的利润增长点,因此有望在未来不断快速增长。这样的一家公司有能力偿还所借债务,所以深康佳采用负债方法提高公司竞争力、增加公司价值也就合情合理了。

表 5-7　深康佳 2000—2003 年的研发投入　　　　　　　　　　　单位:元

项目	2001年	2002年	2003年
科研项目资金	4 283 149.19	4 283 149.19	4 083 149.19
技改项目资金	10 000 000.00	8 000 000.00	0.00
企业挖潜资金	12 000 000.00	12 000 000.00	0.00
科技创新资金	0.00	0.00	301 000.00
国债专项(技改项目资金)	7 990 000.00	0.00	0.00

资料来源:深圳证券交易所。

(二)深康佳的财务风险

我们采用姜英冰提出的方法——经营性现金净流量/债务支付现金流量的相对比率,判断公司发生财务危机的概率。经营性现金净流量/债务支付现金流量的相对比率的计算结果如表5-8所示。

表 5-8　相对比率的计算结果

年份	1999	2000	2001	2002	2003
相对比率	0.212	−0.003	−0.006	0.827	0.927

资料来源:深圳国泰安 CSMAR 数据库。

从表5-8可以看出,相对比率从1999年至2001年出现了下滑,发生财务危机的可能性增大;但从2001年至2003年,相对比率反而不断增大,呈很强的上升趋势,因此深康佳发生财务危机的可能性在不断减小。

(三)深康佳实际增长率与可持续增长率的比较

仿照春兰实际增长率与可持续增长率比较研究的方法,我们计算了深康佳的实际增长率与可持续增长率(见图5-3)。从图5-3可以看出,1996—2003年,深康佳股票的可持续增长率起伏不大,均在0左右,并且从2000—2003年,可持续增长率为负值;与此相对应,1996—2003年,其实际增长率波动很大。两者相比较,不难发现除了从1999年下半年至2001年,深康佳的实际增长率均大于可持续增长率,尤其是从2001年至2003年,实际增长率远远高于可持续增长率并呈上升趋势。

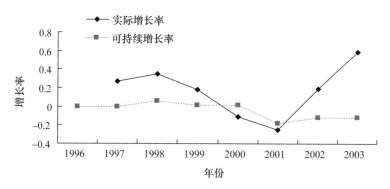

图 5-3　深康佳实际增长率与可持续增长率的比较

综上所述,深康佳不断提高负债水平,采取不保守财务政策的理由似乎很充足:(1)公司经营业绩自2001年后不断好转且呈上升势头,完全有能力偿还债务;(2)公司发生财务危机的可能性不断减小,也就不必担心会发生破产之类的财务风险;(3)根据上述可持续增长的财务思想,公司管理层应该系统地制定一种财务战略(如发售新股、永久性地提高财务杠杆、削减股利、分离更多的生产经营活动),这与公司近期的财务政策(如增加债务、提高财务杠杆、减少现金股利等)不谋而合。但是,也许有人会感到疑惑,深康佳为什么不进行股权融资呢?况且我国大部分的上市公司有股权融资的偏好。其实在陈述上述理由时,我们不能忽视深康佳不断增加负债的最大理由:我国的资本市场再融资政策规定,申请配股的上市公司在近三个会计年度及预测发行完成当年的加权平均净资产收益率平均不低于6%;公司一次配股发行的股份总数,原则上不超过前次发行并募足股本后股本总额的30%;本次配股距前次发行的时间间隔不少于一个会计年度;要增发新股的公司,其最近三个会计年度加权平均净资产收益率平均不低于10%,且最近一个年度不低于10%。而从深康佳的净资产收益率得知,它根本不符合中国证监会关于配股或增发新股资格的认定。所以,深康佳在需要足够的资金开发新产品、扩大市场规模以加速发展,又不能进行股权融资的情况下,只能采取债务融资。但是,某家公司倘若满足了中国证监会关于配股或增发新股资格的认定,就一定会进行股权融资吗?事实并非如此,威孚高科就是一个很好的例子(见表5-9)。

表 5-9　威孚高科 1999—2003 年的负债与收益率　　　　　　　　　　单位:%

年份 指标	1999	2000	2001	2002	2003
资产负债率	29.01	16.52	20.27	25.68	26.56
长期负债/总资产	3.57	0.08	0.07	0.51	7.19
净资产收益率(加权)	9.59	10.43	8.88	11.41	12.06

资料来源:深圳国泰安 CSMAR 数据库。

虽然威孚高科的净资产收益率远远满足配股或增发新股的条件,但自2001年以来,公司的资产负债率和长期负债/总资产的比率不断上升,生产经营所需的新增资金仍然依靠负债。那么,威孚高科为何不进行股权融资而选择负债融资呢?公司董事会的报告揭示了答案:自2001年以来,股权融资所需经历的程序与过程越来越长。对投资者而言,这当然是一件好事,因为这对企业过度投资或者以投资为名进行圈钱是一种有效的约束;但有时,好事也会变成坏事,拥有极好投资机会的公司将承受痛苦的等待。为了不错过良好的投资机会,公司只能进行适当的债务融资。这其实也是目前部分上市公司募集资金后发生投资转向的部分原因。

第三节 初 步 分 析

从我国上市公司财务杠杆的角度看,产品市场竞争程度不同的各行业上市公司,其财务杠杆的选择存在明显的差异;同时,财务杠杆的选择与公司所面临的产品市场竞争程度也存在与国外理论研究不完全匹配的现象。产品市场竞争越激烈,公司的财务杠杆越高,即公司的财务政策越不保守;反之,有些产品市场竞争越不激烈的行业,公司的财务杠杆越低。基于春兰、深康佳两家家电行业上市公司的研究结果表明:公司财务政策的选择应该基于公司的竞争战略。如果行业市场竞争激烈使公司增长潜力不大,或者公司发展前景不明朗、实际增长率低于可持续增长率,那么基于包括可能进行的创新投资、并购及必要的融资储备等未来竞争力的考虑,执行财务保守政策应该是明智之举。春兰实行财务保守政策的例子就很好地说明了这一点。如果实际增长率高于可持续增长率或出于竞争战略及良好投资机会的需要,在股权融资一时难以实现的情境下,通过主动负债融资,抢占市场份额,提高竞争能力,这应该是公司有远见的战略选择。深康佳案例的分析就是最好的证明。当然,对于竞争激烈的家电行业公司而言,由于产品市场竞争激烈,收益也不稳定,很难达到股权融资政策所要求的条件或标准,因此为了生存与发展,向银行进行短期融资也是大多数公司无奈的选择。至于那些产品市场竞争程度较弱、收益率较稳定行业的上市公司为什么会产生财务保守行为,我们认为原因很多,但有一点是肯定的,这类公司的收益率较容易达到股权再融资政策的要求。因此,在国有股流通问题尚未解决、公司真正的所有者缺位和机构投资者不成熟的情境下,管理者偏好股权融资、采取保守的财务政策,在一定程度上反映了我国资本市场资源配置的低效率以及代理人问题的严重性。当然,作为资本市场重要组成之一的债券市场,特殊原因致使其发展始终滞后于股票市场,也在一定程度上助长了不该保守的公司采取了财务保守政策。因此,如何规划好股票市场与债券市场的同步发展,促使不同产业公司资本的优化配置是制定资本市场发展政策中需要重点考虑的问题。

第四节　对比分析与结论

春兰、深康佳两家家电行业上市公司的研究结果表明,公司财务政策的选择应该基于公司竞争战略的考虑。如果由于新产品开发缓慢、新的利润增长点较少,或者公司发展前景不明朗、实际增长率低于可持续增长率,那么基于包括未来可能进行的创新投资、并购和必要的融资储备等竞争力的考虑,执行财务保守政策应该是明智之举。如果新产品的开发会给公司的市场开拓带来转机,在股权融资一时难以实现的情境下,通过主动负债融资,抢占市场份额,提高竞争能力,应该是公司有远见的战略选择。

在案例研究中,我们首先就竞争战略对公司资本结构影响的理论假说进行了梳理,概括了四种假说:风险与交易成本假说、信号传递假说、组织环境假说和产品竞争假说。从产品竞争假说的角度出发,我们通过理论模型证明产品差异化战略对公司资本结构的安排会产生影响。当产品差异化投资的成本非常低或非常高时,竞争对手之间采取相同的投资策略,并且债务水平在这两种情境中是对称且相等的。然而,当产品差异化投资成本处于中等区间水平时,如果只有一家公司进行产品差异化投资,非对称的债务水平就会产生,改进产品质量的公司或实施产品差异化投资的公司可以设置较高的债务水平。基于上述理论模型的解释,我们对家电行业中低负债的春兰与高负债的深康佳进行案例比较研究,得出的结论为:公司财务政策的选择应该基于产品竞争战略的考虑,如果新产品的开发能够给公司的市场开拓带来转机,通过主动的债务融资来增强竞争力对公司价值的增加是有意义的。

 讨论题

1. 事实证明,中国空调行业也是空前繁荣的,这离不开空调技术的创新。为什么春兰不适当注重空调的技术革新以适当改变自身在空调行业的竞争地位而只是一味地采取财务保守政策呢?

2. 实际增长与可持续增长的关系是什么?从可持续增长模型中得出的财务政策是什么?

3. 春兰与深康佳的对比案例要解决的关键问题是什么?

讨论题的分析要点
请扫二维码参阅

第六章 竞争战略与公司融资：青岛啤酒发行分离交易可转债的战略效应

> **导 言**
>
> 青岛啤酒股份有限公司（以下简称"青岛啤酒"）自公开上市以来，通过发起人募集资金、进入资本市场发行普通股股票，确立了行业龙头地位。但在发展过程中，为了扩大生产规模、维持公司现有的市场地位又出现了融资需求。2008年3月31日，青岛啤酒发布《认股权与债券分离交易的可转换公司债券募集说明书》，称拟发行15亿元分离交易可转债，每张公司债券面值100元，按面值发行，共计1 500万张；债券存续期为6年，利率为0.8%，利息每年支付一次，计息起始日为2008年4月2日。同时，投资者凭每张公司债券可无偿获配公司派发的7份认股权证，认股权证共计发行10 500万份；认股权证的存续期为自认股权证上市之日起18个月，持有人有权在权证存续期的最后5个交易日内行权。截至2009年10月19日，行权到期日，青岛啤酒发行的分离交易可转债所附赠的权证共有8 552.979 2万份得到行使，行权价为27.82元/份；债权人行权后，公司实际二次融资11.90亿元。青岛啤酒为什么会采用分离交易可转债这种融资工具，其二次融资又为什么会成功？为什么说分离交易可转债这一创新融资工具丰富了我国资本市场金融工具的种类，促进了资本市场的多层次发展，为资本市场的发展创造了一个"多赢"结果？

第一节 背景与意义

2006年5月，中国证券监督委员会正式发布《上市公司证券发行管理办法》，允许符合规定的上市公司发行分离交易的可转换公司债券（可转债的认股权和债券分离交易）进行融资。发行分离交易可转债进行融资可以使发行公司享受低利率成本，并且其赠送给债权人的权证在一定程度上也起到对公司业绩的激励作用。

2007年11月9日，青岛啤酒股份有限公司召开第五届董事会临时会议，审议并通过发行认股权与债券分离交易的可转换公司债券，并经2007年12月27日召开的2007年第一次临时股东大会和类别股东大会表决通过。2008年3月31日,青岛啤酒公布《认股权与债券分离交易的可转换公司债券募集说明书》(以下简称《募集说明书》),主要内容为:本次分离交易可转债的发行规模为15亿元,每张公司债券面值100元,按面值发行,共计1500万张;所有认购公司分离交易可转债的投资者每张公司债券可无偿获配公司派发的7份认股权证,认股权证共计发行10 500万份;债券存续期为6年,本次分离交易可转债的利率询价区间为0.8%—1.5%,最终利率由公司和保荐人(主承销商)根据网下申购的簿记结果产生,为0.8%;本次发行分离交易可转债债券利息每年支付一次,计息起始日为2008年4月2日。

认股权证的存续期为子认股权证上市之日起18个月,认股权证持有人有权在权证存续期的最后5个交易日内行权;认购1股公司发行的A股股票权利的认股权证的初始行权价格为28.32元/份,为本次发行《募集说明书》公告前20个交易日公司A股均价、前1个交易日A股均价、前20个交易日公司H股均价、前1个交易日H股均价的孰高值,且不低于公司最近一期经境内审计机构根据中国《会计准则》审计确定的每股净资产值;后按公司新行权价格(原行权价格×青岛啤酒A股股票除息日参考价÷除息前1个交易日青岛啤酒A股股票收盘价)调整为27.82元/份。本次发行所附认股权证的行权比例为2:1。

本次募集资金拟全部投入以下用途:青岛啤酒(徐州)彭城有限公司新建年产20万千升啤酒生产基地项目;青岛啤酒第三有限公司新建年产30万千升啤酒生产基地项目;青岛啤酒(日照)有限公司新建年产20万千升啤酒生产基地项目;青岛啤酒(济南)有限公司新建年产30万千升啤酒生产基地项目;青岛啤酒(成都)有限公司新建年产10万千升啤酒生产基地项目;青岛啤酒麦芽厂新增10万吨麦芽生产能力扩建项目。

所附认股权证行权募集资金不超过债券募集资金量(15亿元),拟投入7亿元在山东、广东、江西、福建等地新建或扩建啤酒生产基地,拟投入8亿元根据市场状况和谈判结果收购国内其他啤酒生产企业。若募集资金不足,则由公司自筹资金解决;若募集资金有剩余,则用于补充公司流动资金。

截至2009年10月19日,行权日到期,青岛啤酒发行的分离交易可转债所附赠的权证共有8552.9792万份得到行使,每份权证的行权比例为2:1,行权价为27.82元/份,债权人行权后,公司实际二次融资11.90亿元。

第二节 青岛啤酒发行分离交易可转债的决策分析

一、融资背景

(一)青岛啤酒外部环境

1. 行业内竞争激烈

目前我国啤酒市场存在品牌众多、区域性强、市场竞争激烈、产品同质化程度较高的特点。从具体的啤酒企业来看,中国啤酒行业的盈利能力主要集中在行业龙头企业中,

2007年国内前十大啤酒生产商的市场份额已达64%。从影响范围来看，中国啤酒行业呈现诸侯割据的局面，不同的啤酒集团掌控着不同的势力范围。其中，势力范围的分配又以燕京啤酒、青岛啤酒、华润雪花啤酒"三巨头"为主。"三巨头"之间竞争不断，看似你死我活的战斗，实际上只是一次又一次的战略布局，其战略意义是在对方的核心市场建立自己的据点，以此作为反击的筹码，进而避免对手在自己的核心市场上发起攻击。

截至2007年年末，青岛啤酒集团共有51家生产、销售啤酒的控股公司和合营公司，其中14家位于山东、6家位于江苏、6家位于陕西、3家位于黑龙江、3家位于湖北、3家位于福建、2家位于广东、2家位于北京、2家位于安徽、2家位于湖南、2家位于上海、2家位于甘肃、1家位于广西、1家位于重庆、1家位于四川、1家位于浙江，遍布全国16个省、自治区和直辖市，覆盖了中国经济最发达的主要市场，形成了以山东为中心，北至黑龙江、南至深圳、东至上海、西至陕西的全国性市场布局。

截至2007年年末，燕京集团共有18家生产、销售啤酒的控股公司和合营公司，其中3家位于湖南、2家位于福建、2家位于湖北、2家位于江西、2家位于内蒙古、1家位于山东、1家位于广西、1家位于广东、1家位于浙江、1家位于新疆、1家位于辽宁、1家位于河北。在全国31个省、自治区和直辖市中，12个省份有燕京啤酒的身影，可见其覆盖面之广、势力范围之大，而且有进一步向其他省份扩张的势头。燕京啤酒共有五大优势竞争区，分别是北京、福建、内蒙古、湖北和广西。

截至2007年年末，华润雪花啤酒集团共有38家生产、销售啤酒的控股公司和合营公司，其中12家位于四川、5家位于辽宁、5家位于安徽、2家位于湖北、2家位于吉林、1家位于江苏、1家位于黑龙江、1家位于西藏、1家位于天津、1家位于北京、1家位于福建、1家位于河北、1家位于浙江、1家位于广东、1家位于贵州、1家位于山西、1家位于甘肃，遍布全国17个省、自治区和直辖市，主要分布于东北、西南、中南、华东等省份。

从上述数据可以看出，"三巨头"在国内的竞争范围存在多市场重叠，在多个地区竞争激烈；而且近年来，国内啤酒行业加速整合。一方面，华润集团借助雄厚的资本实力，进行了大规模的行业并购，产品销量增长显著，市场占有率快速提高，直接威胁到青岛啤酒行业龙头的地位；另一方面，未来几年随着国内市场的进一步开放，国际啤酒饮料巨头将全面进入，国内啤酒市场的竞争势必更加激烈，青岛啤酒将面对较大的市场竞争风险。2005—2008年第一季度，从三家啤酒巨头的销售收入（见表6-1）数据可知，青岛啤酒始终处于绝对优势地位；与此同时，雪花啤酒在2007年和2008年第一季度均有较大幅度的增长，对青岛啤酒产生了较大威胁。因此，青岛啤酒应该清醒认识市场环境，再接再厉，进一步扩大市场范围，以便在竞争中保持优势地位。

表6-1 三大啤酒巨头2005—2008年第一季度销售收入对比

时间	青岛啤酒（亿元）	燕京啤酒（亿元）	雪花啤酒（亿港元）
2005年	86.21	46.71	50.79
2006年	100.20	53.14	68.55
2007年	116.77	61.22	94.55
2008年第一季度	109.72	63.93	108.78

随着大企业市场份额和消费层次的提高,啤酒企业的竞争逐步走向更高层次,品牌竞争已成为竞争的焦点,国内大型啤酒生产企业日益重视品牌的培育和推广,目前国内啤酒行业呈现出品牌知名度越高、市场份额越高的局面(见表6-2)。伴随啤酒行业整合的继续,市场集中度将逐渐提高。

表6-2　2006年国内十大品牌的市场占有率

生产企业	主要品牌	销量(万千升)	市场份额(%)
华润雪花啤酒	雪花、沈阳等	529	15
青岛啤酒	青岛、汉斯、崂山、山水等	454	13
燕京啤酒	燕京、惠泉、漓泉等	353	10
重庆啤酒	山城、重庆、麦克王等	173	5
金星啤酒	金星、蓝马等	166	5
哈尔滨啤酒	哈尔滨等	152	4
珠江啤酒	珠江、雪堡等	133	4
英博雪津啤酒	雪津等	102	3
德州克代尔	克代尔等	65	2
深圳金威啤酒	金威等	65	2

国内的大型啤酒企业主要通过收购兼并、投资设立新厂等形式,达到削弱地方品牌、扩大势力范围、提高市场占有率等目的。所以,青岛啤酒要维持已有市场地位、扩大势力范围,应购并小型生产企业、扩大生产规模、投资新项目等,以进一步提高企业知名度、稳定市场地位。

2. 啤酒行业存在一定的波动性风险

中国啤酒行业及青岛啤酒自2000年以来的产量和增长率如表6-3所示。

表6-3　中国啤酒行业及青岛啤酒2000—2007年的产量和增长率

项目	2000年	2001年	2002年	2003年	2004年	2005年	2006年	2007年
行业产量(万千升)	2 231	2 274	2 387	2 540	2 910	3 062	3 515	3 931
行业增长率(%)	6.8	2.0	5.0	6.4	14.6	5.2	14.7	13.8
青岛啤酒产量(万千升)	184	248	279	316	358	409	457	505
青岛啤酒增长率(%)	73.7	36.4	11.2	16.8	13.8	10.2	11.0	11.0

从表6-3可以看出,尽管啤酒行业多年来始终保持良好的增长势头,但是各年增速差异明显,这主要是因为啤酒行业受宏观经济、居民收入增长水平等外部因素的影响较大。青岛啤酒的发展与整个行业的发展息息相关,一旦行业整体增速受外部因素影响而放缓,对青岛啤酒的发展及未来业绩将造成直接影响。因此,青岛啤酒面临一定的行业波动性风险,提高市场占有率、维持稳定的销售水平对于青岛啤酒来说是至关重要的。

(二)青岛啤酒内部环境

1. 青岛啤酒上市后的发展概况

青岛啤酒股份有限公司的前身为国有青岛啤酒厂,始建于1903年,是中国历史最为悠久的啤酒生产厂。青岛啤酒于1993年6月16日注册成立,随后在中国香港发行了H股并于7月15日在香港联合交易所有限公司上市,成为首家境外上市的内地公司;同年7月,青岛啤酒在内地发行了A股并于8月27日在上海证券交易所上市。

青岛啤酒的经营范围是啤酒制造、销售及与之相关的业务。目前,青岛啤酒在内地拥有51家啤酒生产企业和1家麦芽生产企业,分布于全国17个省份,规模和市场份额居内地啤酒行业领先地位;其生产的"青岛啤酒"为国际市场上最具知名度的中国品牌之一,已行销世界60余个国家和地区。

截至2007年年底,青岛啤酒的资产规模已达115.45亿元,实现营业利润8.86亿元、净利润5.98亿元。

作为2008年北京奥运会的赞助商,青岛啤酒紧紧围绕奥运概念,推出以"释放激情"为主题的一系列奥运营销活动,持续提升了青岛啤酒的品牌影响力和市场占有率。

2. 青岛啤酒发展中的融资需求

自上市以来,青岛啤酒通过发起人募集资金、进入资本市场发行普通股股票等方式,已经确立了行业龙头地位,但是在发展的过程中,为了实现可持续发展、维持公司现有的市场地位,青岛啤酒出现了融资需求。

(1)青岛啤酒现金流量分析。2003—2007年,青岛啤酒的经营活动现金流量一直呈现稳定但略有下降的趋势(见表6-4),这可能与原材料价格上涨有关。青岛啤酒生产所需原材料主要有麦芽、大米、酒花、水、包装物等,2005—2008年第一季度,上述原材料占公司主营业务成本的比例分别为67.60%、67.50%、69.28%和71.30%,呈逐年上升趋势。

表6-4 青岛啤酒2003—2007年现金流量　　　　　　　　单位:元

指标＼年份	2003	2004	2005	2006	2007
经营活动产生的现金流量净额	1 137 961 060	1 294 397 575	1 180 576 235	1 127 831 851	1 094 093 892
投资活动产生的现金流量净额	-527 483 307	-307 043 963	-424 910 526	-529 057 962	-1 114 609 508
筹资活动产生的现金流量净额	-534 839 653	-509 549 512	-823 122 563	-635 284 720	102 121 389
现金流量净额	75 638 100	477 804 100	-67 456 854	-36 510 831	81 605 773

2007年,投资活动产生的现金流量净额与2006年相比有巨幅增长,主要是因为购建固定资产、无形资产和其他长期资产所支付的现金大量增加,说明青岛啤酒开始扩张生产规模。

2007年,公司获得了10.91亿元的借款,而2006年获得的借款仅为5.68亿元,2007年借款比2006年增长了近1倍,因此筹资活动产生的现金流量净额由连续四年负值转变为正值,说明青岛啤酒的扩张战略从2007年就已经开始了。

2007年年报中的董事会报告指出,2007年是公司实施新发展战略的第一年,在公司总体战略的指导下,青岛啤酒第三有限公司、济南公司、成都公司等一批新建和扩建项目相继实施,公司将加大市场开拓力度,继续保持在国内啤酒行业的领导地位。这要求青岛啤酒进一步扩大产能、开拓市场、提高知名度。

(2) 青岛啤酒的可持续发展和规模扩张需要更多的长期资本支撑。中国统计局公布的数据显示,2007年全年啤酒的产销量达到3931万千升,同比增长11.84%,连续五年成为世界最大的啤酒生产和消费国以及发展最快的市场之一。2008年,行业发展的工作方针确定为"深化组织变革,资源集约,能力集成,打造一体化的供应链平台;强化运营整合,协同一致,执行到位,建立强有效的竞争力体系"。而在中国,大型啤酒企业主要通过收购兼并、投资设立新厂等形式达到削弱地方品牌、扩充势力范围、提高市场占有率、增强竞争能力等目的。

2007年是青岛啤酒实施整合与扩张并举的第一年,公司同时还要注意调整原有不合理的产品结构,丰富产品线。在继续以"青岛啤酒"巩固高端市场的同时,根据各地区、各层次消费者的不同需求,并购地方品牌以开拓潜力巨大的中低端消费市场。在确立"青岛啤酒"高品质的同时,以品牌群开发中低端啤酒市场。这样做主要是因为中国的啤酒市场呈"金字塔"结构,塔尖高端产品所占比例不足20%,而"金字塔"的基础部分是潜力巨大的超过80%的中低端产品市场。要保持在中国啤酒市场上的领导地位,青岛啤酒必须适应这种产品市场结构,在需求占绝对优势的中低端市场开拓一番天地。

基于以上原因,青岛啤酒要达到并保持现有的市场地位、提高竞争力、实现可持续发展的目标,必须利用购并、扩大生产规模等方式,这对公司的资金充足率提出了要求。

从上述分析可以看到,青岛啤酒存在三方面的劣势:资本金不足成为制约青岛啤酒扩张规模、实现可持续增长的短板;竞争对手(燕京啤酒和华润雪花啤酒)高速的增长给青岛啤酒造成不小的压力;青岛啤酒面临一定的行业波动性风险。与此同时,中国经济热点频现,从珠三角、长三角、环渤海、东北老工业基地的振兴到中西部的大开发,青岛啤酒身处全球最具经济活力的地区。因此,在中国这样充满生机和活力的市场上,外延性扩张可以产生立竿见影的效果,迅速筹集到满足发展所需的长期资本是青岛啤酒考虑的头等大事。

二、青岛啤酒构建融资结构的财务分析

按照融资来源,一家上市公司的融资方式可以分为外源性融资和内源性融资。其中,外源性融资包括权益性融资和债务性融资,而内源性融资主要利用自身发展所产生的留存利润获取资本。

青岛啤酒于2008年3月31日发行规模为15亿元的分离交易可转债,每张公司债券

面值为100元,按面值发行,共计1 500万张。所有认购公司分离交易可转债的投资者的每张公司债券可无偿获配公司派发的7份认股权证,认股权证共计发行10 500万份;债券存续期为6年,债券票面利率为0.8%;认股权证的存续期为子认股权证上市之日起18个月,认股权证持有人有权在权证存续期的最后5个交易日内行权,本次发行所附认股权证的行权比例为2:1。

青岛啤酒的分离交易可转债属于外源性融资方式,而且兼具权益性融资和债务性融资的特征。因为在权证得到行使前,分离交易可转债属于长期债务;而一旦权证得到行使,其又具有权益资本的特点。下面,我们对青岛啤酒融资方式的选择、财务安全程度、资成结构及其对青岛啤酒相关财务指标的影响等财务决策内容进行全面分析。

(一)青岛啤酒融资方式的选择

作为一家上市公司,青岛啤酒在资本市场上进行外源性融资的方式主要有增发、配股、借款和发行公司债券。我们对青岛啤酒进行增发、借款、发行公司债券和发行分离交易可转债的条件进行全面分析。

青岛啤酒自2001年向社会公众发行人民币普通股(10 000万股)募集资金,已经六年多未在资本市场上筹集资金。中国证监会的有关文件规定,上市公司增发要求距离上一发行12个月以上;对于向银行借款、发行公司债券和发行分离交易可转债则没有具体的融资时间间隔的规定。因此,青岛啤酒再次进行融资的时间间隔符合增发、借款、发行分离交易可转债和发行公司债的规定。

根据青岛啤酒2005年、2006年和2007年的年报数据,青岛啤酒三年的净资产收益率分别为6.15%、8.33%、10.13%,平均净资产收益率为8.20%,这样的净资产收益率是比较可观的,高于2007年的银行1年期定期存款利率(3.06%)水平。同期,青岛啤酒累计向投资者派发现金股利784 931 000元,而三年平均可分配利润为484 389 011元。《上市公司证券发行管理办法》规定,上市公司财务状况良好,要求最近三个会计年度连续盈利,最近三个会计年度加权平均净资产收益率平均不低于6%,最近三年以现金或股票方式累计分配的利润不少于最近三年实现的年均可分配利润的20%;同时规定发行债券的条件为最近三个会计年度实现的年均可分配利润不少于公司债券一年的利息,本次发行后累计公司债券余额不超过最近一年期末净资产额的40%。由于青岛啤酒最近一次发行债券融资是在2003年向A-B公司发行定向H股转债,因此从平均净资产收益率、近三年的股利分配和公司近年发行债券的数量条件上考虑,青岛啤酒可以采取增发、发行公司债券和发行分离交易可转债的方式进行融资。

至于资产负债率,针对增发则规定发行前最近一年及最近一期财务报表中的资产负债率不低于同行业上市公司的平均水平。青岛啤酒2007年、2008年第一季度的资产负债率分别为48.13%和51.30%,而食品饮料行业2007年、2008年第一季度的资产负债率分别为48.04%和46.97%;如果发行分离交易可转债,青岛啤酒的资产负债率就会达到48.79%,仍处于行业平均水平,而向银行借款则要看具体银行的政策,中国证监会对发行公司债的公司资产负债率没有具体要求。根据证监会有关文件的标准,青岛啤酒增发、向银行借款、发行公司债和发行分离交易可转债的条件都符合规定。

此外,如果发行分离交易可转债,那么根据《上市公司证券发行管理办法》,发行公司应当符合最近期期末经审计的净资产不低于15亿元人民币的条件。青岛啤酒2008年第一季度的净资产为121.70亿元,因此青岛啤酒发行分离交易可转债也符合证监会的规定。

(二)青岛啤酒融资规模

若利用借款筹资,则要求青岛啤酒提供抵押、担保、质押等,且贷款额最多是抵押额的80%,企业的盈利能力、经营规模、行业前景、负债比率也很重要。

若利用公司债进行融资,根据《公司债券发行试点办法》的规定,本次发行后累计公司债券余额不超过最近期期末净资产额的40%。青岛啤酒2008年第一季度期末净资产为12169545618元,且公司近五年来没有发行公司债,因此如果利用公司债进行融资,青岛啤酒最多可以发行48亿元的公司债券。

若利用分离交易可转债进行融资,根据《上市公司证券发行管理办法》的规定,本次发行后累计公司债券余额不超过最近期期末净资产额的40%。按照这一规定发行分离交易可转债债券,青岛啤酒最多可以发行48亿元的分离交易可转债进行融资。

(三)青岛啤酒资本结构分析

青岛啤酒是一家很具成长性的上市公司。自1993年上市以来,青岛啤酒的资产规模在15年间由26.08亿元增长到125.32亿元,年均增长25.36%;近三年主营业务利润率逐年提高,保持在30%以上,2007年高达31.98%。经过多年的发展,青岛啤酒多次获得国际金奖。2003年,公司啤酒产销量进入世界前十位。自2002年以来,青岛啤酒连续五年获得"中国最受尊敬企业"称号,并已成为中国啤酒行业的龙头。青岛啤酒处于全世界经济发展最为迅速的区域——中国,可以利用各种有效的市场手段分享中国经济高增长带来的机遇。

根据莫迪利亚尼(F. Mdoiglinai)和米勒(M. H. Miller)的MM理论,考虑所得税负担,公司的最佳资本结构是尽量多包含债务融资工具。但是考虑到负债过高带来的财务困境成本,公司的最佳资本结构应是在避税优惠收益和债务增加带来的财务困境成本之间选择最佳点。而分离交易可转债的低利息能够使发行公司获得更高的市场价值,即发行分离交易可转债可以使发行公司得到更佳的资本结构。

青岛啤酒的融资主要是满足扩大生产规模、提高市场占有率的需求。这样的扩张项目资金需求量大、在短时间内不可能取得运营成果、投资资金回收周期长,这些投资项目的特征决定了青岛啤酒具有扩张股本的需求。分离交易可转债具有二次股权融资的特性,适合青岛啤酒这样的成长性公司资本结构的动态优化;而且青岛啤酒公司的股票具有很大的未来升值的潜力,因此青岛啤酒分离交易可转债所附权证转变成股权资本的可能性很大。青岛啤酒的资本结构将在由债权向"债权+股权"转化的过程中得到动态的优化,从而得到更佳的资本结构,这样的优势是青岛啤酒增发普通股、向银行借入长期借款和发行公司债券所不具备的。

(四)青岛啤酒负债结构分析

青岛啤酒总体负债水平较低,银行资信状况良好,实际偿付能力较强。从总体上看,青岛啤酒的整体债务规模呈下降趋势(见表6-5)。2005年年末公司负债较2004年年末减少167 984.08万元,降幅为29.49%;2006年年末公司负债较2005年年末减少18 943.17万元,降幅为4.72%;2007年虽略有反弹,但未形成上升趋势。2003年年末、2004年年末、2005年年末、2006年年末和2007年年末的公司资产负债率分别为53.72%、57.66%、41.87%、39.90%和48.13%,资产负债率总体呈逐年降低的趋势,说明公司的偿债压力减弱,可以利用负债融资促进经营业绩、提高财务杠杆的使用效率、提升公司盈利能力。

表6-5 青岛啤酒负债结构

年份 指标	2003	2004	2005	2006	2007
流动负债(元)	3 719 512 398	4 272 949 434	3 854 397 390	3 632 572 562	5 326 316 189
非流动负债(元)	1 116 987 502	1 422 767 991	161 479 212	193 872 308	230 583 007
总负债(元)	4 836 499 900	5 695 717 425	4 015 876 602	4 015 876 602	5 556 899 196
流动负债/总负债(%)	76.91	75.02	95.98	90.46	95.85
非流动负债/总负债(%)	23.09	24.98	4.02	4.83	4.15
资产负债率(%)	53.72	57.66	41.87	39.90	48.13

从负债结构可以看出,青岛啤酒负债以流动负债为主,最近五年流动负债分别为37.20亿元、42.73亿元、38.54亿元、36.33亿元和53.26亿元,占公司总负债的比重分别为76.91%、75.02%、95.98%、90.46%和95.85%。2005年年末流动负债占负债总额的比重上升了21.43%,主要原因是对美国A-B公司发行的强制性分离交易可转债到期转股,导致长期负债减少;2006年年末流动负债占负债总额的比重与2005年年末基本持平,2005年年末长期负债较2004年年末减少128 828.88万元,降幅达88.86%,主要是对美国A-B公司发行的强制分离交易可转债到期转股所致。

从表6-6可以看出,与行业中其他公司对待长期负债的态度相比,青岛啤酒在利用长期负债方面非常谨慎,没有充分利用长期负债这一融资手段。

表6-6 青岛啤酒长期负债状况与行业比较   单位:%

年份 指标	2003		2004		2005		2006		2007	
	青岛啤酒	行业	青岛啤酒	行业	青岛啤酒	行业	青岛啤酒	行业	青岛啤酒	行业
长期负债/总资产	0.5975	4.5379	0.6712	5.5354	0.2272	7.3969	0.5554	6.4751	0.7869	5.7125

从上述分析看出,青岛啤酒可以采取向银行借入长期借款、发行长期公司债和发行分离交易可转债进行融资,达到完成公司融资需求、优化资本结构的目的。

(五)青岛啤酒偿债能力分析

在短期偿债能力方面,2003—2008年,青岛啤酒的流动比率始终低于行业水平;而且在2003—2007年,青岛啤酒的流动负债还超过了流动资产,说明公司在短期偿债能力方面出现了一定的问题,存在一定的短期偿债能力风险。

在发行分离交易可转债的前五年(2003—2007年),青岛啤酒与行业的对比显示(见表6-7),反映企业长期偿债能力的资产负债率在2005年和2006年均低于行业水平,其资产负债率自2004年起呈下降趋势;同时,另一个反映企业长期偿债能力的指标(利息保障倍数)显示,2003—2007年青岛啤酒的利息保障倍数均大于1,能够维持基本的债务偿还,并且在2003—2007年呈上升趋势且始终高于行业平均水平。

表6-7 青岛啤酒偿债能力

年份 指标	2003		2004		2005		2006		2007	
	青岛啤酒	行业	青岛啤酒	行业	青岛啤酒	行业	青岛啤酒	行业	青岛啤酒	行业
流动比率	0.8003	1.4757	0.8120	1.3665	0.8286	1.2993	0.9492	1.3414	0.8881	1.4419
利息保证倍数	4.7722	7.2091	7.7445	3.8556	8.6208	4.4741	16.5754	5.2683	26.4681	6.9493
资产负债率	0.5372	0.4604	0.5766	0.5031	0.4187	0.4994	0.3990	0.5015	0.4813	0.4804

由上述分析可看出,青岛啤酒长期负债能力较强,总体负债规模低于行业水平,没有充分利用负债这一融资手段,可以使用长期负债进行融资,由于青岛啤酒的偿债能力较强,在向银行借入长期资金时可以享受更高的利率折扣。若青岛啤酒发行债券进行融资,则债券得到的安全评级会较高,这不仅有利于债券的发行和销售,公司还可以制定相对较低的利率、以较低的成本完成债务融资。因此,青岛啤酒可以选择向银行借入长期借款、发行公司债券和分离交易可转债完成融资,达到扩大公司规模、提高市场占有率的目的。

(六)青岛啤酒负债的可行性分析

负债最显著的负面作用是不论公司经营状况如何,必须满足还本付息的刚性要求,缺乏灵活性,从而增加了财务危机成本。通常,衡量一家公司出现财务危机的可能性的指标有很多种,我们采用目前最常用的、Mackie-Mason(1990)提出的计算公式:

$$Z=(3.3\times 息税前利润+销售收入+留存收益+营运资本)/总资产$$

其中,息税前利润=利润总额+财务费用,销售收入=主营业务收入,留存收益=盈余公积+未分配利润,营运资本=流动资产-流动负债。

表6-8 青岛啤酒发行分离交易可转债前五年的Z值

年份	2003	2004	2005	2006	2007
Z值	1.0193	1.0414	1.2513	1.5213	1.5364

Z 值越大,公司发生财务危机的可能性越小;Z 值越小,公司发生财务危机的可能性越大。表 6-8 很显著地表明,2003—2007 年,青岛啤酒的 Z 值呈上升趋势,意味着公司发生财务危机的可能性正逐年减小。对于财务状况良好的公司,银行是非常愿意借出资金的,公司也能享受较高的利率折扣。此外,债权人也比较愿意持有财务状况良好的公司发行的债券,这样也有利于公司债券的销售。

因此,青岛啤酒可以选择向银行借入长期借款、发行公司债券和分离交易可转债的方式进行融资。

(七)青岛啤酒的实际增长率与可持续增长率的比较分析

可持续增长的财务思想,是指企业的实际增长必须与自身资源相协调。增长过快会引发企业资源的紧缺,进而招致财务危机或破产;增长过慢会使企业资源不能得到有效利用,同样会引起生存危机。美国财务管理专家罗伯特·希金斯(1977)和詹姆斯·范霍恩(1998)分别使用可持续增长财务模型将可持续增长财务思想予以定量描述,模型所确定的可持续增长率(Sustainable Growth Rate,SGR)是理论值。如果企业的实际增长率(g)大于可持续增长率,则说明增长过快,企业对资源的需求增加;反之,如果企业的实际增长率小于可持续增长率,则说明增长过慢,企业的内部资源较充裕,没有得到有效利用。

表 6-9 显示,2003—2007 年,青岛啤酒的可持续增长率一直呈稳定的上升趋势,并始终高于公司的可持续增长率。按照可持续增长财务模型,公司自身过快的增长会引起财务资源的不足,面临资金紧缺,此时公司倾向于采取增加负债、少发甚至不发股利、减少资产的财务政策。

表 6-9 青岛啤酒实际增长率(g)与可持续增长率(SGR)的计算结果

指标 \ 年份	2006	2007	2003	2004	2005
实际增长率	0.0825	0.1496	0.1628	0.1638	0.1710
可持续增长率	0.0152	0.0115	0.0138	0.0299	0.0478

因此,公司选择增发新股的方式进行融资可能得不到投资者的认同,难以融到理想的资金数额。而青岛啤酒正着手实施扩张规模、开拓市场的战略,巨大的资金支出会促使公司利用负债这一融资手段融入资金,向银行借款、发行公司债券或分离交易可转债是公司主要考虑的融资手段。

基于上述分析可知,首先,青岛啤酒是一家具备良好成长能力的公司,未来股票升值的可能性很大;其次,从青岛啤酒的资本结构、偿债能力及负债可行性的角度看,其债务结构以流动债务为主,短期内面临的偿还流动负债的压力较大,同时其短期偿债能力与行业相比较差、长期偿债能力较好,各项指标显示公司的长期债权人可以在约定时间内得到偿付,债券安全级别很高;最后,青岛啤酒的实际增长率超过了可持续增长率,公司应当增加负债融资。

经过分析,公司选择发行分离交易可转债这一融资手段,一方面可以享受负债融资优化资本结构的好处,另一方面能够以极低的利息成本筹集资金。

从融资规模、资本结构和财务安全程度来看,分离交易可转债对青岛啤酒的吸引力远远高于其他融资方式。

三、青岛啤酒采取不同融资方式的比较

(一)增发普通股股票的融资方式

1. 发行时机

在股票市场处于牛市时,公司股价较高、成交活跃,公司发行普通股可以,凭较高的价格顺利筹集资金。当股票市场处于熊市时,公司股价一般较低、成交清淡,公司发行普通股成功的概率不是很大,一般可以发行普通债券来筹集资金。

2008年年初,受世界金融危机的影响,中国股票市场大盘巨幅下滑,市场交投萎靡不振,增发普通股进行融资的策略并非一个很好的选择。因此,负债融资比增发股票融资成功的可能性要大一些。

2. 增发股票的成本

增发股票成本以 CAPM 模型计算,公式为:
$$R_e = R_f + \beta(R_m - R_f)$$

其中,市场收益率 R_m 以上证指数 2000—2008 年指数年收益率加权平均后得到,为 13.64%;无风险报酬率 R_f 以 2008 年 9 月 22 日发行上市的 5 年期记账式国债的利率 3.69% 为准;风险因子 β 以持有期流通市值月收益风险因子的平均数 0.9124 为准。计算得到 R_e 为 12.77%。

增发股票成本六年共计 = 1 500 000 000 × 12.77% × 6 + 1 190 000 000 × 12.77% × 4.5
= 1 833 133 500(元)

分发股利是公司的主要融资成本之一,且不能享受抵扣所得税的好处。

(二)借入长期借款的成本

向银行借入长期借款所产生的利息有抵扣所得税的好处,通过上述分析看出,青岛啤酒并未充分利用长期负债,因此向银行借入长期借款可作为融资手段之一。

根据 2007 年 12 月 21 日公布的金融机构贷款利率,金融机构 5 年期以上基准贷款利率为 7.83%,而青岛啤酒的融资主要是满足扩大生产规模、提高市场占有率的需求,资金需求量大、短时间内不可能取得运营成果、投资资金回收周期长、短期内无法达到立竿见影的效果,难以在短期内盈利以弥补融资成本。若向银行借入长期借款 15 亿元,则:

银行利息六年共计 = 1 500 000 000 × 7.83% × 6 × (1 − 25%) + 1 190 000 000 × 7.83% × 4.5 × (1 − 25%)
= 842 997 375(元)

(三)发行公司债券的成本

发行公司债券所产生的利息有抵扣所得税的好处,公司并未充分利用长期负债,因

此发行公司债券可作为融资手段之一。

2008年在上海证券交易所共发行了17只公司债（包括2008年发行2009年上市的公司债）。债券期限为5年的有08钒钛债、08金发债、08保利债、08北辰债、08云煤化、08苏交通、08舞钢债、08云投债和08苏高新，其中除08保利债、08苏交通和08苏高新三只债券的评级为AAA外，其他几只债券的评级均为AA；债券期限为6年的有08海航债，评级为AA；债券期限为7年的有08渝交通和08常城建，评级均为AA。

青岛啤酒发行的分离交易可转债（代码126013）的评级为AA+。鉴于此，我们假定青岛啤酒发行公司债，其评级也为AA，根据2008年在上海证券交易所发行的期限在5—7年、评级为AA债券的利率加权平均值，青岛啤酒发行公司债的利率设为6.6974%。若发行公司债，则

$$债权人利息六年共计 = 1\,500\,000\,000 \times 6.6974\% \times 6 \times (1-25\%) +$$
$$1\,190\,000\,000 \times 6.6974\% \times 4.5 \times (1-25\%)$$
$$= 721\,058\,828(元)$$

（四）发行分离交易可转债的成本

1. 发行时机

在发行分离交易可转债的2008年年初，受世界金融危机的影响，中国股票市场萎靡不振。但是由于青岛啤酒良好的成长性、中国受金融危机影响相对较小和中国政府积极的"救市"措施，未来中国股市还是趋向走好，因此出于对公司资本结构的优化、对未来股市的看好、对行业发展前景的信心与对公司业绩进行激励的目的，青岛啤酒发行了分离交易可转债，在负债的同时向债权人赠送股票期权，既享受了低利率负债融资带来的好处，又激励了管理层，促进了业绩的增长和股价的提升。

2. 发行分离交易可转债的成本

若发行分离交易可转债，则应使用债券成本和股权成本加权值得到的综合资本成本率计算发行分离交易可转债成本。

综合资本成本的计算公式为：
$$W = K_d(1-T)W_d + K_sW_s$$

其中，$K_d = 0.8\%$，T为现行税法规定的企业所得税税率25%，W_d为利用债券融入资金占两次融入资金总额的比例55.76%[15/(15+11.9)]，K_s为采用CAPM模型计算出的投资必要报酬率12.77%，W_s为利用期权融入资金占两次融入资金总额的比例44.24%[$1-W_d$=11.9/(15+11.9)]。

则 $W = 0.8\% \times (1-25\%) \times 55.76\% + 12.77\% \times 44.24\% = 5.98\%$

$$发行分离交易可转债成本六年共计 = 1\,500\,000\,000 \times 0.8\% \times 6 \times (1-25\%) +$$
$$1\,190\,000\,000 \times 5.98\% \times 4.5$$
$$= 374\,229\,000(元)$$

从表 6-10 可以看出,发行分离交易可转债的融资成本在几种融资方式中是最低的。

表 6-10　各种融资方式的融资成本比较

融资方式	增发普通股	向银行借入长期借款	发行公司债券	发行分离交易可转债
融资成本(元)	1 833 133 500	842 997 375	721 058 828	374 229 000

从上述分析可知,若公司选择股权融资,则面临资本结构不合理的问题,且增发新股的资本成本较高;同时,2008 年中国股市比较疲软,如果增发新股募集资金会比较困难,或者融入资金较少;而且,利用股权融资收购、扩张规模对青岛啤酒主营业务收入的影响不会像股本扩充那样立竿见影,其主营业务收入不会立即迅速增长,每股净资产和每股收益摊薄还会对股价形成短期冲击。如果青岛啤酒选择向银行借入长期借款或者发行公司债,虽然可以解决公司没有充分利用长期负债抵税的问题,但会面临高额的利息成本。

因此,青岛啤酒选择了市场上新兴的融资工具(分离交易可转债)作为融资手段是非常明智的。

第三节　青岛啤酒发行分离交易可转债的战略效应分析

一、青岛啤酒分离交易可转债二次融资完成情况

青岛啤酒权证的基本资料如表 6-11 所示。

表 6-11　青岛啤酒权证基本资料

权证基本资料			
权证简称	青啤 CWB1	上市地点	上海证券交易所
权证代码	580021	行权方式	欧式
标的权证简称	青岛啤酒	行权价格(元)	27.8200
标的权证代码	600600	行权比例	0.50000
权证类型	认股权证	行权起始日期	2009 年 10 月 13 日
按发行人划分的权证类型	股本权证	行权截止日期	2009 年 10 月 19 日
存续期限	18 个月	行权简称	ES 091019
存续起始日期	2008 年 4 月 18 日	行权代码	582021
存续截止日期	2009 年 10 月 19 日	结算方式	证券给付结算方式

表 6-12 和表 6-13 的数据显示,截至 2009 年 10 月 19 日,共有 8 552.979 2 万份权证得到行使,每份权证的行权比例为 2∶1、行权价为 27.82 元,即债权人行权后,公司获得 11.90 亿元的融资。青岛啤酒通过发行分离交易可转债募集到 15 亿元资金,后又通过权证行使获得 11.90 亿元资金,也就是青岛啤酒通过发行分离交易可转债共募集资金 26.90 亿元。

表 6-12 青岛啤酒权证份额变动情况

权证份额变动情况					
公布日期	变动日期	变动原因	变动份额（万份）	发行公司	变动后份额（万份）
2008 年 3 月 31 日	2008 年 4 月 18 日	首发	10 500.0000	青岛啤酒股份有限公司	10 500.0000
2009 年 10 月 14 日	2009 年 10 月 13 日	行权	1 564.2658	青岛啤酒股份有限公司	1 564.2658
2009 年 10 月 15 日	2009 年 10 月 14 日	行权	1 268.8588	青岛啤酒股份有限公司	1 268.8588
2009 年 10 月 16 日	2009 年 10 月 15 日	行权	864.7655	青岛啤酒股份有限公司	864.7655
2009 年 10 月 19 日	2009 年 10 月 16 日	行权	795.2831	青岛啤酒股份有限公司	795.2831
2009 年 10 月 20 日	2009 年 10 月 19 日	行权	4 059.8060	青岛啤酒股份有限公司	4 059.8060
2009 年 10 月 20 日	2009 年 10 月 19 日	注销	1 947.0208	青岛啤酒股份有限公司	1 947.0208

表 6-13 青岛啤酒行权融入资金情况

日期	行权份额（万份）	融入资本（万元）
2009 年 10 月 19 日	4 059.8060	56 471.9015
2009 年 10 月 16 日	795.2831	11 062.3879
2009 年 10 月 15 日	864.7655	12 028.8881
2009 年 10 月 14 日	1 268.8588	17 649.8259
2009 年 10 月 13 日	1 564.2658	21 758.9373
融入资本总额		118 971.9407

二、显性效应

（一）青岛啤酒利用融入资金进行项目建设，扩大生产规模

青岛啤酒募集资金总体使用情况如表 6-14 所示。

表 6-14 募集资金总体使用情况　　　　　　　　　　　　　　单位：亿元

募集年份	募集方式	募集资金总额	2008 年已使用募集资金总额	累计已使用募集资金总额	尚未使用募集资金总额	尚未使用募集资金用途及去向
2008	分离交易可转债	15	11.5	11.5	3.5	存储于公司募集资金指定银行存储账户

承诺项目使用募集资金情况如下：

（1）青岛啤酒（徐州）彭城有限公司新建年产 20 万千升啤酒生产基地项目拟投入 24 000 万元，实际投入 24 000 万元，已投产。

（2）青岛啤酒（济南）有限公司新建年产 30 万千升啤酒生产基地项目拟投入 36 000 万元，实际投入 36 000 万元，已投产。

（3）青岛啤酒第三有限公司新建年产 30 万千升啤酒生产基地项目拟投入 22 000 万元，实际投入 22 000 万元，已投产。

(4) 青岛啤酒(日照)有限公司新建年产 20 万千升啤酒生产基地项目拟投入 28 000 万元,实际投入 28 000 万元,正在建设中。

(5) 青岛啤酒(成都)有限公司新建年产 10 万千升啤酒生产基地项目拟投入 5 000 万元,实际投入 5 000 万元,已投产。

(6) 青岛啤酒麦芽厂 10 万吨产能扩建项目拟投入 35 000 万元,因政府调整麦芽厂所在区域的发展规划,尚未投入。

(二) 青岛啤酒二次融资成功的原因

1. 啤酒行业的未来发展

(1) 经济的快速增长和庞大的人口数量为中国啤酒行业的未来发展提供了强有力的后盾支持。2007 年,世界啤酒总产量为 1 787 415 百升(见表 6-15),其中,欧洲啤酒产量为 5 918 万千升,占世界总产量的 33.11%,排在各大地区之首;亚洲啤酒产量为 5 555 万千升,占世界总产量的 31.08%;美洲啤酒产量为 5 331 万千升,占世界总产量的 29.83%;非洲啤酒产量为 851 万千升,占世界总产量的 4.76%;大洋洲啤酒产量为 218 万千升,占世界总产量的 1.22%。产量最大的欧洲是产量最小的大洋洲的 27.15 倍。

表 6-15 2007 年世界啤酒产量概况

	欧洲	亚洲	美洲	非洲	大洋洲	合计
产量(百升)	591 829	555 561	533 168	85 061	21 796	1 787 415
占世界总产量百分比(%)	33.11	31.08	29.83	4.76	1.22	1.00

造成这一差距的主要原因,我们认为是经济发展水平、人口水平和消费习惯等。因为啤酒并不是生活必需品,所以啤酒消费与经济水平应该有很大的关系,随着经济的增长,啤酒消费将呈上升趋势,这正是欧洲、北美洲啤酒产量排在前列的原因。

此外,从亚洲来看,2007 年中国啤酒产量达到 3 931 万千升,占亚洲啤酒总产量的 70.76%,连续五年成为世界最大的啤酒生产国和消费国以及发展最快的市场之一。中国是亚洲啤酒生产大国,亚洲啤酒产量居各大洲第二位,主要是中国的贡献,这也与中国经济的快速发展及其庞大的人口数量有很大的关系。

(2) 区域发展的不平衡为啤酒企业提供了抢占市场份额的机会和行业增长的均衡空间。2004—2006 年,中国啤酒产量连续三年保持 10% 以上大幅增长的势头;2008 年,中国啤酒产量比上年同期(调整数)增长 5.46%,结束了连续三年 10% 以上大幅增长的势头,增幅回落。出现负增长的省份有北京、广东、河北等 10 个,增长率超过 10% 的省份有青海、宁夏、四川、甘肃、河南等 9 个。从全国来看,啤酒产量增加较多和增长率较高的省份多位于中西部地区。

从产量数据上可以直观看到经济危机对啤酒产业的发展产生了较大影响,而且对经济发达地区的影响相对较大,对经济不发达地区的影响相对较小。从世界范围来看,发达国家的人均啤酒消费量增长缓慢,经济增长较快地区的增速比发达国家高 3% 左右。

中国啤酒消费存在地域分布的不均衡性,中国啤酒业的发展路径与世界啤酒的发展路径基本一致,也就是从发达地区向不发达地区过渡。这是一种可循规律和趋势表象,与经济危机几乎没有太大关联,只不过经济危机加速了这个趋势的进度。同时,区域发展的不平衡也为啤酒企业提供了抢占市场份额的机会以及行业增长的均衡空间,对不发达地区的开发将成为各啤酒企业的战略部署重点,而中国啤酒产量仍有较大的提升空间。

(3) 中国啤酒工业信心十足。随着消费者可支配收入的提高,消费结构不断调整,对啤酒价格的敏感性呈下降趋势。由于消费者日渐变化的口味、可支配收入的提高,越来越多的消费者倾向于饮用个性化啤酒。某个国际调查机构将中国市场称为"高端与超高端啤酒最具消费潜力的市场"。

并购和新建一直是近几年啤酒行业快速发展的主线。2008年的经济危机使外国投资者谨慎了许多,但国内三大啤酒集团却在进行着大规模的扩张活动。华润收购吉林通化、浙江洛克和山东琥珀,在上海投资新建40万千升、分别在呼伦贝尔和东莞新建20万千升项目,在河北燕郊、辽宁、四川等地的新、改、扩建项目进入投产。青岛啤酒在蓄势几年之后,分别在江西南昌、四川成都、山东济南、江苏徐州、甘肃等地区陆续开工和投产新建项目,还收购了烟台朝日啤酒39%的股权。燕京啤酒也不甘寂寞,收购了内蒙古塞北星和山西朔州三禾,在河北、广西玉林、湖南衡阳等地区也不断传来新项目上马和投产的消息。从中可以看出,中国企业对中国啤酒工业乃至中国经济未来充满信心。

2. 青岛啤酒成长性分析

(1) 营业收入增长趋势。2003—2007年,青岛啤酒的营业收入呈稳定增长趋势(见表6-16),特别是在2006年和2007年,其营业收入增长率有了比较大幅的提高。这说明青岛啤酒营业收入的增长速度正在加快,青岛啤酒未来的营业收入是非常值得看好的。

表6-16 青岛啤酒营业收入增长趋势

项目	2003年	2004年	2005年	2006年	2007年
营业收入(元)	7 115 844 625	8 115 822 058	9 426 727 263	11 322 866 188	12 803 052 818
营业收入增长率(%)	1.52	1.15	1.38	2.99	4.78

(2) 营业利润增长率。五年来,青岛啤酒一直保持较高速度的利润增长,虽然2006年的利润增长率为负,但2007年又产生了一个非常高的利润增长率(见表6-17)。因此,总体上,青岛啤酒的营业利润不仅保持着每年增长的趋势,还呈现出增长率逐年上升的趋势。

表6-17 青岛啤酒营业利润增长趋势

项目	2003年	2004年	2005年	2006年	2007年
营业利润(元)	423 424 834	493 446 757	593 838 355	516 883 148	885 950 347
营业利润增长率(%)	22.04	16.54	20.34	−12.96	71.40

（3）净利润增长率。五年来,青岛啤酒的净利润一直保持为正值,且呈逐年加速增长的趋势(见表 6-18),说明投资于青岛啤酒,其未来收益还是有一定保障的。

表 6-18 青岛啤酒净利润增长趋势

项目	2003 年	2004 年	2005 年	2006 年	2007 年
净利润(元)	290 625 049	301 653 992	339 462 990	437 231 546	598 000 523
净利润增长率(%)	8.63	3.79	12.53	28.80	36.77

(三)股票在发行分离交易可转债时的理论价格

青岛啤酒 2003—2007 年的自由现金流量状况如表 6-19 和表 6-20 所示。

图 6-19 青岛啤酒 2003—2007 年的自由现金流量　　　　　　　　单位:元

年份 项目	2003	2004	2005	2006	2007
主营业务收入	7 525 367 363	8 651 302 349	10 059 595 883	11 832 849 500	13 709 219 729
减:主营业务成本	4 326 079 119	5 027 430 020	5 944 101 007	7 034 759 936	8 001 645 253
主营业务税金及附加	794 174 167	917 731 297	1 034 617 813	1 171 630 385	1 322 009 871
主营业务利润	2 405 114 077	2 706 141 032	3 080 877 063	3 626 459 179	4 385 564 605
减:销售费用	1 265 814 141	1 423 952 879	1 654 862 652	2 053 432 506	2 651 298 588
管理费用	623 973 170	697 983 254	773 167 427	703 844 285	667 262 066
息税前利润	515 326 766	584 204 899	652 846 984	869 182 388	1 067 003 951
减:所得税	135 587 139	170 897 458	188 864 677	179 015 060	406 122 955
税后经营利润	379 739 627	413 307 441	463 982 307	690 167 328	660 880 996
加:折旧与摊销	534 273 842	516 621 008	537 196 921	584 199 184	531 643 819
营运现金流量	914 013 469	929 928 449	1 001 179 228	1 274 366 512	1 192 524 815
减:营运资本增加	1 670 341 063	−33 866 644	115 789 748	476 176 010	−411 585 915
资本支出	−111 033 946	248 635 017	−8 350 024	−200 155 020	378 612 323
企业自由现金流量	−645 293 648	715 160 076	893 739 504	998 345 522	1 225 498 407

表 6-20 青岛啤酒现金流量比率　　　　　　　　单位:%

年份 项目	2003	2004	2005	2006	2007
主营业务收入增长率	8.25	14.96	16.28	17.63	15.86
主营业务成本/主营业务收入	57.49	58.11	59.09	59.45	58.37
主营业务税金及附加/主营业务收入	10.55	10.61	10.28	9.90	9.64
销售费用/主营业务收入	16.82	16.46	16.45	17.35	19.34
管理费用/主营业务收入	8.29	8.07	7.69	5.95	4.87
息税前利润/主营业务收入	6.85	6.75	6.49	7.35	7.78
营运资本/主营业务收入	−9.87	−8.97	−6.57	−1.56	−4.35
货币资金/主营业务收入	12.40	15.81	12.63	10.42	9.74
存货/主营业务收入	17.35	16.04	14.18	13.87	15.95

1. 主营业务收入

自 20 世纪 90 年代以来,中国啤酒行业进入了快速发展阶段。虽然全球经历了史上最大的经济危机,但其似乎没有给食品行业带来太大的影响,从目前我国食品行业的运行数据来看,行业需求旺盛。夏季的到来,食品行业的啤酒将迎来销售旺季。青岛啤酒品牌定位于中高端市场,盈利能力强,公司在全国主要省份均有生产布局,在华南和华东等经济发达地区还是主要的竞争者,这些区域吨酒价格较高,属于啤酒行业相对价值较高的区域。由此可见,青岛啤酒在啤酒行业拥有相当大的优势。从表 6-19 可以看出,2003—2007 年青岛啤酒的主营业务收入增长率基本保持了上升趋势,年平均增长率为 14.28%。考虑到 2008 年青岛啤酒赞助奥运会引起了很大的反响,且青岛啤酒占据着市场龙头地位,在此以高于平均值的 20% 作为青岛啤酒的主营业务增长率。

2. 主营业务成本

根据青岛啤酒的自由现金流量表,其主营业务成本占主营业务收入的比重保持在 59% 左右,且基本呈上升趋势,平均值为 58.53%。自 2007 年起,啤酒生产成本上升的因素表现明显。由于啤酒大麦和酒花供应短缺,进口原料价格猛涨,国内原料供应也呈紧张状态,外加运输等各方面成本的增加,可预见啤酒行业成本将呈现上升态势。据此预测青岛啤酒主营业务成本占主营业务收入的比重平均值为 58.53%。

3. 主营业务税金及附加

青岛啤酒的主营业务税金及附加主要包括消费税、营业税、城建税、教育费附加及其他税。2003—2007 年,青岛啤酒主营业务税金及附加占主营业务收入的比重在 10% 左右,并呈现明显的下降趋势,其平均值为 10.34%。由于 2006 年开始实行新会计准则,预计会计准则在近期内不会有太大的变化,因此公司主营业务税金的税率不会发生较大变化。据此预测主营业务税金及附加占主营业务收入的比重保持在 9.60%。

4. 销售费用

巨大的市场潜力使得未来国内啤酒的竞争加剧,资本之间的竞争也进一步加剧。在信息高度发达的社会,企业会借助传媒宣传自己的产品,尤其是在啤酒这样一个以市场占有率为主要竞争目标的行业,由于需要增加营销宣传等方面的开支,青岛啤酒销售费用的逐年上涨,收入占比平均值为 16.77%。由于未来营业费用的上升幅度已经非常有限,因此预计其占主营业务收入的比重保持在 17.35%。

5. 管理费用

青岛啤酒近年来加强了经营管理,为了增强公司的竞争力,减少了不必要的费用开支,管理费用逐年下降。截至 2007 年,管理费用的收入占比已经降至 4.87%,考虑到将来其继续下降的空间及可能性已经很小了,因此预计管理费用占主营业务收入的比重为 4.87%。

6. 所得税

根据青岛啤酒 2008 年第一季度的财务报告,其所得税税率为 25%,因此预计公司将保持 25% 的所得税税率,并据此计算 2008—2013 年的所得税。

7. 折旧与摊销

青岛啤酒固定资产折旧与固定资产原值的比例比较稳定,平均保持在 5.33% 左右。按照企业会计制度的规定,企业计提折旧的方法一旦确定便不得随意变更,因此假设该企业未来的折旧率仍然为 5.33%。

8. 营运资本增加

由青岛啤酒的历史现金流量比率可以看出,2003—2007 年,公司营运资本占主营业务收入的比重平均值为 -6.74%。因为营运资本与营业收入相匹配,所以预测青岛啤酒未来营运资本占营业收入比重仍然维持在 -4.35%。据此可以预计公司未来五年的营运资本,从而预测公司营运资本的增加额。

9. 资本支出

青岛啤酒为国内著名的啤酒公司之一,近年来由于国内外啤酒制品竞争日趋激烈,各公司纷纷致力于开发研究新产品以迎合客户的需要,加上公司近年来仍有很多生产线的改造,因此以 2005—2007 年的平均资本支出作为其未来的资本支出(56 702 426 元),并假定在未来五年内保持不变。

根据上述假设,我们可以预测出青岛啤酒未来五年的自由现金流量(见表 6-21)。

表 6-21 青岛啤酒 2008—2012 年的预测自由现金流量 单位:元

年份 项目	2011	2012	2008	2009	2010
主营业务收入	15 765 602 688	18 130 443 092	20 850 009 555	23 977 510 989	27 574 137 637
减:主营业务成本	9 459 361 613	10 878 265 855	12 510 005 733	14 386 506 593	16 544 482 582
主营业务税金及附加	1 513 497 858	1 740 522 537	2 001 600 917	2 301 841 055	2 647 117 213
主营业务利润	4 792 743 217	5 511 654 700	6 338 402 905	7 289 163 341	8 382 537 842
减:销售费用	2 735 332 066	3 145 631 876	3 617 476 658	4 160 098 157	4 784 112 880
管理费用	788 280 134	906 522 155	1 042 500 478	1 198 875 549	1 378 706 882
息税前利润	1 269 131 016	1 459 500 669	1 678 425 769	1 930 189 635	2 219 718 080
减:所得税	317 282 754	364 875 167	419 606 442	482 547 409	554 929 520
税后经营业利润	951 848 262	1 094 625 502	1 258 819 327	1 447 642 226	1 664 788 560
加:折旧与摊销	363 230 791	363 230 791	363 230 791	363 230 791	363 230 791
营运现金流量	1 315 079 053	1 457 856 292	1 622 050 117	1 810 873 017	2 028 019 350
减:营运资本增加	-685 803 717	-788 674 274	-906 975 416	-1 043 021 728	-1 199 474 987
资本支出	56 702 426	56 702 426	56 702 426	56 702 426	56 702 426
企业自由现金流量	1 944 180 344	2 189 828 141	2 472 323 107	2 797 192 319	3 170 791 912

(1)计算青岛啤酒的加权平均资本成本的步骤如下:

第一步,计算股权资本成本。

经过分析,我们决定以 2008 年 9 月 22 日发行上市的 5 年期记账式国债的利率(3.69%)为无风险报酬率,以上证指数 2000—2008 年的指数年收益率加权平均值(13.64%)作为市场收益率,以持有期流通市值月收益风险因子的平均数(0.9124)为风

险因子 β,则

$$股权资本成本 = 3.69\% + 0.9124 \times (13.64\% - 3.69\%) = 12.77\%$$

第二步,计算债务资本成本。

采用2007年12月21日中国人民银行公布的3—5年期的基准贷款利率(7.74%)作为债务成本的计算基础。由于青岛啤酒的所得税税率为25%,因此其税后的债务成本为:

$$债务资本成本 = 7.74\% \times (1 - 25\%) = 5.81\%$$

第三步,计算加权平均资本成本。

截至2007年12月底,青岛啤酒的资产负债率为48.13%,所有者权益占资产的比重为51.87%,故公司的加权平均资本成本(WACC)为:

$$WACC = 12.77\% \times 51.87\% + 5.81\% \times 48.13\% = 9.30\%$$

表6-22 青岛啤酒2008—2012自由现金流量现值

年份 项目	2008	2009	2010	2011	2012
企业自由现金流量	2 212 795 368	2 594 048 769	3 051 552 849	3 600 557 746	4 259 363 623
折现系数	1.00	1.10	1.22	1.34	1.48
企业自由现金流量现值	2 212 795 368	2 352 802 233	2 510 356 900	2 686 529 673	2 882 530 198

根据计算出的公司未来现金流量,预计2012年后自由现金流量增长率为行业平均水平6%,因为公司发展到一定阶段后会受到行业增长空间和本身战略竞争能力的影响,一般不可能长期高于行业平均水平高速增长,加上通货膨胀因素的影响,所以假定2012年后自由现金流量以6%的水平增长。由于2012年公司的自由现金流量为2 882 530 198元,折现率加权平均资本成本9.30%,因此公司的连续价值为:

$$连续价值 = 2\,882\,530\,198 / (9.30\% - 6\%) = 87\,349\,399\,928(元)$$

公司连续价值的现值为:

$$连续价值现值 = 87\,349\,399\,928 / 1.48 = 59\,019\,864\,816(元)$$

预测期自由现金流量的现值为:

2008—2012年青岛啤酒自有现金流量现值之和 = 12 645 014 372(元)

(2) 公司价值。根据以上预测期自由现金流量和预测期后连续价值,可以计算出青岛啤酒的公司价值为:

$$公司价值 = 59\,019\,864\,816 + 12\,645\,014\,372 = 71\,664\,879\,188(元)$$

在计算公司总价值时还应该加上非营业性资产价值,这些资产在预测未来自由现金流量时并未包括在投资资本的计算中,但确实属于公司的可变现价值资产,应纳入公司总价值的范畴。青岛啤酒的非营业性资产合计为8 849 601 941元,则

$$公司总价值 = 71\,664\,879\,188 + 8\,849\,601\,941 = 80\,514\,481\,128(元)$$

2007年年末,青岛啤酒的所有者权益占总资产的比重为51.87%,公司股本合计为41 762 861 361元(80 514 481 128×51.87%)。

青岛啤酒的总股本为1 308 219 178元,则

$$每股价值 = 41\,762\,861\,361/1\,308\,219\,178 = 31.92(元)$$

2008年,在青岛啤酒发行分离交易可转债的3月中旬至4月间,青岛啤酒股价一直处于20元和30元之间。由此可见,在2008年发行认股权证时,青岛啤酒股价被低估了,因此投资者看好青岛啤酒未来股价的涨势并愿意持有青岛啤酒的认股权证。

(四) 结论

鉴于上述分析,青岛啤酒发行分离交易可转债所附赠的股票期权融资成功的原因有以下三点:

(1) 整个啤酒行业的发展是非常值得期待的,这也是为什么国际调查机构在调查后将中国市场称为"高端与超高端啤酒最具消费潜力的市场"。

(2) 青岛啤酒集团本身具有很好的盈利能力,可以为投资者带来丰厚的投资回报,这也是期权持有人愿意行使权利、持有公司股票的重要原因。

(3) 青岛啤酒的股价在发行分离交易可转债时被低估,因此投资者愿意持有青岛啤酒的股票权证,等待行权日的到来。

而在2008年1月7日上市交易的上海汽车分离交易可转债在2009年12月31日至2010年1月7日行权日到来时,其二次融资却以失败告终,主要是因为行权价高于当时上海汽车股票的市价(21—28元),投资者若行权则意味着以高于市场价买入上海汽车的股票,这是任何投资者都不会做的。虽然上海汽车在行权期到来前连续放出利好消息,但仍陷入二次融资失败的尴尬境地,主要原因有以下三点:

(1) 目前的市场因素对上海汽车此次行权有一定影响,上海汽车发行的是2年期权证,2008年年初大盘处于6 000点高位,与现阶段大盘点位的差距较大,所以其行权价格相对来说定得比较高,行权风险较大。

(2) 上海汽车权证的行权期恰好处于大盘调整阶段,时间窗口对行权较为不利。上海汽车股票本身在2009年的涨幅已经达到372.5%,抛压容易引发调整,给行权带来困难。

(3) 此外,使用现金流量估值法估算出上海汽车在发行分离交易可转债时的理论价为18.56元,低于上海汽车当时的市价,可见上海汽车的股价是被高估的。因此,投资者持有上海汽车认股权证具有较大的转换风险,这也是投资者在行权日临阵倒戈的原因之一。

三、隐性效应

对青岛啤酒而言,分离交易可转债一方面存在有限责任效应的激励,另一方面存在认股权被行使、获得二次融资的激励(实际上并没有转换分离交易可转债的债权,发行公司仍须定期付息、到期还本,它的"转换"体现在认股权的被行使上。由于只是"认股权证"需缴纳认股款项,因此它给发行公司提供了再次融资的机会,融资总额将增加,由此产生特有的战略效应。但是在"转换"前,普通公司债与分离交易可转债基本上是相同

的)。因此,分离交易可转债具有激励、促进公司提高生产能力和业绩的作用。

此外,随着大公司市场份额及消费层次的提高,目前啤酒公司的竞争走向更高层次,品牌已成为竞争的焦点。大型啤酒生产公司日益重视品牌的培育和推广,目前国内啤酒行业呈现出品牌知名度越高、市场份额越大的局面。啤酒行业仍处于高速增长的态势,企业提高市场占有率和经营业绩的主要途径是收购兼并、投资设立新厂等,以达到削弱地方品牌、扩大势力范围、提高市场占有率等目的。青岛啤酒此次发行分离交易可转债进行融资的目的是扩大生产规模,这也符合现在啤酒行业的竞争要求。

青岛啤酒一直是中国啤酒行业的龙头企业,已经拥有了较高的品牌知名度和市场占有率,而此次发行分离交易可转债进行融资对于青岛啤酒保持现有的优势、实现可持续发展具有重要的意义。

第四节　结论与启示

分离交易可转债这一创新融资工具丰富了中国资本市场金融工具的种类,促进了资本市场的多层次发展,为资本市场的发展创造了一个"多赢"的结果。

(1) 对于发行公司而言,发行公司既可以享受到低成本融资的优势、优化资本结构,又能够激励公司提高业绩、提升股价,从而完成二次融资。

考虑到未来竞争的激烈程度,发行分离交易可转债融资,发行公司既很好地享有了低成本负债融资和债务利息抵税的好处,又防止了增发新股带来的股权稀释,规避了每股净资产和每股收益摊薄对股价形成的短期冲击,而且债务的有限责任效应激励着公司提高盈利能力和成长性。同时,高成长性预示着公司会抢占更大的市场份额,稳定自己在行业市场竞争中的位置,保证未来持续、稳步的快速发展。这不仅保障了公司定期付息、到期还本的能力;更重要的是,采用附认股权证这一融资方式,发行公司可以获得低成本、高效益的融资渠道,市场可获得多层次的投资渠道,而现有股东也可以获得股价的正面支持和未来基本面的良好预期。因此,分离交易可转债的投资者会看好公司未来的发展,行使认股权认购公司发行的股票,从而使公司达到二次融资的目的,克服业务扩展带来的负债还本付息的刚性要求,减轻了财务恶化。

此外,一旦认股权被行使,青岛啤酒的权益就会增加。虽然负债只有在期满后才会减少,但权益的增加会进一步降低公司的资产负债率和财务风险,由此形成内部财务结构的良性循环,提高了公司的竞争实力和抗风险能力。同时,在发行认股权证之后,由于股价与公司业绩相关,认股权证能激励管理者努力提升业绩(股价提升到一个相应的高度才能促使投资者行使权证),完成二次甚至多次融资。

(2) 对于投资者而言,投资分离交易可转债虽然没有较高的利息回报,但面临的风险很小。在行权日到来时,若被投资公司股票的市价高于行权价,则投资者就能享受到较为丰厚的收益。

分离交易可转债是一种结构型产品,结合了固定收益证券和衍生产品的特性。固定收益具有较强的价值保护性,杠杆效应能为投资者提供全新的风险管理和套期保值工具,与期货、期权相比,其交易结算简单、杠杆比率适中、具有止损下限的特点,可以满足投资者的多元化投资需求。

分离交易可转债设置了重设和赎回条款,有利于发挥发行公司通过业绩增长来促成转股的正面作用,避免了普通可转债发行人采取不断向下修正转股价或强制赎回方式促成转股而对投资人造成损害。根据《上市公司证券发行管理办法》的规定,上市公司改变公告募集资金用途的,分离交易可转债持有人与普通可转债持有人同样被赋予一次回售的权利,从而极大地保护了投资人的利益。

《上市公司证券发行管理办法》还规定,分离交易可转债"认股权证的存续期间不超过公司债券的期限,自发行结束之日起不少于六个月",因为认股权证分离交易可能导致市场风险加大,而缩短权证存续期有助于减少投机行为。

此外,分离交易可转债二次融资的特点还可避免资金一次性到位,在一定程度上防止资金被挪作其他用途,既提高了投资者资金的安全性,也加强了公司治理效应。

 讨论题

1. 比较几种融资方式,阐述青岛啤酒为什么选择发行认股权与债券分离交易的可转换公司债券。
2. 青岛啤酒发行可分离债战略的隐性效应是什么?
3. 青岛啤酒二次融资成功的关键是什么?

讨论题的分析要点
请扫二维码参阅

本篇参考文献
请扫二维码参阅

第三篇

战略实施与公司价值的战略管理

第七章　战略管理基本理论
第八章　万宝路的战略计划
第九章　特福瑞斯公司的过程案例：
　　　　比率分析法构建战略管理
第十章　FR-ESER公司的平衡计分卡应用
第十一章　美国西南航空的资源分配：
　　　　　平衡计分卡与战略

本篇引导读者了解与战略相关的理论知识,包括战略计划理论、财务战略理论、战略管理会计理论与战略价值管理;并通过万宝路等四个案例,结合理论使读者在实践中对相关战略理论具有更深层次的理解。

第七章 战略管理基本理论

第一节 战略计划理论

一、战略计划的定义

从计划原理来讲,战略计划是一套关于企业长期利益最大化的次序性决策,是指企业围绕其与长期关系这一核心问题,针对企业内部的不同层次,系统地提出自身发展的方向和行动方案,用以指导企业整体的经营活动,达到企业资源运用效率和效益完美的统一。

首先,企业战略是一种方向性决策,是确定发展方向及实现发展目标的决策。企业确定的方向及其实现是长期的,最终是保证企业取得长期的＝最大利益。

其次,企业战略计划是一种多层次性决策,包括企业设想、企业总体战略、企业经营战略、企业职能战略和企业战略行动方案五层次的决策。

再次,企业战略计划是一种环境约束性决策,企业比以往任何时候更注重其与环境的关系。在现代社会中,企业对环境的了解程度及决策质量的优劣——企业如何与环境保持恰当的长期平衡关系,直接关系到自身的兴衰存亡。这一决策通过使企业内部能力与外部环境不断相适应,保证了企业战略计划的合理性、现实性、可靠性和一致性。

企业战略五层次
具体内容
请扫二维码参阅

最后,企业战略计划是一种系统性决策,具有明确和特定的决策过程。由于制订企业战略计划是一项复杂的系统工程,制定者必须运用科学的决策过程去完成,这对战略计划是否符合客观规律的要求具有重大的影响作用。针对不同行业环境的企业,找到合理的决策过程和战略计划模型,是企业战略计划必须解决好的一大课题。

二、战略计划与传统计划的差别

企业战略计划与我国企业传统的计划思想有着明显的差别,表 7-1 展示了两者的对比。

表 7-1　传统计划与战略计划的差别

	传统计划	战略计划
出发点	在企业方向已确定的情形下制订	从重新评判企业的发展方向开始循序渐进地制订
方法论	演绎法和归纳法	以假设法为主建立计划模型
计划深度	质量差，无指导意义	长期：科学、系统明确 当前：与长远发展紧密结合、贴合实际

三、战略计划的制订过程

企业战略计划与一般计划的制订具有相同的逻辑过程，即计划的目标、前提、决策、实施和评价，但这一逻辑过程在战略计划中具有特定的表现形式。根据战略计划的概念，其制订过程应由企业战略计划的组成要素表现出来，即由企业设想、企业外部环境分析、内部环境分析、企业总体战略、企业行业环境分析、企业经营实力分析、企业经营设想、企业经营战略、企业职能战略和企业战略行动方案等十项要素构成。

战略计划制订过程的特点请扫二维码参阅

四、战略计划理论的意义

战略计划理论具有以下主要意义：

（1）制订和实施企业战略计划，有利于克服企业的短期行为，保障企业的长期利益。短期行为是许多企业常见的通病，其后果非常严重。而企业战略计划在制订中就强调管理人员经营责任和战略责任的统一。一方面，它不但通过一套有效的逻辑方法，帮助企业划分清楚经营责任和战略责任，规定企业长期利益最大化的行为准则，而且在实施过程中，从政策、制度和人事管理等各方面建立起监督、评价与控制的战略管理系统，使企业的短期利益同长期利益挂钩，从而有效地防止短期行为倾向；另一方面，制订和实施战略计划也对企业外部行政管理体制改革提出了新的要求，如果宏观的管理体制与微观的企业内部经营机制相结合，就有可能从根本上克服企业的短期行为。

（2）制订和实施企业战略计划，有利于企业经营活动的长期稳定，主动适应环境的不确定性变化。现代企业的生存环境比以往任何时候更加多变，尤其在中国，科学技术的进步、人民精神和物质生活水平的提高、经济体制改革的深化、国内经济与世界经济日益广泛和深入的联系，都大大加剧了国内企业环境变化的不确定性。

战略计划能够使企业更透彻地认识环境，理解企业与环境的实质关系，从而确定相对稳定的设想，走出一条更适合自身特征的新路子。这种以"不变"应万变的思路，使得企业即使在复杂多变的环境中，也能在所选择的经营领域，大胆采取积极对策以获得长期稳定发展。例如，在适宜增长的经营领域，企业可以更有信心地投资、扩大生产能力、稳定和优化经营结构，从而取得规模经济效益，形成在该领域中有利的竞争优势地位。

（3）制订和实施企业战略计划，有利于协调国家、地方和企业的投资行为，促进国民经济的健康发展。在中国，存在国家、地方和企业投资行为不一致的问题。投资是一项长期活动,本身就是一项战略决策,长期投资效果最终要通过企业绩效显示出来,而缺乏企业战略计划是国家、地方和企业三者投资不协调的一个重要微观成因。应战略计划要求企业考虑与利益团体的长期关系,选择的战略应适应环境要求。由于国家、地方和企业投资都要服从国民经济建设这个大环境的要求,因此从企业战略计划角度考虑问题或者运用战略管理指导投资行为,就有可能协调好国家、地方和企业的投资行为,更好地解决投资失控的问题,使企业投资有利于产业结构调整和工业合理布局,理顺微观与宏观的匹配关系,促进国民经济的健康发展。

第二节 财务战略

一、财务战略的含义

魏明海关于财务战略的观点是,财务战略是在企业战略统筹下,以价值分析为基础,以促使企业资金长期均衡、有效地流转和配置为衡量标准,以维持企业长期盈利能力为目的的战略性思维方式和决策活动。财务战略着重于企业的现状而非企业的将来,是出于实现企业提高财务竞争力、持续和长远发展的目的。财务战略的主要任务是根据企业的总体战略、竞争战略及其他职能战略的要求,对企业资金需求的时间和金额进行诊断,确定融资渠道和方式,保证所筹资金能够满足企业经营活动的正常开展,调整和优化企业内部资本结构,创新资产管理手段,提高投资的有效性,从而提高资金的使用效率,保障企业战略目标的顺利实现。

二、财务战略的制定

（一）传统财务战略的选择

（1）财务战略的选择必须与经济周期相适应。经济的周期性波动是市场经济条件下不可避免的现象,它要求企业在制定和选择财务战略时应根据企业所处的是经济复苏期、繁荣期还是衰退期确定是实施扩张型财务战略、扩张型与稳健型相结合的财务战略还是防御型与扩张型相结合的财务战略。企业财务人员应审时度势,根据市场环境的变化、国家经济政策的调整、产业或投资政策的更新及时地做出灵敏、恰当的反应。

（2）财务战略的选择必须与企业的经济增长方式相适应。企业要实现从粗放增长型向集约增长型经济方式的转变,必须加大对基础项目的投资力度和财务制度的创新力度。从互联网企业的性质来看,其更倾向于优化财务资源配置,实现集约、高效经营、效益最大化的目标。

（二）财务战略制定的新思路

随着经济的发展,将财务战略与生命周期相结合成为财务战略制定的新思路。

（1）生命周期嵌入式财务战略矩阵。根据不同生命周期企业的财务特征,我们可以将企业生命周期分为成长期、成熟期、衰退期和撤退期。

成长期企业的产品逐步被市场接受,生产规模不断扩大,业务迅速增长,发展速度加快,但新产品开发的成败具有极大的不确定性。成长期企业的财务特征主要表现在:融资来源拓宽,现金投入增加;科研投资增多;现金流量为负值;企业价值开始上升;适度分权的财务管理体制;经营风险较高。

成熟期企业已经拥有竞争力很强的产品和核心竞争力,经营活动相对稳定,战略目标明确,但研发能力逐渐减弱。成熟期企业的财务特征主要表现在:充分利用权益和债务融资,财务资本结构合理;现金流量比较稳定,出现现金剩余;企业价值持续上升;经营风险相对下降,财务状态十分稳定,财务管理体制更加灵活。

衰退期企业的长期发展能力减退,短期盈利能力大幅减弱,市场占有率骤减,产品供大于求,几乎不存在长期激励的需求,发展余地很小。衰退期企业的财务特征主要表现在:企业投资减少,现金流入量有存余;企业价值开始减损;将闲置不用的固定资产变现;采取集权式财务管理机制。

撤退期企业的长期发展能力甚微,市场占有率几乎为零,产品严重滞销。撤退期企业的财务特征主要表现在:现金流入量接近于零或负值;开始变卖资产,尽可能小地减少损失;企业价值减损。

生命周期嵌入式财务战略矩阵从企业价值增值或减损以及企业现金剩余或短缺进行分析,四个生命周期的企业财务特征恰好对应财务战略矩阵四个象限的标准,因此可将生命周期嵌入财务战略矩阵,具体如图7-1所示。

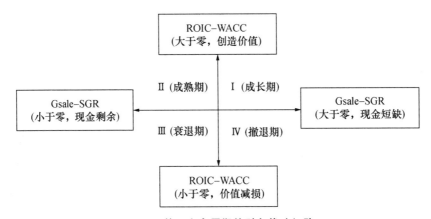

图7-1 基于生命周期的财务战略矩阵

(2)企业财务战略的制定。根据图7-1,计算出企业的ROIC-WACC和Gsale-SGR,初步判断企业所属的生命周期,再结合企业实际情况制定具体的财务战略,包括投资战略、筹资战略、股利分配战略。

投资资本回报率(ROIC)的计算公式为:

$$ROIC = \frac{息税前利润 \times (1-所得税税率)}{投入资本} = \frac{EBIT \times (1-所得税税率)}{有息负债 + 股东权益}$$

资金成本率(WACC)的计算公式为:

$$WACC = 债务资本成本率 \times 债务资本占比 \times (1-所得税税率) + 股本资本成本率 \times 股本成本占比$$

如果企业负债绝大部分是银行贷款,就可以直接采用中国人民银行公布的 1 年期和 5 年期贷款利率,根据企业短期和长期债务比率计算债务资本成本率。

采用资本资产定价模型估算股本资本成本率,计算式为:

$$K_i = R_f + \beta_l(K_m - R_f)$$

其中,K_i 为第 i 种股票的必要报酬率;R_f 为无风险收益率;β_i 为第 i 种股票的 β 系数;K_m 为所有股票的平均报酬率;$(K_m - R_f)$ 是在均衡状态下超过市场平均风险应承担的风险溢价,反映了整个证券市场相对于无风险收益率的溢价,在美国市场为 7.6%,部分学者将中国的风险溢价设为 6%;R_f 可以采用国债收益率或者 1 年期银行存款利率。β 系数是一种风险指数,衡量个别股票或者股票基金相对于整个股市的价格波动情况,是一种评估证券系统性风险的工具。β 系数越大,风险越大,可通过公司股票收益率对同期股票市场指数收益率进行回归算出 β 系数,也可查询数据库(如国泰安 CSMAR 数据库)。

销售增长率(Gsale)的计算公式为:

销售增长率 =(当年营业收入－上年营业收入)/上年营业收入

可采用经济学家罗伯特·希金斯(Robert Higins)的可持续增长模型计算可持续增长率,公式为:

$$\begin{aligned}
可持续增长率 &= 销售利润率 \times 资产周转率 \times \frac{期末资产}{期初权益} \times 留存收益率 \\
&= \frac{净利润}{销售收入} \times \frac{销售收入}{总资产} \times \frac{总资产}{期初权益} \times \frac{留存收益}{净利润} \\
&= \frac{留存收益}{期初权益}
\end{aligned}$$

(3)企业财务战略的选择。不同行业的经营特点和财务特点有所不同,在此以家电企业为例,探讨其财务战略。

成长期企业的财务战略选择。处于成长期的家电企业应该抓住良好的销售势头,加大对市场的投资,逐步建立完善的市场营销网络,努力扩大投资规模,追加固定资产投资以获得规模经济效应,从而降低成本。此阶段企业的资金需求较大,可以通过银行贷款、政府财政支持信贷等方式进行融资,缓解资金带给企业的压力,并强化资金安全,确保投资收益。成长期企业无论是在市场上还是在财务上均具有一定的竞争力,为了吸引潜在股东、留住现有股东,此时可采取"低正常股利＋额外股利"的政策。销售收入带来的现金流入量不足以满足投资规模增长的需要,为了保证企业发展所需的资金,企业必须减少现金股利的分配,增发高比例配股和送股,并将部分资金用于企业的发展。

成熟期企业的财务战略选择。处于成熟期的家电企业应该实行灵活的投资战略。面对日新月异的技术变革,中国家电企业务必加大对技术开发与创新方面的投资,通过技术创新构建新的竞争优势,提升竞争力。此外,企业还应加大对人力资源的投资,人才是一家企业最终的资产,可以为企业创造源源不断的财富,成熟期企业应该采取稳健型、偏负债型的筹资战略。成熟期企业的现金流量充足,为了优化资本结构,可以依靠债务资本和权益资本进行融资,采取较高的股利支付率政策。由于现金净流量增加较多,股东要求提高股利支付率,因此此阶段的分配以现金形式为主且支付率较高。

衰退期企业的财务战略选择。衰退期企业应该采取内部重组的投资战略。一方面,重点加大对产品的研发和市场推广,培育新的利润增长点;另一方面,剥离一些没有前途的衰退业务,减少再投资,优化有生存价值的单元。衰退期企业应该采取局部清算的筹资方式,变卖一些不能创造价值的资产,尽可能多地回收资金,减轻企业发展的资金压力。此阶段企业可采取高股利支付率政策,由于经营中很少用到增量现金流量,这些现金可用于发放股利。

撤退期企业的财务战略选择。撤退期企业应该采取损失最小化战略,出售业务,尽早将企业资产变现,使损失降到最少。撤退期企业应该实行全部清算的筹资方式,因为企业注定要破产并撤离市场,所以不再需要筹资。此阶段企业可采取剩余股利支付率政策,尽可能把留存收益转为股本,降低资产负债率,以股票回购方式帮助企业缩小股本规模。

第三节 战略管理会计

一、战略管理会计的概念

对战略管理会计的定义多种多样,主要有以下八种:

(1) Simmonds 将战略管理会计描述为"提供并分析有关企业及其竞争者的管理会计数据,以发展和监督企业战略",注重外部环境以及企业相对竞争者的位置和趋势,包括成本、价格、市场份额等,以实现战略目标。

(2) Wilson 等在《战略管理会计》一书中提出,战略管理会计是明确强调战略问题及其关注重点的一种管理会计方法。它运用财务信息发展卓越的战略,以取得持久的竞争优势,从而扩展了管理会计的范围。换句话说,战略管理会计是提供有关产品服务市场、竞争者成本资源与成本结构等财务信息,并深入分析以监视各期间企业及其竞争者的战略。

(3) Bromwich 和 Bhimani 在一份 CIMA 研究报告中将战略管理会计定义为,提供并分析有关企业产品市场和竞争者成本及成本结构的财务信息,监控一定期间内企业及其竞争对手的战略。

(4) 以术语形式将战略管理会计解释为一种管理会计形式,它不仅重视内部产生的信息,还重视非财务信息和与外部相关的信息。

(5) Clarke 将战略管理会计归结为从战略角度提供市场和竞争者信息,同时也强调内部信息。

(6) 余绪缨(1999)认为,战略管理会计是为企业战略管理服务的会计,它从战略高度,围绕本企业、顾客和竞争对手组成的"战略三角",既提供顾客和竞争对手的战略相关性外向型信息,也对本企业内部信息进行战略审视,帮助企业领导者知彼知己,进行高屋建瓴式的战略思考,进而据以制定和实施战略,以最大限度地促进本企业价值链的改进与完善,保持并不断创造竞争优势,促进企业长期、健康地向前发展。

(7) 孙茂竹等(1999)认为,战略管理会计是与企业战略管理密切联系的,它运用灵活多样的方法收集、加工、整理与战略管理相关的各种信息,并据此协助企业管理层确立战略目标、进行战略规划、评价管理业绩。

(8) 朱宏伟(1999)认为,战略管理会计是指管理会计人员提供企业自身及竞争对手的分析资料,帮助管理者形成和评估企业战略,从而创造竞争优势,达到有效适应外部环境持续变化的目的。

尽管定义繁多,但是我们能发现这些定义有一个共同的特点,那就是涉及战略管理会计的一些基本要素,体现了战略管理会计的一些基本特征——重视外部环境、市场和整体性等。借鉴已有的研究成果,我们认为战略管理会计是服务于战略管理的会计信息系统,是服务于战略比较、选择和战略决策的一种新型会计,它是管理会计向战略管理领域的延伸和渗透。具体地说,它是指会计人员运用专门方法,为企业提供自身和外部市场竞争者的信息,通过分析、比较和选择,帮助企业管理层制订、实施战略计划以取得竞争优势的手段。战略管理会计是现有管理会计的发展,是现代管理会计的一个分支。尽管战略管理会计是为弥补传统管理会计的缺陷而产生的,但这并不意味着传统管理会计没有存在的必要,因为战略管理会计只是传统管理会计的发展和观念的更新。我们始终认为,现代管理会计应由战略管理会计和战术管理会计构成。传统管理会计注重内部管理,主要从战术角度深入企业内部的作业水平,致力于"知己";而战略管理会计则站在全球高度,从战略角度进入宏观层面寻求企业整体优势,致力于"知彼",更加关心企业的生存与发展,更加关心企业的长远与未来。后者是对前者的丰富和发展,两者相辅相成,这种微观深入与宏观扩展的结合是现代管理会计适应复杂多变的客观环境的必然发展趋势。

二、战略管理会计的特点

与传统管理会计相比,战略管理会计具有以下特点:

1. 长期性

战略管理的宗旨是为了获得长期持久的竞争优势,助力企业长期生存和发展,立足于长远的战略目标。成本管理历来是管理会计的重要内容之一。从传统的成本管理来看,管理会计立足于短期的成本管理,没有从长远的、持续降低成本的战略上加以考虑,属于战术性的成本管理;而战略成本管理主要从战略角度研究影响成本的各个环节和因素,追求在不损害企业竞争地位的前提下的成本降低,努力找出实现成本优势的途径和方式。一方面,如果成本降低的同时削弱了企业的竞争地位,这种成本降低策略就是不可取的;另一方面,如果成本的增加有助于增强企业的竞争地位,这种成本增加就是值得鼓励的。例如,市场调查表明顾客需要某种产品具备某一种功能,产品的设计者就必须为产品设计这种功能。虽然这种做法会导致制造成本上升,但如果不增加这种成本,那么企业的竞争地位反而会被削弱。

2. 全局性

战略管理会计是以企业全局为对象,将视角扩大到企业整体,研究范围更加广泛,从而提供更及时、更广泛、更有效的信息。战略管理会计既重视主要活动,也重视辅助活动;既重视生产制造,也重视其他价值链活动,如人力资源管理、技术管理、后勤服务等;既着眼于现有的活动(经营范围的活动),又着眼于各种可能的活动(如扩大经营范围的前景分析等)。

战略管理会计
全局性做法
请扫二维码参阅

3. 外向性

战略管理会计跳出了单一会计主体这一狭小的空间范围,将视角更多地投向影响企业经营的外部环境。这些环境主要包括政治、经济、法律、社会文化和自然环境等,具体指一国的政治形势变化对经济生活的影响,战略目标群体的教育水平、价值观对企业战略目标的影响,新法律的出台和原有法律的修订对企业战略目标的影响,以及自然环境和竞争对手的变动对企业战略目标的影响等。因此,战略管理会计特别强调各类相对指标或比较指标(如相对价格、相对成本、相对现金流量、相对市场份额等)的计算和分析。战略管理会计的着眼点是外部环境,它提供了超越管理会计主体、范围更广泛且更有用的信息,增强了对环境的应变性,从而大大增强了企业的竞争能力。战略管理会计关注外部环境,收集主要竞争对手过去和将来的战略经营方针、市场占有率、定价方式及趋势、采用的销售方式及投入的费用等信息,分析、预测和估计竞争对手各方面的经营状况,从而帮助企业管理层制订长期发展战略规划。例如,将成本管理外延向前延伸至采购环节乃至研究开发与设计环节,向后还必须考虑售后服务环节。也就是说,企业既要重视与上游供应商的联系,又要重视与下游顾客和经销商的联系。总之,企业应将成本管理纳入整个市场环境中予以全面考察。只有正确分析和判断企业所处环境,才能预测和控制风险,根据企业自身的特点,确定和实施正确、适当的管理战略,把握机遇,主动积极地适应和驾驭外界环境,在竞争中取得主动,最终实现预定的企业战略目标。而传统成本管理的对象主要是企业内部的生产过程,对企业的供应环节与销售环节则考虑不多,对企业外部的价值链更是视而不见。战略成本管理不仅注重分析企业内部信息,更注重分析企业外部信息,及时调整策略以适应外部环境的变化。在当代西方企业的战略成本管理中,其外向性特征还体现在成本战略具有强烈的市场导向性。例如在英国,63%的管理会计师在新产品基础设计阶段,会根据竞争对手的产品估计新产品的每一部分,并在现有工艺的基础上将这些累加起来,以便建立有利于自己的成本战略。

4. 提供更多的非财务信息

战略管理会计克服了传统管理会计的缺点,提供大量诸如质量、需求量、市场占有量等非财务信息,帮助企业管理者在思考战略时能从更广阔的视野、更深层次的内容进行分析研究,为企业洞察先机、改善经营和竞争能力、保持和发展长期竞争优势创造有利条件。这样既能适应企业管理决策的需要,也改变了传统会计比较单一的计量模式,有人由此提出"战略管理会计已不是会计"的观点。

5. 运用新的业绩评价方法

传统管理会计绩效评价指标只重结果而不重过程,其业绩评价指标一般采用投资报酬率指标,忽视了相对竞争指标在业绩评价中的作用。战略性绩效评价是将评价指标与企业所实施的战略相结合,根据不同的战略采取不同的评价指标。战略管理会计的业绩评价被称为整体业绩评价,贯穿于战略管理应用过程的每一步骤,强调业绩评价必须满足管理者的信息需求,以利于企业寻找战略优势。例如,企业采取低成本战略,则应着重于内部制造效率、品质改进、市场占有率及交货效率等指标;采取产品差异化战略,则应注重新产品上市时间、新产品收入占全部收入的比重等指标。

6. 运用方法更灵活多样

战略管理会计不但联系竞争对手进行相对成本动态分析、顾客盈利性动态分析和产品盈利性动态分析,而且采用了一些新的方法,如产品生命周期法、经验曲线、产品组合矩阵及价值链分析方法等。

三、战略管理会计方法

(一) 预警分析法

1. 预警分析法的基本含义

在激烈的市场竞争中,企业能否取得成功在一定程度上取决于它能否相对准确地预测企业内部和外部环境的变化,并采取相应的战略适应未知挑战。预警分析法就是一种有助于预测企业内部和外环境变化的分析方法。

预警分析法是一种事先预测可能影响企业竞争地位和财务状况的潜在因素并提醒管理当局注意的分析方法。它通过对行业特点和竞争状况进行分析,使管理当局在不利情况来临之前就采取防御措施,解决潜在的问题。预警分析可分为外部分析和内部分析。外部分析主要分析企业面临的市场状况、市场占有率、顾客满意程度等;内部分析主要分析企业的生产能力、劳动生产率、机制运转效率、职工队伍素质及其稳定性等。

2. 预警分析法的步骤

预警分析一般有以下几个步骤:

第一步,确定解决问题的范围;

第二步,确定企业及其内部业务部门所处的行业,把握与企业及其业务部门密切相关的行业变化趋势,并为不同行业或同一行业的不同阶段单独设置关键性预警计量指标体系;

第三步,选择关键性因素;

第四步,选择合适的计量指标,既要反映关键性因素的特点,又要便于企业进行趋势分析和预测;

第五步,收集数据资料;

第六步,进行趋势分析;

第七步,定期评价。为了保持指标的前后一致性和可比性,预警分析的内容、方法不宜频繁地变动,但为了保证预警分析的质量,对其进行定期评价是必要的。

(二) 目标成本管理法

目标成本管理是企业管理的重要组成部分,它是企业在一定时期内为保证实现目标利润而规定的成本控制目标。目标成本管理法的基本原理为:首先,根据企业总奋斗目标测定产品的目标成本;其次,将目标成本按产品结构或产品形成过程或产品成本内容进行分解;最后,按照分解目标的要求组织设计、试验、生产准备、材料供应及日常生产管理和技术管理,以保证目标成本管理的达成。在我国成本管理的实践中,目标成本管理是企业运用得最多的方法,胡奕明的成本管理方法抽样统计分析也证明了这一点。目标成本管理之所以在我国得到较好的应用,是因为其具有以下特点:

其一,实行全过程的成本目标管理;其二,实行全员成本管理;其三,目标成本管理与全面经济核算、全面经济责任制结合,实行全面的目标成本管理。

只有实施全面经济责任制,才能保证全面经济核算的顺利进行,才能调动全体人员降低成本的积极性;只有实行全面的经济核算,才能有效地控制成本偏差,正确地考核目标成本的完成情况。因此,实行全面的目标成本管理,必须以全面经济核算为基础、以全面经济责任制作保证。

目标成本管理中目标成本计算测定用得较多的是倒扣法:先确定目标利润,然后从产品的预计售价中减去税金和目标利润,余额就是企业要努力实现的目标成本。这种方法可用公式表述为:

$$目标成本 = 产品预计售价 \times (1 - 税率) - 目标利润$$

(三) 作业成本法

作业成本法包括两部分内容:作业成本计算(activity-based costing,ABC)和作业成本管理(activity-based management,ABM)或简称作业管理(activity management,AM)。作业成本计算首先出现和应用于制造业,而作业成本管理是在作业成本计算的基础上发展起来的。

在作业成本法下,作业被认为由生产引起的。生产导致作业的发生,产品消耗作业,作业消耗资源并导致间接成本和间接费用的发生。产品成本就是制造和运送产品所需的全部作业成本之总和。作业成本法的实质就是在资源耗费与产品耗费之间借助"作业"这一桥梁进行分离、归纳、组合,最后形成产品成本。由此可见,作业成本法将着眼点放在作业上,以作业为核算对象,依据作业对资源的消耗情况将资源成本分配到作业,再由作业依据成本动因追踪到产品成本的形成和累积过程,由此得出最终产品成本。

作业成本计算的程序为:把各类资源价值分配、归集到各作业成本库,再把各作业成本库所汇集的成本分配给各种产品。这一过程可以分为以下三个步骤:

第一步,确认主要作业,划分作业中心。为了便于按作业中心汇集成本、披露成本信息,在进行作业成本计算时,先要确认产品生产过程的主要作业,并以主要作业为标志确定作业中心。企业可以根据各项具体作业之间的相互关系将全部作业划分到不同的作业中心,如将与制造费用有关的作业划分为机器调整准备、检验、电费、维护等作业中心。

第二步,按作业中心设立成本库归集成本。企业发生的各项具体成本应先归集到各成本库(cost pod),再按一定标准予以分配。每个成本库所代表的是该作业中心的作业所引发的成本,所汇集的成本可以用相同的成本动因加以解释。为了减少成本的归集与分配工作,同质作业的成本库可以合并。按作业中心设立成本库归集成本反映了作业量决定资源的耗用量、资源的耗用与作业直接相关、成本应按作业进行归集这一基本思想。

第三步,将各个作业中心的成本分配到最终产品、产出、劳务或顾客上。与传统成本会计制度相比,作业成本会计制度拓宽了成本核算范围,建立了三维成本模型(three-dimensional cost model):第一维是产品成本;第二维是作业成本,如应付账款部门每年处理20 000份发票的成本是多少;第三维是过程成本(process cost)或动因成本(driver cost)。作业成本计算从纵横(成本分配观和过程分析观)两个方面为企业改进和完善作业链、减少作业耗费、作业产出提供信息。

(四)产品生命周期成本法

产品生命周期成本是指发生在产品生命周期内的所有成本。具体可以把产品生命周期划分为开发期、导入期、成长期、成熟期、下降期和终结期,有人把开发期和导入期合并为投入期,把下降期与终结期合并为衰退期。就企业所消耗的资源而言,产品在整个生命周期中发生的成本可划分为以下几类:

(1)研究和开发成本,即企业研究开发新产品、新技术、新工艺所发生的新产品设计费、工艺规程制定费、设备调试费、原材料和半成品试验费等。由于产品开发周期有长有短,产品研制结果便具有不确定性,因此研发成本能否得到补偿不易确定。因为研制可能成功也可能不成功,研制成功投产后的市场生命周期也难确定,所以研发成本在研制失败时不可对象化、在研制成功后因受益产量不易确定而难对象化,在财务会计中将其在当期列支是合乎情理的。然而在成本管理中,企业必须对其进行单独归集以供有关决策之用。

(2)产品设计成本。产品设计成本的发生意味着研制的成功,因此产品设计成本的对象化在操作上的困难要相对小些,不过也存在受益期的确定问题。

(3)产品制造成本,即产品在制造过程中发生的料、工、费等成本。

(4)营销成本、分销成本和顾客服务成本。

上述成本包括了在整个企业价值链上产生的所有成本,引起这些成本发生的动因较多:既受企业新产品开发战略的影响(研发成本),又受企业营销战略的影响(营销成本与分销成本);既受企业经营战略的影响(设计成本与顾客服务成本),又受产品市场生命周期的影响。因此可以说,产品生命周期成本的发生与企业战略密切相联,被会计学者列为战略管理会计的必要组成部分。按照上述成本汇总得出的产品单位成本形成了顾客的购买成本,从顾客角度来看,消费者产品生命周期的成本还包括使用成本。在成本管理中,企业必须考虑整个生命周期的成本,正是这些成本成为顾客评价产品价值的标志。

产品生命周期成本法打破了财务会计中会计期间的概念,以产品整个生命周期作为成本核算期间。由于产品市场生命周期具有不确定性,因此一般仍应分年进行预算的编制及成本和收入的计算。产品生命周期成本法不受会计准则的约束,不要求采用制造成本法计算成本,而基本上采用完全成本法的成本概念。因此,产品生命周期成本不仅包括制造成本,还包括采购成本、销售成本、管理费用等。

正如 Kaplan and Atkinson(1998)所言:产品生命周期成本计算是估计和累计产品或设备整个生命周期成本的方法和程序。很显然,这里所指的产品生命周期成本计算已经不同于传统意义上的只从产品生产企业的微观角度看待成本问题——生产者成本(producers cost),而进一步扩展到同时从产品使用者的视野看待成本问题——使用者成本(users cost)。

四、战略业绩评价

评价方法是企业业绩评价的具体手段,没有科学、合理的评价方法,评价指标和评价标准就失去了存在的意义。

业绩评价问题自 20 世纪初出现以来,经过近百年的发展,出现了许多评价思想和评价方法。总结近百年来业绩评价的发展历程,总的思路是由单一指标向综合指标发展,由注重财务指标向财务指标与非财务指标相结合的方向发展。业绩评价的重心从事后评价转到为实现企业战略目标服务,将智力资本纳入评价体系,体现无形资产在业绩方面的作用。战略业绩评价的方法较多,包括财务的和非财务的方法,本节先评述我国国有企业经营业绩评价的功效系数法,然后主要讨论标杆法和平衡计分卡两种方法。

(一) 功效系数法

功效系数法是根据多目标规划原理,把所要评价的各项指标分别对照各自的标准,并根据各项指标的权数,通过功效函数转化为可以度量的评价分数;再对各项指标的单项评价分数进行加总,求得综合评价分数。功效系数法是经济评价中常用的一种定量评价方法,其计算公式为:

$$单项指标评价分数 = 60 + \frac{指标实际值 - 指标不允许值}{指标满意值 - 指标不允许值} \times 40$$

在计分方法上,企业绩效评价体系对原功效系数增加了标准档次,将公式中的满意值和不允许值改变为优秀值、良好值、平均值、较低值和较差值五档评价标准值;同时把原来对基础分和调整分的固定分配比重 60:40 改变为变动的分配比重,从整体上提高了评价的灵敏度和准确性,其计算公式为:

$$单项指标评价分数 = 本档基础分 + \frac{指标实际值 - 指标本档标准值}{指标上档标准值 - 指标本档标准值} \times (上档基础分 - 本档基础分)$$

这种方法实际上是一种单一的财务指标评价法。

(二) 标杆法

标杆法是指从企业外部寻找绩优公司在某一特定工艺或服务方面业绩更好作为标

准,评价本企业的产品、服务或工艺的质量,以便发现差距并持续地加以改进的方法。标杆法是美国施乐公司创建的,后逐渐被其他公司仿效推广,其目的是克服传统业绩评价或非财务性指标业绩评价中评价标准制定的不科学、不客观,缺乏激励效用,制定时较少考虑外部因素而主要属于内部标准的缺陷。为了在当前日益激烈的竞争环境中提高本公司的竞争力和效率,业绩评价时选取外部评价标准的意义更大。因此,实施标杆法就是从公司外部寻找绩优公司作为一种可衡量的标杆,透过标杆的表现,了解公司当前所处的地位,并与标杆做比较,了解自身与绩优公司的差距,进而分析其经营成功之道,通过系统地、有组织地学习和改进,不断提高本公司产品、服务或工艺的质量以获得成功。在标杆法下,并不是简单地将本公司与绩优公司的业绩做比较,而是为了获取绩优公司经营成功的经验。这里的绩优公司也并不是局限于同行业的佼佼者,而是在各种业务流程的活动中与那些取得出色成绩的公司做比较。

标杆法是基于这样的假设:每家公司都可以从彼此的优秀实践中进行系统的学习,从而不断地提高本公司的经营业绩。一般来说,每家公司都会在某些工艺过程或职能方面有所欠缺,而在另一些方面表现出独特的优势。当公司的某些经营过程影响到战略的实施时,就要抓紧时间进行改进,否则势必影响到整个战略的实现。其中一个最有效、最简单的方法就是向其他公司学习,借鉴它们在这些关键工艺或实务方面的成功经验。并利用这些信息作为确定企业绩效目标、战略和行动计划的基准。

(三)平衡计分卡

1992年罗伯特·R.卡普兰(Robert R. Kaplan)与大卫·P.诺顿(David P. Norton)在长期研究一些大公司的基础上,在《哈佛商业评论》上发表了题为"平衡计分卡:良好的业绩测评体系"的文章,首次提出了平衡计分卡(the balanced scorecard,BSC)的概念。该文公开发表后引起了强烈反响,两人又陆续发表了"平衡计分卡的实际应用"和"把平衡计分卡作为战略管理体系的基石"两篇文章。从此以后,世界上许多企业尤其是美国的企业,加入了研究与实施平衡计分卡的行列并在实践中不断完善。1996年,安永公司举办的一次银行首席财务官圆桌会议表明,平衡计分卡已为60%的大银行所采用。

1. 平衡计分卡的基本内容

平衡计分卡是一个综合评价企业长期战略目标的指标评价系统,由以下四部分组成:财务、顾客、内部经营过程、学习和成长。平衡计分卡不仅是一个指标评价系统,还是一个战略管理系统。它以企业的长期战略目标为中心,从四个方面展开,每个方面包括三个层次:第一,期望达到的若干总目标;第二,由每个总目标引出的若干具体目标;第三,每个具体目标执行情况的若干衡量指标。平衡计分卡如同"金字塔"网状结构,把企业为实现长期战略目标而制定的所有目标和指标系统地结合在一起,形成一个实现长远目标的程序规划。

(1)财务方面(财务角度)。财务方面用来体现股东利益,概括反映企业业绩,在业绩评价过程中,要从股东及出资人的立场出发,树立"只有满足投资人和股东的期望,才能取得立足与发展所需资本"的观念。从财务的角度看,企业包括成长、保持(维持)和收获三大战略方向;与此相适应,就会形成三个财务性主题,收入成长与组合、成本降低—生产力改进及资产利用投资战略。企业应根据所确定的不同战略方向、战略主题而采用不同的业绩衡量指标。当企业所重视的战略方向和战略主题不同时,其财务方面的衡量内容及重点就会发生变化。例如,当企业立足于成长战略、追求"收入成长与组合"的主题时,其重视的指标应当为"新产品(服务)及新顾客的收益百分比";当重视生产力的提高时,其选用的指标应当为"每位员工创造的收益(收益/员工)"。

按产品所处生命周期的不同阶段,可以选择不同的财务指标。例如,在产品导入期和成长期的财务指标主要有收入增长额(率)、新产品(顾客)收入占总收入的比例、单位员工平均销售额、市场占有率、投资周转率、研发费占销售额的比例等。例如,美国一家半导体公司采用的财务指标有现金净流入、事业部门销售增长率和营业净利润、市场增长率及投资报酬率。美国 Metro 银行采用的财务指标有投资报酬率、收入增长率、储蓄服务成本降低额以及各类服务收入比率。

(2) 顾客方面(顾客角度)。顾客方面用来体现顾客利益,即我们给顾客一个什么样的形象才能实现目标。企业经营成果的获得(实现)不取决于内部,而取决于顾客,由顾客决定企业的努力是转化成了成果还是白白地耗费了资源。典型的指标包括顾客满意程度、顾客保持程度、新顾客的获得、市场份额、重要顾客的购买份额等,而且每一个方面都有其特定的衡量指标。

(3) 内部业务方面(内部业务角度)。企业必须擅长哪些业务才能使股东和顾客满意。无论企业对外提供的是产品还是服务,其产品或服务的质量完全取决于企业内部价值链的各个环节是否真正创造价值。鉴于资源的稀缺性,为了有效地运用和发挥内部资源的有效性,企业必须以顾客的需求和偏好为依据,重视价值链的每个环节,创造全面和持久的竞争优势。典型的指标包括新产品设计能力、周转时间、质量、成本、返工率、顾客付款时间、雇员技能和生产率等。具体运用时,管理者应根据内部业务在不同的阶段采用不同的指标。例如,Metro 银行采用的指标有产品/地区利润与市场占有率、新品收入占比、各营销渠道交易额占比、顾客满意度、推销员与潜在顾客接触次数及推销员的新顾客收入额。

(4) 学习和成长(创新)方面。企业应该具备怎样的学习创新能力才能实现目标?自从美国学者彼得·圣吉(Peter M. Senge)于 1990 年出版《第五项修炼——学习型企业的艺术和实务》以来,学习对于企业的重要性越来越为管理者所认同。在全球竞争日趋激烈的情境下,灵活、有弹性、不断学习与创新的企业将创造持久的竞争优势。从学习和成长的角度看,主要包括人员、信息系统和企业组织三个方面,主要指标有培训支出、员工满意程度、信息传递和反馈所需时间、员工受激励程度等。

之所以选择上述四个角度评价业绩,是因为任何一家企业在经营过程中都不可回避以下四个问题:顾客如何看待本企业?企业必须在什么方面具有卓越表现?企业能否持续提高和创造价值?企业如何向股东交代?在当前的市场竞争中,赢得顾客是企业生存和发展的基础,许多企业已经清楚地认识到这一点,开始把满足顾客需求上升到一个战略的高度。顾客如何看待企业成为它必须解决的一个问题,业绩评价系统也应从这个角度进行指标设计,以反映对顾客非常重要的一些因素。明确这一目标之后,接下来就应从内部经营的角度考虑如何才能更好地满足顾客期望,即企业必须在什么方面具有卓越表现。因此,这方面的指标反映的是对顾客满意度影响最大的内部运行因素。但是,激烈的市场竞争要求企业不断地改进现有产品和提高工艺水平,并有能力向顾客提供全新产品,这是关系到企业能否持续提高和创造价值的问题。只有不断地推出新产品、为顾客创造更多的价值、提高经营效率,企业才能进入新市场、增加营业收入,从而通过增长来增加股东财富这方面的指标反映的是企业的长期盈利能力水平。因此,它也是业绩评价中不容忽视的一个方面。前三个方面表明了企业对市场及关键成功因素的看法,但这些方面的成功并不一定反映企业在财务上的成功。因此,企业还应进一步明确如何将前述三方面的成就转化为市场占有率的提高、边际贡献的扩大、资产的加速周转和经营费用的降低。如果前述三方面业绩的提高无法转化成利润的增加,管理者就应重新审视战略与目标,以便向股东交上一份满意的答卷。

明确了指标体系的四个方面之后,接下来就应根据需要为每个方面设计适当的指标。这里没有通用指标可供选择,具体设计时必须充分考虑企业的特点和战略。

2. 平衡计分卡的发展与优缺点

大约两千五百年前,希腊诗人欧里庇得斯(Euripides)就意识到平衡对生活的重要性,他提出,最重要和最安全的事就是保持生活的平衡,并认识到在我们周围和我们身上的伟大力量。如果你能够做到这点并以这种方式生活,那你确实是一名智者。这同样适用于企业组织。企业是一个矛盾的统一体,同样需要平衡。平衡计分卡的优点主要表现在以下方面:

(1)评价指标全方位化。随着国内、国外竞争的加剧及买方市场的形成期越来越短,对交货期的要求越来越高,企业必须从内、外环境入手,从多角度市场需求出发,以长远的战略眼光在市场、科研、人才、产品质量等各方面投入资金。传统的财务指标已不能适应这种要求,平衡计分卡在财务指标的基础上增加了顾客、内部经营过程、学习和成长三方面的非财务指标,从而可以全面描述企业业绩。

(2)评价指标长期化。随着信息时代的到来和科学技术的飞速发展,产品升级换代的频率越来越快,为了适应市场的快速多变,企业必须主动地把握未来,努力提高未来绩效,制定长期的发展战略。平衡计分卡从四个方面评价企业业绩,能够避免单独使用财务指标给企业带来的误导。例如,虽然企业知道提高信息系统水平和员工素质的重要性,但当有财务压力时,就可能较少予以考虑,而平衡计分卡四方面的因果关系却能如实反映长期财务目标之间的联系。同时,实证研究表明,顾客的满意度与企业的长期财务业绩具有很强的相关性。

(3)评价指标全局化、群众化。平衡计分卡实现了四个结合:外部评价和内部评价的结合、短期目标与长期目标的结合、所要求的成果与这些成果的执行动因的结合、定性指标与定量指标的结合。四方面的因果关系说明了部门之间应密切协作、共同努力实现企业目标,把企业看作一个有统一内部联系的系统,而不是仅实现某一部门的目标。以往,在从上至下传达企业的财务目标、企业战略时,除了制定者,其他员工很少理解。而在平衡计分卡上,每位员工处于自己的位置,了解其工作是怎样影响财务指标的。这不但便于策略的传达,而且会使员工产生认同感和成就感,从而增强其积极性和主动性,使企业凝聚力增强。

(4) 评价指标及时化、动因化。财务指标一般在期末才能得到,同时折旧方法的选用等人为因素的干扰还影响了信息的及时性和客观性。平衡计分卡包含了许多非财务指标,大大提高了信息的及时性和客观性;此外,非财务指标还能反映导致财务指标变动的深层次原因。例如,对于利润的增加,财务指标本身不能反映这是产品质量的提高还是竞争对手的退出或其他原因造成的。如果是外界环境变化导致利润的上升,就不是企业自身努力的结果。因此,平衡计分卡使人们在总结过去的业绩时不是仅看数字,而是更多地考虑数字背后的策略,从而解释了隐藏在传统的利润表和资产负债表背后关键的价值创造过程;而且,加入了未来绩效动因,克服了业绩评价过分依赖财务指标的局限性。

平衡计分卡尽管具有上述优点,但并非适用于任何企业,它要求使用企业具备一定的条件,如成本管理水平较高、以目标和战略作为导向、实行民主式领导体制等。但同时,平衡计分卡还有以下几方面的缺点:

(1) 指标的创建和量化方面。非财务指标中有些是次要的,有些(如关于顾客满意程度及保持方面的指标)是不易收集的,这就要求企业在不断探索中总结。此外,有些指标(如员工受激励程度方面的指标)虽然重要但很难量化,需要收集大量信息并且经过充分的加工后才有实用价值,这就对企业的信息传递和反馈系统提出了很高的要求。

平衡计分卡提供了一种业绩计量的思路,构建了一种计量框架,而不是一种普遍适用的指标体系,各企业应该根据自身的战略管理要求和外部环境特点选取不同的角度与指标设计平衡计分卡。

(2) 实施的成本方面。平衡计分卡要求企业从财务、顾客、内部经营过程、学习和成长四个方面考虑战略目标的实施,并为每个方面制定详细而明确的目标和指标。它要求全体成员参加,使每个部门、每个人都有自己的平衡计分卡,企业要为此付出较大的代价。

第四节 战略价值管理

一、战略价值管理的含义

战略价值管理是把经验型、科学型战略价值指标予以表示和衡量,并依据价值指标和企业价值驱动因素进行控制、监督、考评、激励。以价值为基础的战略管理是增进企业组织效率、促进战略管理科学化的有效手段。一家企业只有基于价值才能生存和发展,而战略价值管理提出了精确的绩效标准——价值。战略价值管理为企业确定了具体的财务指标和非财务指标,为企业勾画了理想的业务流程模式和框架,提出了企业总体战略资源价值和核心资源与能力价值,为企业在发展过程中权衡轻重得失提供了一条途径。

战略价值管理提供了一种战略价值分解方法,可以将战略管理分解推广到更细层面,甚至推广到人。企业制定出战略价值管理方案后,各部门、各单位可以据此确定长期和短期目标,每位员工也可以据此确定各自的长远目标和短期目标。例如,生产部门可以确定单位成本、产品质量、资金周转等指标。

战略价值管理提供了正确信息和正向激励。鉴于客观的考核指标和具体的薪酬制度,各级部门的领导和员工在实施战略过程中可以得到有效激励。此外,战略价值管理方案的拟订是一个开放过程,在这一过程中,每个参与者都会切实体会到实现价值最大化的重要性,并努力去实现战略价值的最大化。

二、战略价值管理包含的内容

战略价值管理包括两方面的内容,即战略规划和战略实施。战略规划包括战略形成和战略制定;战略实施包括流程重组、组织结构调整、年度计划、评价、考核、激励等。具体来看,战略价值管理包含八个步骤:目标制定、指标体系及分解、业务流程重组及内部组织结构调整、年度计划、考核评价、回报激励、反馈修改、应变保证等。

三、战略价值管理方案的制订

制订一家企业的战略价值管理方案,通常采用以下六步法:

第一步,陈述问题。陈述问题是战略价值管理思路形成的第一步。陈述问题应该具体并富有内涵,以公司下一步采取的行动为重点,而不是一种事实的罗列。在陈述问题时,首先要明确谁是公司的决策者,将具有决策权的领导的意图描述出来,是非常重要的;其次要分析哪些是决策者比较关注的问题,如何协调各利益相关方的不同意见;最后要考虑哪些因素将不予考虑,设定战略价值管理方案成功与否的判定依据,估计解决这些问题的时长,方案要求多高的准确度等。

第二步,分析问题、分解议题(议题树)。陈述问题后需要将原始问题分解成几个部分。议题分解可以使一个较大的问题被分解成几个较小的不同部分,不同部分的问题可以按照轻重缓急予以解决,并将不同责任分派到人。这样,各部分的问题解决得好,就可解决整个问题。分解议题时需要注意的一个关键问题是:所分解的问题的各个部分各不相同,而且包括了原始议题的各个方面,既没有遗漏也没有重叠。

第三步,消除非关键议题。无论采用何种方法对原始议题进行分解,都要对议题分解后的结果进行详细分析,经过反复推敲、反复论证,淘汰一些非关键的、对战略影响不大的议题,使战略制定小组能够在不必要的问题上节约时间、在最重要的议题上多下功夫。

第四步,制订详细工作计划。工作计划包括形成问题、提出方法、深入分析、收集资料、得出结论五个方面的内容。

第五步，进行关键分析。进行关键分析应以结果为导向，尽可能简化分析并比较数据分析结果。关键问题分析的最大难度在于数据的来源和准确度，在分析时不要拘泥于数据，不要在一个问题上绕圈子，避免钻牛角尖。要时刻记住，收集和分析数据是为了检验解决问题的方法，而不是为了检验数据本身的正确与否。

第六步，综合结果。综合结果并形成结论有两种方式：一是正推法，即数据—分析—综合—结论，根据收集的资料和数据，进行整理分析，综合分析结果，形成最终结论；二是逆推法，即结论—综合—分析—数据，先假设一个结论，然后分解结论，分析分解结果，并收集的数据和资料验证结论。如果验证的结果与假设的结论差距较大，就要对假设结论进行修正。

第八章 万宝路的战略计划

> **导　言**
>
> Marlboro(万宝路)是一个香烟品牌,由世界第一大烟草公司 Philip Morris 制造,是世界上最畅销的香烟品牌之一。品牌名称 Marlboro 起源于英国,在美国独立注册。
>
> 1993 年 4 月 2 日,Philip 宣布了一个被认为是全世界最著名的品牌——Marlboro 雪茄的重要价格折扣项目"跨越美国",由此震惊了商业世界。1993 年 7 月 20 日,这个折扣变成了永久性的降价,并且遍布 Philip Morris 的美国烟草品牌收入。

第一节　万宝路案例分析

万宝路的这种行为最终导致 Philip Morris 股价的下跌,毫无惊讶的是,其竞争对手的股价也下降了,因为可以预见未来美国烟草市场的收益会下降(烟草市场从历史到现在均为利润最高的市场之一)。品牌价值学者认为这项举措严重削弱了万宝路的品牌价值,如今,它作为全世界最有价值品牌的也被取代。

这个生动的事件能够作为现代财务和战略管理进程的案例,并且能够采用战略商业财务这种观念模式有所提升。通过运用战略商业财务方法,Philip Morris 改变战略行为被认为能够增加实际(与感知相反)品牌价值;同时,它能够在战略投资机会较多的时期对市场里的主要竞争者施以巨大的财务压力,潜在性地制约了他们煽动大型战略行动的能力。

品牌重新定位的背景是非常重要的。美国烟草市场在规模上一直以年均 3% 的比例萎缩,但是在这个时期,市场上主要的公司依靠推行实际价格和增加边际收入为公司增加利润。Philip Morris 曾公开表示,财务目标是每股盈利以 20% 年复利增长。这么多年来,Marlboro 一直是市场上居主要地位的品牌,但是实际价格的增长为新的价格分割提供了机会。结果,两种新产品种类(金钱价值和多余的低价种类)被开发出来,并且在整个市场份额中的占比越来越大,尽管它们为制造商创造的边际利润越来越少。

这些事实都是公共信息,应该反映在 Philip Morris 的股价中和万宝路品牌价值的评估中。但是在 1992 年的最后几个月和 1993 年的早期,弱化短期公众接受度使万宝路的市场份额令人不安地迅速缩减。很明显,公司高层管理者可以获得这些信息,他们应该利用这些信息作为制定战略决策的基础以增加股东收益。

从战略财务角度看,实质性和突然的降价是建立在市场份额显著增长的基础上的,再加上其他两种产品种类合并成一个,甚至是有点欠缺财务吸引力的部分。这个逻辑是以以下前提为基础的:在实施战略前已经进行过全面的试验,顾客仍然很喜欢万宝路的产品,但还没有准备好为多余的价格溢价付款。

很清楚,实质上的降价包括净利润的自然影响,如果期望总利润不受影响,就需要一个成比例销售份额的增大,但这种份额的增大不应该被 Philip Morris 加入(因为他们已经在俄勒冈州的波特兰进行过降价试验,所以应该拥有顾客和竞争性回应的相关信息)。如果利润和现金流量最终减少,那么竞争性战略如何能够增加股东价值?

重要的是,在缺乏新的竞争能动性的情形下,究竟未来收益和现金流处于何种水平上?Philip Morris 的股价,在此举之前,似乎是基于历史,利润被外推至未来的增长。换句话讲,公司应该继续通过实际价格的提升,从一个下跌市场中获取更多的价值。Philip Morris 在全球战略中以万宝路作为主要品牌,许多的烟草市场或者增长、向西方生产商开放,或者两者兼具。由于国际品牌定位是基于美国的产品遗产,万宝路持续留在美国烟草市场对这个国际战略的成功有着至关重要的意义。

鉴于这些战略问题,Marlboro 在美国市场份额的迅速下降是 Philip Morris 的关键问题。如果这种下降不能被迅速扭转,那么从本国市场和其他区域的未来盈利收入将巨幅减少。因此,对新的竞争战略进行经济评估比较,必须调整未来现金流入的预期,从"什么也不做"的选择中走出来。在这个"什么也不做"的场景中,非常可能的是公司在市场中会有一个持续的下降,并且降速随时间持续上升。如果品牌的销售率低于所要求的水平,这将成为定局。

先于降价声明的是股价欠佳,这仅仅表明股东还没有消化对公司未来展望的不利变化。作为一名管理者,很重要的一点就是看清楚任何一个潜在的战略部署,将不利影响最小化。战略商业财务能够将这点变成现实,甚至在外部财务市场随新环境变化之前。

第二节 万宝路案例总结

总体上,万宝路案例强调了战略部署,竞争者的反应与不同的战略、财务场景互相依赖。公司价值的增加不仅通过进攻式的战略,还通过防御性的战略,以避免市场和财务的萎缩;案例也强调了通过竞争性优势和财务优势(战略管理会计)的市场演练来衡量商业信息的需要。此外,本案例还强调了评估财务结果的必要性,它不仅构建在历史趋势的基础上,还必须在一个准确的竞争性环境中。

通过万宝路案例,我们可以发现公司价值的战略管理并不是为了作为一个规定项目而去配合其他的管理和时髦的理论,更不是吹捧一个在工厂和企业中机械的应用过程。它只是一种有着通俗的、基于整合战略和财务思想的哲理,而这种哲理必须在一个确定的、可操作的环境中实施以支持事实案例。它表明主要的战略变革项目可以服从于战略价值分析。例如,对商业进程重建或者文化变革项目进行完全的财务评估、定位和控制。同时,成本项目能够通过战略成本管理来控制。实际上,实施的具体形式应该针对不同公司而变化,但仍包括相同的项目元素。

我们需要很多的时间和精力,经由学习过程,才能将战略商业财务哲理散布至广大的管理者中。管理者会纠结于更加基础的财务元素,然后似乎违反直觉地去寻找并参与更先进的有时更加概念化的战略商业财务场景。

讨论题

1. 战略管理会计具有什么作用?能否有助于管理?
2. 公司财务战略具有什么现实意义?

讨论题的分析要点
请扫二维码参阅

第九章 特福瑞斯公司的过程案例：比率分析法构建战略管理

> **导言**
>
> 分析机构的资产负债表，向当前机构提供信息和权利。财务报表分析的一般目的是检验不同项目之间的关系而不仅仅是数据，揭示公司的流动状况、财务实力、可盈利性及其在活动中更加可靠的表现。
>
> 当评价机构的财务状况、盈利能力和效率时，不同项目之间的关系比财务报表上的数据更加有意义，因此比率在财务报表分析中被广泛使用。比率分析提出了与其他项目有联系的关系，最重要的是整合了作为财务工具的比率。解释、计算这些比率和调查这些原因，从而有可能从比率分析中实现预期收益。因此，我们可以使用比率分析法对公司业绩进行预估，从而配合公司的整体目标进行战略制定与调整。下面通过一家土耳其公司案例数据进行比率分析。
>
> （本章案例选自：Ali Hal, DU Erhan. Structuring strategic management with ratio analysis method: a case study in the transition to SME TFRS process [J]. Procedia-Social and Behavioral Sciences, 2013, 99: 947—955.）

第一节 财务比率分析过程

一、流动比率

特福瑞斯公司财务报表的流动比率2009—2011年如表9-1所示。

表9-1 2009—2011年流动比率

流动比率	2009年	2010年	2011年
净营运资本（流动资产－短期负债；万元）	−157.466	1 168.645	861.456
流动比率（流动资产/短期负债）	0.870	1.850	1.660

(续表)

	流动比率	2009 年	2010 年	2011 年
速动比率($\frac{流动资产-存货}{短期负债}$)		0.860	1.800	1.660
现金比率(流动资产－短期负债)		0.008	0.650	1.150

1. 净营运资本

2010 年净营运资本增加是由于流动资产比短期负债增长更大;而流动资产增加的主要原因是公司的现销与之前相比翻倍增长。2009 年净营运资本减少的原因是公司在平衡长期和短期负债时出现了问题。

2. 现金比率

2009 年现金比率小于 1,意味着公司不能以自身流动资产平衡其短期负债。2010 年现金比率增大的主要原因是销售增长导致公司销售利润增长(2009 年为 3%、2010 年为 13%、2011 年为 10%)。

3. 速动比率

速动比率不包括存货,公司速动比率接近于现金比率。由于公司在 2010 年与 2011 年之间存有过多的银行存款,这对公司的盈利性可能具阻碍作用。

4. 现金比率

2009 年,公司在现金方面出现问题,但是由于销售的增加和销售盈利能力的增强,这种状况在 2010 年有所好转;2011 年则因为收到还债款,现金比率表现得更好。

二、财务结构比率

公司财务结构比率如表 9-2 所示。

表 9-2　2009—2011 年财务结构比率

财务结构比率	2009 年	2010 年	2011 年
财务杠杆比率(国外收入/净资产)	0.76	0.53	0.44
财务比率(基本资产/国外资本)	0.30	0.89	1.23
非流动资产/基本资产	1.42	0.04	0.46
非流动资产/持续资产	1.42	0.04	0.46
基本资产/总资产	0.24	0.47	0.56
短期负债/总负债	1.00	1.00	1.00
短期负债/总借款	0.77	0.53	0.45

1. 财务杠杆比率

公司财务杠杆比率在这些年中持续减小,意味着杠杆带来的财务风险也持续下降。杠杆比率降低的原因是,公司持续不断地使用从国外挣得的资金而非大量使用基本资产。基本资产增加的原因是公司利润的增加。

2. 财务比率

2009 年公司财务比率非常低,第三方借贷者将对公司施加压力。财务比率低的原因是相比基本资产,公司使用了更多的国外收入。

3. 非流动资产/基本资产比率

公司并没有太多披露非流动资产方面的投资。除了 2009 年,非流动资产的融资主要基于资本。2009—2011 年,造成非货币资产巨大的原因是属于未来的现金支付费用。

4. 非流动资产/持续资本

当公司没有使用长期国外收入时,该比率与非流动资产/基本资产相同。

5. 基本资产/总资产

2009 年,公司主要财务资源大部分来自从国外挣得的收入;2010 年和 2011 年,该比率达到理想水平。

6. 短期负债/总负债

由于公司没有使用长期国外收入且在支付负债方面没有困难,因此该比率比较稳定。

7. 短期负债/借方总额

该比率与财务杠杆比率相同,原因是公司所有的国外收入均由短期国外收入构成。近些年来,该比率趋于降低,原因是公司的财务资源大部分由基本资产组成。

三、营运比率

公司营运比率如表 9-3 所示。

表 9-3 2009—2011 年营运比率

营运比率	2009 年	2010 年	2011 年
流动资产周转率(净销售额/平均流动资产)	9.50	7.00	5.34
资产周转率(净销售额/平均资产)	6.40	6.03	4.56
基本资产周转率(净销售额/平均基本资产)	24.22	15.83	8.87
信用周转率(总赊销额/平均应收账款)	0.84	1.10	0.07

1. 流动资产周转率

2009—2011 年,公司流动资产周转率缓慢减小,意味着 2009 年流动资产不足,但流动资产在缓慢增加,公司拥有的流动资产大于需求量。

2. 资产周转率

资产周转率下降的趋势意味着公司的盈利能力也许会下降,同时公司承受的风险将增大。

3. 基本资产周转率

基本资产的持续减少说明公司的基本资产未被有效使用。

4. 信用周转率

应收账款的增加和赊销的减少造成该指标在 2011 年快速减小。

四、盈利能力比率

公司盈利能力比率如表 9-4 所示。

表 9-4 2009—2011 年盈利能力比率

盈利能力比率	2009 年	2010 年	2011 年
总销售利润/净销售额	0.02	0.13	0.12
营业利润/净销售额	−0.04	0.06	−0.09
本期利润/净销售额	−0.04	0.06	−0.09
净利润/净销售额	−0.04	0.06	−0.07

1. 总销售利润/净销售额

2009 年，销售毛利率与净销售额的比例为 0.02，意味着公司每销售 100 土耳其里拉收益 2 土耳其里拉，2010 年增加到 13 个土耳其里拉，但在 2011 年减少到 9 土耳其里拉。

2. 营业利润/净销售额

2009 年，公司的主要业务活动主要以亏损结束。2010 年每销售 100 土耳其里拉，营运利润就有 6 土耳其里拉；但是在 2011 年，盈利只有 2 土耳其里拉。

3. 本期利润/净销售额

2009 年，公司的主要业务活动主要以亏损结束。2010 年每销售 100 土耳其里拉，本期利润就有 6 土耳其里拉；但是在 2011 年，盈利只有 2 土耳其里拉。

4. 净利润/净销售额

2009 年，公司的主要业务活动以亏损结束。2010 年每销售 100 土耳其里拉，净利润就有 6 土耳其里拉；但是在 2011 年，盈利只有 2 土耳其里拉。

五、比率分析决策

营运性、管理性和战略性决策可以分析公司近三年财务比率而得出。

（一）营运决策

为了增加特福瑞斯公司的销售收入，如果可能的话，有必要评估销售价格并提高价格。当银行的利率较低时，运用某种方式使用现金将提高收入或降低费用，这会更有盈利性。

为了减少销售货物或者提供服务的成本，公司应该尝试提高购买量并减少购买成本。即使供应商只提供低信用政策，公司也应该通过提前付款或现金支付等方式获取相应的折扣。

（二）管理决策

除了 2009 年，特福瑞斯公司没有经历大规模的现金流问题。然而，无效率或者亏损地使用公司资源是主要问题，必须有效地使用转给公司的资金。2010 年，公司获得成功的主要原因是高销售利润。

当发生亏损时,公司不一定要增加资本。为了公司的可持续性发展以及从主要商业项目中提高利润,必须考虑必要的注意事项;否则,增加资本就不是有助于公司保持可持续性的预防措施。

为了增加资本,资源在哪里被使用变得很重要。例如,如果现金流被保存在银行,它们就不会做出任何贡献。

总体上,有关于行政费用的说明如下:

(1)为了弥补一般行政费用,特福瑞斯公司必须获得至少弥补这些费用的利润。如果一家公司不能弥补其营运费用,就会不可避免地产生造成损失;如果一家公司的收益刚好支付其费用,就恰好达到现金流平衡。因此,确定一个高盈利目标是合适的。

(2)必须评估一般行政费用结构。存疑开支被认为是由固定费用(如应付职工薪酬)组成的,必须找到减少这些费用的替代品。例如,使用较少的人员能否获得相同的业务质量?换句话说,必须重新评估人员数量,将所有的注意事项纳入考虑以求获得相同的质量。

(三)战略决策

获得长期贷款并转化为投资(如购买房地产以提供业务连续性)可以给公司带来长期收益。例如,这也许有助于消除租用费用,由此减少成本。

与供应公司共同使用转让资源,将提供管理投入。这不但有利于长期投资,而且可以减少公司的销售成本。

第二节　财务比率分析总结

会计系统的基本目标是向企业提供有用的财务信息,而这些信息有助于企业做出战略决策。会计目标的实现取决于会计系统的可靠性。只有数据可以被精确分析,决策者才能做出准确的决定。也只有这样,会计才可以成为一种有效的管理工具,在决策过程中提前规划企业活动和解释财务活动。

可盈利企业的持续性经由完成所有主要目标而得以实现。一家企业大部分的财务状况数据和企业活动结果可以从会计系统中获得,因此在决策管理过程中使用会计系统是十分重要的。

中小型企业会计标准将给发展中国家的中小型企业带来成为国际性企业的机会,并且中小型企业之间也将获得公平机会。当一家企业规模扩大、阶级改变,并且转向完整标准设置时,可以避免本来可能遇到的问题。基于上述原因,中小型企业会计标准已经颁布了,有效时间可由各个国家根据依据自身偏好和合适时机设立。当世界上的中小型企业均使用相同的会计标准时,财务报告的可靠性由此增强,财务报告将更具可比性,从而有助于世界商业的发展。

这些发展被评价为:会计系统在战略管理过程中作为一个指示器会更加有效地被使

用。中小型企业的制度化过程涉及企业的长期决策能力和规划能力。针对会计系统的新规定将强制企业特别是中小型企业,相应地在战略计划和战略管理中自我发展地应用这些规定。在这种情形下,我们可以预测,基于新会计准则和战略管理思想的科学研究将不断得到丰富。

讨论题

1. 四类不同的检验财务状况的分析比率有哪些?
2. 土耳其新《商典法》的颁布说明了什么?

讨论题的分析要点
请扫二维码参阅

拓展性案例
莱宝高科的公司价值与价值管理

公司理财的基本目标是价值最大化,并以价值最大化作为公司财务决策的标准。公司价值是指公司未来预期现金净流量的现值,现金净流量、资本成本和企业存续时间成为公司价值的直接影响因素,而公司战略、公司治理、经营与管理通过作用于现金流量、资本成本和企业可持续发展而影响公司价值。对于上市公司而言,衡量公司价值最直接的方法是市值。因此,股价成为公司价值的重要表现形式。莱宝高科在 2010 年第三季度异军突起,一个月内股价翻番,成为两市明星股,成为 A 股受益苹果第一股的触摸屏龙头股。莱宝高科在 2011 年 8 月 2 日发布中报,显示了依然强劲的盈利能力。然而,该股遭遇跌停,之后几天继续破位下跌,至 8 月 5 日收盘时,股价在短短 4 个交易日内跌去 21%。作为上市公司股东价值衡量标准的股价如此地"过山车",其背后的影响因素值得探究。

资料来源:中国管理案例共享中心;案例作者为扬州大学商学院,李志斌;作者拥有署名权、修改权和改编权。

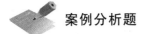 **案例分析题**

1. 会计业绩与公司价值的关系是什么？
2. 根据公司公开信息，如何评估公司价值？
3. 如何解读莱宝高科股价的变动？从价值管理模型和驱动因素视角分析公司股价大跌的原因。

案例全貌
请扫二维码参阅

案例分析要点
请扫二维码参阅

第十章　FR-ESER 公司的平衡计分卡应用

导言

位于哥本哈根的 FR-ESER 是一家立足于斯堪的纳维亚市场的中型服装业公司，主要生产毛衣、短裤、连衣裙、衬衫、T-恤和袜子。这家公司拥有高资产以及 10% 的销售税前收益。它起初由裁缝 Niels FR/-ESER 成立于 1930 年，然后在 1984 年传给独子 Knut。Knut 也是裁缝，他把公司从哥本哈根扩展到整个斯堪的纳维亚地区。在 Knut 的管理之下，公司盈利状况颇丰，全职员工由 50 人增加到 500 人。现在，Knut 准备在 2012 年 3 月正式退休，他想把公司交给独生女——刚刚获得管理学学士学位的 Linda。自此，Linda 就会成为 FR-ESER 历史上第一个获得学位的成员。这个家族对其传统和原始根基感到非常自豪并且强烈依赖于此。

FR-ESER 的产品走在时尚的最前沿，并以朴素的、持久的斯堪的纳维亚风格呈现，有着突出的耐用性和寿命。这在中产阶级家庭中打造了一个非常忠诚的客户基础，因为这些人往往追求比高质量名牌商品价格低、愿意接受比无名品牌质量高的商品。

FR-ESER 的商业模式实质上与大多数服装业公司不同。一般公司的商业模式是设计服装、外包生产，然后将服装卖给零售商。FR-ESER 买入人造纤维、纱及衣服染料，所有服装均由斯勘的纳维亚地区、按工会规定收取工资的工厂设计和制造，并且没有任何的外包。这种维护斯勘的纳维亚工艺的忠诚性是 FR-ESER 对市场的另一大吸引点。最终，产品都是通过全资拥有的、标准化的经销店出售的，这些经销店靠近大中型城市周边的高速公路或主要支路。物流货车也归公司所有，由一个承包人负责海上运输。

（本章案例部分内容选自：THE Balanced scorecard and different business models in the textile industry-A case study, Klarissa Lueg, Aarhus University, Denmark.）

第一节　FR-ESER 公司案例分析

一、服装业的两种结构

在 20 世纪 90 年代 Knut 成为公司继承人之后,全球化开始流行起来,服装业的许多公司开始外包几乎全部的价值链,以此建立全球供应链。那时一度流行于服装业的核心是:服装公司只负责提供一个名牌,生产则移交给不相关的东欧或者远东的供应商,而且大多数成品卖给了独立的零售商。直到现在,大多数服装公司还是以这种模式运营。

但是,Knut 没有跟随这种潮流。《商业新闻》嘲讽 FR-ESER 公司完全整合的价值链已经过时,却不能对其持续的高盈利做出解释。这种反对整合供应链的观念因像 H&M 和 Zara 这样空前崛起的公司而发生强烈转变:它们的商业模式显然是建立在设计—销售一体化之上的,从而节省了中间商及其在服装上获利的部分。《商业新闻》开始调查这种商业模式,因为这些公司能够获得超出同行平均水平的利润。因此,一家最近在斯勘的纳维亚成立的公司——目标人群是 18—35 岁男性的小品牌"yKING",也接受了这种商业模式。Knut 一直没有意识到这一点,也不知道公司为什么能如此获利,但是这些舆论让他明白了许多道理。

二、FR-ESER 公司目前的组织结构

FR-ESER 公司的结构很直接,全职员工的组织关系如图 10-1 所示。

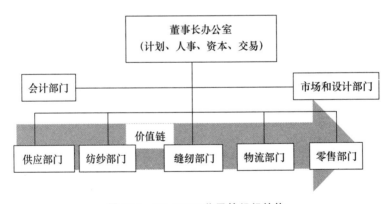

图 10-1　FR-ESER 公司的组织结构

总裁及其助手负责计划(迄今为止都是由 Knut 在每周日晚为接下来的一周活动作准备)、资金(如长期投资)、人力资源和沟通。有两个由独立经理人负责的生产部门:将纱转变成布的纺纱部门和将布转变成衣服的缝纫部门。有五个拥有独立主管的支持功能中心,其中三个是直接并入供应链的:供应部门买入生产所需的纱、纽扣等;物流部门负责给零售商派送服装,截至目前,均由 Knut 负责行程安排。多年来,Sally van Dor 作为零售商主管,一直建议她能够同时管理两个部门。物流部门和零售部门之间没有发生

实际问题,但是她这样安排可以使进程更加有效率。除了会计部门,还有一个负责广告、顾客和生产线的市场与设计部门。

三、对商业模式的争议

Linda 深知变化和全球化是无法避免的。她提出既然公司的技术水准已经可以制出高质量的服装,至少生产应外包给东亚的生产商。在一次与父亲 Knut 共同参加的商业会议上,她指出:"如果开始接手,我就要认真对待,不是仅仅作为你的女儿,而是我认为应该有自己的议程。我理解供应链一体化的优势,但是必须承认 FR-ESER 尚没有 H&M 那么成功,为什么不选择另外一种获利更多而不是支付丹麦国内工会规定的高工资的模式呢?"

Linda 进一步分享了在生产和分派产品方面的想法:"我们的衣服很好,为什么不提供给更多的顾客呢? 我们目前并没有向诸如波罗的海、德国、英国或荷兰这些邻近市场提供产品,而且没有网店。这也会给我们带来更多的利润!"

Knut 强烈反对这些意见,并且推测这个过程一定会出现很多现在根本想不到的陷阱。第一个令人不安的想法是,FR-ESER 会失去在斯勘的纳维亚的足迹并冒着失去顾客的风险;另外一个不能让他接受的改变是,为了扩展,公司将历史上第一次向银行贷款。就如 Knut 所说:"有一笔钱要求 FR-ESER 如何取舍。"

但是,Knut 完全没有反对 Linda 提出的生产基本工作服(如工作外套、工装裤)和女士内衣并引入市场的想法。初步的分析显示,这些服装可以依靠已有技术和员工技艺制造出来,而且公司拥有足够的额外基金投入这一商业冒险中。同时,与标准类型工作服及内衣的对比显示,工作服给 FR-ESER 带来的利润总额会超出已有产品平均利润的 25%,女士内衣甚至会超出 75%。会议决议同意 Linda 在 2012 年年末实施这项计划。

四、控制体系争议

除了商业模式,Linda 打算实施新的控制体系。截至目前,Knut 一直致力于运营的效率,并且通过月预算和日工作安排控制盈利。Linda 认为这不是艺术行业,她提出了平衡计分卡。她想从部门经理处获得财务和非财务报表,以衡量公司年度业绩。为各部门确定的目标必须以市场为基础。Linda 计划聘用资深顾问,检测公司和其他在北欧取得相似营业额公司(如 The North Face、Puma Apparel 和 Lacoste)的运营状况。使用平衡计分卡的四个传统维度,她为整个公司及每个部门均制定了一份平衡计分卡,旨在让公司七个部门中的每一个都成为一个责任中心。

为了克服传统绩效衡量的缺点,她计划将部门经理的基础工资削减 50%,以奖金的形式替代,而这些奖金将以思腾思特公司的经济附加值方法为基础。Linda 计算了公司过去十年的经济附加值,然后设定目标奖金,使得各部门主管能够轻松地拿到 95% 的奖金。她限定最高奖金为 120% 但不太可能被拿到。为了能够计算各部门的税后净营业利润，Linda 打算引进转让定价制度①。转让价格以部门主管之间的协商为基础。所有的这些方法将帮助 Linda 在年底考评公司绩效。

Linda 还思考这样一个问题，如果引进新的服装（内衣、工作服），伴随着高盈利，改变了分配到各部门的管理费用，那么该怎样调整费用分配？目前，FR-ESER 公司为工资创造了一个成本库，为总裁、市场部门、会计部门、供应部门、物流部门及零售部门算出资产贬值，然后这些管理成本被分配到以变化成本为基础的产品上。

五、重要知识点

（一）商业模式

很难衡量 FR-ESER 公司如果遵从一般的外包商业模式是否能发展得更好。一方面，Linda 对公司在斯勘的纳维亚进行高成本生产和公司发展不如 H&M 和 Zara 的想法是对的；另一方面，Knut 提出强烈的反对意见。Knut 也许想与 Linda 商谈这些是否真的有必要抑或 Linda 只是想开始自己的运营模式（不同且风险小一点）。

向其他市场和新生产线的扩张可以归纳为 2×2 安索夫矩阵。②

Knut 好像任何时候都赞成新产品—旧市场战略。他强烈辩驳道，如果向银行借款，管理权限就会遭受减损。公司也许会找到一个符合选择标准且风险较小的战略，从而使财务有序地运行。

由于已经存在的多元自控系统（MACS）和成本制度，对于 Linda 来说，FR-ESER 已经扩张到她无法像 Knut 从前一样一个人做出规划的程度。如果 Sally van Dor 同意接受制订工作安排的任务，那么就可以将物流部门的控制权交给她。

产品似乎没什么不同，但可能会遇到以下一些问题：

（1）像机制、计划这些可以改变吗？一批次大概生产多少？他们会选择一种新的生产体系来解决潜在问题吗？

（2）如果产品没什么不同，那么成本制度就毫无关联了。而且，公司因为拥有整条价值链，所以没有按顾客定价。价格是以市场为导向、介于无商标和名牌产品之间的。

（3）公司的管理成本应该很低。注意，零售业有自己的利润，不属于服装生产业价值链。

（4）鉴于产品的相似性和员工的低教育水平，公司能否从一个新的、更加复杂的成本制度中获利是值得考量的。

（二）平衡计分卡

可能是因为 FR-ESER 还没有平衡计分卡，所以公司没有将它与战略联系起来。既

---

① 转让定价是指关联公司之间在销售货物、提供劳务、转让无形资产等时制定的价格。在跨国经济活动中，利用关联公司之间的转让定价进行避税已成为一种常见的税收规避方法，其一般做法是：在高税国公司向低税国关联公司销售货物、提供劳务、转让无形资产时制定低价，在低税国公司向高税国关联公司销售货物、提供劳务、转让无形资产时制定高价。这样，利润就从高税国转移到低税国，从而达到最大限度地减轻税负的目的。

② 安索夫矩阵是以 2×2 矩阵代表公司企图使收入或获利成长的四种选择，其主要逻辑是公司可以选择四种不同的成长性策略达成增加收入的目标。

然新的不仅仅注重于家庭生产线的引进将使商业模式发生变化,那么使命、愿景、战略都有可能发生变化,应予以考虑。目前的方案是收集关键业绩指标(KPIs)。Linda仅仅用关键业绩指标衡量绩效,并没有涵盖关键领先指标。

如果Linda打算运用平衡计分卡做出决策,年度信息不管用且质量较低(比如不合适、低利用率等)。Knut对于月预算和生产日程拥有更好的体系。

如果Linda在标杆学习①的基础上设定目标,那么风险就会小一些,但这会给部门主管的买进(buy-in)带来问题。

没有为各部门主管制定有关行动计划或者授权的措施。

平衡计分卡要求具体的目标设定,标杆学习是一种合适的方法。当使用标杆学习设定目标时,对竞争者的选择是很重要的。被选中的公司应具有不同的商业模式。当然,规模不同但是结构相似的公司可能也是合适的。

注意,外包"标杆学习"给顾问存在很多缺点:被当作一种一次性工程(one-time project),并且因为没有从部门主管那里买进,所以他们是不会同意这种方法的。

(三)激励系统

如果只用平衡计分卡衡量整个公司及各部门的绩效,那么平衡计分卡不会产生连环效应,也就不会影响500名员工的行为,因为他们拿的是固定工资。

如果只在乎经济附加值(EVA)的话,那么目标和四个平衡计分卡指标不须关联。部门主管只需通过删减成本和缩减资产来关注这一价值,他们会忽视所有的领先指标及非财务指标。

经济附加值酬金(EVA-compensation)违背了可控性原则。投资决定权都掌握在总裁手里,大部分部门只能控制成本(成本中心),只有零售部门可以控制收益(收益中心)。所以,只有总裁拥有经济附加值的掌控权,只有他拥有最终解释权。

如果目标建立在竞争的基础上,那么使用相关而非固定目标解释市场上无法预见的需求波动可能更加合适。

为了计算经济附加值,Linda深知她需要转让定价制度。她是否应该在各部门主管内部协商的基础上确定所有的转让价格?这是值得深思的,因为大多数商品还存在外部市场定价。例如,公司很容易就能得到一个外部供应商于服装和物流服务的要价。

第二节 案例总结

引进平衡计分卡可以说是正确的选择,符合时代发展的潮流,但是需要注意的是,平衡计分卡绩效评价指标体系具有多层次、多维度和多指标的特点。不同指标所处的维度不同,指标内容也千差万别,如何为这些指标赋予适当的权重以平衡它们之间的关系,从而使平衡计分卡发挥最大效力?这是最为关键的问题。

---

① 标杆学习是一家公司将自身业绩与一流公司对比以确定这些公司能达到业绩表现水平,并利用这些信息完善业绩改进流程。

有学者研究表明，这样的权重分配更多地受到组织及部门战略目标、管理者关注等多方面的影响。不同的权重分配会影响组织对整个内部绩效的衡量，从而引导工作重心向着部门目标发展。

目前关于权重分配的确定方法，在理论界得到一致认可和好评的主要分为主观法赋权和客观法赋权两大类。后者是对调查数据进行统计分析计算后形成的权重比例，具有较高的准确性和可验证性，但是工作量较大，操作复杂；前者是根据专家的知识与经验对某事项的重要性的判断结果分析得出的权重，实用性较强。

以公司内部审计部门为例。审计部门的评价指标以定性指标为主，由具备一定资历、对组织和部门工作与战略目标拥有深刻了解的专业评价主体做出主观判断进行打分，然后根据判断矩阵、结合层次分析法对指标体系进行赋权。

当然，对于平衡计分卡，更多的还是要从操作层面上理解并予以运用，把抽象的概念具体化。总结起来就是：从财务、顾客、内部流程及学习与创新四个维度逐一分析，选择所需的指标，并利用层次分析法进行权重分配，建立起符合公司职能特征的绩效评价指标体系。指标的选择描述了公司内部各个部门贡献于公司整体战略的关键因素，权重的分配也确定了内部工作实施的重点，引导着本部门的工作。这一点尤为重要。

但是，将经过上述步骤构建出的平衡计分卡指标体系实际运用到公司内部部门还差一步，那就是选择一种确切的评分方法对各个维度的每个指标进行衡量，从而得出绩效评价的最终结果。这也是平衡计分卡的一大局限性，即有时无法将评价标准量化，无法准确测量出指标所要求的具体数值。

总之，一套既注重平衡又具有战略增值性的绩效考核体系对一家公司是非常有必要的。首先，公司应该确定平衡计分卡在内部的实用性，强化平衡计分卡在员工内部的指导思想地位，引入基于平衡计分卡的评价框架，基于公司战略目标，分析各个维度的内容，必要时绘制战略地图予以呈现。其次，公司可以利用层次分析法为每个维度、每个指标进行权重分配，建立起符合本公司职能特征的绩效评价指标体系。

讨论题

1. 如何批判性地分析 FR-ESER 当前的管理会计和控制系统与 Linda 所提议的改变的含义？

2. Linda 提出的激励系统（通过一套理性化的制度反映激励主体与激励客体相互作用的方式，是调动员工积极性的各种奖酬资源）的主要问题是什么？

讨论题的分析要点
请扫二维码参阅

第十一章　美国西南航空的资源分配：平衡计分卡与战略

> **导言**
>
> 本案例主要介绍美国西南航空的成功之处——科学地结合战略与预算，从而形成了公司的核心竞争力。西南航空的战略预算弥补了传统预算缺乏与战略相链接工具的不足，实施平衡计分卡填补了这一空白，为战略性资源配置提供了舞台。
>
> （本章案例部分内容选自：黄世忠，蔡剑辉. 财务会计与管理会计案例分析[D]. 北京：经济科学出版社. 2014.）

第一节　案例背景

美国西南航空是一家提供短航程、高频率、低价格、点对点直飞航空客运服务的航空公司，总部位于得克萨斯州，于1971年6月18日由罗林·金与赫伯·凯莱赫创建。首航从达拉斯到休斯敦和圣安东尼奥，是一个简单配餐且没有额外服务的短程航线。西南航空的不少做法以前曾被很多航空公司视为"不正规"，在相当长的一段时间里为其他航空公司所不屑。

西南航空在几年内迅速扩张和发展，成为以美国国内城际航线为主的航空公司，创造了多项美国民航业纪录——利润净增长率最高、负债经营率较低、资信等级为美国民航业中最高。2001年"9·11"事件后，绝大多数的美国航空公司陷入了困境，而西南航空则例外。2005年，运力过剩和史无前例的燃油价格使美国整个航运行业共亏损100亿美元，达美航空和西北航空同年申请《破产法》保护；相比之下，西南航空则连续第33年保持盈利，是自1973年以来唯一一家连续盈利时间最长的航空公司。1971年，西南航空正式运营时，仅有3架波音737飞机、3条短程航线；截至2011年，西南航空拥有537架波音737飞机，航线覆盖35个州的69个城市，日均发送3 400个以上航班，成为美国第四大航空公司，股票市值居全美航空公司之首。难能可贵的是，自1973年首次盈利以来，经历了机票价格战，遭遇了石油危机、海湾战争、"9·11"事件乃至2008年以来的金融危机，西南航空的卓越表现一如既往。截至2011年年底，西南航空连续39年保持盈利纪录,在美国航空界一枝独秀,这一切要归功于公司低成本、低价格的竞争战略。

何为战略？战略不是一个孤立的策略,而是一个体系。西南航空在低成本竞争中表现出以下特质:第一,别出心裁的差异化战略;第二,卓有成效的成本领先战略;第三,持之以恒的目标集聚战略;第四,协调一致的企业文化。

波特在《竞争战略》中强调,无论哪一种基本战略,要想得到成功的实施,都需要迥乎不同的资源、能力、组织结构和管理风格。极少有哪家能够同时实施三种基本战略。

制定制胜战略本不是一件容易的事,成功实施战略的难度更大。《财富》杂志1999年的文章认为,70%的首席执行官不是因为糟糕的战略而是因为糟糕的战略实施而导致失败,原因在于战略实施存在一系列的障碍:

(1) 远景障碍,只有5%的工人理解战略;
(2) 人员障碍,只有25%的管理人员享有与战略相关的激励;
(3) 管理障碍,85%的管理团队每个月讨论战略的时间不足1个小时;
(4) 资源障碍,60%的组织没有将战略与预算联系起来。

西南航空的成功之处正是做到将战略与预算科学地结合起来,形成公司的核心竞争力。西南航空的战略预算弥补了传统预算缺乏与战略相链接工具的不足,通过实施平衡计分卡填补了这一空白,从而为战略性资源配置提供了舞台。

第二节 案 例 分 析

何为预算？预算是给予任何为各种具体活动分配资源的数字方案。企业预算可以按不同标准进行多种分类:根据预算内容不同,可以分为业务预算(经营预算)、专门决策预算和财务预算;从预算指标覆盖的时间长短分,可以分为长期预算和短期预算。

各种预算是一个有机联系的整体。一般将由业务预算、专门决策预算和财务预算组成的预算体系称为全面预算体系。业务预算是指与企业日常经营活动直接相关的经营业务的各种预算,包括销售预算、生产预算、材料采购预算、直接材料消耗预算、直接人工预算、制造费用预算、产品生产成本预算、经营费用和管理费用预算等;专门决策预算是指企业不经常发生的、一次性的重要决策预算,如资本支出预算;财务预算是指企业在计划期内反映预计现金收支、财务状况和经营成果的预算,包括现金预算、预计利润表和预计资产负债表等内容。

预算对战略实施的重要性主要表现在:为战略配置财务、物资、人力资源;监测业务运行,进行战略实施;突出预算责任主体的工作重点;作为责任主体业绩评测的依据。可以说,预算是企业战略实施的保障与支持系统,没有预算支撑的企业战略是不具备操作性、难以实现的,而没有战略引导的企业预算是没有长期目标的,难以支撑企业创造和维持可持续的长期竞争优势。

美国西南航空基于平衡计分卡的预算管理流程如图11-1所示。西南航空的预算管理

战略地图		平衡计分卡		行动计划	
主题：优异运营	目标	衡量指标	目标值	行动方案	预算
财务 利润及净资产收益率 ↑　↑ 收入增长 ↑ 减少飞机数量	·盈利能力 ·收入增长 ·减少飞机数量	·市场价值 ·座位收入 ·飞机租赁成本	·30%复合年增长率 ·20%复合年增长率 ·5%复合年增长率		
乘客 吸引和保持更多乘客 ↑ 服务准时　最低票价	·吸引和保留更多乘客 ·航班准时 ·最低票价	·重复乘坐的乘客占比 ·乘客数量 ·准时到达率 ·乘客评价	·70% ·每年增长12% ·第一名 ·第一名	·实施客户关系管理系统 ·质量管理 ·乘客忠诚项目	
内部流程 快速地面周转 ↑ 地面员工协同 ↑ 战略性系统 员工排班表 ↑ 战略性岗位 机场装卸工	·快速地面周转	·地面停留时间 ·准时起飞率	·30分钟 ·90%	·周期最优化项目	
学习与成长	·开发必要技能 ·开发支持系统 ·员工与战略协调一致	·战略性岗位准备度 ·信息系统可用性 ·战略意识度 ·员工持股比	·第一年70% ·第三年70% ·第五年100% ·100% ·100%	·员工培训计划 ·通信项目 ·沟通项目 ·持股计划	

图 11-1　美国西南航空公司基于平衡计分卡的预算管理流程

框架分为三部分:第一部分为战略地图,第二部分为平衡计分卡,第三部分为行动计划。平衡计分卡在两者之间起桥梁的作用,连接公司的战略与战略执行。平衡计分卡为组织提供了从确定战略到实施战略的框架。平衡计分卡在四个维度上分别选用的各种目标与指标,将战略分解成各个组成部分。基于对组织战略的共识,我们可以将战略转化为平衡计分卡四个维度的目标、指标、目标值和行动。

1. 战略地图

平衡计分卡团队一旦开始根据战略确定各项目标,就自然而然地把目标与战略联系在一起,并用箭头描述其关系形式。我们可以把战略地图定义为一份图示,展现未来成功实施战略在四个维度上必须分别做的工作。从图11-1看到,西南航空追求的四个维度为地面员工协同、快速地面周转、吸引和保留更多乘客、利润及ROAN(净资产收益率)。将预算和战略相结合的第一步就是借助战略地图将抽象的战略转化为一套相互联系的战略主题,这种转化的主要作用在于:使抽象的战略变得清晰,以便在公司各个层次对战略达成一致意见;并在此基础上,依据因果关系识别出实现各战略主体目标的驱动因素,帮助公司员工明确其日常工作对公司战略所产生的影响,从而明确未来获得成功的关键因素和关键流程。在确定战略地图后,公司应该为各维度分别拟定目标陈述。

2. 衡量指标和目标值

各种衡量指标是判断我们的行动是否满足目标要求并迈向成功实施战略的工具。具体地说,我们可以将各种指标以量化标准加以描述,以便评估和沟通绩效与预期结果之间的关系。科学的指标体系应包含滞后绩效指标和前置指标。具体对应西南航空的平衡计分卡框架,财务维度的衡量指标主要是一种前置指标,其他三者则反之。

目标值为组织考核战略实施效果提供了重要标准。在四个维度中,目标值各不相同,但设定上均紧密对应相应的衡量指标。

(1) 财务维度。战略主题的财务维度描述了战略的有形成果,体现了公司对股东财务回报的承诺,其核心目标是净利润和净资产收益率。驱动核心目标持续改善的因素包括收入增长和减少飞机数量,相应的衡量指标为市场价值、座位收入、飞机租赁成本,对应的目标值为复合年增长率。复合年增长率的目的是描述一项投资回报率转化为一个较稳定的投资回报所得到的预想值。

(2) 乘客维度。战略主题的乘客维度界定了乘客的价值主张,对西南航空来说,即对乘客提供业内最低的票价和最可靠的起飞与到达时间。具体的衡量指标为重复乘坐的乘客占比、乘客数量、准时到达率和乘客评价。例如,乘客评价这一指标的目标值为"第一名",说明指标既可以是定量的也可以是定性的。目标值的取得应从公司内外着手,既要关注利益相关者的需求又要关注竞争对手的情况。

(3) 内部流程维度。战略主题的内部流程维度确定了少数几个关键流程。低成本航空公司的关键流程目标就是缩短地面周转时间,这有助于达到准时起落的乘客目标和提高资产利用效率、增加收入的财务目标。这个关键流程目标设计了两个衡量指标:飞机平均地面周转时间和航班准时起飞率。

（4）学习与成长维度。战略主题的学习与成长维度确定了对战略最重要的无形资产，这个层面的目标确定了必须利用哪些工作、哪些系统和哪种氛围支持创造价值的内部流程。西南航空在学习与成长维度上的战略目标就是培训和奖励员工，开发必要的技能和信息系统，增强员工的战略意识，提高其工作技能，确保员工的行为与公司战略协调一致。

3. 确定行动计划和预算

为实现各战略主题目标和考核指标的目标值，制定必须执行的行动计划和相应的预算安排。在为各项指标确定未来目标之后，企业就应该确定行动方案，选择有潜力的投资和战略创新方案。

首先，应当将当前业绩状况与未来目标进行比较，确定差距的大小，评价企业目前的创新活动和潜在的资本投资项目，判断它们是否影响差距的缩小及其影响程度，放弃那些对未来目标没有太大贡献的非战略性创新和资本投资。

其次，确定为了实现未来目标还需要哪些战略创新活动和资本投资。

最后，确定各项创新活动和资本投资在获得企业资源时的优先等级。

创新活动资源包括管理人员的时间和注意力这类最稀缺的。当以平衡计分卡作为选择创新活动的背景时，可以明确哪些创新活动对实现平衡计分卡中各指标的子目标做出贡献，消除那些对各指标的长远目标没有影响的非战略性创新，更重要的是可以使企业将重点放在未来收入的增长上，而非仅仅放在成本减少和生产率的提高上。对创新活动不但从财务角度进行评价，而且从非财务角度（如对流程重组的评价）进行；不仅可以用成本减少进行评价，还可以用更短的订单完成时间、更短的新产品导入市场时间进行评价。企业的投资决策，同样应根据其对实现平衡计分卡中各长远目标的贡献而决定。

以平衡计分卡作为投资项目的评价背景，可以对投资项目进行全面评价。

在确定各种战略创新和投资后，企业应当授权使用战略创新和投资所需的资金，这时就进入预算编制、执行、反馈与调整等环节。这些被授权的资金应当放在企业每年预算安排中的优先地位。

行动计划必须与战略主题协调一致，相应的投资应该被当作一个集成化的捆绑式组合，而不是一组孤立的项目。每个战略主题具有一个完整的业务结合和相应的预算安排。西南航空共确定了八个行动方案，每个行动方案影响一个或两个目标。八个行动方案对战略的成功都是必不可少的。如果其中一个被删减，那么就会因一个关键目标无法实现而割裂因果关系链。

上述支持各种行动计划的投资被用于编制预算，西南航空运用战略地图和平衡计分卡，决定应投入多少资源来实现股东的财务目标和乘客的价值主张及预算支出的重点领域，并采取措施以确保资源分配的平衡。

第三节 案例结论

运用平衡计分卡驱动预算管理具有诸多优势：

(1) 平衡计分卡将企业战略分解为四个维度,这四个维度的指标基本上包含了企业的关键成功因素。以关键成功因素为导向编制企业预算并以此指导企业的日常运营活动,无疑为企业在日常运营过程中实现战略目标奠定了基础。

(2) 将平衡计分卡应用于业绩评价和薪酬激励,降低了财务指标在业绩评价中的比重,可使企业灵活应对复杂多变的经营环境。

(3) 促使经营层将注意力集中在驱动价值创造的关键因素上,简化了预算流程,提高了预算的效率。

(4) 减少了讨价还价行为,营造了健康的预算文化。可以说,平衡计分卡迫使每个人坦诚地阐述其支出计划与战略之间的直接联系。

(5) 增进职能部门之间的信息共享,促进横向协调与合作。

(6) 增进了员工的学习与成长。

讨论题

1. 传统预算管理存在哪些缺陷？
2. 运用平衡计分卡驱动预算管理存在哪些弊端？
3. 企业如果同时实施多种战略,就很可能陷入波特所称的"陷入其中"的困境,从而失去竞争优势。哪些因素促成西南航空同时实施三种战略？
4. 作为一种工具,平衡计分卡的理论价值是否超过其实用价值？

讨论题的分析要点
请扫二维码参阅

本篇参考文献
请扫二维码参阅

第四篇

企业文化战略管理

第十二章　企业文化基本理论
第十三章　企业文化战略的应用
第十四章　宝洁公司的文化战略

本篇主要引导读者了解和学习企业文化与企业文化战略管理的基础理论，熟悉企业文化与企业核心竞争力及经营业绩的关系，掌握企业文化测评的主要工具。以宝洁公司作为典型案例分析，深入理解企业文化战略在企业中的实施过程。

第十二章 企业文化基本理论

一、企业文化的定义

关于企业文化的定义或内涵,国内外学者从不同的角度和层面进行了阐述或描述,可谓众说纷纭、各有侧重。中国社会科学院研究生院出版的《企业文化》(第四版)对企业文化的定义进行了一个初步统计,有关企业文化的定义有180多种,几乎每位管理学家和企业文化学家都做出自己的定义。[①] 综合起来,国内外专家和学者对企业文化的定义比较具有代表性的分别列示于表12-1、表12-2。

表12-1 国外学者对企业文化的定义

学者、年代	企业文化定义
William Ouchi,1981	传统和气氛构成了一家企业的文化,企业文化意味着企业的价值观,这些价值观成为企业员工活动、意见和行为的规范
Deal and Kennedy,1982	企业文化是组织所信奉的主要价值观
Dension,1984	企业文化是组织成员所共有的价值观,基本信念及行为模式
Schein,1985	企业文化是企业在处理外部和内部事务的过程中出现的问题时发展起来的规范与信念体系
Hofstede,1990	企业文化是价值观和组织实践的复合体,价值观是核心
Cameron and Quinn,1999	企业文化是通过企业所信奉的价值观、领导方式、语言符号及对成功的定义等方式来反映的

表12-2 国内学者对企业文化的定义

学说	企业文化定义
同心圆说	企业文化是同一圆心的三个文化圆。外圆为器物文化,包括企业的产品、设施、广告及厂容厂貌等客观物质;中圆为制度文化,包括制度、规章等规范条文;靠心圆为精神文化,包括企业信念、价值观、理想、作风等精神形态内容
文化总和说	企业文化是物质文化与精神文化的总和。物质文化是显性文化,主要指企业的器物;精神文化是隐性文化,主要指理想、信念、价值、作风、习俗等
群体意识说	企业文化是指企业员工群体在长期实践中形成的群体意识及其行为方式。群体意识是指员工所共有的认识、情结、情感、意志及其性格风貌,不含员工个人的独特意识

[①] 刘光明.现代企业文化.北京:经济管理出版社,2005.

(续表)

学说	企业文化定义
双体共融说	企业文化就是在一个组织里为大家所认可的、做人做事的准则
组织意识形态说	企业文化是指企业的意识形态或企业的思想上层建筑,包括企业哲学、法规、伦理、艺术、思想及其他意识活动产物
人本主义学说	企业文化是企业在发展过程中形成的,以企业精神和经营理念为核心,凝聚、激励企业各级经营管理者和员工的归属感、积极性与创造性的人本管理理论,是企业的灵魂和支柱

尽管对企业文化的定义不尽统一,各种表述也各有千秋,但对企业文化的认识还是具有许多相似和共通之处。我国学者刘光明在总结国内外研究的基础上,对企业文化的内涵进行了比较全面、系统的阐述:企业文化既指具体企业所形成和保持的文化传统,也指抽象企业的一般文化体系和价值准则;既指企业文化的具体内容,又指一门特定的学科、思想体系。

二、企业文化的分类

一些学者采用分类方式识别成功企业的企业文化。[1] O'Reilly et al. (1991)通过广泛的文献回顾,形成了54条关于文化价值观的陈述,再运用Q分类法,得到了企业文化的七个维度,即追求创新、结果导向、对人的尊重、团队导向、稳定性、积极进取和注重细节。Benison and Mishra(1995)以竞争环境要求的灵活或稳定程度、战略重点与企业优势体现的内部或外部程度为基础,将组织文化进行了分类。Cheng (1990)对中国台湾地区企业的组织文化进行了深入研究,通过大规模访谈和实地观察揭示了台湾地区企业独有的文化维度,包括诚实正直、社会责任、绩效导向和社区和谐等。表12-3对一些主要的文化分类文献进行了总结。

表12-3 企业文化的分类

文献	企业文化类型
Deal and Kennedy(1982)	硬汉型、努力工作型、享乐型、赌徒型、过程导向型
Wallach(1993)	官僚型、创新型、支持型
Quinn and Cameron(1983)	团队型、活力型、层级型、市场型

三、企业文化的内容

由企业文化概念易知,企业文化是企业独一无二的核心价值观、目标、规章制度、行为准则等要素构成的文化形象,企业文化所涵盖的内容也是丰富多彩的。

---

[1] Benison, D. R., Mishra, A. K. Toward a Theory of Organizational Culture and Effectiveness. *Organizational Science*, 1995. 6(2):204—223; O'Reilly, C. A, Chatman, J. and Caldwelh D. F. People and Organizational Culture: A Profile Comparisons Approach to Assessing Person-organization Fit. *Academy of Management Journal*, 1991, 34(3): 487—516.

（一）经营哲学

经营哲学是企业在生产、经营与管理的过程中必须恪守的方法和原则。企业的经营行为规范依托经营哲学而得以确立。当前的市场环境呈现竞争的态势，企业面临多样化的选择和日趋严峻的挑战，因此期望在生产经营过程中不断提升生产力，企业必须依靠科学的方法论优化其经营管理。

（二）企业价值观

企业价值观应从两个角度全面把握：一是哪些对象对企业来说是有价值的；二是企业的价值存在于何处。从上述两个角度出发，企业价值观的具体内涵可以表述为：企业全体员工一致认可的企业价值存在于何处及哪些对象对企业来说是真正有价值的看法。在某种程度上，企业价值观就是企业的基本信念和信仰。在建立企业核心价值观的过程中，企业只单一地着眼于当前经济利益是不可取的，还应综合考虑社会利益、客户利益、股东利益等。而在确立企业核心价值观时，企业应该遵守的基本原则包括：企业价值观是企业真正遵守并践行的规范；核心价值观应与企业愿景一致协调；企业核心价值观与当前主流价值观应相互适应；企业价值观应该反映企业家以及企业管理者的价值观；企业价值观还应该与员工的个人价值观相匹配。

（三）企业形象

企业形象是企业外显且得到利益相关者一致认可的总体印象，一般依靠两种维度得以展现：一是企业的外在特征，二是企业的雄厚实力。通过企业的外在特征而形成的企业形象是浅层次，主要有广告牌、企业商标、工作环境等。通过企业的雄厚实力而形成的企业形象则是深层次，包括企业员工的教育水平、领导的管理水平、企业所生产的产品质量等。浅层次的企业形象很直观且易被察觉，而深层次的企业形象则是企业各种核心要素集聚而成的，不易被察觉；浅层次企业形象是深层次企业形象的外在表现形式，因此深层次企业形象更为重要，处于主导地位。

（四）企业制度

企业制度是管理人员在生产经营的过程中、结合企业实际情况不断摸索而制定的，对企业员工的权利与义务进行了概括，带有一定的强制性特点。没有企业制度，企业精神文化就无法外显而为员工所认知并践行；同样，没有企业制度，企业的物质文化就没有保障。基于上述原因，企业制度在企业文化的构成中处于居中的位置。正是有赖于企业制度的规范调节作用，企业才能够有序、合理地开展正常的生产经营活动，才得以规范员工与员工之间的关系，才得以保护员工的切身利益，才可以实现企业的长远发展目标。

（五）企业使命

企业使命回答的关键问题是"企业任务是什么"，而企业任务是企业这种组织形式得以存在的本质理由。企业使命主要包含企业经营范围、主打产品和掌握的核心技术等内容，是对企业宗旨和核心价值观的客观反映。微软公司的企业使命就是"创造优秀的软件，不仅可以给人们的工作带来便利，还可以给人们的生活带来更多的乐趣"。华为公司的企业使命是"聚焦客户关注的挑战和压力，提供有竞争力的通信解决方案和服务，持续为客户创造最大价值"。企业使命要求对企业的经营范围进行客观的界定,既不应该太细化也不应该太模糊,最好能清晰地展现本企业在所处行业和社会中的地位及扮演的角色。

四、企业文化的层级结构

很多学者主张依据企业文化的主观程度和客观程度、意识和潜意识建立企业文化层级结构,并通过确立层级结构来加深对企业文化的理解。

（一）企业文化睡莲

艾伦·威廉、麦克·沃德思等学者以睡莲的不同部分描述企业文化的不同层次（见图12-1）。表层是浮于水面、可以直接观察的花叶,象征着员工的行为和态度等因素;而处于水面以下的茎部,形象地代表着企业员工的工作态度和价值观等因素;里层是扎根于泥土的根部,代表着企业成员共同拥有的信念。

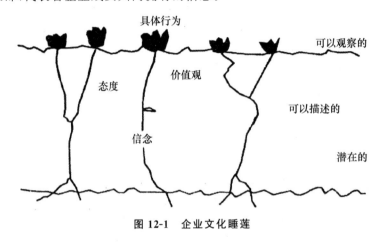

图 12-1　企业文化睡莲

（二）企业文化冰山

路易斯等学者提出,企业文化包括两个组成部分,可用水上部分和水下部分的冰山予以描述（见图12-2）。水上部分是企业员工的具体行为,而具体行为依赖于更深层次的

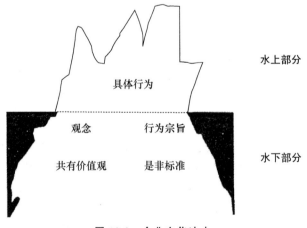

图 12-2　企业文化冰山

东西——水下部分,即企业员工心底不可见的人生价值观、观念、行为宗旨和是非标准等要素。

（三）企业文化四层次结构

企业文化四层次结构如图 12-3 所示。

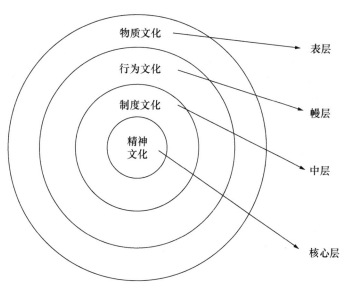

图 12-3　企业文化四层次结构

企业文化四层次结构的表层是物质文化,代表企业全体员工生产出来的工业制成品和由各种机器设备、厂房等组成的实物文化,这种物质形态涵盖了企业工作环境、企业厂房、企业宣传标识、产品包装设计等。

企业文化四层次结构的幔层是行为文化,代表企业全体员工在生产过程、学习过程、文娱活动过程中所生成的,包括生产经营活动、培训教育活动、人际交往活动、文艺晚会、体育竞赛活动等。而从人员组成这一维度进行划分,包括管理人员的行为、企业标兵人物的行为和企业普通员工的行为。

企业文化四层次结构的中层是制度文化,主要涵盖企业运营体制、企业组织结构和企业规章制度三个方面。制度文化是企业员工与外在环境、企业员工与企业规范的交互部分,也是制约企业员工行为的规范性文化。

企业文化四层次结构的核心层是精神文化。作为企业文化的核心部分,它产生于企业的生产经营过程,并且是基于当前阶段的社会背景、文化背景而形成的一种精神成果和价值观念。企业精神文化的主要内容包括经营哲学、职业道德、价值观念和企业传统等,并且是企业意识形态的集大成者。作为一种深层次的文化现象,企业精神文化是对企业物质文化、行为文化、制度文化的升华。

五、企业文化的特征

新成立不久的企业往往没有企业文化,所能提出的仅仅是规范守则或者企业目标之类的东西,当然在将来,它们也可能成为企业文化的"种子"。

企业文化的特征如下:

(一)特异性

不同的企业,其文化风格各具特色。两家企业即使处于完全相同的环境中,其管理制度、发展环境、生存规范,甚至生产的产品和组织管理可能十分相近,但企业文化必定会产生差异并呈现不同的特色。

(二)共识性

人的素质参差不齐,导致人们的观念更是复杂多样。因此,企业文化所倡导的价值观念,代表了大多数人共同的价值认识和价值取向,即多数人的"共识"。

(三)非强制性

企业文化具备文化的"认同"特性,不是硬性强制人们遵守各种规章制度和纪律,而是通过启发,使人们逐步形成文化自觉,自动地实现自控和自律。

(四)相对稳定性

企业文化是企业在发展的长期实践中形成的,具有持续性和稳定性。

六、企业文化的功能

(一)凝聚功能

企业文化是企业的黏合剂,可以把员工紧紧地结合、团结在一起,使他们的目标明确且协调一致。企业员工队伍凝聚力的基础是企业的根本目标。因此,如果企业的根本目标选择是正确的,就能够把企业的利益和绝大多数员工的利益统一起来,是集体与个体双赢的目标。在此基础上,企业能够形成强大的凝聚力;否则,企业凝聚力的形成只能是一种幻想。

(二)导向功能

导向包括价值导向与行为导向。企业价值观与企业精神,能够为企业提供具有长远意义的、更大范围的正确方向,为企业在市场竞争中制定基本竞争战略和政策提供依据。企业文化创新尤其是观念创新,对企业的持续发展是首要的。在构成企业文化的诸多要素中,价值观念是决定企业文化特征的核心和基础,企业必须对此予以足够的重视,并使之不断创新、与时俱进。

(三)激励功能

激励是一种精神力量和状态。企业文化所形成的企业内部文化氛围和价值导向,能够起到精神激励的作用,能够调动与激发员工的积极性、主动性和创造性,能够诱发人们的潜在智慧,使员工的能力得到充分发挥,提高各部门和员工的自主管理能力与自主运营能力。

(四)约束功能

企业文化、企业精神为企业确立了正确的方向,能够对那些不利于企业长远发展的不该做、不能做的行为施以一种"软约束"的作用,为企业提供"免疫"功能。约束功能能够提高员工的自觉性、积极性、主动性和自我约束力,使员工明确工作的意义和方法,提高员工的责任感和使命感。

(五)互动功能

企业文化的互动功能表现在对外互动和对内互动两个方向上,有学者将此简要地概括为"内求团结,外求发展"。企业文化对外协调企业和社会的关系,使企业的发展目标、方向、行为与社会的发展方向和要求和谐一致,尽可能地从社会中获取企业发展所需的各种资源和支持,为企业的发展服务,并承担对外树立企业形象的使命。企业文化对内协调各分支机构、各部门及员工之间的关系,与企业内部的资源(物质资源、时间资源和精神资源等)形成互动,从而得到最有效的配置。企业规模越大,企业文化的互动作用越明显,一些大型跨国企业分散在世界各地的无数子公司、分公司就是通过对企业价值观和经营理念的认同来保持方向的一致性。

(六)辐射功能

企业文化一旦形成较为固定的模式,就不仅会在企业内部发挥作用、对本企业员工产生影响,还会通过各种渠道(宣传、交往等)对社会产生影响。企业文化的传播,对树立企业在公众中的形象很有帮助,优秀的企业文化对社会文化的发展具有很大的影响。企业文化的辐射途径有以下四条:第一,软件辐射,通过企业精神、企业价值观、企业伦理等的发散与传播来传递企业文化;第二,产品辐射,企业以产品为载体对外传递企业文化;第三,人员辐射,通过企业员工的语言和行为来传播企业文化;第四,媒体辐射,通过各种媒体来宣传企业文化,达到辐射的目的。

第十三章　企业文化战略的应用

第一节　企业文化与企业绩效

一、企业绩效的涵义

绩效（performance）在企业管理中是一个非常重要的概念。英文 performance 翻译成中文有执行、履行、成绩、性能、演奏、表演等含义。那么，绩效管理中的企业绩效到底是什么含义呢？

正如哲学家亚里士多德说过的那样，世界上最难的事情莫过于下定义了。时至今日，人们对绩效这一概念的认识还是仁者见仁、智者见智、众说纷纭。从不同的学科领域出发来认识绩效，就会得到不同的结果。从管理学的角度出发，企业绩效就是企业期望的结果，是企业为实现其目标而呈现在不同层次上的有效输出，包括企业绩效和个人绩效两个方面。企业绩效建立在个人绩效的基础上，但是个人绩效的实现并不一定保证企业绩效的实现。从经济学的角度来看，绩效、薪酬是员工与企业之间的对等承诺关系，员工对企业的承诺是绩效，而企业对员工所做的承诺就是薪酬。这种等价交换正是市场经济运行的基本原则。从社会学的角度来看，绩效意味着每一个社会成员按照社会分工所确定的角色承担自己的那一份职责。个人的生存权利是由其他人的绩效保证的，而此人的绩效又保证其他人的生存权利。

总的来说，企业绩效是企业经营状况（企业经营效果与效率）的具体体现，取得良好的绩效是企业生存与发展的基础，也是企业存在的根本理由。

二、企业文化影响企业绩效的理论

（一）企业文化与绩效的作用机制——制度经济学

作为非正式制度安排，文化是通过一套价值观念、行为规范来约束企业中人与人之间以及人与市场之间的行为，从而降低信息不对称和不确定性风险，减少交易成本，提升组织绩效。

从双重交易缔结者的角度来看，企业经济绩效等于企业—客户交易的收益减去企业—员工交易的支出，再减去交易成本和固定成本。所以，交易成本的降低有助于组织绩效的提高。企业文化可以降低企业内部、外部交易成本，从而影响组织绩效。

第一,企业文化可以降低企业内部的不确定性。企业正式合约不完备、人的有限理性与环境的不可预见性决定了企业存在普遍的不确定性,即员工行为常常具有不确定性。而作为一种弥补正式合约失败的替代机制,企业文化可以为员工提供行为规范和共同的价值观体系,引导和约束员工的行为,从而降低员工的不确定性。

第二,企业文化可以减弱有限理性。人们对世界的不同认识会造成高昂的交易费用,而认识分歧是交易费用的核心。企业文化有助于员工形成一致的认识和目标,从而减少员工的认识分歧,简化决策程序,从而减弱有限理性。

第三,企业文化的要素——文化网络作为组织内部主要的沟通渠道,有利于释放压缩信息,有利于组织成员获得信息,从而降低信息成本。

第四,企业文化中的企业精神、经营理念、企业伦理道德等价值观体系,可以通过行为文化和物质文化得以体现。企业在与外部进行交易时,外部交易主体可以从企业员工的行为文化和物质文化中感知企业的价值观体系,从而减少外部交易主体面临的不确定性,减少外部交易主体的机会主义行为,从而减弱外部交易主体的有限理性,这样就可以大大减少外部交易成本。

第五,企业文化可以为团队成员节约信息成本、简化个人决策程序,从而减少个人机会主义行为,促进合作利益,提高团队生产率。

综上所述,企业文化正是通过提高双重交易的交易效率、降低内外部交易成本、促进交易达成、提升团队生产率来创造和提升组织绩效的。

(二)企业文化与绩效的作用机制——社会资本

作为资本的一种形式,企业社会资本像人力资本和物质资本一样能够创造价值,具有资本的一般属性——价值增值性。社会资本"通过减少在合同、等级关系和官僚制度等交易上的花费"而促进组织盈利。作为企业内部社会资本,企业文化是提高组织效能和组织竞争力的重要影响因素。它通过建立和提高内部信任,促进员工与员工之间、员工与企业之间、企业内部各部门之间的沟通、协调和交流,减少了冲突,避免了机会主义,增强了企业凝聚力,增强了集体行动的决心,创造和培育了集体行动的一致性,形成了共同目标;同时,通过更优化的信息与知识共享,节约了交易成本和周转成本,从而提高了企业绩效。

具体来说,作为企业内部社会资本,企业文化对企业绩效的作用主要体现在以下几个方面:

第一,企业内部社会资本有利于提高企业组织的有效性。企业是各种资源的集合,是为了实现共同目标而形成的一个组织。因此,企业绩效的高低取决于企业各部门之间的联系。企业内部社会资本恰恰增强了内部的信任,促进了企业内部超越正式组织的思想情感、人际交往与内部合作,创造和培育了集体行动的一致性。这些交流与合作不但促进了内部各部门之间资源的交换和组合,有效地降低了管理成本、防范了投机行为,而且这些交往和联系还能降低未来的不确定性,促使企业更合理地利用资源,从而提高了组织的效能。

第二,企业内部社会资本有利于提高企业的经济效率。一般来说,企业可以通过两种途径提高效率:一是采用新技术;二是改善人际关系,提高组织的凝聚力,发挥员工的积极性和创造性。在一定技术水平的条件下,效率的真正源泉在于人的积极性和创造性的充分发挥,而这有赖于人际关系的融洽与协调。

第三,企业内部社会资本有利于促进企业的知识转移和知识共享。在知识经济时代,"企业所拥有的且唯一独特的资源就是知识""能产生企业独特性和作为企业独特资源的是它运用各种知识的能力"。人是知识的载体。个人知识不通过交流对话转变为共享知识,就不能为其他组织成员所吸收,就不能最大限度地发挥知识的作用。企业内部社会资本可以促使组织成员之间相互合作,使人际沟通更顺畅,从而使企业的知识转移和知识共享成为可能,企业的知识竞争优势也得以表现和发挥出来。

企业文化与企业绩效的文献综述请扫二维码参阅

总之,作为特殊的企业内部社会资本,企业文化不仅可以增强内部信任,形成良好的内部人际网络,提高员工的组织认同感与凝聚力,节约组织成本和监督成本,还可以促进信息与知识共享更好地实现,提高企业的创新能力和组织绩效。

第二节 企业文化建设的基本理论

一、企业文化建设的涵义

企业文化建设的形成主要基于三个方面:一是企业共同的信仰,二是企业内部的资源整合,三是企业对外部元素的适应性。因此,企业文化建设的主要构成因素应该是企业为了什么经营、有什么经营理念、具备什么能力、有无核心产品成果等。通俗地说,就是一家企业在企业家的组织带领下、经过长期的打拼后、形成的能够为全体成员所认可的价值观念。

二、企业文化建设的原则

(一)全员化原则

企业文化是全员文化。企业文化建设必须着眼于全员、立足于全员、归属于全员。第一,要把员工赞成不赞成、拥护不拥护、认同不认同作为检验企业文化成熟度的关键标准;第二,只有从员工的价值观中抽象出基本理念,经过加工、整理、提炼、上升为企业的价值理念,这样的文化才容易被员工接受;第三,企业文化要在全体员工中达成共识,"从群众中来,到群众中去",才能产生共鸣,从而产生强大的凝聚力;第四,促使全体员工成为企业文化的积极推行者、自觉实践者,充分发挥企业文化的主体作用;第五,企业文化应起到"文化人"的作用,把培养人、提高人、发展人作为立足点,全面提高员工素质,从而增强企业的竞争能力。

(二)系统化原则

全面发掘、筛选和整合朴素的、零星的、散乱的企业文化因素,形成内容丰富、体系完备、系统的企业文化。这就要求：企业精神文化、行为文化、形象文化必须实现三位一体、相互支撑；企业文化与企业战略选择、制度安排密切配合、相融共生；历史与现实结合、激励与约束俱备、巩固与创新并进；文化运行机制能够自我约束、自我完善、自我提高、自我发展。

（三）制度化原则

企业文化必须依靠制度强力推行，员工的价值理念和行为规范必须依靠制度去灌输、去约束。人具有惰性和随意性，企业倡导的价值理念即使已为员工所认同，但如果没有制度的激励和约束，也难以转化为员工的实际行动，形成自觉习惯。推行企业文化，要有一套规范的制度体系。对于自觉奉行企业价值理念的，应予以各种形式的表彰奖励；对于违反企业价值理念的，应予以相应的处罚。这样才能使员工切身感受到什么是提倡的、什么是禁止的，从而纠正错误的思想和言行，强化符合企业文化要求的言行，达到"文制合一"的境界。

（四）渐进化原则

企业应从以下三个方面推进企业文化建设：一是总体设计，分步实施；二是全面推进，重点突出；三是坚持不懈，持之以恒。我们应始终保持和增强企业文化建设的激情，使企业文化建设始终处于巩固、强化、发展的状态。

（五）特色化原则

企业文化应有鲜明的个性特征。优秀企业文化的个性部分是十分鲜亮、耀眼的，这既是企业文化的精华所在，也是活力源泉所在。如果在企业文化理念、经营行为、品牌形象和广告推广中突出个性，就会产生文化感召力、亲和力、吸引力和冲击力，给人以强烈印象，带来良好感受。这就要求企业文化必须从企业精神、价值理念、行为规范等各方面反映自身特点，进而形成文化特色，达到"文即其企""以文兴企"的效果。

（六）动态化原则

企业文化建设是一个动态化发展的过程，静止的文化是没有出路的。企业的价值理念应随着企业经营体制、组织体系、内外部形势和战略重点的变化，及时地完善和调整、创新和突破。同时，企业文化是开放的文化，应该及时借鉴、吸收外部经济组织和其他企业文化的先进理念与经验，在自我提高中实现动态发展。

三、企业文化建设的内容

（一）物质层面的企业文化建设

企业在社会中的形象及其外显的、物质性的产品和服务是物质层面的主要内容。企业人力资源部门在这一层面开展企业文化建设的主要手段就是力图凝练企业所有外显的表层文化要素，升华为具备本企业代表性的物质特征，并将这一物质特征在员工心理及社会上不断地强化、固定下来。

第一，在物质层面的企业文化中，处于主导地位的文化内容就是企业所生产的产品和所提供的服务。在开展企业文化建设的时候，我们要确定企业能否生产优质的产品，能否提供高效的服务,并且下大力气把企业经营的重点放在生产优质产品和改善服务质量上。

第二,当企业在产品或服务上已经趋于一流的时候,企业的外在形象就必须随之改变。这里的形象指的是具体的外显形象,如企业的办公环境、工作地点、厂貌等。在人们心中有一条定律或标准,那就是能提供一流产品或服务的企业一定是气派、规模大、办公条件良好的企业。

第三,培训和福利待遇是企业文化物质层面的最后一个关键环节。人力资源部门应为员工提供职业生涯规划,开展全过程、终身制的培训,使员工达到行业社会优秀水平。

企业为社会提供高质量的产品和服务,为员工提供良好的工作环境和先进的办公设施,而员工则因自身辛勤的劳动而享受到企业给予的细致后援服务和优厚福利待遇。这些是构成企业文化物质层面的主导因素,而企业文化的物质层面是企业文化建设的基础,通过上述手段使企业形成鲜明的个性形象并成为企业文化的基石,以此向企业文化的更深层面拓展。

(二) 行为层面的企业文化建设

当企业文化的物质层面建立之后,企业就可以以此为基础,采取各种具体的行为影响员工对企业的认识和认同感。可以从企业家的行为、企业模范人物的行为、员工的行为三方面入手,开展企业文化行为层面的企业文化建设工作。

企业家应自觉地革新理念,不断提高自身的综合素质。企业家不仅是企业文化、企业精神的塑造者、推动者和模范实践者,还是企业形象的重要组成部分。企业文化是旗手文化,企业家素质和自觉程度对企业文化建设的成败起关键作用。因此,企业家应树立正确的核心价值观,自觉地开展理念革命,从思想深处形成最高理念;同时,努力学习企业管理相关知识,提高自身综合素质,把自己塑造成为真正的具备渊博知识、辩证思维、敏锐洞察力的企业家。只有如此,企业家才能以自觉的文化战略眼光引导和创造一种文化,推动企业文化的构建、强化和变革,提高企业文化建设的层次。

在企业中,除企业家以外,可以影响员工行为和认识的就是企业内部模范典型人物的日常工作表现。心理学研究表明,人们对榜样会采取模仿的行为,因为榜样的行为往往会得到较高的社会评价。[①] 这样,模范人物的带动以及员工对模范人物行为的模仿,能够将企业文化的行为特征有效地贯彻到企业的各个层面。当企业内部每个员工的行为都趋于模范行为的时候,企业文化行为层面的建设就自然而然地渗透到最基层。

行为层面的企业文化建设是一个层级分明、各层面相互依赖与互相影响的过程。企业家的行为直接决定企业的个性特征,而这一个性特征是企业文化的基础。企业内部员工会针对这一特征去规范自己的行为,进而出现典型人物的榜样行为;当榜样行为为全体员工所模仿并逐步强化下来之后,这些行为就会成为一种无意识的规范,进而影响员工的工作表现。实际上,这是企业文化从抽象到具体又到抽象的过程。

---

① 沈德灿.社会心理学.北京:中国科技出版社,1995.

(三)制度层面的企业文化建设

制度层面的企业文化建设可以通过企业的治理形式、人际关系、管理制度和利益分配等手段得以实现。企业可以通过人力资源部门搭建企业家或职业经理人精英管理团队来管理企业群体,这些就相当于企业家行为和模范人物行为对员工的影响。但是,要让员工认同管理团队的管理手段,企业还必须使每一个员工确认企业各种规章制度是有法可依的,是符合行业规范和标准的,这样企业的管理策略才能得到员工最大限度的认同。

在建立了有效的管理模式之后,企业应营造良好、和谐的人际关系,保证各项管理工作及企业经营活动的良性运行。虽然,人性化的企业氛围需要规范化的管理制度予以约束的,但是在规范化管理制度的基础上,人性化的企业氛围也需要弹性化管理的特例。

在进行企业文化建设时,企业应同时建立一种利益分配的价值理念、等级差别理念。人们因能力差别而导致分工差别,分工差别则导致收入方式差别,而收入方式差别将导致收入水平差别。建立有效的绩效考核机制是保证这一理念得以实现的关键。将员工的工作绩效与所获报酬直接挂钩,可以有效地体现企业文化所倡导的高效率的价值观。企业应该做到企业和员工的利益求大同存小异,并趋于共存共荣。只有这样,才能让员工真正地归属于企业、认同于企业。

制度层面的企业文化建设实际上是一个从宏观到微观的变化过程。首先,明确企业的治理模式;其次,选拔那些能够起到行为榜样作用的人,建立精英式的管理团队,通过团队协作来建立伙伴式的合作关系,以此营造和谐的人际工作氛围;最后,确立规范的管理模式,界定特殊情况的发生机制及弹性化的应对手段,在追求企业、员工共存共荣的原则下订立利益分配制度。

(四)精神层面的企业文化建设

精神层面是企业文化建设的最高层面,也是企业文化建设的核心。实际上,我们采取物质层面、行为层面、制度层面的各种手段去推行的,最终就是以精神形态表现的精神层面的企业文化——企业精神。

培育和塑造优秀的企业精神同样是一项复杂的系统工程,不可能一蹴而就。因而,在具体实践中,我们应从以下几方面入手:

1. 精心提炼,严肃确立

一家企业在长期发展的过程中,由于每个时期所处的内外环境不同、管理者的思想观念不同,这些会影响企业的价值取向,因此每个时期的企业价值观就可能不同。这样,企业很难有一个一以贯之的共同的价值观念。这就要求我们在塑造企业精神的时候,应该对企业在发展过程中所形成的不同的价值观念进行分析整合,精心提炼出最适应本企业发展、最有价值的精神,而不是简单地模仿所谓的"团结、进取、求实、拼搏"这样没有本企业鲜明特征的"企业精神"。一旦提炼了新的企业精神,就要经过董事会或员工代表大会予以严肃确立,使全体员工对新的企业精神生成一种自豪感,从而自觉地以实际行动实践企业精神。

2. 大力宣传，深入人心

在确立企业精神后，我们应把企业精神所提倡的观念、意识、原则以及体现企业精神的先进思想灌输进员工的意识中，使之深入人心。具体来说，可以采取以下几种方式：

（1）标语式。把企业精神的主要内容制作成醒目的大幅标语，悬挂或张贴在厂门口、办公大楼或生产车间等引人注目的地方，使员工随处可见，在有形无形中得到熏陶。

（2）活动式。经常开展各种为员工所喜闻乐见的文体活动。在这些活动中，企业精神自始至终得到体现。

（3）广告式。在通过广播、电视、网络等现代化媒体宣传企业形象和产品时，巧妙地将企业精神融汇其中，使员工和大众在接触媒体宣传时感受企业精神的教化，将企业精神铭刻在脑海里、落实在行动上。

3. 身体力行，发扬光大

企业精神不是说在嘴上、写在纸上、挂在墙上的装饰品，而是需要企业从上到下、从管理者到员工身体力行的规范。因此，在实际工作中，企业管理者一定要"绝知此事要躬行"，率先垂范，自觉实践企业精神；而我们的员工，作为企业的主人翁，也要事事处处体现企业精神的要求，真正把企业精神落实到日常工作中。只有上下同欲、心往一处想、劲往一处使，企业精神才能发扬光大，成为企业持续发展的不竭动力。

总之，作为企业文化核心的企业精神的培育和塑造，是企业内部条件和外部环境相互作用、相互结合的产物，从提炼确立到成为企业的精神支柱和全体员工的力量源泉，需要我们不断地培育和塑造。只有这样，才能充分发挥企业精神在企业发展进程中的积极促进作用。

四、企业文化建设的步骤

一种优秀的企业文化的构建，不像制定一项制度、提出一个宣传口号那样简单，需要企业有意识、有目的、有组织地进行长期的总结、提炼、倡导和强化。因此，依据企业文化建设的原则、确定科学的程序是非常必要的。

企业文化的特性决定了各企业的企业文化建设无论是在理论上还是在实践上都必然是千差万别的。在个性中寻求共性，企业文化建设总体上还是可以找到大致的程序的。一般来说，企业文化建设的程序有以下六个步骤：

1. 启动

启动阶段主要包括企业文化建设小组的成立（一般由企业一把手挂帅）、人员的分工、资料的准备（如访谈提纲、内部和外部的相关资料）、内外部启动会等。

2. 诊断评估

诊断评估主要是组织有关人员，针对企业所在的行业、所服务的客户、股东结构、员工状况、发展历程、经营现状与特点、企业家的管理风格几个维度进行分析；同时，以相应的组织形式对企业文化进行调查研究，准确了解现有文化基础，了解员工的舆论导向和心态，为塑造企业文化提供科学依据。调查研究应遵循客观事实，不能主观臆想；要全面综合,不能以偏概全;要讲时效,不能延误;要有计划,不能漫无边际。

3. 提炼价值观

这个过程是根据企业文化现实和未来文化发展设想,在上述调查研究和情况分析的基础上,将原来模糊不清的价值观提炼出来,将原来价值观中不适应企业发展的因素淘汰,建立适应现代企业发展且为企业全体员工所接受的价值观。

4. 确定价值观

首先,将价值观内容进行分类;其次,将企业的核心层人员召集在一起,根据所设定的价值观体系框架,共同探讨企业核心价值观体系的每项内容,逐字逐句推敲、反复争论落实;再次,通过员工问卷调查,了解广大员工对价值体系中各项内容的认知程度和接受程度;最后,组成一支由企业主要领导、员工代表和专家顾问组成的临时小组,反复讨论,得出企业的核心价值观。

5. 落实价值观,实施企业文化建设

当企业的核心价值观被确定后,就进入宣传、反馈、培育和强化阶段,从行为规范、制度建设和外在形象上使企业的核心价值观得到具体的落实与表现。企业应按照统一的规划,结合实际,直接、实际、具体地组织方案实施;在执行中,应注意随着情况的变化及时调整和修正,发挥员工的积极性、主动性和创造性;加大宣传力度,及时收集反馈信息,保证与员工之间的信息畅通,解决好实施过程中产生的冲突。

企业文化建设的
文献综述
请扫二维码参阅

6. 价值观的巩固发展

文化发展是循序渐进的,企业文化建设应由浅入深、由横向变纵向开始新的发展,使企业和员工从文化建设中获益,逐步使员工对企业文化的态度由强制性向自觉性转变。

第三节 企业文化测评

一、国外主要测评工具

(一) Hofstede 量表

荷兰学者 Hofstede 的组织文化模型主要衡量价值观在工作中怎样受到文化的影响。通过大量的数据分析,Hofstede 开发了一个模型以区别和分析国家组织文化类型。这个模型由五个维度组成,分别是权力距离(PDI)、个人主义(IDV)、不确定性规避(UAI)、男人主义(MAS)和长期导向(LTO)。Hofstede 认为,企业文化是由价值观(value)和实践(practice)两大部分组成的。价值观是企业文化的核心,主要涉及安全的需要、以工作为中心的需要和权威的需要,用 57 个项目进行评估衡量。而实践部分则是表征,涉及六个维度,分别是过程导向与结果导向、人际导向与工作导向、组织与职业导向、开放与封闭系统、高控制与低控制、规范化与实用化,用 61 个项目进行评估衡量。Hofstede 通过研究得出:企业文化之间的差异主要来自实践部分。因此,在企业文化的衡量中,实践部分的六个维度变得尤为重要。

Hofstede 量表不仅在西方国家得到了检验证明,在东方国家也被证明了有效性,是一个适用性相对很广的模型。此外,Hofstede 量表是易于操作的、清晰的、可进行实证分析的,因而广为流传,深受企业分析学者的厚爱。但 Hofstede 量表也存在一些不足:(1)没有充分考虑外部环境对组织文化的影响,如社会责任;(2)价值观差异较小的原因是否与问卷涉及很多国家文化层面的问题有关;(3)Hofstede 模型没有涵盖诸如客户、创新等一些已经被学术界认定的维度。

(二)OCS 量表

Glaser、Zamanou 和 Hacker 一直致力于企业文化的研究,在 1987 年共同开发了组织文化调查(organizational culture survey,OCS)量表。与其他文化评估模型使用观察访问的研究方法不同,OCS 量表采用三角校正研究方法。研发者认为,研究资料和研究方法之间对一个问题会存在不同程度的偏差与限制,只有分析丰富的资料来源,将所有共同的观点和方法提取出来,才可以客观地反映问题。通过编码访谈(coded interview)对统计分析的结果进行阐述解释。OCS 量表共有六个维度,分别是团队合作和争端(team-work-conflict)、道德氛围(climate morale)、信息流(information flow)、员工参与度(employee involvement)、监督(supervision)、会议(meetings)。OCS 量表针对六个维度(31 个测量指标),要求企业员工用故事形式描述自己在企业中的感受和想法,从中判断其对企业文化的满意程度。员工对每个衡量指标的描述和看法,可以帮助企业来了解和解释员工对该指标满意或不满意的原因,从而推进企业进行有效的企业文化变革。

OCS 量表的有效性和可靠性已经被证实,是一个被广泛使用的企业文化衡量模型。OCS 量表可以勾勒出企业文化的一种状态,还可以帮助企业了解自身的长处和不足。但是,OCS 量表只衡量了企业文化中最重要的六个部分,没有将一家企业的企业文化全面地描述出来。

(三)OCP 量表

组织文化概评(organizational culture profile,OCP)量表是 O'Reilly,Chatman 和 Caldwell 在 1991 年开发出来的,是西方国家最常用、最受欢迎的企业价值观量表之一。研发者认为,企业文化的核心是企业的价值观,而企业是由个人组成的,那么企业文化价值观就可以用个体层面的组织文化量表予以代替。OCP 量表主要衡量企业的一些特质,以及个人对价值观的期望和偏爱程度。OCP 量表通过文献回顾的方式,精确地筛选出 54 个用以评价企业价值观的测量项目,将这些有关价值观的陈述句划分为七个维度,包括革新性、稳定性、尊重员工、结果导向性、注重细节、进取性和团队导向。不同于其他文化衡量模型的李克特计分方式,OCP 量表采用 Q 分类计分方式定量描述个人对价值观的偏好与企业特性契合程度。Q 分类按 2—4—6—9—12—9—6—4—2 分布,从最偏好(最能代表)的价值观到最不喜欢(最不能代表)的价值观的顺序,将 54 个价值观评价项目进行分类。第一步,选出最喜欢的 2 个价值观,然后选出次级喜欢的 4 个价值观……一直到最后的最不喜欢的 2 个价值观,由此得到个人偏好的价值观;第二步,再客观地选取熟悉企业特性的人员,将企业的价值观特性按照刚才的 Q 分类从最能代表到最不能代表进行排序,从而得到企业特性;第三步,计算出个人与企业契合程度的关联性分数。

OCP 量表已在服务业、会计师、政府机构、MBA 学生等样本中得到了验证,证明了其有效性。OCP 量表是通过大量文献回顾的方式被开发出来的,不但缺乏理论框架,而且对企业的外部适应性考察得较少,如缺少广为学者所肯定的社会责任和客户导向等维度。为了使 OCP 量表具备广泛的适应性,研发者选取的衡量项目是适用于任何企业和行业的,然而在实际运用 OCP 量表的时候,我们必须针对行业和企业的特点修订 OCP 量表的衡量指标。

(四) OCAI 量表

OCAI(organizational cultural assessment instrument)量表是 Quinn 和 Cameron 通过文献回顾和实证研究在 1998 年开发的,用于测量企业文化。OCAI 量表主要评估企业文化的六个核心方面,即显著特征、领导能力、员工管理、组织凝聚力、战略重点、成功的标准。OCAI 量表将衡量企业文化的六个核心指标转化为六道题目,每道题目有四个检测指标,将 100 分配到这四个指标中,根据题目与企业的符合程度打分,越接近分数越高;然后,将同类型文化指标的分数加和,便可以得到企业在各个文化类型中的一个分数;最后,将企业所处不同象限的位置连线成一个四边形,即显示企业特定的文化类型。同样的量表要做两次,第一次是对企业的现状进行评分,第二次是根据期望评分。OCAI 量表使用问卷调查的方式,发现企业员工对组织六个核心方面的观点。这种直观、便捷的测量工具,不仅可以帮助企业判别当前的文化状态,还可以帮助企业了解员工期望的企业文化未来的发展方向。此外,OCAI 量表可以十分有效地帮助企业了解和管理各式各样的组织现象。

(五) OCQ 量表

Denison 发现,四大组织文化特质(OCQ)直接影响企业绩效,分别为投入性(involvement)、一致性(consistent)、适应性(adaptability)和使命性(mission)。每种文化特质具有三个子维度,每个子维度以 5 道题目予以衡量,总共有 60 道题目。OCQ 量表采用李克特计分方式,从 1(非常不同意)到 5(非常同意),还可选择"不适用"等,以表达态度。如图 13-1 所示,横轴衡量灵活性和稳定性,纵轴衡量企业的内外导向。横纵两轴将同心圆划分为四个部分:左上部分代表适应性,由创新变革、客户至上、组织学习三个子维度构成,主要衡量企业对外部市场的反应程度和适应程度;右上部分代表使命感,由战略导向和意图、目标、愿景三个子维度构成,主要衡量企业是关注当前利益还是长期发展等;左下部分代表参与性,由授权、团队导向、能力发展三个子维度构成,主要衡量员工的参与程度、主人翁意识、员工与企业的关系等;右下部分代表一致性,由核心价值观、配合、协调与整合三个子维度构成,主要衡量企业是否具有凝聚力和强大的精神支撑。指标内部的四个同心圆代表每个指标的四分位数,标示每个指标的程度,由内向外以扇形环表示该指标的百分位数在哪个程度上。组织文化模型较直观地帮助企业了解企业文化的现状及其与其他企业的比较状况。

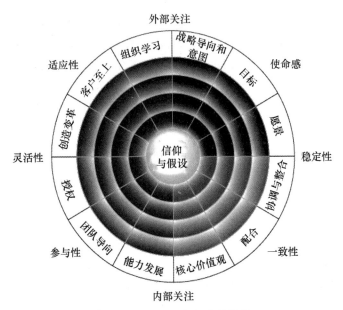

图 13-1 Denison 组织文化模型

Denison 对 1 000 多家企业的调查研究长达 15 年之久,强有力地从效度和信度两个方面验证了 OCQ 量表的有效性。Denison 分别采用定量和定性方法考察了企业经营绩效与企业文化的关系,提出了直观且简单的模型和工具。OCQ 量表不仅可以帮助企业了解自身的现状,还可以帮助企业了解改进哪些文化特质以提升企业绩效。虽然 Denison OCQ 量表很详细,但是应用起来很复杂,分别用到四分位数和百分位数,而且企业在分析的时候很难确定怎样获得标准,因此建立一个有效的数据库是十分必要和关键的。

(六) 双 S 模型

Roh Goffee、Gareth Jones 基于组织的社交性特征,创建了双 S 模型,采用 47 道测试题描绘组织的社交特征。他们根据组织的社交度和凝聚力两个维度,将企业文化分成了社交型、融合型、分散型和目标型,每种类型存在正向效果和负向效果。

双 S 模型为分析企业文化开创了新的视角,开发了较为简单的测评体系,其研究结果对更加精确地把握企业文化类型提供了很好的方法和工具。但是,双 S 模型的研究角度是从组织的社交特征出发,并且这个特征相对而言显得较为静态。因此,对于处于剧烈变化环境中的企业来说,双 S 模型有些鞭长莫及。

二、国内主要测评工具

(一) 郑伯埙的 VOCS 量表

郑伯埙是中国台湾的心理学教授,认为大多数的企业文化量表缺乏理论框架支撑。郑伯埙认为,企业文化是企业员工的共同信念,是一种内化的价值观。这种信念和价值观引导并规范员工的外部行为。1995 年,郑伯埙在 Schein 的文化研究基础上开发了 VOCS 量表。他以 Schein 基本假设的五个向度(人性的本质、人类行为的本质、真相与真理的本质、员工之间关系的本质、企业与外部的关系)为基础,通过访谈方式确定了测量指标的九个维度。因子分析表明,VOCS量表具有区分效度,还可以得到两个更高的维度,分别为外部的适应性(由社会责任、敦亲睦邻、客户取向和科学求真四个指标组成)、内部的整合(由正直诚信、表现绩效、卓越创新、甘苦与共、团队精神五个指标组成)。采用不同的契合度计算方法,VOCS量表可以分析出企业价值观和员工结果变量之间的关系。

作为一个本土化的企业文化评估模型,VOCS量表将中国的一些文化特色考虑其中,对于中国企业来说更具可行性和有效性。但是,VOCS量表的量化指标比较抽象,会造成个体很难理解并回答问题等。VOCS量表中有关企业成员和企业的契合程度的研究方法值得商榷,因为该研究并没有说明或验证个人偏好的价值观和个人感受的价值观是否可以形成对比的维度结构。

(二) 仁达方略的CMAS量表

仁达方略把奎因(Quinn)等人的研究成果(组织文化量表)改良为领导者文化倾向问卷,依据霍夫斯坦德(Hofstede)的企业文化研究方法和我国企业实践的情况,开发了企业文化诊断评估系统(corporate culture measurement and assessment system, CMAS),划分了12个维度和33个分析因子,采用100多个题目,依据聚类分析和因子分析方法形成了评价矩阵。该评估系统包括问卷调查、深度访谈、历史资料回顾、企业文件研究、产业发展研究与行业研究、现场调查等,通过调查数据和SWOT分析等综合考量技术,寻找企业价值观核心层面的内容。

(三) 中国企业文化测评中心的CCMC量表

在国家自然科学基金支持的"中国企业文化量化研究"课题研究成果的基础上,刘孝全等人融会了以美国密歇根大学管理学教授Quinn为代表的企业文化定量分析流派和以美国麻省理工学院教授Schein为代表的企业文化定性分析流派的精要,结合中国企业实践,修正了在国外成功使用多年的研究成果,重新开发了企业文化环境测量模型、个人价值与职业取向测量模型,建立了中国企业文化综合分析系统、中国企业文化定量分析系统、中国企业文化系统管理、企业文化考核四大体系,以及与之相配套的24个企业文化分析模型。该测评系统分别侧重战略、价值观、理念、领导力、个人素质、团队氛围,各要素既自成一体又相互关联,主要从以下六个不同的层面和角度把握企业文化的变化规律:一是从企业文化的整体状态把握宏观的变化趋势;二是从核心理念的角度掌握企业文化具体的积极导向作用;三是从核心价值观的角度把握住企业内部价值观层次的整体状态及其差异;四是从领导者的能力角度把握管理层在企业文化方面的领导力水平及差异;五是从员工文化感受的角度把握企业文化建设和管理的成绩与结果;六是从个人角度把握每个员工的文化倾向性及其与团队之间的差异。以上分别从宏观、理念、价值观、能力、感受、个人等六个角度剖析企业文化在不同部门、层面上的状态,并通过其相互关系来分析、判断企业文化的整体和局部的变化特点与规律,最终以形象、直观的雷达图形式将企业文化发展的趋势和规律勾勒出来,为企业文化的评估、变革提供了有章可循的判定标准和依据。

第十四章　宝洁公司的文化战略

> **导　言**
>
> 最初，宝洁公司只是一家生产、销售肥皂和蜡烛的小公司；而目前，宝洁公司已发展成为世界最大的日用消费品制造商和经销商，经营 300 多个品牌的产品，畅销 160 多个国家和地区，包括洗发、护发、护肤用品、化妆品、婴儿护理用品、妇女卫生用品、医药、织物、家居护理及个人清洁用品，宝洁公司的帮宝适、护舒宝、潘婷、汰渍、碧浪、佳洁士和玉兰油等均为全球知名的品牌。一百八十多年过去了，宝洁公司历经了各种变化，从一家小公司成长为年营业额近千亿美元、全球雇员超过 10 万人的大型跨国集团，唯一保持不变的就是威廉·波克特和詹姆斯·甘保从创建宝洁公司之日起就建立的一系列经营之道——宝洁之道。

第一节　宝洁公司的百年传奇

蜡烛制造者威廉·波克特和肥皂制造者詹姆斯·甘保分别来自英国和爱尔兰，他们最初定居在辛辛那提市，因与一对姐妹奥莉薇·诺里斯和伊丽莎白·诺里斯的婚姻而相识。他们的岳父亚历山大·诺里斯建议两位女婿成为业务合作伙伴，于是在 1837 年 10 月 31 日诞生了宝洁公司。

1858—1859 年，宝洁公司的销售额达到 100 万美元，当时有约 80 名员工。美国南北战争期间，公司赢得合同，为联盟军队提供肥皂和蜡烛。除了在战争期间所获的利润，军事合同更让来自全国各地的士兵见识了宝洁公司的产品。

19 世纪 80 年代，宝洁公司开始向市场推出一种新产品，一种能浮在水面上的廉价香皂，被命名为"象牙香皂"（Ivory）。1946 年，宝洁公司推出"汰渍"品牌，这是继"象牙香皂"后推出的最重要的产品。相比当时市场上的同类产品，"汰渍"的性能优越得多，因此很快就大获成功，为公司积累了研制新产品系列及开拓新市场所需的资金。在"汰渍"推出后的几年里，宝洁公司开拓了很多新的产品领域。第一支含氟牙膏"佳洁士"得到美国牙防协会首例认证，很快成为首屈一指的牙膏品牌。纸浆制造工艺促进了纸巾等纸制品的发展,宝洁公司发明了一次性婴儿纸尿片,在1961年推出"帮宝适"——市场上最具革命性的产品之一。在此之前,抛弃式纸尿布尚不流行,虽然娇生公司开发了一种名为"乔丝"(Chux)的产品,但婴儿仍穿布尿布,因为这种尿布会渗漏、不合身、可能破掉。

随着原有业务的实力不断加强,宝洁公司开始收购其他公司,多元化的产品线和利润显著增加。这些收购包括福吉世咖啡(Folgers)、诺威治伊登制药(Pepto-Bismol 的生产者)、李查森-维克斯(Richardson-Vicks)、诺赛尔(Noxell)的乐爽(Noxzema)、Shulton公司的 Old Spice、蜜斯佛陀(Max Factor)与爱慕思(Iams)公司等。2005年1月,宝洁公司宣布收购吉列公司,成为全球最大的消费品公司。2012年,宝洁公司的销售额达到836.8亿美元,被《财富》杂志评为"财富500强"中第十大最受赞誉的公司。

第二节 宝洁公司的表层文化

一、宝洁公司的工作环境

宝洁公司的办公环境非常人性化。为了给每位员工提供舒适的工作环境,宝洁公司全方位地为员工着想。每层办公室都有不同的主体颜色,非常有特点;弥漫着浓郁果香的水果吧全天开放;大会议室在下班后就成为员工的瑜伽房;还有按摩室、健身房等,为宝洁员工提供人性化服务。

二、宝洁公司的品牌

宝洁公司对品牌的命名非常讲究,深谙一个贴切且巧妙的品牌名称能大大地减弱产品为消费者所认知的阻力,从而激发顾客美好的联想,增进顾客对产品的亲和力和信赖感,并可以大大节省产品推广费用。例如,一说到"海飞丝"人们就会立马想到头发的飘逸美丽、自由浪漫。说到"玉兰油",人们就会联想到如玉兰花般晶莹剔透、完美无瑕的肌肤,让人对产品产生无限的遐想与憧憬。再如,"飘柔"的英文名为"Rejoice",原意为高兴、欢乐,之所以翻译成"飘柔"是因为当时的中国洗发水行业还未出现洗润合一的技术,经过广泛的市场调查,营销人员发现头发的柔顺、易梳理是消费者的普遍需求,于是柔顺的发质被当作这种洗发水的定位,一经推广,便奠定了"飘柔"在消费者心目中的地位。宝洁公司通过对英文单词或中文的精确选择或组合来命名产品品牌,准确地体现产品的特点、期望塑造的品牌形象及消费定位,并最终提升品牌的形象。

三、宝洁产品的包装

可持续性发展意味着社会、资源和环境保护的相互协调发展,在当今世界有着重要的意义。宝洁公司认为,可持续性发展就是在不降低产品和服务的性能与价值、同时又能够最大化地满足消费者需求的前提下,秉持"亲近生活,美化生活,为了现在和未来的世世代代"的宗旨,革新产品包装,使用环保性和安全性的产品,引领全球迈进"永恒之约"的全新纪元。

为此,宝洁公司开始减少包装材料。例如,OLAY 多效修护霜的新产品包装与旧包装相比,减少超过 25% 的材料;Gillette 锋速 3 动力和锋隐中新式的塑料部分与纸板包装减少用料达 25%。此外,宝洁公司还开始利用可再生材料,迈出开发可持续塑料材料的第一步。从 2011 年起,宝洁公司在潘婷 PRo-V、Covergirl、Max Factor 的产品包装中,采用来自巴西的甘蔗作物作为传统塑料的替代品。宝洁公司还回收产品包装,引领绿色环保生活向前迈进。例如,潘婷 PRo-V、伊卡璐草本精华这两个品牌的包装在一般城市的回收站可以回收再利用,因为它们是制作玻璃和厚纸板的材料。

第三节　宝洁公司的浅层文化

一、宝洁公司的人力资源管理

（一）内部提升机制

宝洁是当今为数不多的采用内部提升机制的公司之一,要实现内部提升机制,必须具备几个前提:一是公司雇用的人员必须具备发展潜力;二是员工应该认同公司的价值观;三是公司的职业规划设计相当明确且充满层次;四是公司必须建立完善的培训体系以提升公司员工的潜力;五是公司的提升制度必须透明化。

宝洁公司的一条价值观就是,"我们实行从内部发展的组织制度,选拔、提升和奖励表现突出的员工而不受任何与工作表现无关因素的影响,提升取决于员工的工作表现和对公司的贡献,个人发展的快慢归根结底取决于能力和所取得的成绩"。

作为一家国际性的大公司,宝洁为员工提供足够的空间以描绘未来职业发展蓝图。无论是技术型人才还是管理型人才,员工未来的发展空间都足够大。高级经理都是从加入公司的新人做起,并一步一步成长起来的。从企业运作的角度来看,这是相当独特的做法,虽然其优缺点见仁见智,学者专家各有正反意见,但是对于宝洁公司来说,这种做法不但为员工提供了努力打拼的动力,而且使企业文化的传承变得简单许多。

（二）人才培养和发展

重视人才并重视培养和发展人才,是宝洁公司为全世界同行所尊敬的主要原因之一。公司每年从一流大学招聘优秀的毕业生,提供独具特色的培训,把他们培养成一流的管理人才。不遗余力地培训和发展员工,是宝洁公司未来事业成功的关键。

宝洁是一间学无止境的公司,员工能源源不断地得到各种完善的培训。在美国总部,宝洁公司建立了培训学院;在中国,也有专门的宝洁培训学院。宝洁公司的培训特点有三点:一是全员性,公司所有员工均有机会参加各种培训;二是全程性,内部提升机制客观上要求,当一个人达到更高的阶段时,需要相应的培训以助其成功和发展;三是针对性,公司根据员工的能力强弱和工作需要提供不同的培训,通过为每一位员工提供独具特色的培训,使其能力得到最大限度的发挥。

（三）薪酬激励

公司的薪酬激励是否有吸引力是由谁说了算？市场才是最终的决定者，而宝洁公司就把决定权交给了市场。每年，宝洁公司聘请国际知名的咨询公司做市场调查，内容包括同行业的薪酬水平、知名跨国公司的薪酬水平；然后根据调查结果及时调整本公司薪酬水平，确保整体平均收入具有竞争力，从而使宝洁公司的薪酬拥有足够的竞争力。

宝洁公司的激励包括两部分——物质上的和精神上的。物质上的包括提升和提薪两种主要措施，同时平时还有一些及时的奖励。例如，某个员工在一些任务上表现突出，经理就会及时地授予他一些小额的物质奖励。授予成绩突出的员工若干股票期权，鼓励其保留若干年之后再出售，从而获得股票增值部分。

当一个人在物质上基本得到满足以后，来自精神上的奖励就成为需要，而尊重和认可也许是最基本的精神奖励。在宝洁公司，上级会经常过问下属的工作，尊重下属的意见，及时沟通。同时，当下属的工作取得成绩的时候，上级经理就会及时致谢，以感谢信或表扬信的方式奖励下属。

二、宝洁公司的营销策略

（一）品质本位论战略

宝洁公司视质量为品牌的生命，对产品质量的重视达到极高的境界。宝洁公司把产品的质量当作品牌发展的前提，对产品品质的追求抱着一种永无止息的态度。宝洁公司认为，卓越的产品能形成清楚而独特的品牌和定位，不把华丽的包装和浮躁的赠奖活动当作经营事业的中心手段，它们对质量的态度和行为方式从以下两个方面展开：

第一，重视消费者，从消费者需求出发生产产品和改善品质，深入了解消费者，弄清消费者的心理和需求并以此为行为原则。把质量观与消费者对等起来考虑，真正做到了顾客决定价值创造，完成了由消费者到产品的转化。宝洁公司每生产一种新产品，都要进行严格而仔细的市场调研，收集来自消费者的客观的第一手资料；然后对资料进行分析、总结，了解消费者喜欢什么、缺少什么、需求什么。因此，宝洁公司在消费者调查方面积累了大量经验，形成了独特的调研理念和调研模式。

第二，宝洁公司对质量的重视还体现在技术创新上。研发中心是宝洁公司的核心部门，在全球拥有2 500项左右的专利，共有8 000多位科学家在18个研发中心任职，其中有近2 000位博士级的科学家，总数超过哈佛大学、麻省理工学院、东京大学、伦敦帝国大学的科学家总和。宝洁公司总是利用开发成功的技术不断地充实原有品牌的内涵，增加产品的品牌价值，使产品保持与时俱进的技术含量。由技术开发到技术应用，每个环节都努力提高产品质量，并使之适用于人们不断提高的消费水准需要，维持与延长了产品的生命力。

（二）宝洁公司的品牌经理制

宝洁公司的品牌如此之多，它如何管理和保证每个品牌的市场竞争力呢？1931年，担任"佳美"品牌香皂经理的麦肯罗做了以品牌管理为主题的报告,获得了高层经理的认可。品牌经理制逐渐在宝洁公司的内部运作体系中推广开,至今,这已成为宝洁最大的经营特色。

品牌经理扮演三个角色:一是制定和实施品牌战略;二是在公司内部争取更多的资源以维护品牌价值;三是对外与分销商和市场终端打交道,促进品牌产品在市场上的销售、扩大影响力。一般来说,公司市场部门人员只关心品牌管理的短期计划和结果,更善于处理日常的品牌维护工作;品牌经理则更重视品牌长期价值的保持和增值,关心品牌在消费者心目中的喜恶变化。这同样体现了一家有远见的公司对品牌的看法:品牌管理不仅是为了短期内获利,更是为了品牌能够长青。

品牌经理制无疑为宝洁公司在百年时间内征战市场、建立宝洁帝国立下了汗马功劳。这一成就得益于品牌经理制的以下特点:其一,打通产品的供产销链条,打破各职能部门之间的隔阂。通常来说,规模较大公司的职能部门众多,市场部门、研发部门、生产部门与行销部门之间,容易各自为政,从部门本位主义立场出发,各个部门不会主动考虑与其他部门配合,从而增加了公司内部的协调成本。最后的结果很有可能是,某一品牌的产品出现问题或者延迟上市,大家互相推诿。品牌经理的出现,成为破除部门隔阂有效的解决之道。品牌经理,就像品牌的保姆或者保镖,负责"护送"该品牌的产品,从产品设计、生产到市场推广和销售的全过程。因此,当产品的某一环节迟滞,最着急的肯定是品牌经理。品牌经理的出现,有利于公司整合和发挥各职能部门的力量,从而形成合力,占领市场。其二,真正关心消费者需求,保持创新产品。传统公司的习惯做法是,先制造产品,然后研究如何将产品卖出去,只是单向地由产到销。在品牌经理制下,品牌经理极其关注消费者的各种差异性需求信息,并及时搜集、整理、反馈给研发部门和生产部门。这种营销行为是双向的,顾客的意见会改变产品的形态,使新的产品满足顾客的需求。其三,注重品牌的长期价值。衡量一位品牌经理的业绩,除了其当前的销售额等财务数字,还有一项很重要的指标——他是否保持或增加了品牌的无形价值。这种评价保证了品牌经理不是只关注短期利益,而是着眼于品牌的长期价值,从而为公司赢得真正的市场份额。其四,以目标管理丰富顾客价值。品牌经理必须对产品的销售额及利润负责,因此他会非常重视各个环节的成本,一旦发现成本上升的情况就会立即做出反应。有效的成本控制和不断改进的服务,可以提高产品的市场竞争力,丰富与提升产品的价值,最终使公司和消费者达到"双赢"的效果。

(三)多品牌战略

认识宝洁公司的人大多是通过产品,从海飞丝、潘婷、飘柔、汰渍到佳洁士,这些特色纷呈、种类各异的品牌组成了宝洁的多品牌大家族。宝洁公司的多品牌战略体现在:产品涉及多个市场类别和同一市场类别的多个产品品牌。

宝洁公司的产品丰富,涉及人们生活的许多方面,包含多个市场类别。纵观宝洁公司的产品,主要包含洗涤剂用品、厨房用品、食品用品、医药用品、卫浴用品、护理用品和化妆用品等多个市场类别。宝洁公司在每一个市场类别都有不同的产品品牌系列,其品牌链随着公司的扩张而扩大。品牌链的扩大壮大了公司业务,为宝洁市场的全面竞争和统一规划打下了基础。尽管宝洁公司的产品涉及多个市场类别,但产品之间仍然存在很强的联系,在某种程度上能达到资源共享,为市场规划、技术开发、资源管理、广告、促销实施发挥了规模经济的效应。

鉴于消费者的消费多元性,宝洁公司的多品牌战略是适当的。它的每一个品牌都有自己恰当的定位,展现在消费者面前的是宝洁产品自身的竞争与选择,能向消费者提供某种好处,充分利用多个品牌之间的长处相互交锋,在多个细分市场获取胜利。由于宝洁公司各个品牌独立进行规划,每个品牌都有自己的专有形象和独特卖点,因此在消费者的随性选择中,宝洁品牌的命中率要高于其他品牌。

这种多品牌战略实质上是一种产品类别和品牌的延伸,异类产品品牌和同类产品品牌独立发挥作用,针对各自的细分市场实施品牌策略,最终达到消费者不用宝洁香皂就用宝洁沐浴液、不用宝洁这个品牌的沐浴液就用宝洁另一个品牌的浴液。这样做可以达到两种效果:锁定消费者,居于多个市场区域的高市场占有率;延长品牌的生命期,使公司不会因某个产品的失败而导致整体的衰败。

第四节 宝洁公司的深层文化

一、宝洁公司的宗旨

宝洁公司生产和提供更佳品质的产品,以改善全球消费者的生活;作为回报,宝洁公司将获得领先的市场销售地位和利润增长,从而使公司员工、股东及其生活、工作的社会共同繁荣。

二、宝洁公司的核心价值

宝洁公司把人才视为最宝贵的财富。宝洁公司的一位前任董事长曾说:"如果你把我们的资金、厂房及品牌留下但带走我们的人,我们的公司会垮掉;相反,如果你拿走我们的资金、厂房及品牌而留下我们的人,十年内我们将重建一切。"从这句话可以看出,宝洁公司是依赖员工及其核心价值而存活的,公司的核心价值如下:

(一)宝洁员工

宝洁吸引并招募世界最优秀的人才,实行内部提升的组织制度,选拔、提升和奖励员工不受任何与工作表现无关因素的影响。坚信,宝洁的所有员工永远是公司最为宝贵的资产。

(二)领导能力

宝洁人是各自职责范围内的领导者,承诺在各自的岗位上做出最好的结果,对未来方向拥有清晰的愿景。宝洁将集中资源去实现领导目标,实施领导策略;不断发展工作能力,消除组织障碍,实施目标策略。

1. 主人翁精神

相信个人的责任心与使命感能够满足公司业务的需要,改善组织体制,帮助他人提高工作效率。宝洁人秉持公司主人翁精神对待公司资产,一切行动皆以公司的长远成功为准则。

在主人翁精神的影响下,宝洁人喜欢主动出击,随时寻找突破创新,积极争取表现与贡献的机会,无须他人在背后鞭策。宝洁人主动参与能够有所贡献的地方或者提出有所建树的建言,即便"过界"也无所谓,只要这样做对整体运作有所助益,宝洁随时竭诚欢迎。

通过主人翁精神的强力灌输,宝洁公司将员工的个人利益、部门利益、团体利益与公司整体的长远利益绑在一起,达到公司利益与个人利益休戚与共的结果,使员工在做任何决策或采取任何行动时,能以公司整体利益为念。主人翁精神的重点在于引导员工将自己视为公司所有者,而不只是一个微不足道的雇员。在这种精神的引导下,员工以大局为重,不为个人相关利益所牵绊,而以公司整体的长远利益为重。这种纵观全局的整体观点及其衍生出的整体性计划,是宝洁人的独特之处,也是宝洁文化强调的重点。此外,它还激发了员工的责任感与荣誉感,鞭策员工凡事尽力做到最好,以创造最优的成果。

2. 诚实正直

宝洁人始终努力去做正确的事,诚实正直、坦率对人,遵循法律的规定和精神操作业务。宝洁人在采取每一个行动、做出每一个决定时,始终坚持公司的价值观与原则。宝洁人以求真的态度、以数字为依据提出建议并确认风险。

诚实正直是一个非常根本、非常重要的伦理规范,尤其在美国陆续爆发诸如安然、世界通讯等财务丑闻之后,诚实正直的重要性再度受到重视。长久以来,诚实正直、奉公守法就是宝洁公司一贯的经营态度,不仅要求正确无误地进行会计记录,符合法律的规范,还要求所有员工的言行举止应符合诚实正直的要求。以此为基础,宝洁才能有效落实信任员工、尊重员工的企业文化。

3. 积极求胜的热情

宝洁人决心将最重要的事情做到最好,不满足现状,积极地力求突破。宝洁人拥有强烈的愿望去不断地完善自我,在市场上获得胜利。

4. 信任

宝洁人尊重公司的同事、客户和消费者,并且以自身期望被对待的方式来对待他们。宝洁人相互信任各自的能力与意向,因为以信任为基础才能达到最佳的合作。

宝洁是一家以信任为基础的公司。绝大多数人渴望被信任,并希望能尽情地放手一搏、有所成就与贡献。只要组织能够有效地激励员工的自尊心与荣誉感,员工自然会竭诚相报,这就是所谓的"士为知己者死",也是宝洁员工积极主动的原因。宝洁在厚植信任方面一向不遗余力。当员工对组织及团队成员怀有信任感、相信自己会得到公平对待时,他们就会全力投入工作。此外,信任也意味着可以在没有恐惧的环境下开诚布公,员工能坦白地发表异议。以此为基础,员工才有可能针对棘手问题进行开放性的全面讨论,化个人的不满为具体的建设性建议,创造出多元化且不相互冲突的工作环境,形成高效益的合作网络。

(三) 公司原则

1. 宝洁人尊重每一个人

宝洁人相信每一名员工都能够并且愿意发挥最大潜能来贡献公司,重视个人的差别;激发和帮助员工实现更高的期望、标准和具有挑战性的目标;诚实地告知员工其工作表现。

2. 公司与个人的利益休戚相关

诚信正直的宝洁人做正确的事,为公司和个人带来共同的成功,对共同成功的追求将公司和员工结合在一起;公司鼓励员工股份制,鼓励主人翁精神。

3. 员工工作与公司策略相结合

宝洁人根据明确并达成共识的目标和策略运作业务,只做能增加业务附加值的工作;在任何可能的情形下简化和标准化现有的工作流程,提高工作效率。

4. 创新是成功的基石

宝洁人极其重视重大的、全新的产品创新;挑战失败,开拓新的工作方法,追求在市场上赢得更大的成功。

宝洁是一家创新型的现代化公司,一贯重视科学研究、技术开发及人才培养,注重产品质量,加速原材料本地化的进程。1995 年 10 月 18 日,时任美国总统克林顿授予宝洁公司"国家技术奖章",这是美国为技术成果显著者颁发的最高奖项,充分地肯定了宝洁公司在不断创新、改善世界各地亿万消费者生活质量方面所做的杰出贡献。宝洁公司在世界各地拥有研发中心,吸引了各地的科研人才,各中心之间进行科研成果的信息分享与相互竞争,达到提高整体水平的目的。宝洁公司共有 8 000 多位科学家在 18 个研发中心任职,每年的科研经费投入超过 17 亿美元,平均每年申请专利达 20 000 余项,是世界上最具创新实力的公司之一。

5. 重视公司外部环境的变化和发展

宝洁公司力求深入了解消费者及其需求,发展与顾客和供应商紧密互惠的关系;创造和提供一流的产品、包装及产品概念,树立成功的品牌形象,努力成为良好的企业公民。

6. 重视个人的专长

宝洁公司相信,不断地发展自我且发展他人是每一位员工的责任,鼓励并且期望员工拥有出色的专业知识和精湛的工作技能。

宝洁公司选择了"培养、巩固和升级"的用人策略。在一百八十多年的历史中,宝洁公司一直延续使用内部提升制,通过教育、在职培训、轮岗、工作任命等方式从内部培养人才,而不是立足于从其他公司或部门"购买"人才。企业文化对宝洁公司的持续发展是至关重要的,而有公司员工形成共同的信念和价值观、人才在内部得到提拔才能铸造深厚的企业文化。内部的人才对公司更有归属感，员工的价值观和公司的价值观一致，这有利于企业目标的达成。

"我们生产和提供世界一流的产品以美化消费者的生活。作为回报，我们将获得领先的市场销售地位和不断增长的利润，从而使我们的员工、股东及其生活和工作的社会共同繁荣。"这是宝洁公司在推广产品时常常引用的一段话，也是宝洁公司奉行消费者至上经营观念的具体体现。在强手如云的世界大舞台上，如果想要闯出广阔的天地，就必须真正做到以消费者为本，时刻为消费者提供舒适、放心的产品。

宝洁公司前董事长白波曾介绍成功的秘诀：宝洁公司花费大量的时间和精力来了解顾客的需要，有针对性地设计产品。事实上，宝洁公司的产品覆盖消费者生活的方方面面，也许还没有哪一家公司如此贴近消费者，为消费者的生活带来如此众多的便利！

宝洁从来不是那种投机钻营、见利忘义的公司，以消费者为本的经营理念已延续多年，深入公司事业的各个方面。基于对消费者的理解及尊重，宝洁公司首创了浓缩洗衣粉。起初，当洗衣粉多了一条新的产品线——阿尔特拉2号时，消费者都为之一惊。这个做法十分冒险！消费者有可能误解浓缩配方的概念，认为支付一样的价钱却得到较少的产品量；消费者也可能不自觉地多用了洗衣粉，以为东西贬值了而不愿意再买。然而，事实证明，这些都不成问题，因为消费者能够发现新产品的特性，进而调整使用方法。最后，消费者享受到低价的好处，因为包装和运送的成本减少了；零售商获得产品所占空间减少及产品周转率提高的利益；而宝洁公司的市场占有率则不断提高。

对于经常使用的产品，只要有一丝差异，消费者立刻就会发觉，因为他们可以将不同品牌加以比较并发掘优劣。所以，品牌本身所提供的真实效益是最重要的，贩售劣质产品终究无法逃过消费者的慧眼。即使产品效益有些许差异，消费者仍会细心察觉，并以购买与否表达对产品的评价。宝洁公司认为，一种真正好的产品优势，再小也能够决定谁是市场赢家。

7. 力求做到最好

宝洁公司力求在所有的策略重点上做到最好，对照内部和外部的最高标杆认真地衡量工作表现；善于从过去的成功和失败中汲取教训。

8. 互相依存是一种生活方式

宝洁公司的各个部门、产品群、品类和区域之间相互信任、紧密合作，对于采用他人的建议而取得的成就感到自豪；与所有为实现公司宗旨而做出贡献的各方建立紧密的联系，包括顾客、供应商、学校和政府。

团队合作是宝洁公司能够屹立市场的关键，是区别宝洁公司与竞争者的重大差异。宝洁公司的团队合作是以信任为基础的专业合作，而非泛泛的团队合作，其中的信任意味着相信其他成员会充分展现合作诚意、会尽全力把事情做到最好、以整体的利益为重并愿意无私地奉献个人所拥有的专业与资讯。如此一来，团队成员既可以合作无间，又可以独立作战，无须浪费时间在相互催促、不断检查其他成员的成果或者相互怀疑上。在宝洁公司的团队里，沉默绝对不是金，消极被动也绝对不受欢迎，因为既然身为团队成员,就要积极参与、有所贡献,以免误己误人。此外,在团队运作的过程中,主管会持续关注,如果成员未能积极参与、投入,那么在主观评价与年度绩效评估中,一定会有负面评价。基于团队成员积极参与的共识,加上每位成员都想有所表现的强烈企图,使每位成员都积极投入以求有所贡献,并追求优异的团队绩效。这种"既来之就应积极参与"的团队运作哲学,是宝洁公司特有的文化因子。

第五节　宝洁公司文化战略评述

就像一个多世纪前宝洁公司的创始人一样,宝洁人永远着眼于未来,宝洁公司将继续为全世界的消费者提供一流品质的产品,让消费者的每一天尽善尽美!

宝洁公司一贯奉行"生产和提供世界一流产品,美化消费者的生活"的企业宗旨,在世界各地生产出许多质量一流、深受消费者喜爱的产品。宝洁公司成功的背后是一种体现适应性、创造性、开放性和导向性的企业文化,其常胜之道在于了解顾客、不断创新,并以此满足消费者的需求;尊重员工,与员工良性互动,让员工成为企业真正的主人。这一切使宝洁公司成为一个伟大的公司,其优秀的企业文化是它历经百年、不断发展的不竭动力。

讨论题

1. 从企业文化角度分析宝洁公司为什么坚持可持续发展战略。
2. 宝洁公司人才培养的特点是什么?宝洁公司为什么如此重视人才培养?
3. 品牌经理的职责有哪些?宝洁公司为什么要实行品牌经理制?

讨论题的分析要点
请扫二维码参阅

本篇参考文献
请扫二维码参阅

拓展性案例
"人心"的力量:黑松林与心力管理

江苏黑松林公司成立于20世纪90年代,前身为仅10多名员工、2种产品、年产值不足30万元的乡镇集体企业,如今已成长为行业内的明星企业、龙头企业。2013年,黑松林公司完成营业收入9523.27万元,是建厂初期的300多倍,相对2012年同比增长30%以上。纵观黑松林公司从小到大的发展历程,可以看出企业重视集体价值观的塑造,在管理中注入文化因素是一股显著的推动力量。黑松林公司视文化为增强企业竞争力、提高企业综合素质的要素,连续二十多年坚持不懈地推进文化建设,心力管理成为黑松林公司特有的文化管理模式。

资料来源:中国管理案例共享中心;案例作者为南京大学、刘洪、赵曙明;作者拥有署名权、修改权和改编权。

 案例分析题

1. 请结合企业核心竞争力理论梳理我国中小企业发展现状,剖析其在管理方面存在的问题,探讨新形势下中小企业核心竞争力所在。

2. 请结合组织行为学相关理论分析黑松林公司"人心"的力量体现在哪些方面?心力管理模式的优点是什么?尚存在哪些不足?

3. 组织文化能不能视为企业的一种核心竞争力?企业运营中如何做到科学管理与文化管理相结合?请结合企业核心竞争力理论及文化管理理论进行分析。

4. 请结合文化管理理论思考黑松林公司运用心力管理"经营人心"的内涵和实质,分析文化管理对其公司治理以及公司战略的影响。

案例全貌
请扫二维码参阅

案例分析要点
请扫二维码参阅

第五篇

企业社会责任战略管理

第十五章　企业社会责任战略管理
第十六章　中国石油的企业社会责任漂绿
　　　　　行为对财务绩效的影响
第十七章　因陀罗的企业社会责任和创新

本篇主要引导读者了解企业社会责任战略及其管理的相关概念，熟悉社会责任战略理论模型、发展过程、战略类别，以及基于利益相关者理论的公司治理与社会责任的结构界定。以中国石油和西班牙因陀罗两家企业作为典型案例，深入分析社会责任战略对企业绩效的重大影响。

第十五章　企业社会责任战略管理

第一节　企业社会责任战略管理理论

一、公司治理的定义

公司治理问题包括在高级管理层、股东、董事会和其他利益相关者的相互作用中所产生的具体问题。在学术界，公司治理一直是热点问题，大量学者对此进行了持续、深入的研究。在众多的研究成果中，基于利益相关者理论的研究使得公司治理概念更加清晰、明确，为公司治理研究提供了理论支持。

（一）制度安排观

学者们普遍认为，公司治理实质上是一种制度安排。Blair 以参与公司治理者为切入点，探讨了各利益主体在企业经营管理活动中的责任、权力和利益，指出公司治理是一种规章制度安排，专门针对企业所有权和控制权的分配，涉及企业的经营理念、管理措施及风险规避等一系列问题。

（二）组织结构观

吴敬琏主编的《现代公司与企业改革》提出，公司治理实质上是一种组织结构，由股东、企业法定代表人和高管组成。在这种组织中，股东、企业法定代表人和高管互相制衡。股东拥有企业一定的所有权，委托企业法定代表人管理资产；股东召开股东大会，选取法定代表人组成董事会，继而董事会拥有企业最高决策权力，决定是否聘用及解雇高层管理人员；董事会聘用高管，并将企业的管理权力授予高层管理人员，由其负责企业的经营管理活动。

（三）决策机制观

众多学者认为，公司治理实际上是一种决策机制。Hart（1996）提出，公司治理问题会因不完整的合同及代理问题而产生。合同不完整包括两方面内容：一方面是存在交易费用，只设定了部分未来活动，而忽略了一些情况；另一方面是合同拟定得模糊不清，新的情况会致使合同须重新拟定。

（四）广义—狭义观

这种观点从广义和狭义的角度定义公司治理。李维安（2002）指出，基于两权分离基础,企业处理股东、董事会和管理层三方面委托而产生的关系问题属于狭义公司治理范畴;而广义的公司治理是一种制度或者方式,其制定的目的是董事和高管为了利益相关者(股东、债权人、员工、顾客和政府)的利益需求而管理企业。

二、公司治理相关理论

(一)现代契约理论

在新古典契约和关系契约中,由于存在专用性资产的投资,在有限理性和不完全信息的约束下,机会主义行为与道德风险使得新古典契约和关系契约表现为不完全契约形式,契约难以自我履行。为了使契约具有可执行性,可供选择的一种方法是建立一种治理结构,依靠第三方来实施契约,表现为新古典契约;另一种方法则是实施双边共同治理,表现为关系契约(见表15-1)。

公司治理的结构性分析
请扫二维码参阅

表15-1 交易维度与治理结构

		资产专用性		
		非专用性资产	混合性资产	专用性资产
交易频率	经常性交易	古典契约活动	双边治理	一体化治理
	偶尔交易	市场治理	三方规制	

(二)完全契约理论下的委托代理理论

完全契约理论认为产权结构和权威是不重要的,通过契约安排能够实现结果的最优。现实中的委托代理问题多种多样,考虑到信息不对称及签约时间的不同,委托代理问题又可分为道德风险型和逆向选择型。道德风险也称败德行为,一般指代理人在签订契约之后,利用自身的信息优势,追求一己私利并不惜损害委托人利益的行为;逆向选择,一般指代理人利用契约签订前的信息优势所进行的对委托人不利的行为选择。那么,委托人应该采取什么方式促使代理人在最大化自身效用的同时也实现委托人利益的最大化呢?这就是经济活动中的核心内容之一——激励与约束。

(三)不完全契约理论下的交易费用理论和产权理论

交易费用可分为市场型交易费用、管理型交易费用和政治型交易费用。市场型交易费用主要包括信息和谈判的费用。管理型交易费用是指合约的执行费用,主要包括建立、维持或改变组织设计的费用以及组织运行费用。后者可以进一步分解为:(1)信息费用,即制定决策、监管命令执行、度量员工绩效的有关费用,以及代理费用和信息管理费用等;(2)与产品服务在可分技术界面转移的相关费用,即企业内运输费用等。政治型交易费用包括建立、维持或改变一种体制中正式或非正式政治组织的费用以及政体运行的费用。在一个正交易费用的世界里,产权界定的清晰程度和产权的初始配置状况会影响经济运行的绩效。

（四）利益相关者理论

利益相关群体和公司是一种相互依存的利益共同体关系,现代公司在经营决策中应该充分考量利益相关群体的利益诉求,将利益相关者引入公司治理体系的结构中,突破传统公司治理的单边治理逻辑,实现共同治理(不仅考虑股东利益,还考虑其他利益相关群体的利益)和相机治理(针对不同的经营安排,选择对应的剩余控制权分配)的机制安排,在更多的利益主体之间分配公司的控制权,激励各利益主体参与公司治理,积极地监督经营者行为,从而提高公司治理效率。

马克思经济学的企业理论
请扫二维码参阅

三、企业社会责任的定义与模型

企业社会责任是指在特定社会发展时期,企业对利益相关者应该承担的经济、法规、伦理、自愿性慈善及其他相关责任。企业社会责任广为接受的模型是泽尼瑟克企业社会责任四阶段模型,该模型将企业的经济责任、法律责任、伦理责任和自愿性慈善责任与公司治理相结合。公司治理在企业社会责任四阶段模型下的演变过程如下:

(1) 在企业社会责任第一阶段,企业社会责任主要表现为刚性社会责任(经济责任和法律责任)需求,企业对约束性社会责任和自愿性社会责任暂时无暇顾及。刚性社会责任主要影响企业内部治理结构,在此基础上,企业追求公司治理制度安排的效率优势。由于个体制企业和合伙制企业不在本文的研究范畴内,与刚性社会责任观相对应的公司治理结构表现出以下特征:其一,公司规模小,委托代理现象并不突出;其二,公司业务相对单一,重执行部门而轻职能部门;其三,没有专人负责企业社会责任行动。

(2) 在企业社会责任第二阶段,除继续满足刚性社会责任要求外,企业必须兼顾约束性社会责任的要求。在此阶段,公司治理实务发生以下变化:其一,两权分离带来的问题逐步凸显,参与约束与激励约束开始成为企业制度设计的重点;其二,董事会或经理层中将出现类似薪酬委员会或人力资源部门的机构设置,以实现企业对员工责任的制度落实;其三,员工将获得企业经营管理活动的部分授权。

(3) 在企业社会责任第三阶段,刚性社会责任依然是日常经营的基础,但约束性社会责任已经成为影响企业治理决策的重要因素。企业认识到利益相关群体对企业生存和发展不可或缺的作用,开始主动响应他们的利益诉求:其一,在战略层面上将利益相关者纳入企业的管理范围;其二,制定企业的内部道德规范与伦理制度,以完善公司治理实务;其三,重建前两阶段流于形式的董事会、监事会和经理层,避免偏离刚性社会责任和约束性社会责任的要求。

(4) 在企业社会责任第四阶段,自愿性社会责任开始出现。事实上,自愿性社会责任并不是企业的一种负担,它可以转化为企业的竞争优势。从不同层次企业社会责任转化的视角来看,自愿性社会责任可以被看作企业的一种资源储备,在条件成熟的时候会向约束性社会责任和刚性社会责任转化。如果缺少这种资源储备,企业就会在这种转化发生的时候陷入被动,甚至被市场淘汰。

四、企业社会责任的理论基础

(一) 企业伦理理论

1. 企业伦理对微观层面的研究

企业伦理微观层面主要探讨企业中的个人之间(股东、员工、消费者、商务伙伴等企业利益相关者)的个人伦理关系问题。由于这些个人对企业的经营管理乃至生存和发展扮演着不同的角色并发挥着不同程度的作用,就某一项管理行为或经营策略也因处于不同的角度而具有不同的行为思路。因此,怎么把日常管理工作中的正确决策和团队行为观念传递给他们,从而规范这些人的个体行为以符合企业的宗旨、价值观和道德伦理要求就显得特别重要。

2. 企业伦理对中观层面的研究

企业伦理中观层面主要研究各种经济性组织之间的伦理关系问题。尽管这些组织始终是由多个个人组成的,但不同组织具有自己的目标、利益和行为方式以及一定的自治性,而这种自治性具有超越个人行为的特征。社会分工不同,各种经济性组织在社会中扮演着不同的角色,这些组织在自身的观念、处理与贸易伙伴和竞争对手的关系等问题是企业伦理中观层面的主要研究内容。

3. 企业伦理对宏观层面的研究

企业伦理宏观层面主要研究社会或制度层次上的企业伦理问题,包括经济制度和经济形态,如经济秩序、经济政策、社会政策、国际商务活动等方面。

在企业伦理理论的三个层面上,个人和企业组织被认为是道德行为者,被假定拥有或多或少的决策自由度,同时也被要求承担相应的道德责任和义务,尤其在企业管理伦理中,组织行为的伦理指向和伦理影响具有更为突出的位置。

(二) 社会契约理论

社会契约不是一种正式的书面合约,而是一种关于行为准则的非正式协议。或者说,责任是契约各方所能共同接受的共同义务,契约各方既要对各自的行为负责,也要有能力关照自身的利益。企业与社会之间的社会契约即企业社会契约,是约束企业及其利益相关者的行为模式的规则和假设,既包括外部契约也包括内部契约。

1. 企业内部社会契约

企业内部社会契约的研究内容主要是企业与员工的社会契约,包括企业应根据劳动法规与员工签署劳动合同,明确雇佣条件,不附带任何限制性的、不合理的条件,更不能有强迫性的劳动,如契约劳动、抵债劳动、奴役劳动和以惩罚为恐吓手段等。

2. 企业外部社会契约

由于企业的外部利益相关者较多,企业外部社会契约所研究的内容也比较广泛,主要是企业与消费者的社会契约。消费行为的发生产生了企业与消费者之间的产品或服务契约关系,同时产生了企业应维护消费者权益和平等交易的社会契约。契约内容包括：企业提供的产品和服务不应侵害客户的基本权利；企业不得提供假冒伪劣产品，应对消费者诚实不欺、信守承诺、保证相关信息透明；商品的用途、使用方法、有效性、质量等方面的信息准确，无欺骗无价格欺诈；企业应信守平等交易的原则等。

（三）利益相关者理论

利益相关者共同参与公司治理会促使企业承担更多的社会责任。在经济全球化和信息化的背景下，企业的竞争进入了利益共享的合作竞争时代，企业间的相互渗透，不仅改变了市场资源配置方式，还改变了企业的治理结构。企业内外部资源的整合，迫使企业将追求的目标从单纯的企业自身价值最大化向企业间的利益共享转变。同时，传统的以股东利益为核心的公司治理安排不能适应企业发展的要求，企业的剩余索取权和剩余控制权也不再单独为企业的内部资源所有者所享有。在这种情境下，强调外部资源所有者参与公司治理、实现所有利益相关者的共同治理就是必然的选择，这种共同治理的管理模式将使企业更加追求社会利益的多元化。

五、公司治理与企业社会责任的关系

（一）同源：公司治理与企业社会责任的理论溯源

只有在所有权结构复杂、两权分离的现代企业中，公司治理才成为重要的理论和实践问题，现代企业的诞生是公司治理理论的源头。现代企业的雇用规模及其对社会的影响是传统企业所无法企及的，这使得现代企业在经济社会中拥有了巨大的权力和影响力；社会责任来自企业所拥有的社会权力，而责任就是权力的对等物，企业社会责任问题在现代企业诞生后显得更加突出，其理论源头应该追溯至现代企业诞生。20世纪初现代企业的出现是企业发展历史上的一次重大革命，不但是企业自身发展历史上质的飞跃，而且对企业与社会的关系产生了深远影响。因此，现代企业的诞生成为公司治理与企业社会责任问题的共同源头。

（二）分流：公司治理与企业社会责任各有侧重

现代企业的出现使得公司治理与企业社会责任问题同时凸显之后，由于各自的侧重点不同，公司治理与企业社会责任在理论发展的过程中出现了分流，形成了各自独立的理论体系。

首先，公司治理与社会责任关注不同的研究对象。公司治理主要的研究对象是公司内外部利益相关者及其之间的相互关系。企业社会责任理论则始终围绕着企业与社会的关系展开，以企业社会责任作为核心概念和主要研究对象。

其次，公司治理与社会责任具有不同的方法论体系。公司治理在发展的过程中，逐渐融入主流经济学的框架，采用主流经济学的基本假设和方法论体系，并大量使用实证分析等研究方法。社会责任理论的研究更多地把企业当作一种社会组织，关注企业的社会性，主要运用社会学、管理学、伦理学等理论工具，主要采用规范分析、概念分析等方法。

最后,在公司治理与企业社会责任分流发展的过程中,出现公司治理对社会责任的忽视和抵制现象。公司治理研究更多地关注企业的效率、利润,以及物质资本的供给等。随着新古典经济学思想在公司治理研究中的渗透,使得公司治理以利润最大化作为主要目标,也使得公司治理更多地关注效率问题、物质资本提供者及其产权保护等内容。

(三)融合:公司治理与企业社会责任的发展趋势

首先,经济发展模式的变化使得公司治理必须更多地关注社会责任问题;其次,社会依存结构的变迁也使得社会责任问题日益重要;再次,社会各方面的压力使得社会责任逐渐向企业内部渗透;最后,在经济社会形势的变迁使得公司治理与企业社会责任必须走向融合的同时,"责任"这一共有的理论内核为两者的融合提供了基础和可能。

第二节　基于利益相关者理论的社会责任战略与公司治理

一、基于利益相关者的公司治理与企业社会责任结构界定

基于利益相关者理论,企业社会责任实质上就是企业对各利益相关者的契约责任。由契约理论可知,企业的关键利益相关者(如股东、员工、债权人、顾客、政府和供应商)均向企业投入了一定的专用性资产,承担着企业的各种运营风险,从而有权分享各生产要素协同创造的经济增加值。因此,企业必须向各利益相关者履行社会责任,而各利益相关者参与公司治理反过来又切实影响企业社会责任绩效的评价。基于利益相关者的公司治理理论提出,企业应当努力处理好与各利益相关者的关系,因为他们是企业长期、可持续发展的关键因素。

综上所述,公司治理与企业社会责任统一于利益相关者理论,并基于利益相关者理论构建了公司治理与企业社会责任的结构界定(见图15-1)。我们基于利益相关者理论,从关键利益相关者几个不同方面对公司治理和企业社会责任的结构进行了界定,具体从股东、员工、债权人、政府、顾客和供应商六个方面研究了关键利益相关者参与公司治理的必要性及其方式,还探讨了企业对利益相关者应当履行的社会责任。

二、利益相关者责任条件下的公司治理特征

公司财务治理是公司治理的核心,公司治理目标主要通过公司财务治理来完成,因此利益相关者共同治理就决定了与之相对应的公司财务治理特征。

(1)利益相关者共同治理条件下的公司财务治理的结构具有动态性。不同企业或者同一企业在不同时期可能具备不同的利益相关者利益格局,这要求不同的财务治理策略与之相适应,从而决定了利益相关者共同治理条件下的公司财务治理结构具有动态性。

(2)利益相关者共同治理条件下的公司财务治理的内容具有层次性。利益相关者主体与内容的结合可以形成更多的利益相关者利益组合,企业基于不同的利益相关者利益组合必然会形成不同的公司财务治理策略,从而形成了利益相关者共同治理条件下的公司财务治理内容上的层次性。

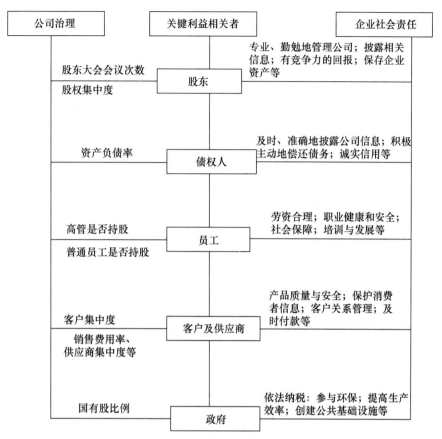

图 15-1 基于利益相关者理论的公司治理与企业社会责任的结构界定

(3) 利益相关者共同治理条件下的公司财务治理的目标具有不可操作性。单从财务角度来看,绝大部分企业社会责任无法用财务指标衡量,即便可以也没有相应的激励措施使企业具有足够的动力承担起这种责任,从而使利益相关者共同治理条件下的公司财务治理的目标具有不可操作性。

利益相关者责任内涵与外延请扫二维码参阅

第三节 企业社会责任感在商业管理中的融合

一、企业社会责任战略

(一) 企业社会责任战略概念

现代社会已经进入责任竞争时代。企业的利益实现机制已经不再是仅仅追求经济利益,而是应该更多地把政府责任、慈善责任、环境责任等维度的相关内容考虑进来。企业社会责任战略在本质上是一种战略,它不是一蹴而就的,而是需要企业长期、不断地进行战略理念、技术和管理等方面的努力。

企业社会责任战略化趋势的出现,主要是利益相关者可持续发展意识的觉醒对企业不良行为施压的结果,是企业自身面对全球生态环境、资源和社会动荡不安等因素的制约与阻碍所进行的自我反思的结果。美国次贷危机的爆发,进一步加速了这一过程。中国不断涌现的企业丑闻,如三鹿奶粉的质量安全问题、万科公司慈善捐款管理方式的问题等,都要求重视企业社会责任并将其纳入战略管理层次。

社会责任与企业战略融合的理论依据请扫二维码参阅

企业社会责任战略是指企业为了先于竞争者获得关键性要素,为了提升企业形象,为了获得社会良好声誉,为了创造企业独有价值,针对股东、顾客、伙伴、政府、员工、社区与捐赠及环境等利益相关者,自愿做出的一系列行为和决策。这些行为和决策是长期的,可以保护、改善环境,可以赢得利益相关者的认可,可以弥补公共福利缺陷,可以减少对社会的负面影响,可以提升企业经济效益、社会效益和环境效益等。

(二)企业社会责任战略发展

西方在20世纪20年代就萌发了企业社会责任战略思想,其企业社会责任理论和实践的时间都比较长,企业社会责任战略的理论也就比较成熟。西方企业社会责任战略理论的发展主要经历了战略萌芽阶段、战略回应阶段和战略整合阶段。

表15-2 西方企业社会责任战略发展史

时间	阶段	发展推动力	主要理论内容
20世纪20年代	战略萌芽阶段	亟须社会认可,政府、工会、股东、社区、员工和消费者对企业的影响力提升	企业不断做慈善活动、培训工作、提升服务质量,并将上述手段纳入公关策略,开始从战略高度思考企业社会责任战略
20世纪70年代	战略回应阶段	缓解利益相关者对企业的威胁,降低企业的经营风险,涌现人权运动、环保运动和消费者运动	社会反应战略和企业战略
20世纪90年代	战略整合阶段	责任投资者、责任消费者的大量涌现,企业目标转变为既负责任又盈利	一是经济、伦理和环保责任"三底线"战略理论;二是将企业社会责任与企业竞争战略整合的企业社会战略

资料来源:根据宁亚春博士论文《企业社会责任战略管理框架研究》描绘。

(三)企业社会责任战略的规划

企业社会责任战略的规划必须与企业资源的规划和配置相适应。在进行资源的规划与配置时,企业应分析与明确哪些价值活动对企业社会责任战略的成功实施是最为重要的,从而确定支持企业社会责任战略的关键成功因素以及资源配置的优先顺序。例如,联想集团结合自身特点,在社会责任参与方面,聚焦于"缩小数字鸿沟、环境保护、教育、扶贫赈灾"四大领域,并运用"结合业务发展战略,引入创新公益机制,坚持传统慈善捐赠"三大手段持续加大社会投入。

对企业环境以企业对未来事件的熟悉程度和对未来事件的可预测性两个纬度进行分类,对企业能力以可转换性衡量企业借助自身专业优势解决社会问题的有效性和效率,表 15-3 展示了企业社会责任战略模式的演化。

表 15-3 企业社会责任战略模式的演化借助

企业环境	对未来事件的熟悉程度	比较熟悉或经常遇到的	运用经验分析可以判断的	突发的,但往往与经验有一定的关联	突发的,部分与经验有关或从未遇到过的
	对未来事件的可预测性	重复出现,基本不需要预测	通过分析与推断可以部分预测	可以在一定程度上预测机会与威胁	可以部分或全部预测
企业能力	可转换性	抵制转换或不易转换	适应性的、可转换性的	配合性的,寻求通常条件下的常规转换	总体的、创造性的、寻求有关的转换或与众不同的转换
企业社会责任战略类型		消极反应型战略	防御型战略	适应型战略	预反应型战略

(四)企业社会责任战略的动态履行框架

传统企业社会责任的履行是被动的、静态的、零散的、孤立的。企业社会责任战略的履行应该变被动为主动,变静态为动态,变零散为系统,变孤立为融合。企业将企业社会责任与企业的战略决策体系相融合,并在两者融合的过程中动态地运用一致性、前瞻性、独特性和组织性原则,解决企业社会责任的履行外生于企业日常决策体系的问题,进而避免企业社会责任履行随意不专业、零散不系统、短暂不持久的问题,在构建竞争优势的战略层面上,更好地取得社会价值与经济价值的双赢。

企业应将林林总总的社会问题按照行业类型或产品特征分类,以便企业依据相关特征在社会问题库中进行初选。在此过程中,企业运用一致性原则,寻找与企业所在行业及生产产品密切相关、与企业使命及企业宗旨最为契合的企业社会责任领域。企业对日常经营的领域具有越熟悉和深刻的见解,企业社会责任外部环境要素与企业使命、企业特征和企业能力等企业内部资源要素的匹配程度越高,企业越能够优化资源配置以顺利解决社会问题,从而实现帕累托改进,寻找到企业利益与社会利益的共赢区间。

企业必须密切关注环境的持续变化,分析社会的趋势及潮流走向,深入理解社会问题,认清问题的本质;建立与外部利益相关者沟通或交流的渠道,及时发现利益相关者的企业社会责任要求,运用前瞻性原则在已确定的企业社会责任领域选择符合未来社会趋势的企业社会责任主题。企业应该以取得社会价值与经济价值的双赢为导向,确定企业社会责任主题意味着企业确定了所承担的社会责任目标,即企业希望通过承担社会责任活动具体取得怎样的结果,为企业各部门和各成员指明了方向。

确定了特定的企业社会责任投资主题后,企业应在战略层面上对企业社会责任主题从空间和时间两个维度展开,进行具体的细化和分解,设计好具体的实施方案,运用独特性原则将外在资源转化为独属于企业的内在竞争优势。同时,综合考虑企业现有资源状况和对项目运作的掌控情况,具体分析企业社会责任项目设计的预计成本、预计收益、实施难度和实施风险,寻找社会收益与经济收益之间的平衡点。

在确定企业社会责任项目实施方案后,要取得预期的效果,需要企业进行有效的组织管理。企业社会责任项目实施主要包括以下四个方面的内容:组织结构的设计、项目人员的配备、企业社会责任文化的培育、企业社会责任项目过程的控制。

矩阵式组织结构具有较强的弹性和适应性,是企业社会责任项目比较合适的组织结构设计。人员配备是组织结构设计的逻辑延续,可以考虑从各职能部门抽调合适的人员组成企业社会责任项目小组。培育承担社会责任的企业文化,并内化为企业员工的价值理念。有效控制企业社会责任项目的实施,确保大致符合企业社会责任项目的设计方案,并保持过程的透明度和结果的可见性,以获得内外部利益相关者的认可。

在企业社会责任与企业战略相结合的过程中,灵活地运用一致性、前瞻性、独特性和组织性原则,将其内嵌于企业社会责任战略履行的整个过程,进而实现企业社会责任与企业战略的深度融合,构建企业社会责任战略的动态履行框架(见图15-2)。

企业社会责任领域选择	企业社会责任主题确定	企业社会责任项目设计	企业社会责任项目实施
分析社会问题寻找与企业使命最为契合的企业社会责任领域	发现社会的新问题和外部利益相关者的新期望	解决社会问题将外在资源内化为企业的竞争优势	对企业社会责任项目实施进行有效的组织管理和资源整合
一致性	前瞻性	独特性	组织性

图15-2 企业社会责任战略的动态履行框架

二、企业社会责任战略在共生视角下的融合

(一)企业共生——单元界定

企业共生是借用生物学的共生概念,将企业比作一个生物个体。企业本身存在一个成长、繁荣、衰老和死亡的生命过程周期,企业同时还要选择合适的生态位,遵循共同进化、企业生态食物链及共生关系等生态规则。在企业共生系统中,各利益相关者就是共生单元(见表15-4)。

共生理论详述请扫二维码参阅

表15-4 企业社会责任中的共生单元

利益相关者	直接责任对象(法律责任)	间接责任对象(道德责任)
员工	企业全体员工	员工家庭成员
投资者	股东、债权人	其他间接投资者
商业伙伴	供应商、中间商、销售商	消费者
社区	企业所在区域的组织及人口	企业所在区域外的组织及人口
国家	工商、税务、政府等国家机关	普通百姓
其他群体	其他直接利益相关者	其他间接利益相关者

（二）企业共生——关系分析

我国学者苗振青和李良贤从共生理论的视角审视企业社会责任，认为企业承担社会责任就是为了与各利益相关者和谐共生。他们提出两种共生关系：一是组织内部权威共生；二是企业外部市场共生。

组织内部权威共生关系是以资本为核心，可以分为两类共生关系：一是企业与股东（资本所有者）的共生关系；二是企业与员工（劳动者）的共生关系（见图15-3）。

图15-3　企业的权威共生结构

外部市场共生关系是以市场为核心，衍生出三类共生关系：一是基于生命依存而产生的企业与互补者之间的互补共生关系；二是基于物资产品交换而产生的企业与供应方和购买方之间的交换共生关系；三是基于优势互补、利益共享而产生的企业与竞争者之间的竞争共生关系。

1. 与员工的共生

在人才竞争全球化的背景下，掌握某些关键技能、具备良好创新学习能力的知识型员工是企业资源中的重中之重，员工积极性、主动性的发挥直接决定了企业的竞争力和发展后劲。企业社会责任战略的实施有助于企业招募和留住高素质人才，有利于企业与员工之间形成充分信任和合作的关系，对员工共生关系产生了积极的影响。

2. 与投资者的共生

对于企业来说，努力承担好对投资者的经济、社会、法律方面的责任，对于吸引投资、维持良好的共生关系具有重大的现实意义。一方面，企业不管是在初创期还是在成长期都需要投资者的眷顾，企业的基本生产经营和规模再扩大都需要投资者的资本注入；另一方面，拥有资金的投资者对资本自我繁殖的追逐与生俱来，而低风险是条件之一。

3. 与债权人的共生

一个具有强社会责任承诺、切实履行社会责任战略的债务人，其自身的经营风险较低、发生意外事故的概率较小、资金安全性高、潜在的偿债风险也较低，从这个角度上讲，债权人更倾向于与实施社会责任战略的企业积极合作。此外，债权人也关注与自身密切的企业社会责任行为，如是否按期还款、是否按照规定的用途使用资金。如此，企业社会责任战略相当于向债权人传递一种利好的信号，有助于共生关系的建立与维持。

4. 与消费者的共生

消费者是企业的关键共生单元之一，随着社会的发展和科技的进步，消费者的关注点不仅在产品和服务的基本功能上，还在于产品的生产过程，自身的消费行为是否会对自身、他人或环境造成危害，生产者是否符合伦理道德等。

5. 与合作伙伴的共生

与企业的经营活动有着密切往来的同行业企业、供应商、经销商、其他合作者等都是企业的合作伙伴。一方面,这类共生单元关心企业与自身的社会责任履行情况,比如是否严格遵守合同规定,是否按时支付货款,是否利用不对称地位故意压低价格,是否及时供货、提供新产品和新技术的培训支持,是否采取不正当竞争手段损害商业伙伴的利益;另一方面,这些利益相关者也关注企业其他方面的社会责任战略情况,旨在降低合作风险。因此,社会责任战略有利于建立稳健的合作伙伴共生关系。

6. 与社区的共生

企业对所在社区承担相应的社会责任可以改善两者之间的共生关系,获得所在社区的支持。企业应采取措施减少对周边社区的负面影响,丰富社区的文化生活,解决所在地区的劳动就业和资源闲置问题。企业从事社区公益事业,有助于提升社会公众对企业的认同感,提高企业的知名度和美誉度,进而提高企业竞争力、巩固并扩大企业的市场占有率。

7. 与政府的共生

企业的运作需要一个良好的外部环境(法律环境、政策环境和社会环境等),这些环境都需要政府来发挥作用。一方面,企业运作过程有时也需要借助政府来实现资源的有序配置;另一方面,政府实现财政收入、解决就业问题同样需要企业的配合。因此,企业积极主动配合政府的工作,承担对政府的社会责任,既有利于政府宏观政策的实施,还可以得到政府的认同,在政策的制定和实施上给予优惠,在资源配置方面(如用地、税收、贷款等)获得更多的支持,有利于企业的经营。

三、企业社会责任战略在博弈视角下的融合

(一)博弈论相关研究

1928年,冯·诺依曼(Von Neumann)对极大极小值的证明标志着博弈论的诞生。1944年,冯·诺依曼与摩根斯坦恩(Morgenstern)合作撰写了《博弈论和经济行为》(*The Theory of Games and Economic Behavior*),标志着博弈论的正式创立。20世纪70年代后期,博弈论开始被应用于分析经济问题,许多应用模型也随之建立。80年代开始,博弈论逐渐成为主流经济学的一部分,甚至成为微观经济学的基础;同时,博弈论成为除实证分析外进行经济领域学术研究的重要方法之一。

博弈是对许多人在一个策略相互依存的构架中相互作用情形的正式表述。策略相互依存表示博弈一方的收益既依赖于自己的反应策略,同时也与另一方的反应策略有关。而博弈一方一般被假设为理性参与人,他会在预测对方的反应策略的情况下理智地选择自己的对应策略。一个博弈模型的建立一般需要参与人、规则、战略和支付四个基本因素。从博弈参与人行动的先后顺序划分,可以分为静态博弈和动态博弈。静态博弈指参与人同时行动,而动态则指参与人的行动有先后顺序。依据博弈参与人对其他有关参与人的特征、战略空间和支付函数的认知分,博弈可以分为完全信息博弈和不完全信息博弈。完全信息博弈是指每个参与人对所有其他参与人的特征、战略空间和支付函数具有准确的认知,否则为不完全信息博弈。

（二）约束性社会责任博弈下的公司治理

约束性社会责任是企业在刚性社会责任的基础上,对生产经营所涉及的利益相关群体利益做出的一种更大程度的响应,超出了法律法规的基本要求。具体来说,企业约束性社会责任体现出以下几个特点:一是非必须性。由于企业依法经营且照章纳税,它已经履行了参与社会的必要义务,因此企业是否履行约束性社会责任完全出于自身对经营需要的考量,政府无权强迫。二是约束性。企业是众多资源所有者通过一系列契约联结而组成的经济实体,持续、稳定地获取资源是企业赢得竞争的关键,而利益相关者就是众多专有资源的所有者。三是潜在收益性。从短期看,企业履行约束性社会责任是一种额外的成本支出;但从长期看,企业履行约束性社会责任可能是一种投资行为。

（三）刚性社会责任博弈下的公司治理

弗里德曼等学者认为,企业有且唯一的社会责任就是利润最大化,但委托代理现象的存在使得这一基本目标可能无法自行达到。传统的委托代理理论提出的解决思路是,企业对经理层的激励制度应符合激励约束和参与约束的双重要求。对于制度设计,弗里德曼的要求是使经理层的行为符合股东收益最大化,我们的要求是使经理层的行为符合包含社会责任目标在内的企业长期收益最大化,两者之间其实并没有本质的不同。

（四）自愿社会责任博弈下的公司治理

我们鼓励大型企业更多地肩负起维护市场秩序的职责。大型企业经历了投入期和成长期的快速发展阶段,其社会责任观已由对股东的责任和对利益群体的责任向对更广大范围内的自愿社会责任转移,管理层的道德伦理层次已度过前惯例和惯例两个阶段,达到原则阶段。因此,现代化大型企业更有责任和义务去维护市场运行的秩序,发现问题时主动地解决问题,虽然这会耗费企业的部分资源,但符合企业的长远利益诉求。

四、社会网络视角下的社会责任战略选择模型

利益相关者理论将企业对股东的责任扩展到对所有利益相关者的责任。利益相关者就是那些通过直接或间接的方式与企业产生互动的个人或群体。从社会网络视角出发,企业内部和外部的各种利益相关者通过契约或个人联结,构成了一张内外镶嵌的关系网络。根据不同利益相关者在社会网络中的结构分布,我们将利益相关者分为内网利益相关者和外网利益相关者。其中,外网利益相关者分为价值链利益相关者和非价值链利益相关者。内网利益相关者主要包括所有者、管理者、普通员工和工会等;价值链利益相关者主要包括供应商、客户、竞争者和科研机构等;非价值链利益相关者主要包括政府部门、行业协会、环保组织、社区、媒体和公众等(见图15-4)。

引入社会网络概念分析利益相关者对企业社会责任战略选择的影响:(1)在外部网络中,利益相关者通过网络结构特征和网络关系特征对企业社会责任战略选择产生影响;在内部网络中,利益相关者对企业社会责任战略选择的影响与主观期望和客观条件有关。(2)不同的网络特征对企业社会责任战略选择具有不同的影响。具体来说,网络

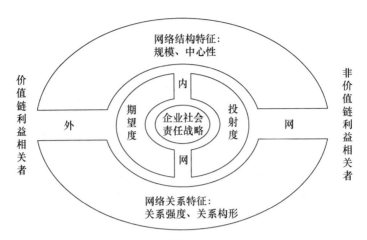

图 15-4 社会网络视角下的企业社会责任战略选择模型

规模越大、网络中心性越高、关系强度越强,企业越有可能选择成长性战略;网络规模越小、网络中心性越低、关系强度越弱,企业越有可能选择适应性战略。(3)在不同的关系构形下,企业社会责任战略的选择不同。具体来说,在价值链利益相关者强关系构形下,企业更有可能选择成长性战略;在价值链利益相关者弱关系构形下,企业更有可能选择适应性战略。(4)内网利益相关者的企业社会责任期望及战略投射共同影响企业社会责任战略的选择。具体来说,当期望度和投射度双高时,企业更有可能选择成长性战略;当期望度和投射度双低时,企业更有可能选择适应性战略。

从社会网络视角探讨企业社会责任战略选择问题为打开企业社会责任战略管理的黑箱提供了一定的思路,未来的研究可以关注以下几点:(1)兼顾企业属性,如企业所处的行业、生命周期、所有制性质和企业规模等;(2)融合企业的社会网络能力,因为社会网络能力越来越为企业创造了竞争优势;(3)扩大社会网络的分析范围,探讨不同企业社会网络对企业社会责任战略的影响。

五、基于企业社会责任战略的商业模式创新

企业社会责任战略是实现商业模式创新的重要依据。战略管理大师迈克尔·波特指出,如果企业能够运用与其他商业决策类似的分析框架对企业社会责任进行战略性分析,履行企业社会责任的成功将很可能成为企业新的商业机会和竞争优势,企业和社会的利益就不再相互冲突,反而具有了共生双赢的关系。

企业社会责任战略是实现商业模式创新的重要载体。企业社会责任战略分析框架,关键在于将企业与利益相关者协同的社会责任(包括股东责任、员工责任、客户责任、伙伴责任、社区责任、社会公民责任和对子孙后代负责的可持续发展责任等)行为内化为企业的整体战略行为,与企业的核心竞争力或竞争优势相匹配。

六、完善公司治理结构,促进企业履行社会责任

(一)完善董事会制度

调整董事会职能,引进社会责任董事。企业董事会的职能主要包括公司治理职能、战略决策职能和监督激励职能三个方面,其中公司治理职能尤为重要。董事会是企业的控制和决策中心,也是各方利益的角逐场。在构建社会主义和谐社会的新形势下,董事会中应增设社会责任管理机构和社会责任董事。社会责任管理机构的任务在于制定企业的社会责任实施纲要和策略,负责管理和监督与企业有关的社会责任事务。社会责任董事的职能在于提出与企业社会责任有关的议案和建议,并在企业进行社会责任决策时享有表决权,对董事会成员违背社会责任的行为享有监督权。

(二)完善监事会制度

优化监事会成员构成。首先,国家应在立法中明文规定员工代表在监事会中的占比,在立法上对员工代表的利益给予保障,而不能把这项权力交给公司章程。其次,增设社会责任监事,专门负责企业履行社会责任的监督和管理工作。对企业管理层违背法律和其他违反社会责任职责的行为提出纠正意见,严重的可提请监事会讨论通过是否予以罢免。最后,考虑引入外部专业人士进入监事会,既提高了监督能力,也增强了监督的独立性和客观性。中国现有的公司治理结构就是董事会与监事会平行设立在股东大会之下,引入外部监事,不但可以节约公司治理成本,而且从制度上更容易相容。

(三)完善审计委员会的监督职能

作为董事会治理的重要构架,专门委员会是提高董事会决策和监督质量的关键。审计委员会对企业社会责任信息披露的治理具有重要的意义和价值。但目前,我国审计委员会的构成及功能存在缺陷,其职责描述过于粗略、缺乏可操作性。例如,审计委员会不具备与注册会计师直接沟通的法定权力,提出建立审计委员会的《上市公司治理准则》并未说明审计委员会的具体工作模式,以及怎样对企业披露的社会责任信息开展审计。这意味着审计委员会与参与社会责任治理的利益相关者之间需要就这方面的关系做出自治性的安排。例如,在《公司章程》或《董事会议事规则》中详细注明审计委员会拥有与外部审计人员进行沟通的权利,使其真正可以承担起领导企业社会责任信息审计的职责。这既符合《公司法》尊重市场主体意志和企业自我管理精神的价值取向,也便于扩大董事会治理职权的边界,强化对企业社会责任信息披露的监督。

第十六章　中国石油的企业社会责任漂绿行为对财务绩效的影响

> **导　言**
>
> 漂绿（greenwashing）一词开始是指企业虚假的环保宣传及粉饰行为。近年来，漂绿的范畴越来越广，国内外学者陆续发现在慈善捐赠、员工福利等方面的漂绿行为，使漂绿的外延扩展到整个企业社会责任领域。企业社会责任漂绿行为势必会对企业自身产生影响，而主要的影响途径就是企业财务绩效。
>
> 本章以中国石油为例，关注企业社会责任漂绿全程，自企业社会责任漂绿开始、负面事件发生、企业开展形象公关、漂绿行为曝光到企业患上"漂绿依赖症"的整个过程，在声誉理论等基础上提出命题，采用事件研究法等验证命题，分析企业社会责任漂绿行为对财务绩效的影响。
>
> （本章案例由吴晓梦协助整理。）

第一节　理论建构与命题提出

一、声誉理论中的信号传递理论

从声誉视角来看，企业实施社会责任漂绿行为，意味着承认真实履行社会责任有利于自身声誉的提升及正面形象的塑造的事实，并且利用这一行为维护企业价值。而企业社会责任表现之所以能够对企业声誉产生积极的影响，是因为企业使利益相关者"认识到"企业对其负责任。引申至企业社会责任漂绿行为，企业为了使自身"看起来绿"或者看起来负责任，也是漂绿企业想要将自己"绿"的信息传递给利益相关者。两者均依赖信号传导机制。信号传导机制的存在，使得企业通过年报、企业官网和企业社会责任报告等途径进行漂绿，从而"立竿见影"地获取良好声誉、正面形象成为可能，也会对短期财务绩效产生积极影响。

二、借鉴社会责任——财务绩效关系研究中的理论

(一) 负相关理论

企业积极履行社会责任,必然付出更高额的成本代价,这种代价会使企业的短期利润受损,因而企业在实践中对履行社会责任并不积极;但是,积极履行社会责任能提高企业声誉和增加无形资产,良好的企业声誉能够吸引高质量的利益相关者,从而改善企业的价值网络,实现长期价值的增值。因此,企业履行社会责任所付出的成本代价可以通过声誉资本的价值创造来补偿。企业一旦成功漂绿,不须付出真正履责所需的成本代价,声誉资本在短期内就不会快速积累起来,则短期的财务绩效不会受到很大的负面影响。

(二) 声誉资本理论

1. 道德声誉资本缓冲机制

当企业遭遇某些突发性的危机时,企业社会责任的巨大作用就可以使脆弱的声誉资本在面临威胁或损害时得到缓冲或补偿,有助于企业尽快摆脱危机,进入正常的价值循环。成功漂绿会使企业"看起来"比行业内其他企业更"绿"。一旦发生负面新闻,企业利益相关者就会对企业进行处罚,惩罚力度基于企业负面行为本身以及企业过去的行为表现。利益相关者对于企业社会责任"看起来"高的企业的负面归因的可能性较小,从而减轻了制裁力度,维护了企业价值,促使短期财务绩效保持稳定甚至提升。

2. 形象修复机制

在事故发生之后,企业主动地修补形象,使自己看起来"绿",也会挽回部分损失,促使企业短期财务绩效回升。例如,沃尔玛多年来一直因恶劣的劳资关系而受到指控,但是在卡特里娜飓风之后,它慷慨解囊而成为模范。

在上述分析中,企业社会责任漂绿行为对企业的影响是即时性的、立竿见影的,即所谓的短期影响。本章将短期影响定义为在漂绿成功、负面信息发生后道德资本得到缓冲及形象修补行为发生后,财务绩效产生的即时、短期变化。具体来说,以会计指标衡量财务绩效,行为本身对当期会计指标的影响;以市场收益指标衡量财务绩效,行为本身发生前后对股价的影响。

基于信号传递理论并借鉴企业社会责任——财务绩效关系研究中的理论,分析企业社会责任漂绿对短期财务绩效的影响,我们提出

命题 1 企业社会责任漂绿能够对短期财务绩效产生积极影响

三、分两种情况分析企业社会责任漂绿对长期财务绩效的影响

(一) 漂绿行为终于曝光——各方惩戒

如前文所述,在现有制度环境下,虽然企业社会责任漂绿行为可能被发现的风险较小,但从长期来看最终一定会暴露,企业通过社会责任行为塑造的名不副实的负责任形象最终也会坍塌。[①] 作为一种机会主义行为,企业伪社会责任行为一旦遭到曝光,不但企

---

① 肖红军,张俊生,李伟阳. 企业伪社会责任行为研究[J]. 中国工业经济,2013,6:109—121.

业的生产运营和市场销售立刻受到巨大冲击,而且企业长期积累的品牌资产与品牌声誉会瞬间崩溃,企业的合法性也将受到质疑。①

(二)当漂绿成为常态——漂绿依赖症

企业社会责任漂绿行为在短期内会为企业带来暂时性的财务收益和社会资本,然而一旦企业尝到漂绿这一省时省力绝佳手段的甜头而一而再、再而三地选择采用漂绿这种不光彩、不正当的手段为自身牟利,这种"伪装者"就一定会因患上"社会责任漂绿依赖症"而一步步堕落,心智模式越来越扭曲,不去关注自身履责能力的建设及内部素质的提升,反而依赖于机会主义、投机主义为自身牟利。

在上述分析中,企业社会责任漂绿行为对企业产生的影响并不是"立竿见影"的,而是需要时间去"引爆"、积累和"发酵"的,也就是所谓的长期影响。我们将长期影响定义为漂绿行为在可预见的将来被曝光以及持续未被"引爆"而导致企业患上"漂绿依赖症"时,其财务绩效产生的非即期变化。

基于上述两种情况下企业社会责任漂绿对长期财务绩效的影响,我们提出

命题2 企业社会责任漂绿对长期财务绩效产生消极影响

第二节 中国石油之鉴

一、现实与神话之间的脱节

(一)案例典型性

中国石油天然气股份有限公司(简称"中国石油")具有典型性体现在以下三个方面:一是产业代表性,中国石油属于技术密集型能源行业,是我国工业体系的缩影,其发展水平在一定程度上能够反映一个国家或地区的国民经济水平及技术发展水平;二是企业代表性,中国石油是目前国内最大的石油生产企业,研究这样的大型跨国企业和国内领军企业可以得到更好的启示,也符合单一案例研究中的关键性案例要求;三是漂绿代表性,中国石油年年发布光鲜的企业社会责任报告,其官网中有着完善的"企业社会责任"板块建设,时不时传来铁骨铮铮的环保誓言,还有那些温暖人心的公益广告……但同时摆在眼前的却是"年年添事故,年年榜上客"的现实。这里的"榜"是指我国唯一一家连续关注并披露企业社会责任漂绿行为的媒体——《南方周末》,它自2009年开始发布"年度漂绿榜"。这份榜单曾经于2011年、2013年及2015年三次,以"年度漂绿新闻""公然欺骗"等"罪名"将中国石油认定为漂绿企业。

(二)公开资料获取便利性

中国石油早已在纽交所、港交所及上交所上市,因此可以相当便利地获得该企业的相关报告。作为全球知名的大型石油企业,中国石油经常得到新闻媒体的关注和报道,

---

① 刘呈庆.绿色品牌发展机制实证研究[D].山东大学,2010.

也为各家咨询公司所研究与分析。这有利于多样化资料的获取和相互印证、比较,既为案例研究的开展提供了便利,也为研究结论的可信度提供了保证。

二、研究方法

(一) 个案法

我们采用个案研究法,旨在保证案例研究的深度。单案例研究法的要求是所选择个案具有相当的代表性,从案例中得出的结论应该有助于获得对于同类企业的启示。我们已详细讨论了中国石油的行业典型性、企业典型性及漂绿典型性,有理由相信以该案例开展个案研究的合理性。从漂绿现象的难以界定和识别性、目前已有研究成果的稀少性、作者自身水平和研究条件来看,就企业社会责任漂绿对企业财务绩效的影响开展实证研究较为困难,因此选择典型案例开展个案研究是当下的不二之选。

(二) 分阶段选择不同的具体方法

在单案例研究法的整体框架下,我们从企业社会责任漂绿的五个阶段分别探讨企业社会责任漂绿对财务绩效影响。第一阶段为企业开始漂绿阶段;第二、第三阶段为负面事件发生、道德资本缓冲、公司形象修补阶段,分别运用成本效益分析法和事件研究法,结合中国石油的具体情况展开分析,以验证命题1;第四阶段为企业漂绿行为曝光阶段,选择事件研究法展开分析;第五阶段为企业患上"社会责任漂绿依赖症"阶段,采用文献综述法进行分析。第四、第五阶段的分析旨在验证命题2。

(三) 数据收集方法

1. 文献资料

我们先通过网络检索关于中国石油的报道,然后从新闻材料中分析并采集《南方周末》"年度漂绿榜"中与中国石油上榜理由相关的新闻报道,以中国证监会行业分类标准为事件研究法中的同行业企业的选择提供依据。

2. 档案记录

第一,网站。通过中国石油网页,国资委、工信部、国家统计局、环保部等政府主管部门网页了解中国石油的信息。

第二,公开资料。查阅不同版本的书面资料以及中国石油的内部刊物(如企业社会责任报告等),了解相关信息。

第三,上市公司年报。查阅中国石油上市后的公司年报,了解中国石油最新的公司治理结构和财务信息。

(四) 事件背景

1. 第一阶段,企业开始漂绿并取得成功

选定《南方周末》"年度漂绿榜"2013年上榜理由中,环保部通报2012年度各省、自治区、直辖市和八家中央企业主要污染物总量减排情况的考核结果(见表16-1)与中国石油2012年度企业社会责任报告中关于四项污染物降幅数据(见表16-2)严重不符(见表16-3)

表 16-1 环保部发布 2012 年度全国主要污染物总量减排情况考核结果

中央企业	化学需氧量				氨氮				二氧化硫				氮氧化物			
	2011年排放量（万吨）	2012年排放量（万吨）	较2011年增减（%）	2012年减排目标(%)	是否完成年度减排目标	2011年排放量（万吨）	2012年排放量（万吨）	较2011年增减（%）	2012年减排目标(%)	是否完成年度减排目标	2011年排放量（万吨）	2012年排放量（万吨）	较2011年增减（%）	2012年减排目标(%)	是否完成年度减排目标	2011年排放量（万吨）	2012年排放量（万吨）	较2011年增减（%）	2012年减排目标(%)	是否完成年度减排目标
中国石油	3.42	3.41	-0.08	-0.6	未完成	1.41	1.4	-1.33	-0.3	完成	23.58	23.2	-1.62	-0.8	完成	19.55	20.18	3.26	3.6	完成
中国石化	4.13	4.02	-2.62	-2.3	完成	1.2	1.18	-1.91	-1.7	完成	38.8	37.29	-3.9	-2.8	完成	21.96	22.24	1.28	0	未完成

作为公司"夸大善行"、为自身贴上"绿色标签"事件——开始漂绿并取得成功的标志事件。中国石油虚增四项污染物降幅,其中仅化学需氧量(COD)降幅一项就与环保部核查的数据相差15倍之多(见表16-4)。

表16-2　中国石油2012年社会责任报告"环境业绩"部分

环境					
废水中石油类排放量(吨)	1 068	839	778	721	650
废水中化学需氧量排放量(吨)	24 991	21 490	20 766	19 652	19 421
废气中二氧化硫排放量(万吨)	16.21	14.99	15.99	15.61	15.40
节能量(万吨标准煤)	192	182	187	122	131
节水量(万立方米)	6 388	4 160	3 821	2 353	2 435

表16-3　环保部考核结果与中国石油2012年社会责任报告中主要污染物排放量的差异

排放量(万吨)	化学需氧量	二氧化硫
环保部考核结果	3.4100	23.20
中国石油社会责任报告	1.9421	15.40
差异	少报1.4679(75%)	少报7.8(50%)

表16-4　环保部考核结果与中石油2012年社会责任报告中主要污染物排放量降幅的差异

降幅	化学需氧量	氨氮
环保部考核结果	0.08%	1.33%
中国石油社会责任报告	1.20%	2.70%
差异	降幅虚增15倍	降幅虚增2倍

2. 第二、第三阶段,负面事件发生、道德资本缓冲和公司形象修补

这两个阶段的事件选取主要参照《南方周末》发布的2015年"年度漂绿榜"有关中国石油的上榜理由。以此为基础,我们将相关事故与涉嫌漂绿行为整理如图16-1所示。

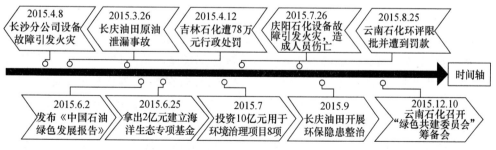

图16-1　2015年《南方周末》"年度漂绿榜"有关中国石油上榜理由的涉嫌事故和漂绿行为

上述信息涉及的资料皆从中国四大门户网站媒体报道、《南方周末》绿色版新媒体"千篇一绿"、中华人民共和国环境保护部官方网站及中国石油官方媒体(中国石油新闻

中心网站)获取。

3. 第四阶段,企业漂绿行为曝光

《南方周末》的"年度漂绿榜"自 2009 年开设以来,中国石油三次上榜,分别为 2011年、2013 年和 2015 年。2011 年因"年度漂绿新闻"一项上榜,2013 年因"公然欺骗"一项上榜,2015 年同样因"公然欺骗"罪名上榜。

(五)研究设计

1. 第一阶段,开始漂绿并取得成功

(1)方法借鉴——成本效益分析。利用成本效益分析法,选定真实履行减排企业社会责任为项目方案一,采用漂绿手段虚构减排效果为项目方案二,分析两个项目分别对短期财务绩效(选择当期利润总额为衡量指标)的影响,以验证命题 1。如果项目方案二能够产生比项目方案一更积极的利润总额变动,那么命题 1 得到验证。

脱硫设备作为一种典型的环保设备,已有的研究实践已经初步探索出其成本效益分析的模式和方法。我们在借鉴现有研究成果的基础上,根据中国石油的实际情况及合理的情境设置和假设,迁移运用该模式和方法,做出粗略的预估。相关数据皆有可靠来源,所做的情境设置主要参考《某火力发电厂 600 MW 机组烟气脱硫综合经济分析》(刘敏,2013)。

在上述分析的基础上,两个项目方案的收益和成本如表 16-5 所示。

表 16-5 两个项目方案的收益与成本对照

	收益	成本	对财务绩效的影响(会计收益角度)
漂绿	免缴的排污费用和避免的或有罚款	潜在违规成本	潜在违规成本过低,收益远大于成本
真实履行减排社会责任	脱硫作业副产品、免缴的排污费用和避免的或有罚款对成本的补偿	前期脱硫设施投资成本;后期运行成本,主要包括脱硫剂等材料成本、用电成本、脱硫装置运行人工成本、维修维护成本、前期融资后产生的财务费用等	成本远大于收益

(2)中国石油 2012 年真实履行减排企业社会责任的成本和收益的预估步骤如下:

第一步,前期脱硫设施的静态投资成本。环保部披露的信息显示,2012 年中国石油共有 115 台燃煤锅炉,其中 1/3(38 台)未安装脱硫设施;在 38 套催化裂化装置中,仅 2 套安装脱硫设施,而且在中国石油安装脱硫设施的 77 台锅炉中,采用脱硫效率达到 90% 以上的石灰—石膏法的仅 11 台,其余均为效率不足 70% 的简易方法。[①] 从目前来看,石灰—石膏法被公认为所有方法中较为成熟、可靠的,使用非常普遍。中国石油的装机容量为 2×300 MW(一炉一塔),当使用含硫量较低的煤炭(煤质含硫量为 1%)时,安装 1 台

---

① 中华人民共和国环境保护部官方网站。

脱硫设备的总造价在 18 000 万元左右(见表 16-6)。

表 16-6 主要烟气脱硫工程造价比较

装机容量	煤质含硫量(%)	脱硫工艺	总造价(万元)
2×100 MW(两炉一塔)	1	湿法脱硫(石灰石进厂,石膏出厂)	8 400
	3		10 000
2×200 MW(两炉一塔)	1	湿法脱硫(石灰石进厂,石膏出厂)	12 800
	3		15 200
2×300 MW(一炉一塔)	1	湿法脱硫(石灰石进厂,石膏出厂)	18 000
	3		21 000
2×600 MW(一炉一塔)	1	湿法脱硫(石灰石进厂,石膏出厂)	30 000
	3		36 000

资料来源:2006 年新版《火电工程限额设计参考造价指标》。

第二步,后期运行成本。参照 2006 年《火电工程限额设计参考造价指标》,石灰石湿法下 2×300MW 机组脱硫项目的运行维护费用如表 16-7 所示。在以中国石油的实际情况为基础的设定下,其真实履行减排企业社会责任的后期运行成本计算过程如表 16-8 所示。

表 16-7 石灰石—石膏法下 2×300MW 机组脱硫项目的运行维护费用

项目	煤质含硫量(%)	水耗(吨/小时)	厂用电耗(%)	石灰石耗(吨/小时)	运行维护人员(人)	人工费(万元/人年)	维护费(万元/年)
2×300MW	1	91	1.20	8.0	20	8	500
	3	118	1.35	23.2	20	8	700

表 16-8 中国石油真实履行减排企业社会责任的后期运行成本

项目	以中国石油实际情况为基础的设定	成本
(1)(2)(3)基本情况设定	(1) 燃煤发电机组使用的煤含硫量为 0.98%,发电煤耗为 310 g/千瓦时 (2) 使用石灰石—石膏法脱硫装置的脱硫效率为 5% (3) 贷款比例为 80%,贷款利率取工商银行 5 年期贷款基准利率 6.15%,20 年等额偿还	
(4) 石灰石	每万千瓦机组耗量约 0.13 吨/小时,一台脱硫设备 1 小时使用 8 吨石灰石,价格 60 元/吨	8×60×5 000=240(万元)
(5) 水费	以工业水计,一台脱硫设备 1 小时使用 91 吨工业水,工业水价 3 元/吨	91×3×5 000=136.5(万元)
(6) 电费	脱硫电耗以总发电量的 1.2%计,电价为 0.42 元/千瓦时(上网电价)	1.2%×600 000×5 000×0.42=1512(万元)
(7) 职工工资	以 80 000 元/人年计,正常运行每台机组 20 人/台(含管理和技术人员)	80 000×20=160(万元)
(8) 折旧费用	固定资产寿命按 10 年计(直线法折旧)	18 000÷10=1 800(万元)
(9) 维修费用	平均每年每台 500 万元计	500 万元
(10) 其他费用	上述费用的 10%	516.41 万元

第三步，核算收益。

(1) 免交排污费。按照 310 克/千瓦时标煤发电煤耗、0.98% 的煤含硫量，实施烟气脱硫后每台脱硫设备每年二氧化硫处理量约为 14 406 吨（490×600 000×5 000×0.98%/100 000）；按 95% 的脱硫效率计，每年每台脱硫设施可削减 13 685.7 吨的二氧化硫排放；按二氧化硫排放费 0.621 元/千克计，则脱硫后每年每台可节省二氧化硫排污费 849.88 万元（按年运行 5 000 小时计）。

(2) 脱硫产物利用效益。使用湿法脱硫装置的脱硫效率为 95%，依此计算，每处理 1 吨二氧化硫约产生 2 吨脱硫石膏。从企业的生产能力来看，企业每年每台脱硫设备的脱硫产物（脱硫石膏）可达约 3 万吨（14 406×2＝28 812 吨＝2.8812 万吨，考虑杂质）；从市场需求来看，脱硫石膏现价一般为 20—40 元/吨，仅脱硫产物一项，每台脱硫设备每年便可以获得 60 万—120 万元的利润，这里取平均价 30 元/吨，因此脱硫设备每年脱硫产物收入约为 90 万元/台。

(3) 脱硫补贴。2004 年，国家发改委对各省份电网统一调度范围的新投产燃煤机组执行燃煤机组标杆上网电价，规定"安装脱硫设施的燃煤机组上网电价比未安装脱硫设施的机组每千瓦时高 1.5 分钱"[①]，由此可获得的脱硫补贴为 4 500 万元（600 000×5 000×0.015/10 000）。

因此，真实履行减排社会责任产生的成本和收益如表 16-9 所示。

表 16-9 中国石油真实履行减排社会责任产生的成本和收益

类别			数量与金额
年运行小时数			5 000.00
成本	静态固定资产投资（亿元）		1.80
	运行成本（万元/年/台）	生产成本（原辅料、能源成本等）	1 888.50
		运营费用（人工费用、维修、折旧等）	2 460.00
		财务费用（融资费用，多为贷款利息）	885.60
		其他费用（上述费用总和的 10%）	516.41
		总运行成本（万元/年/台）	5 750.51
	总成本（万元/年/台）		23 750.51
收益	免交排污费（万元/年/台）		849.88
	脱硫副产品（万元/年/台）		90.00
	脱硫补贴（万元/年/台）		4 500.00
	总收益（万元/年/台）		5 439.88
成本收益关系			成本大于收益

(4) 漂绿所付出的成本和收益。中国石油利用漂绿手段所付出的成本和收益如表 16-10 所示。

---

① 《燃煤发电机组脱硫电价及脱硫设施运行管理办法》。

表 16-10 中国石油漂绿履行减排社会责任所付出的成本和收益

类别		数量与金额
年运行小时数		5 000.00
成本（潜在违规成本——追缴排污费）（万元）		849.88
收益	免交排污费（万元/年/台）	849.88
	脱硫副产品（万元/年/台）	90.00
	脱硫补贴（万元/年/台）	4 500.00
	总收益（万元/年/台）	5 439.88
成本收益关系		收益大于成本

第四步，漂绿和真实履行减排社会责任对财务绩效的影响的差异分析。我们分别计算漂绿和真实履行社会责任对财务绩效的影响，采用利润总额的会计收益（排污费用、资产折旧带来的管理费用、初始投资的融资费用带来财务费用，从而影响利润总额）指标衡量，真实履行社会责任带来的当期利润变化（每台）为：

$$5\,439.88 - 5\,750.51 = -310.63 (万元)$$

漂绿带来的当期利润变化（每台）为：

$$5\,439.88 - 0 = 5\,439.88 (万元)（未被监管部门查出）$$
$$5\,439.88 - 849.88 = 4\,950 (万元)（被监管部门查出）$$

中国石油有 38 台燃煤锅炉未安装脱硫设施，带来的利润变化更加明显。综上所述，从短期来看，中国石油在 2012 年利用漂绿手段带来的当期利润变化始终为正值，真实履行减排工作所付出的代价远远大于收益。尽管真实履行减排工作，安装脱硫、脱硝等环保设备从长期来看能够产生健康效益、农业效益等，但是从短期来看，中国石油的短期财务绩效指标会受到极大的影响。通过夸大善行、掩饰恶行的漂绿手段，大大地避免中国石油本该付出的脱硫成本，却可以如真实履行社会责任那样，收获种种经济效益。因此，命题 1 得以验证。

2. 第二阶段，负面事件发生、道德资本缓冲

为了再次验证命题 1，对于第二、第三阶段的分析选用事件研究法，采用市场收益指标衡量企业财务绩效。在不同的阶段选用不同的衡量指标，有利于切合不同阶段的特点，使分析更为全面科学。我们选定中国石油 2015 年的三个关键事件日开展事件研究。事件日一是 2015 年 7 月 27 日，为"7·26"泄漏着火事故公告之后的首个交易日；事件日二是 2015 年 8 月 25 日，为环保部对中国石油云南石化有限公司下发行政处罚决定书当天；事件日三是 2015 年 12 月 10 日，为中国石油云南石化公司召开"绿色共建委员会"筹备会公告日。因选择的事件以通报的形式披露，市场存在预先泄露消息的可能，故将事件窗口确定为事件前 10 日至事件后 10 日，21 个交易日（-10,10）作为事件期，度量相关企业的超额收益（AR）和累计超额收益（CAR）。

事件一：事故

由于环境污染事故会导致更严格的行业管制和更高的管制成本通常表现为明显的

溢出效应,使同行其他企业在事件期也呈现负面的市场反应[①];同时,石油行业的超常收益共同受到国际原油价格等一系列因素的影响。因此,我们有必要将中国石油与同行企业所做的反应进行比较,以便观察是否能够验证命题1。如果市场对中国石油事故发生之后做出的惩罚效应与同行其他企业相比不够明显,受到的冲击不太强烈,那么命题1得以验证,即中国石油通过漂绿为自身获得了道德声誉资本,缓冲了事故带来的市场惩戒效应。

2015年第三季度中国证监会的上市公司行业分类标准,选定与中国石油同属于"B07 石油和天然气开采业"的中国石化、广汇能源两家A股公司,作为同行企业进行事件参照(见表16-11)。

表16-11　行业内主要企业名称及证券代码

证券名称	中国石化	广汇能源	中国石油
证券代码	600028	600256	601857

采用单因素市场模型为:

$$R_{it} = \alpha_i + \beta_i R_{mt} + \varepsilon$$

其中,α_i 和 β_i 为参数,R_{it} 表示股票 i 在第 t 日的收益,R_{mt} 表示第 t 日市场收益,ε 为残差。我们以2015年1月1日至2015年6月30日为估计期,对估计期内所有交易日的个股收益与市场收益数据回归得到每只股票的 α_i 和 β_i,则股票 i 在事件日 t 的超额收益 AR_{it} 和累计超额收益 CAR_{it} 分别为:

$$\text{AR}_{it} = R_{it} - (\alpha_i + \beta_i R_{mt})$$

$$\text{CAR}_{it} = \sum_{t=-10}^{t} \text{AR}_{it}$$

第一步,利用SPSS软件进行一元线性回归分析,计算三家公司对应的三只股票的 α 和 β 系数。

中国石化的 α 和 β 系数的处理结果如表16-12所示。

表16-12　中国石化系数处理结果

模型	非标准化系数		标准系数	t	Sig.
	B	标准误差	试用版		
	−0.002	0.002		−1.129	0.261
市场每收益率	1.096	0.067	0.835	16.404	0.000

注:因变量为中国石化日收益率。

因此,$\alpha_i = -0.002$,$\beta_i = 1.096$。

---

① 肖华,张国清.公共压力与公司环境信息披露——基于"松花江事件"的经验研究[J].会计研究,2008,(5).

中国石油的 α 和 β 系数的处理结果如表 16-13 所示。

表 16-13 中国石油系数处理结果

系数[a]

模型	非标准化系数		标准系数	t	Sig.
	B	标准误差	试用版		
	-0.002	0.002		-1.248	0.215
市场日收益率	1.152	0.074	0.819	15.466	0.000

注：因变量为中国石油日收益。

因此，$\alpha_i = -0.002$，$\beta_i = 1.152$。

广汇能源的 α 和 β 系数的处理结果如表 16-14 所示。

表 16-14 广汇能源系数处理结果

系数[a]

模型	非标准化系数		标准系数	t	Sig.
	B	标准误差	试用版		
	-0.001	0.002		0.030	0.976
市场日收益率	0.850	0.092	0.648	9.206	0.000

注：因变量为广汇能源日收益率。

因此，$\alpha_i = -0.001$，$\beta_i = 0.850$。

由此可知，三次漂绿事件回归方程 F 检验的 P 值均小于 0.05，说明回归关系具有统计学意义。

第二步，分别计算三家公司的 AR_{it}，结果如表 16-15 所示。

表 16-15 三家公司 AR_{it} 的计算结果

事件日	中国石油 AR_{it}	中国石化 AR_{it}	广汇能源 AR_{it}	事件日	中国石油 AR_{it}	中国石化 AR_{it}	广汇能源 AR_{it}	事件日	中国石油 AR_{it}	中国石化 AR_{it}	广汇能源 AR_{it}
-20	0.0803	0.0505	0.0115	-10	-0.0681	-0.0471	0.0808	1	-0.0204	-0.0016	-0.0139
-19	-0.0269	-0.0126	0.0014	-9	-0.0039	-0.0118	0.1113	2	-0.0546	-0.0212	0.0128
-18	0.0102	0.0182	-0.0007	-8	0.1368	0.0808	-0.0484	3	0.0325	0.0133	-0.0198
-17	0.1296	0.0947	-0.0279	-7	-0.0120	-0.0303	-0.0016	4	-0.0379	-0.0116	0.0009
-16	0.0813	0.0106	-0.0495	-6	-0.0555	-0.0406	0.0241	5	-0.0322	-0.0226	0.0152
-15	0.0736	0.0626	-0.0162	-5	0.0343	0.0008	-0.0199	6	-0.0168	-0.0124	0.0147
-14	0.0589	0.0336	-0.0878	-4	-0.0236	-0.0204	-0.0033	7	0.0035	-0.0001	-0.0141
-13	-0.0208	-0.0338	0.0511	-3	0.0107	-0.0060	0.0297	8	-0.0018	0.0015	0.0062
-12	-0.0205	0.0014	-0.0479	-2	-0.0238	-0.0203	-0.0065	9	-0.0059	-0.0053	0.0071
-11	-0.0331	-0.0182	-0.0375	-1	0.0183	0.0118	-0.0032	10	-0.0172	-0.0058	0.0014
				0	0.0040	-0.0052	0.0073				

注：因为需要计算 CAR，所以应计算事件日前 20 天的 AR。

第三步，计算三家公司的 CAR_{it} 及行业平均 CAR(CAAR)，结果如表 16-16 所示。

表 16-16 三家公司 CAR_{it} 及 CARR 的计算结果

事件日	中国石油 CAR_{it}	中国石化 CAR_{it}	广汇能源 CAR_{it}	行业 $CCAR_{it}$	事件日	中国石油 CAR_{it}	中国石化 CAR_{it}	广汇能源 CAR_{it}	行业 $CCAR_{it}$
−10	0.2643	0.1600	−0.1227	0.1005	1	0.0649	−0.0428	0.0754	0.0325
−9	0.1802	0.0976	−0.0229	0.0850	2	0.0141	−0.0522	−0.0230	−0.0204
−8	0.3439	0.1910	−0.0727	0.1541	3	−0.0902	−0.1197	0.0055	−0.0681
−7	0.3217	0.1425	−0.0737	0.1302	4	−0.1161	−0.1010	0.0081	−0.0696
−6	0.1366	0.0072	−0.0217	0.0407	5	−0.0928	−0.0830	−0.0007	−0.0588
−5	0.0896	−0.0026	0.0080	0.0316	6	−0.1439	−0.0962	0.0339	−0.0687
−4	−0.0075	−0.0857	0.0208	−0.0241	7	−0.1168	−0.0759	0.0231	−0.0565
−3	−0.0557	−0.1253	0.1383	−0.0142	8	−0.1294	−0.0685	−0.0004	−0.0661
−2	−0.0587	−0.1118	0.0807	−0.0300	9	−0.1114	−0.0534	0.0132	−0.0506
−1	−0.0199	−0.1014	0.1254	0.0014	10	−0.1469	−0.0710	0.0178	−0.0667
0	0.0172	−0.0883	0.1702	0.0330					

第四步，比较中国石油在事件期内的 CAR 与同行业事件期内的 CCAR，结果如表 16-17 所示。

表 16-17 中国石油在事件期内的 CCAR 与同行业事件期内的 CAR 比较

事件日	中国石油 CAR	同行业 CAAR	差额	事件日	中国石油 CAR	同行业 CAAR	差额
−10	0.2643	0.1005	0.1638	1	0.0649	0.0325	0.0324
−9	0.1802	0.0850	0.0952	2	0.0141	−0.0204	0.0345
−8	0.3439	0.1541	0.1898	3	−0.0902	−0.0681	−0.0221
−7	0.3217	0.1302	0.1915	4	−0.1161	−0.0696	−0.0464
−6	0.1366	0.0407	0.0959	5	−0.0928	−0.0588	−0.0339
−5	0.0896	0.0316	0.0580	6	−0.1439	−0.0687	−0.0752
−4	−0.0075	−0.0241	0.0166	7	−0.1168	−0.0565	−0.0603
−3	−0.0557	−0.0142	−0.0415	8	−0.1294	−0.0661	−0.0633
−2	−0.0587	−0.0300	−0.0287	9	−0.1114	−0.0506	−0.0609
−1	−0.0199	0.0014	−0.0213	10	−0.1469	−0.0667	−0.0802
0	0.0172	0.0330	−0.0158				

第五步，对中国石油在事件期内的 CCAR 与同行业事件期内的 CAR 进行两独立样本 t 检验，结果如表 16-18 所示。

表 16-18 独立样本 t 检验结果

独立样本 t 检验				差分95%置信区间	
t	df	Sig.（双侧）	均值差值	下限	上限
0.424	27.895	0.674	0.0156	−0.0598	0.0911

由表 16-18 可知,事件一在事件窗口内 CAR 的双侧 Sig.值大于 0.05,显示两样本在 5%的统计水平上不存在显著差异。

根据表 16-18 绘制折线图 16-2 并分析。

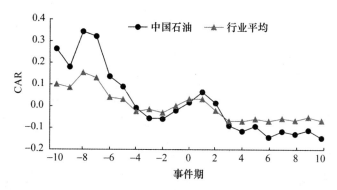

图 16-2　第一个事件期内中国石油与同行业平均 CAR 的比较

在(−10,−4)期间,中国石油的超额收益明显,表明前期的漂绿手段行之有效。

事件日后第 2 天开始,中国石油与同行业其他公司的累计超额收益均呈负数。这表明,情节严重的环境污染事故意味着更严格的行业管制和更高的管制成本,当发生环境污染事故、资本市场对肇事公司做出负面反应的同时,也会产生溢出效应,给同行业其他公司带来消极影响;但是,这个消极影响可能受到信息传播和渗透速度的作用,稍有滞后。

事件日后第 2 天开始,资本市场对作为肇事公司(中国石油)产生负面反应,超额收益持续为负,消极影响逐渐显现,但非常温和。根据独立样本 t 检验所得出的数据,事件期内中国石油与同行业 CCAR 并无显著差异。中国石油作为肇事公司并未受到资本市场显著多于行业其他公司的惩罚。

向前拉长事件窗口,我们发现事件日 16 天后,中国石油及行业内其他公司的超额收益开始回暖,并且在事件日 19 天后,中国石油的超额收益反超行业平均水平(见图 16-3),显示"7·26"事故本身对中国石油的影响轻微不持续。

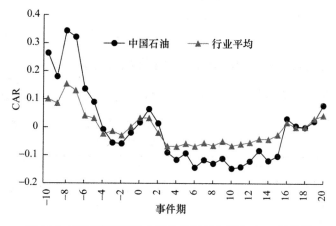

图 16-3　拉长事件期后中石油与同行业平均 CAR 的比较

总结:命题1得到验证,企业社会责任漂绿通过道德声誉资本缓冲机制对短期财务绩效产生了积极影响(见图16-4)。

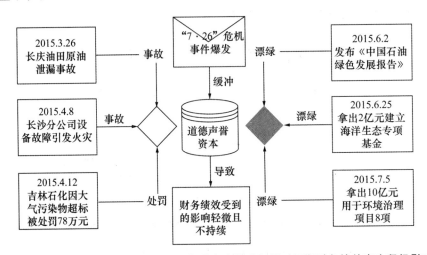

图16-4 企业社会责任漂绿通过道德声誉资本缓冲机制对短期财务绩效产生积极影响

事件二:行政处罚

数据处理方式同上,绘制图16-5并做分析。

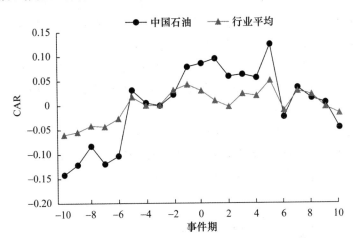

图16-5 第二个事件期内中国石油与同行业平均CAR的比较

对中国石油在事件期内的CAR与同期同行业事件期内的CAR进行两独立样本t检验(见表16-19)。

表16-19 独立样本t检验结果

独立样本 t 检验				差分95%置信区间	
t	df	Sig.(双侧)	均值差值	下限	上限
0.056	26.537	0.956	0.0010	−0.0367	0.0387

由表16-19可知,事件二在事件窗口内CAR的双侧Sig.值大于0.05,显示两样本在5%的统计水平上不存在显著差异。

在事件期内,中国石油与同行业其他公司的超额收益大都呈正值,资本市场对行业内公司的惩罚作用不明显,这可能是罚款数额不大、影响不够广泛造成的。

虽然2015年8月25日下达的罚款数额较小、惩罚较轻,但是作为肇事公司的中国石油的超额收益却在事件日后10日内的大部分时间保持高于同行业的平均水平。此次环评限批问题在全国引起的关注度并不小,多家主流媒体争相报道。腾讯新闻以"云南安宁炼油项目被环保部叫停,曾引巨大争议"为题,回顾了项目上马之前曾遭到昆明市民集体反对并引发公众关注的"中石油云南项目赌环保部不会叫停"话题的历史。搜狐新闻以"云南安宁炼油项目被叫停,罚款20万元"为题报道了此次环评限批事件。总之,中国四大门户网站中的腾讯、搜狐和新浪对此次事件进行较长篇幅的专项报道。然而,面对如此强烈的舆论压力,资本市场对中国石油的惩罚在5%的统计水平上与同行业不存在显著差异。

因此,命题1再次得到验证,企业社会责任漂绿通过道德声誉资本缓冲机制对短期财务绩效产生了积极影响。

3. 第三阶段,负面事件发生后的公司形象修补

事件三:形象修补

数据处理方法同上,绘制图16-6并做分析。

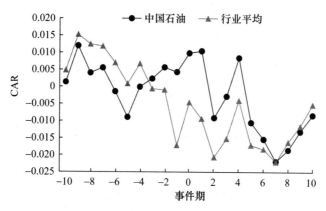

图16-6 第三个事件期内中国石油与同行业平均CAR的比较

在(−10,−3)期间,中国石油的超额收益一直低于同行业平均水平,但是在(−3,7)期间,中国石油的超额收益反超同行业平均水平,并且持续了10天。这一巨大反差形成的原因可能在于,中国石油"建立绿色筹备委员会"这一漂绿事件以前期负面事件发生后开展形象修补的形式发生。而这一转折点之所以出现在事件日前两日,可能是因为"建立绿色筹备委员会"的公告虽然发布在事件日,但是在前几日就已经着手准备,相关的信息有所泄露。

因此,命题 1 再次得到验证,企业社会责任漂绿通过形象修补机制对短期财务绩效产生了积极影响(见图 16-7)。

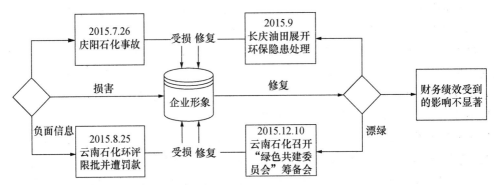

图 16-7　企业社会责任漂绿通过形象修补机制对短期财务绩效产生了积极影响

4. 第四阶段,漂绿行为遭到曝光

选定《南方周末》2015 年"年度漂绿榜"的发布日为中国石油漂绿行为曝光日,以 2015 年 10 月 14 日至 2016 年 1 月 6 日为估计期(事件发生前的第 79 个交易日到事件发生前的第 20 个交易日),对估计期内所有交易日的个股收益与市场收益数据回归得到每只股票的 α_i 和 β_i,选择事件日后 30 个交易日(0,29)作为事件期,度量相关公司的超额收益 AR 和累计超额收益 CAR。

中国石化的 α 和 β 系数的处理结果如表 16-20 所示。

表 16-20　中国石化系数处理结果

模型	非标准化系数		标准系数	t	Sig.
	B	标准误差	试用版		
常量	0.000	0.001		−0.977	0.333
市场每日收益率	0.749	0.056	0.869	13.383	0.000

注:因变量为中国石化日收益率。

因此,$\alpha_i = 0$,$\beta_i = 0.749$。

中国石油的 α 和 β 系数的处理结果如表 16-21 所示。

表 16-21　中国石油系数处理结果

模型	非标准化系数		标准系数	t	Sig.
	B	标准误差	试用版		
常量	0.000	0.001		−0.892	0.376
市场每日收益率	0.675	0.062	0.818	10.830	0.000

注:因变量为中国石油日收益率。

因此,$\alpha_i = 0$,$\beta_i = 0.675$。

广汇能源的 α 和 β 系数的处理结果如表 16-22 所示。

表 16-22　广汇能源系数处理结果

模型	非标准化系数		标准系数	t	Sig.
	B	标准误差	试用版		
常量	−0.002	0.001		−1.514	0.136
市场每日收益率	1.011	0.081	0.854	12.520	0.000

注：因变量为广汇能源日收益率。

因此，$\alpha_i = -0.002$，$\beta_i = 1.011$。

由此可知，三次漂绿事件回归方程 F 检验的 P 值均小于 0.05，说明回归关系具有统计学意义。

比较中国石油在事件期内的 CAR 与同行业事件期内的 CCAR（见图 16-8）。

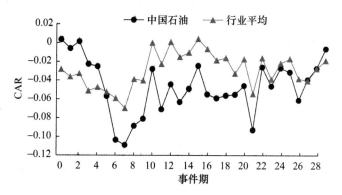

图 16-8　第四个事件期内中国石油与同行业平均 CAR 的比较

对中国石油在事件期内的 CAR 与同行业事件期内的 CCAR 进行两独立样本 t 检验，结果如表 16-23 所示。

表 16-23　独立样本 t 检验结果

独立样本 t 检验				差分 95% 置信区间	
t	df	Sig.（双侧）	均值差值	下限	上限
−2.778	48.929	0.008	−0.0177	−0.0305	−0.0049

由表 16-23 可知，事件二在事件窗口内的 CAR 值双侧 Sig. 值小于 0.05，显示两样本在 5% 显著水平上存在显著差异。

在 (0,5) 期间，中国石油的 CAR 显著高于行业平均水平；但在事件期内此后的大部分时间——(5,27) 期间，中国石油的 CAR 持续显著低于行业平均水平。这说明中国石油漂绿行为以权威媒体报道的形式曝光后，对其财务绩效产生了消极影响。

5 天的时间差可能是由于媒体曝光之后，信息发酵、渗透、扩展需要一定的时间，市场对其产生的反应存在一定的滞后性。

发生于2015年的漂绿行为在2016年2月曝光后,公司仍受到资本市场的惩戒效应,以CAR衡量的财务绩效仍受到相当程度的影响。这说明企业社会责任漂绿行为对长期财务绩效产生消极影响。

因此,命题2得到验证。

5. 第五阶段,漂绿成为常态

(1) 常态化漂绿对企业本身的影响。虽然企业社会责任漂绿行为可能给企业带来一定的短期效益(如暂时的财务收益和社会资本等),但是若企业在屡试不爽后逐渐患上"社会责任漂绿依赖症",那么其心智模式无疑会越来越扭曲。在这种情形下,机会主义倾向呈现长期化趋势,企业开始不去关注内部素质提升及履责能力的构建,而去费尽心思寻找"最隐蔽""最佳"漂绿方式。漂绿行为对组织文化的毒性渗透是致命的,当撒谎、逃避责任成为企业处理自身与环境关系的主要手段时,这种行为也会慢慢地影响到企业员工对待工作的态度,虚伪将渐渐成为企业文化的主流,最终导致企业被消费者抛弃、被市场淘汰。①

(2) 常态化漂绿对整体社会环境的影响。许多有关漂绿的文献试图研究企业漂绿对社会经济的影响。总而言之,主要包括以下三个方面的内容:

首先,引发消费者的怀疑和不信任是漂绿行为的主要危害之一。研究表明,对于那些较少关注企业社会责任的消费者,当企业披露一些积极捐助慈善事业或者善待员工的报道时,其产品质量感知比披露负面企业社会责任行为的报道反而更低。②

其次,漂绿行为会导致"柠檬市场"的盛行,这对于社会经济的持续稳定发展是一种严重的阻碍。③ 同时,在当前错综复杂的商品经济中,即使一些企业没有漂绿动机,竞争对手的漂绿行为也会危害它们乃至整个行业的发展。④

最后,漂绿会阻碍环境立法进程的推进,导致其缺少强有力的政策支持与实施推动力。在这种情形下,消费者的绿色购买能力、政策应有的保护力就会大幅度减弱。企业是组成社会的基本细胞,如果漂绿成为常态之风盛行,那么置于社会环境下的企业本身也会受到消极影响,自身财务绩效的提升也会很困难。

(六) 研究结论

第一、二、三阶段运用成本效益分析法、事件研究法,结合中国石油的实际案例展开分析。在第一阶段的成本效益分析法中,财务绩效采用会计指标度量;而在第二、三阶段的事件研究法中,则采用累计超额收益这一市场指标度量财务绩效。这三个阶段得出的结论与命题1相同,即企业社会责任对短期财务绩效产生积极影响。这是通过成本补偿机制、道德声誉资本缓冲机制和形象修复机制实现的。第四阶段运用事件研究法,第五

---

① 李学军,李飞. 漂绿:对企业社会责任的亵渎[J]. 中外企业文化,2010(2):15—17.
② 周延风,罗文恩,肖文建.企业社会责任行为与消费者响应——消费者个人特征和价格号的调节[J]. 中国工业经济,2007,(3).
③ 李大元,贾晓琳,辛琳娜.企业漂绿行为研究述评与展望[J]. 外国经济与管理,2015(12):86—96.
④ 杨波.消费品市场漂绿问题及治理[M].北京:社会科学文献出版社,2014.

阶段运用文献综述法,得出的结论与命题 2 相同,即企业社会责任漂绿对长期财务绩效产生消极影响。这是通过漂绿行为被曝光后的惩戒效应及漂绿成为常态后的依赖症效应实现的。

讨论题

1. 为何在第二阶段运用事件研究法时,应将资本市场对中国石油产生的惩戒效应与同行业进行对比?
2. 中国石油进行漂绿的手段和形式有哪些?请举出具体的例子。
3. 基于本案例研究得出的两个结论,目前企业社会责任研究领域可以往哪些方向努力以进一步遏制漂绿的势头呢?

讨论题的分析要点
请扫二维码参阅

拓展性案例
为什么用户不再热爱我?百度"魏则西事件"始末

作为全球最大的中文搜索引擎公司,百度从创立至今取得了丰硕的成果,"百度一下"已经成为很多人的生活习惯。然而近些年,百度竞价排名体系、贴吧商业化等使公司常处于舆论漩涡之中,2016 年 5 月爆发的"魏则西事件"更是将百度推到了风口浪尖,经历"史上最强危机",遭遇各方口诛笔伐,股价大跌。"魏则西事件"是企业社会责任和企业危机管理方面的典型,本案例详细介绍该事件发生的过程始末、公众的反应和百度采取的应对措施等,对企业社会责任和危机应对问题予以思考。

资料来源:中国管理案例共享中心;案例作者为中国科学技术大学管理学院,张赛玉、王茜;作者拥有署名权、修改权和改编权。

案例分析题

1. "魏则西事件"使百度遭遇口诛笔伐,社会责任缺失。在互联网时代,搜索引擎企业承担了哪些社会责任?应如何坚守社会责任以及坚守社会责任的重要性?

2. 比较百度的千夫所指和阿里巴巴的良好口碑,你认为社会责任的选择在其中起着怎样的作用。

3. 为避免"魏则西事件"这一重大现实社会问题再次发生,政府、企业各自应做哪些努力?

案例全貌
请扫二维码参阅

案例分析要点
请扫二维码参阅

第十七章 因陀罗的企业社会责任和创新

> **导言**
>
> 因陀罗是西班牙信息技术开发的领导者,在拉丁美洲和欧洲占据强有力的竞争地位。通过信息技术的雄厚知识及研发,公司实现了多元化的成长路线。2008 年,因陀罗达到大约 23.8 亿美元的销售额和 1.82 亿美元的净利润,拥有近 24 806 员工,在 100 多个国家发展项目。公司的股权结构为 Caja Madrid(20%)、Corporatión Financiera Alba(10%)、Caja Grande de Cartagena(5.68%)、Cajastur(5%)、Gas Natural(5%)和 Free-Flat(54.31%)。
>
> 因陀罗将企业社会责任融入战略活动,在社会性(非财务)与财务方面均取得了高业绩。尽管很难直接将企业社会责任与财务结果相联系,但是看起来,因陀罗正通过新市场发展、在现有市场中销售额增长及新产品服务投放的方式实现了战略目标。

第一节 因陀罗简介

和欧洲其他工业化国家(如德国和法国)相比,西班牙并不是信息技术领先的国家。为了克服世界范围内的经济危机,改变过去十年依靠建筑业和旅游业的增长模式,考虑到知识密集型跨国公司的重要性,信息技术对发展西班牙的经济是很有价值的。2008 年,因陀罗在研发上投入 1.52 亿元,占总销售额的 6.4%,远高于西班牙公司"典型"的研发投入——同年为 1.35%。

因陀罗为诸如安全与国防、交通与运输、能源、金融服务、健康、公共管理、电信和媒体等行业提供解决方案和高附加值的服务。总的来说,相比于其他行业,因陀罗所处的信息技术行业在组织主题上取得了重大进步,如突出的水平结构和自我管理的工作团队。同时,知识创造是公司持续创新的基础,也是在市场上取得竞争优势的基本要求。对因陀罗来说,这些方面是其战略考虑及其创新占据主要位置的商业模式的一部分。在此基础上,因陀罗实施了企业社会责任计划方案。表 17-1 显示了因陀罗的一些基本情况。

表 17-1 因陀罗基本情况

财务类别和员工	2006 年	2007 年	2008 年	2007—2008 年平均增长率(%)
股权(万元)	372.1	738.5	823.6	48.7
销售收入(万元)	1 406.8	2 167.6	2 379.6	30.0
净利润(万元)	114.0	148.0	182.0	26.5
员工数量	14 478	23 482	24 806	30.8

第二节 因陀罗实施企业社会责任计划

社会责任模式的实现意味着组织战略的变化,这依赖于战略和组织因素,它们是这种变化的组成部分。因陀罗社会责任模式经由四个阶段实现(见图 17-1)。基于对公司年报和企业社会责任报告的研究,我们认为每个阶段的发展须通过一系列的活动进行。

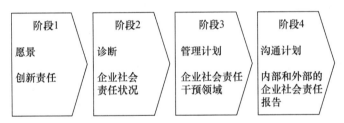

图 17-1 因陀罗实施企业社会责任计划的步骤

一、阶段 1:愿景

从提出企业社会责任的概念(企业社会责任应当是什么)开始,因陀罗就提出了设想,经理们会考虑在公司内实施企业社会责任意味着什么。因陀罗 2007 年和 2008 年年度报告将法人责任描述为"……诚信行为应与影响公司运作的所有团体相关,应符合可持续盈利的理念。这应该从经济、社会和环境三个方面理解"。在这个定义中,公司在企业社会责任中应考虑的必要因素有创新、知识、伦理价值和企业责任。因此,因陀罗强调企业社会责任的主要目标是整合为一个创新和知识密集型的公司,为所有相关群体创造价值,包括股东、员工、开展活动所在社区、客户、供应商和社会。根据这一设想,因陀罗建立的价值观是:客户满意度、卓越、人力资本开发、完整性、创新和盈利能力。

二、阶段 2:诊断

根据企业使命和公认的价值观部署企业社会责任活动。然而,要做到这一点,有必要在因陀罗不同的利益相关者中做一个有关企业情况的预先诊断。这个诊断是通过采访高层管理者、中层管理者和工会代表来完成的;同时,与员工讨论,利用与客户、供应商、公司合作伙伴及金融市场有关的数据文件。利用这些信息建立与企业社会责任有关的因陀罗情况诊断,并反映在企业社会责任报告中。这些档案资料由两个主要部分构成:一是因陀罗的利益相关者地图;二是对于这些群体,因陀罗履行企业社会责任的目标。前者包括股东、员工、客户、供应商、智库机构、当地社区和环境;后者与这些群体的关系框架以及成长为一个创新型公司有关。

依靠这种方法,公司试图获取高战略价值的知识以实现创新,因为它确定了主要的利益相关者及其需求、动机和愿望。据此,公司选择企业社会责任管理的优先领域,那些能够立即改进、应用知识库以达到领导地位的领域,如满足新客户的需求。

三、阶段3:管理计划

从诊断阶段获得的知识使因陀罗得以建立一项企业责任管理计划,作为开展所有活动的枢纽。在这份文件中,计划了知识管理的进度和法人责任,涉及以下三个变量:与利益相关者的关系、知识管理特别是与外部团体的交流以及从这些关系中获得创新想法。

这项计划包括一些试图确保企业社会责任成为公司重要力量的目标。

(1) 在所有群体尤其是员工中提倡负责任的文化,使他们参与社会责任行动。

(2) 创建一个适当的框架,将企业社会责任转换为创新、知识和与公司战略目标一致的引擎。

(3) 根据全球报告倡议组织的指引,发布企业社会责任报告,试图确保其成为可持续发展报告,征询外部独立机构的评价。

发展这项计划,使得评估公司当前与利益相关者的活动成为可能,建立标准以强化这些关系,改进目标公司指标和阶段性成就,个人对表现负责并承担经济风险和社会风险。

根据不同的利益相关者,这些目标被分类进特定的文件,派人负责跟进、管理文件、开展行动并评估每个人的成果。

四、阶段4:沟通计划

有了这项计划,公司努力传播所开展的社会责任活动和已经取得的成就,使相关利益群体这些方面的积极含义,促进了负责任的企业文化,强化了公司对利益相关者所展现的形象。带着这一目标执行计划,因陀罗强调(因陀罗2009年年度报告)企业:(1) 2005年、2006年、2007年和2008年的企业社会责任报告;(2) 公司网页上的详细信息;(3) 普通和专业刊物上的文章、会议代表大会和论坛;(4) 访谈、大会、会议、演示文稿、在伦理和社会责任范围内与重要机构的接触。

第三节　因陀罗的企业社会责任行动

从因陀罗年报、企业社会责任报告以及对管理层的访谈中提取信息,我们解释了详细的企业社会责任目标及因陀罗针对每个利益相关者群体(客户、供应商、员工、股东和社区)所采取的行动。

一、客户

对因陀罗来说,为了开发专门的解决方案而与客户交流知识是必不可少的。这样一来,因陀罗选择那些拥有高度的创新能力及极大增长潜力的客户,因此基于合作协议发展信任是至关重要的。因陀罗建立战略联盟,分享产品开发所需的知识和适应客户需求的解决方案,这些来自因陀罗自身的技术和解决方案。

因陀罗正与这些群体一起开展其他的知识管理活动(如商业天文台或一些外联网的创建)信息和数据在其中进行交换。因此,因陀罗实现了一个双重目的:提高以知识满足群体的需求和期望,并通过交流与联系的存在来强化这种关系。

二、供应商

关于供应商,因陀罗为某些技术的开发维持稳定的协议,这使培训和业绩评估等方面不断地受到影响。所实施的措施之一是对供应商的调查,通过调查能够获得完善自身供应管理的有价值的知识。与此相关,企业共同责任的及时目标之一是改进这项调查,以促进与相关群体的交流。

三、员工

关于员工,因陀罗实行一种员工行为准则,试图灌输企业文化的主要原则,涉及道德及知识的产生和转移。这样一来,因陀罗就能促进和扩大培训,建立信任与发展人才。关键目标之一是激励员工参与团队工作,并由此做出更有价值的贡献。

一方面,因陀罗依靠一年两次的"业绩评估和内部寻找人才"计划,包括三项主要活动:用于管理员工人才的总体发展计划、用于鉴别员工潜力的投资行为和在关键性工作中确定继承者的计划。这使得因陀罗建立了按劳薪酬系统,奖励最具潜力员工,在所做贡献的基础上与不同的知识管理活动相联系。此外,公司还建立了小型工作组,促进了隐性知识的转移。

另一方面,员工的选择策略和个人评价体系是非常严格,这是为了保证高资质水平和更好的职业发展生涯,避免人浮于事,并保持高灵活性的水平。因陀罗经常为一些小型企业分包生产产品和提供服务,这些员工是由因陀罗根据潜在才能和专业水平挑选的。

在接下来的几年里,因陀罗将确定关于社会责任的长远目标,这与员工相关,如多元化政策、残疾人进入劳动力行动、试图调解员工工作和私人生活的"Equilibra"项目、远程办公等倾向于灵活性的推动工作、平等计划的发展等。此外,一些为促进积极参与知识管理的活动正在实行中,如论坛等。

四、股东

关于股东,因陀罗试图在公司治理决策中保护股东的利益。因此,因陀罗提高了信息的透明度,促进了公司治理最佳实践的实施。目前,因陀罗正致力于开发一些文件格式,试图改善股东所获信息的质量。此外,因陀罗正考虑加入一些可持续发展指数,这将巩固公司负责任的形象,也将有利于公司获取资金。

五、社区:社会行动计划

因陀罗改善与其他智库机构及当地社区关系的计划包含在社会行动计划中。在这项计划中,更重要的行动之一是在 2004 年建立一个特殊的就业和发展中心网络。这些坐落在不同的地方,距大型工业地区远,但距大学或公司培训并雇用高素质人员的培训中心比较近。在接下来的几年里,因陀罗意图增加这些中心的数量。

关于智库机构的行动专注于传播知识和创新。因此,社会责任项目与近 40 所大学和研究中心合作,共同开发项目,目的是分享和扩散知识。

与非营利性机构建立稳定的工作关系也是因陀罗社会行动计划的一部分,目标是创造公司和社区之间的共享价值。因此,因陀罗并不将自身局限于捐赠基金或开展营销活动,而是提供永久设备和专业知识。此外,因陀罗认为这些实体是知识合作人,因为他们是提供外部知识的专家,虽然高度多样化但与战略相关,如市场趋向、环保主题、法律框架或残疾人的需求等。这样的活动所生成的关系使公司受益,因陀罗由此获得了与环境有关的知识。合作伙伴也能受益,因为他们可以依靠知识和公司资源改善个人生活条件,这样就可以完全融入社会了。

管理计划中还包含了所有当前和未来的社会责任方案,相关方案(见表 17-2)是从因陀罗的管理计划中提取的。这两个方面能够凸现在 2005—2007 年两年的时间里,目标有时是不具体的,仅仅确立了意图(如关系完善);随后,因陀罗强调更具体的方式(如调查、协议、环保认证等);这一目标的建立过程清楚地表明了因陀罗的进化。

表 17-2　因陀罗的管理计划中的目标、行动和未来方案

群体	2005—2008 年目标	2005—2008 年行动	未来方案
员工	关系框架改善 知识管理改善 人力资源创新改善	工作环境调查 知识管理方案:论坛 Equilibra:工作调解计划 远程工作	多样化:新招聘 质量计划 调解 知识管理方案 工作的新方式

(续表)

群体	2005—2008年目标	2005—2008年行动	未来方案
第三部门	关系框架(社会行为)	签署Inserta协议 社会行动策略	以因陀罗技术为基础为残疾人准备的技术 企业志愿者
环境	整体环境策略	整体环境策略 两个工作中心的认证	所有中心的环境认证
股东	社会性责任投资	与股东沟通	出现在可持续发展清单中
客户	关系框架改善	知识管理方案:商业平台	知识管理方案:外联网
供应商	关系框架改善	与供应商的关系框架的原则 供应商调查	供应商调查的改善
知识结构	正式关系框架	与大学关系的协调	加强与大学的关系
本地社区	强调在社会行动计划中的合作	建立技术发展中心	扩大技术发展中心
企业领域	保障因陀罗在企业群体中的角色	全球契约责任委员会 企业评价系统 沟通文档 企业社会责任报告的审核	企业社会责任后续分配顾问 更新行为代码 危险区域的修订和收集 企业社会责任系统的正常化 改善与利益相关者的沟通

一旦克服这些方案的文化传播障碍,因陀罗就开始以务实态度将企业社会责任纳入组织战略计划。从这个意义上说,企业的进步是显著的,涉及以下问题:(1)将企业社会责任行动置于与关键战略决策(如控制执行委员)相同的水平上;(2)努力确立并使进步指标(如监控报告等)生效。一切的努力,目的是在利益相关者之间传播结果,从道德和经济的角度捍卫社会与环境方面的进步。在这项计划的两个阶段中,第二个问题与知识管理方案的重要性相符,特别是与员工有关的,表明知识管理是公司创新和承担社会责任的基础。此外,这也意味着企业社会责任和知识管理是互补性战略,两者的结合有助于提高公司的竞争地位。

第四节 因陀罗内部实施因素

为了使实施过程更加容易,组织方式应该具有连贯性,这是将企业社会责任融入公司战略所需考虑的一个关键方面。我们在这一过程强调的最重要因素是:文化与领导、人力资源实践、文化和人力资源管理在公司知识管理中的作用。

一、文化与领导

因陀罗企业文化关键性的成功因素在于重视建立与利益相关者之间的关系及其对其他组织影响的总体框架。在我们看来,为了将伦理与企业社会责任融入战略和创新管理,最重要的文化为:创建传播文化和促进知识创造及围绕伦理社会责任价值观的领导能力;领导能力,企业文化鼓励将伦理和企业社会责任作为战略的两个基本方面予以考虑,但与知识和创新密集型公司的地位有关。其他重要的文化是共同的愿景、同一项目的贡献(战略联盟)、团队工作、决策自主权、隐含在创新中对错误的宽容、共享的学习和道德价值观。为了传播这些原则和价值观,企业应该突出特定的活动。例如,关于任务和企业价值观的声明、道德规范的精化以及基于社会责任主题的行动。

二、识别并促进与利益相关者相关的知识创新

为了形成能为利益相关者提供价值的技术和解决方案,特别是客户、供应商和社区,因陀罗认为知识创造是企业战略中的关键要素和基本责任。此外,与利益相关者所建立的关系为因陀罗提供了相关的市场知识。因此,公司参与协议、与利益相关者联盟及其道德表现的强化是非常重要的。这使因陀罗学会最佳实践、鉴别其需求、加强利益相关者关系。

提升信任、参与文化构建以及来自领导者的支持,这种文化的传播从特定方面解释了道德领域中的伟大成就。案例研究体现了创新的结果,知识管理和企业社会责任范围在极大程度上取决于组织成员所接受的文化价值观的程度,这也是企业文化传播过程所依赖的。

三、将社会责任作为企业战略中的关键性因素

因陀罗并不是将企业社会责任视为慈善问题(例如,只与外部关系联系而远离重要决策的核心),而是关注于战略和管理方面的改进。因此,因陀罗与利益相关者保持流动性沟通,获得与其需求相关的知识,使得因陀罗朝正确的战略方向驱动其创新性。

所有的这些意味着将组织道德原则的实现作为一个整体纳入考虑。为了使这一切成为可能,必须将这些原则和价值观包括在战略计划中进行传播与推广,以确保通过在企业社会责任报告和可持续性报告中的相关指标取得后续的进步。在这一点上,因陀罗经由发展企业社会责任管理计划方案脱颖而出,使得因陀罗能够向所有的利益相关者传播其在企业社会责任方面所取得的进步。

四、人力资源实践

员工对因陀罗的企业社会责任和创新的发展是至关重要的。当企业社会责任符合员工的价值观时,就会产生积极意义;当员工不根据道德标准工作或者为取得利润和效率方面的业绩而产生过度压力时,就会产生消极意义。

此外,员工积极参与企业社会责任项目,认为道德价值观具有极高的动机促进力。这有助于因陀罗实现其企业社会责任目标。同时,员工积极参与创新过程是必不可少的,因为他们拥有技能、能力、创造力和高战略价值的知识,愿意分享并应用于工作的隐性知识。同样,每名员工必须为他/她的学习和业绩独自承担责任,即便组织必须促进他/她的培训和职业发展。

为了满足利益相关者的目标并激励他们工作,因陀罗开展的关于员工的企业社会责任实践有:(1)促进学习和专业发展的系统;(2)与取得成果有关的固定和多样的激励;(3)积极参与某些企业决策,涉及专业化和影响目标确定和实现的决策方式;(4)促进员工间和其他利益相关者间关于战略性目标、活动及企业成果的流动性交流,包括正式文件(如战略性目标或行为准则)以及促进非正式交流的会议;(5)平等机会项目、非歧视和劳动调解,建立在互相尊重个人权利的基础上,使得更合格和更积极的员工在公司中占据最适合的职位。

一个突出的举措是在多学科团队中组织工作,这有利于知识交流,即便是隐性性质。当团队是自我管理或者对目标和实现过程拥有高度的自主权时,其自身就成了重要的激励因素,因为员工增强了对目标和方法的参与度、自主性及一致性,使得他们积极加入创造中,学习和转移创新所基于的知识。团队还致力于传播创新、伦理和企业社会责任文化价值观,这样做与因陀罗的基本目标一致,这意味着工作环境的改善和冲突的减少——暗示着共同成本。

第五节 结论与启示

我们试图强调因陀罗所开展的企业社会责任融入战略和竞争策略的方法,遵循过程主要包括四个主要阶段,即企业社会责任愿景、企业社会责任问题的诊断、企业社会责任管理计划和企业社会责任沟通计划。这是因陀罗的特定过程,我们可以将其归类于一般的三阶段模型:引进—实施—归纳。在引进阶段,因陀罗首先考虑公司中一些与战略目标、道德立场和起点(愿景建立和诊断)有关的因素。一旦企业社会责任计划被制订出来、沟通计划被设计出来,实施阶段就开始了,而诸如文化、知识管理和人力资源实践等因素也随之付诸实施。这个案例研究表明,这些方面的正确实施对因陀罗利用关于企业社会责任的核心战略性资源(知识及其主要活动——科技发展)是至关重要的。

这一过程被因陀罗认为是重要的方面,抛开企业只是经济利润追求者的观念,这样一来,因陀罗被供应商、客户、员工、股东和更宏观的社会认作负责任的企业。因此,对于企业来说,业务活动具有社会意义和管理意义,使社会责任与对经济利润的追求相符(Steiner and Steiner,2000;Porter and Kramer,2006)。

值得注意的是,因陀罗的企业伦理和企业社会责任的融合不是一个随意的过程,而是更为正式且有意的行为,指标和事后控制在其实现的过程中具有重要的作用。因为知识和创新是因陀罗业务的重点,公司战略和企业社会责任之间的联系一直集中在对知识库的利用上,但只有与员工有关之后才对其他利益相关者的需求进行探索,这让因陀罗在高度动态的竞争环境中找到了新的机会。

因陀罗是社会责任型企业,加强了其在外部利益相关者中的地位,如供应商、潜在的合作伙伴、客户、公共管理和整个社会。从资源的角度来看,声誉是一种资产,它是建立在一个长期的基础上,但这种努力是值得的,因为它可以是有价值的、难以为竞争对手所模仿的(Barney,1991;McWilliams et al.,2006)。正如我们在企业主要数据的演变中所看到的,财务业绩得以增长,管理者仍然等待着未来积极的数据。

作为来自技术密集型企业管理者的启示,我们强调,尽管企业社会责任融入商业策略的优势似乎是重要的,但这种融合只能在以下情境中实现:管理者拥有把企业社会责任置于核心业务的明确目标。从这个意义上说,我们可以从案例研究中得到的教训为:根据引进(愿景、诊断)—实施(管理计划)—归纳(沟通)的方法确定,正式计划,这对因陀罗利用这一融合是非常有用的。此外,在这一过程中,必须考虑其他方面,如推动文化知识管理的行动,其中知识管理必须与社会责任价值观相联系。在信任的促进、员工的参与和支持中,热情的领导者是一个重要的因素。人力资源实践的发展,当公司的企业社会责任符合员工的价值观时,对他们具有的道德积极意义;相反,当员工不根据道德标准工作时,就会产生消极的伦理意义。在这些实践中,因陀罗使用了激励、多学科团队或项目(如平等机会、非歧视和劳动调解),使得公司能够雇用更合格和受激励的员工,他们占据了公司中最合适的位置,因此人才可以被有效挖掘。

案例研究表明,由高尚的领导者管理的、最具创新性的公司有机会确保社会责任和伦理原则以一致性的方式得以实施,这样做有助于提高经济效率和信心、进行文化识别。作为直接结果,这些方面成为知识和创新的推进剂,从而形成公司基本竞争优势的一部分。这样做的时候,公司能够道德地利用知识库,利益相关者需求的管理将一直是重要的问题。

影响可以扩展到其他行业和领域,即使对于公司来说,创新并不是主要的竞争(成功)因素。在这些行业中,企业社会责任融入公司战略,这种融合优势将有助于声誉、合法性和竞争环境的改善(McWilliams et al.,2006)。此外,在公司层面上,公司战略将影响企业社会责任行为发展的决策。例如,Porter(1985)分类的公司竞争的两种基本方法——差异化和成本领先,而追求差异化战略为社会责任行为创造了更多的可能性。因此,差异化方法是基于增加价值而不是基于最小化成本,这为企业在质量基础上而非价格基础上的购买创造了空间,培养的员工是增值而不是费用,并且包含了作为市场中重视社会责任感的客户积极差异化基础的外部环境(Jones,1999)。

当然,企业社会责任活动中的投资可能意味着短期营业额的减少,因为管理者不得不付出某些费用以照顾利益相关者的需求,但是它将影响股东的长期回报,正如实证研究所发现的那样(例如,Ogden and Watson,1999;Garcia-Castro et al.,2008)。除了财务因素,很多企业管理者,还有道德关注和对企业所在社区的郑重承诺。在这个层面上,本案例研究显示了使用基于正式计划的特定方式、关注组织因素(如文化和知识管理)、将企业社会责任融入公司战略的一种方法。

第六节 案例评述

本研究的主要贡献是对技术密集型案例的探索性描述,其中伦理准则和企业社会责任在公司战略中得以实现。反过来,与利益相关者的积极关系似乎有助于企业竞争优势的产生和持续,这是通过改善高度依赖于与利益相关者的伦理关系的竞争环境来实现的。

自然,本研究也具有局限性。第一,研究具有探索性和描述性的性质。这意味着很难建立企业社会责任行为和企业绩效之间随意推断的关系,研究的主要优点是深度观察而非宽泛化的可能性。第二,有关这些问题(伦理、无形资源等)的研究存在一定的限制,本质上是难以衡量的。我们承认本研究的观点基于局外人的视角这一事实,主要根据管理者和二手数据进行报告。第三,虽然横断面研究的性质使得从企业社会责任的应用对业绩的影响中得到明确结论变得困难,但是企业社会责任对业绩的影响很有可能因滞后性而变得明显。

未来的研究应当采用不同的方法突破这些局限。第一,在建立起一系列的概念因素并考虑所建构的偶然联系之后,需要大量、有效的分析,这些在不同背景(国家、地区等)中的研究将考虑到所得结果更加宽泛的方面。第二,除了自上而下地收集数据的方法,未来的研究人员应该自下而上地调查追随者,这是为了检验适用于管理者或其他利益相关者的观点。第三,纵向研究将有助于澄清企业社会责任计划实施(原因)和企业业绩(后果)的时间间隔问题。

 讨论题

1. 因陀罗是怎样实施企业社会责任计划的?
2. 因陀罗主要在哪些方面融合企业战略和企业社会责任?请简要说明融合过程和方式。
3. 将企业社会责任感融入企业战略有何益处?

讨论题的分析要点
请扫二维码参阅

本篇参考文献
请扫二维码参阅

拓展性案例
做一个有温度的企业——Warby Parker 的精益创业之路

与传统垄断行业竞争,新创企业面临的一个最大挑战就是如何成功塑造自己的品牌。作为一家想要颠覆眼镜行业垄断的新创企业,Warby Parker 以顾客需求为导向,确立价格优势、打造时尚产品、开拓垂直市场,并以独一无二的"Home Try-On"免费试戴销售模式成功打入全球眼镜行业。在取得销售业绩的同时,Warby Parker 不忘做公益的初心。与非营利性组织合作开展"买一捐一"活动,将眼镜捐助给因无法负担眼镜价格而辍学的贫困人群。热心公益事业、积极肩负社会使命的 Warby Parker 赢得了良好的口碑,成为社会型企业的典范。本案例讲述 Warby Parker 的创业之路,探讨在网络时代,新创企业如何通过精益创业获得成功,以及新时代企业发展应具备的社会责任感。

资料来源:中国管理案例共享中心;案例作者为天津大学管理与经济学部、傅利平、高珺;作者拥有署名权、修改权和改编权。

 案例分析题

1. 分析 Warby Parker 在公司创立与治理方面是如何脱颖而出的?它是如何颠覆眼镜这一传统垄断行业并最终立有一席之地的?它的主要利益相关者有哪些?

2. 简要分析 Warby Parker 的商业模式,Warby Parker 是如何将自身企业社会责任感融入商业模式中的?

3. Warby Parker 社会责任战略的实施有哪些优势和不足?如果你是公司一员,你对公司治理与企业社会责任实施方面有哪些好的意见?

案例全貌
请扫二维码参阅

案例分析要点
请扫二维码参阅

第六篇

内部控制与风险管理

第十八章　内部控制与风险管理的基本理论
第十九章　安然公司的风险管理和公司治理
第二十章　新世纪金融公司的声誉风险

本篇主要引导读者了解和学习内部控制与风险管理的相关概念、发展历程及框架,熟悉有关内部控制、风险管理与公司治理三者关系的争论。对安然和新世纪金融公司进行案例研究,帮助读者深入理解在风险管理和公司治理中存在的问题。

第十八章　内部控制与风险管理的基本理论

作为当前全球对风险管理控制最为严厉的国家,美国完善内部控制到风险管理构架的发展过程具有重要的代表意义。

内部控制的概念由来已久,但是 20 世纪 80 年代美国爆发的储蓄及信贷机构崩溃事件,使人们感到对内部控制的理解和研究还很不够。1992 年,美国反欺诈财务报告委员会经过多年的研究,针对公司行政总裁、其他高级执行官、董事、立法部门和监管部门的内部控制进行了高度概括,发布了《内部控制——整合框架》报告,即通称的 COSO 报告。

进入 21 世纪的美国,经济的空前繁荣催化了另一种恶劣的造假行为。一些著名大公司接连发生财务丑闻,使得股东利益蒙受了巨大损失,美国公众对企业财务和股市交易产生了严重的信任危机。为了挽回投资者的信心,彻底清洗公司造假的污陋面,2002 年 7 月,美国国会通过《萨班斯-奥克斯利法案》,以期从立法的角度减少财务欺诈,保护投资者的利益。

21 世纪以来,对风险管理的需求日益凸显,要求一个内涵更为丰富的理论框架以有效地识别、评估与管理风险。在广泛吸收各国理论界和实务界的研究结果的基础上,并且经过充分的意见征求与讨论之后,COSO 进一步地丰富与提升理论体系,并于 2004 年 9 月推出了《企业风险管理——整合框架》。这两个框架最为重要的转变在于:从纯粹的内部控制转向以风险为导向的管理,将企业的管理重心由既定目标下的内部控制扩展至参与目标制定过程的风险管理。

第一节　内部控制规范与应用指引

一、内部控制的含义

(一)内部控制的定义

内部控制是一个由企业董事会、管理层和其他员工实施的,旨在为以下各类目标的实现提供合理保证的过程:其一,经营的有效性和效率;其二,财务报告的可靠性;其三,符合适用的法律和法规。

该定义反映了以下基本概念:

(1)内部控制是一个过程。它是实现目的的手段,而不是目的本身。

(2) 内部控制由人员实施。它并不仅是政策手册和表格,还涉及组织中各个层级的人员。

(3) 只能期望内部控制为主体的管理层和董事会提供合理保证,而非绝对保证。

(4) 内部控制用以实现一个或多个彼此独立又相互交叉的目标。

(二) 内部控制的构成要素

内部控制包括五个相互关联的构成要素。它们来自管理层经营企业的方式,并贯穿于管理过程。这五个构成要素为:

(1) 控制环境——决定企业的基调并影响企业员工的控制意识,这是其他四大内部控制构件的基础,提供纪律规范与框架。

(2) 风险评估——识别各个部门,分析与实现目标有关的风险,为决定如何管理风险提供基础。

(3) 控制活动——帮助确保管理指令得到实施的一些政策与程序。

(4) 信息与沟通——在合理的时间内与方式下,支持识别、获取和交换信息以帮助员工履行职责的程序与系统。

(5) 监督——对内部控制实施的持续管理、评价和改进。

(三) 目标和构成要素之间的关系

目标和构成要素之间具有直接的关系。目标是主体努力争取实现的东西,构成要素则代表着实现这些目标需要什么。其中,三类目标——经营、财务报告和合规,以水平方向的栏表示;五个构成要素以垂直方向的栏表示;内部控制所针对的主体的单元或活动,以矩阵的第三维度表示。三维结构中的三个层面构成了整体的内部控制制度框架(见图18-1)。对于任意给定的目标,管理层必须在部门单位层与行动层的基础上评估内部控制的五大构件。

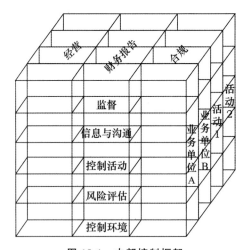

图18-1 内部控制框架

二、内部控制的局限

无论设计和运行得多么完善,内部控制也只能就实现主体目标向管理层和董事会提供合理保证。从这个意义上讲,内部控制并不是包治主体所有实际的和潜在的经营疾病的万应灵丹。在考虑内部控制的局限时,我们必须厘清两个不同的概念:第一,内部控制(即便是有效的内部控制)针对不同的目标在不同的层级上运行;第二,内部控制不可能对实现三类目标中的任何一类提供绝对保证。

即使一个有效的内部控制体系也会经历失效。主体目标实现的可能性受到内部控制体系固有局限的影响,包括以下事实:

(1) 判断。控制的有效性会受到经营决策中可能出现人为过失这个事实的限制。这类决策必须在一定的时间内、基于所掌握的信息、在经营压力下,通过人为的判断做出。

(2) 故障。即使内部控制体系设计得再好,也仍然会出故障。员工可能会误解指令,可能会做出错误的判断,可能会因粗心、分析有误或疲劳而犯错误……

(3) 管理层凌驾。一个部门或业务单元的经理,或者最高管理层的成员,可能会出于多种原因而凌驾于内部控制之上,多报收入以掩盖超预期的市场份额下降,多报盈利以满足不切实际的预算,在公开发行之时或之前抬高主体价值的事实等。

(4) 串通。两个人或多个人的串通行为会导致内部控制失效。通过集体行动来预防和掩盖某种行为、使其不被发现的人员,通常会以控制体系无法识别的方式改动财务数据或其他管理信息。

(5) 成本与效益。资源总会存在约束,因此主体必须考虑内部控制的相关成本和效益。在确定是否应该建立某一特定的控制时,有必要考虑失效的风险和对主体的潜在影响以及建立新控制的相关成本。

三、内部控制的相关研究

随着各国有关内部控制的法律法规的出台,围绕内部控制的研究日渐广泛而深入。学术界围绕内部控制的研究也不断地发展和丰富,现有研究主要包括内部控制的基本理论、效率、评价、缺陷等方面。

基本理论、效率、评价和缺陷研究请扫二维码参阅

第二节 风险管理目标与流程

一、风险管理的含义

(一)风险管理的定义

COSO 委员会在 2004 年发布的《企业风险管理——整合框架》对风险管理的定义表述为:风险管理是一个过程,它由公司董事会、管理层及其他员工执行,适用于公司战略的制定和整个公司范围,用来识别可能对公司产生影响的潜在事项,并将风险控制在公司可以承受的水平以内,为公司目标的实现提供合理保证。公司目标包括战略目标、运营目标、报告目标和合规目标。

(二)风险管理的构成要素

企业风险管理要素为企业最终实现既定目标起到关键作用,主要包括以下八个方面:

(1)内部环境。这是企业风险管理要素的基础。

(2)目标设定。这是风险事件识别、风险评估和设定风险对策的基础,管理层必须设定目标之后才能识别风险,采取措施进行风险规避。

(3)事件识别。事件的发生会对企业产生负面影响,但也会产生积极影响,我们应该比较客观地事件识别。

(4)风险评估。企业对识别出的事件可能带来的风险进行评估,提出风险对策,并最终通过控制活动来降低风险。

(5)风险对策。在评估相关风险后,管理层应当采取方案以做出应对策略。

(6)控制活动。这是为保证风险对策的执行所实施的政策和程序,是企业用以实现商业目标的风险管理流程的一部分。

(7)信息与沟通。与相关人员的交流能提供必要的重要信息,以确认风险和机会。

(8)监控。面对企业的不断变化,管理层必须确保每个风险要素在运作中有效,这进一步强化了监控的重要性。

(三)从内部控制到风险管理的变化

COSO 的《企业风险管理——整合框架》并未完全抛弃《内部控制——整合框架》所建立的内部控制理论体系;相反,它建立在内部控制理论的基础上,结合《萨班斯-奥克斯利法案》在报告方面的要求,进行更为多面化的扩展。但是,由于风险管理是一个比内部控制更为广泛的概念,因此针对风险管理框架中的许多讨论更为全面、深刻。毋庸置疑,风险管理是建立在内部控制框架的基础上的,而内部控制则是风险管理框架必不可少的一部分。风险管理是在比内部控制更为宽泛的层面上,是从企业战略制定到运作实践整体层面各个不确定性因素的管理进而产生价值的整个流程。新框架虽然在企业整体各个层面的不同维度增减改变了相关内容,但是基本结构仍旧采用与内部控制模型相同的三维立体形式(见图 18-2)。

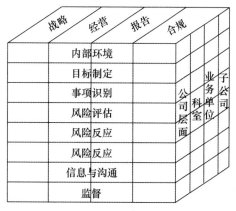

图 18-2 风险管理框架

二、风险管理的流程

(一)树立风险意识

风险意识是任何一个风险管理流程的起点,增强风险意识的目的是保证公司的每个人都能做到以下几点:积极地辨识公司的主要风险;认真思考他们所承担的风险会产生什么后果;在内部报告这些风险,确保引起其他人的注意;在一个具有风险意识的环境里,大多数风险问题应该在成为重大问题之前得到妥善处理。在公司上层确定基调、提出正确的问题、将风险分类、提供培训、使薪酬与风险挂钩是增强公司内部风险意识最成功的五种方式。

(二)风险测量方法

凡是不能测量的事物,你就无法管理。对于许多公司来说,风险的测量和报告仍是一桩难事。管理人员不善于处理数据、分析问题和系统地整合资源,也没有历史数据和内部机制,无法报告并捕捉重要的风险信息。另一种极端情况是,有些公司使其高级经理人淹没在数据中,而许多数据是不相干、杂乱无章且无法理解的。

高级管理人员和董事会需要准确的风险信息以支持决策,这就要求公司能够通过风险管理报告有效地表达当前的风险状况。尽管风险报告会因业务性质不同而形式各异,但是损失、事件、管理层评估和风险指标这些关键要素是任何风险报告必须涵盖的。

(三)风险控制

风险管理流程并不能只停留在增强风险意识或测量风险程度上,其最终目的是使公司的风险回报达到最优化,以下三种办法可以实现这一目的:有选择地发展、创造利润、控制负面风险。

三、风险管理的相关研究

风险管理理论的研究历程可以分为基于保险和财务方面的风险管理研究和基于整体层面的风险管理研究。

（一）基于保险和财务方面的风险管理研究

在这一阶段，企业风险管理的对象主要是不利风险（纯粹风险），目的是减少纯粹风险对企业经营和可持续发展的影响。企业风险管理所采取的主要策略是风险回避和风险转移，而保险是最主要的风险管理工具。

文献研究评述
请扫二维码参阅

（二）基于整体层面的风险管理研究

20世纪90年代以来，由于企业所处的社会经济环境更加复杂，人们日益认识到损失不是由单一风险造成的，而是由信用风险、市场风险和操作风险等多种风险因素交互作用而形成的，因此企业风险管理不能局限于某一视角，基于整体层面的风险管理应运而生。

文献研究评述
请扫二维码参阅

整体层面的风险管理具有以下特征：首先，风险管理理念从单一、局部或分离性层面向企业整体层面转变；其次，风险管理研究模式从模型化向框架化、标准化转变；最后，对风险管理实施的配套措施进行设计，强调全员管理和持续性管理。

内部控制、公司治理、
风险管理研究文献
请扫二维码参阅

第十九章　安然公司的风险管理和公司治理

> **导　言**
>
> 　　如今,在占据策略优势的进取派公司组织(称为"再设计公司")中,管理层和董事会不审查交易的内容,更别说指示大多数交易的内容。他们审查的是交易风险管理报告。良好的治理方式意味着为决策者提供正确的信息,善政还意味着创建问责机制。在再设计公司中,风险管理是内部控制机制的关键。安然作为这类公司的典型,却并未如此。
>
> 　　安然公司通过再设计,成为一家高科技的全球性企业,像交易商品般交易能源合同,拓展新产业(如宽带通信),监管数十亿美元的投资组合。美国参议院常设调查小组委员会(以下简称"小组委员会")在报告中指出,安然的董事会"没有监督……确保……终止滥用职权"。董事会有时会"选择忽视"问题,有时会"故意地让安然从事高风险行为"。此外,董事会"批准了一个前所未有的商定"。由此可以看到,董事会并没有履行自己的职责以维护安然股东的权利。在安然公司,风险管理既没有提供准确的信息也没有确保问责制,再设计公司组织结构给公司治理带来了挑战。
>
> 　　(本章案例部分内容选自:Robert Eli Rosen. Risk Management and Corporate Governance: The Case of Enron[J]. Social Science Electronic Publishing. 2004. 35.)

第一节　安然公司的再设计

　　首先,在一个再设计公司,流程是自下而上而非自上而下地流动。在这样的公司里,行政管理的监督依赖风险管理报告的分析。权力报告指出,安然的董事会没有要求更多信息,而且没有搞清楚已经获得的信息,应当被问责。如果是这样,董事会就应当因依赖风险管理报告而被指责,而非不监管,因为董事会疏于监督风险管理报告,造成了安然的悲剧。

　　其次,安然公司鼓励创新,鼓励寻求前所未有的项目。安然曾持续被《财富》杂志评为美国最具创新精神的大公司。由于鼓励创新,这样的公司将面临高风险。事后看来,安然的一些项目太过于冒险。但是公司组织架构的特殊性，使得风险不能被消除，只能要么规避风险，要么维持(保留)风险。再设计公司的治理内容为管理"高风险行为"。安然的实例产生了这样一个问题：在减缓和保留风险的选择上，依附怎样的看护义务。

最后，在再设计公司里，边界管理是宽松的，所以供应商、厂商甚至竞争者都可以被理解成公司潜在的一部分。再设计公司容纳外来工人(比如在临时的基础上雇用那些被裁的员工)，并且聘用外部顾问。在公司内部，对其他公司的忠诚会产生利益冲突，而对自己的忠诚不会产生利益冲突，所以再设计公司利用利己思想来激发创业型员工。这一举措也许是史无前例的，但是不难预测，尽管明显地存在小组委员会所察觉的利益冲突，安然董事会仍会批准与安德鲁·法斯托的商定。

公司组织结构聚焦在指挥系统上。公司是一个官僚机构，治理公司与将领指挥军队有些类似。再设计公司抨击官僚体制压抑创新，打败了等级制度；而将领的作用是激励军队的作战激情，而不是指挥军队。在这样的公司里，将领会感觉到等级性的命令不足以治理其军队。

第二节　再设计公司的问责制

如果管理者自诩在几个小时内想到的点子比已经思考了数月的项目团队的方案更好，那么公司里所有人的智慧都无法施展出来。他们应该表达关注并且信任项目团队能够找到处理问题的方法，而不是任意发号施令。

我们周围存在再设计公司。在大多数经济背景下，尤其是在新公司里，统治集团通常是平平无奇的，总部工作人员更是微不足道的。再设计的目的是将创新从等级制度控制的约束中解放出来。再设计公司缺乏官僚机构的明确的承诺和规则。在再设计公司中，员工是创新者，而不是官僚统治下的执行者。

公司的再设计是为了更好地使员工将其应当发挥的所有价值发挥出来。再设计公司允许代理人的机会主义行为。与官僚主义不同的是，再设计并不通过监管来降低代理成本。在再设计公司里，对代理机会主义的管理是间接的、秘密的。

第一，激励结构的建立将员工和公司的利益挂钩。员工明白再设计公司的操作规则：只要你能给公司带来价值，公司就雇用你；并且，你要负责不断地给公司增加价值。目标管理是这种控制的一种策略——管理供应量和报酬取决于达标量。这种方式的控制属于间接控制。例如，安然的管理层设立了目标，由团队和员工制订计划并实施项目，以求达标。

第二，再设计公司利用多种激励策略。例如，再设计公司发展"高度热情、高度凝聚力"的团队。再设计公司非常依赖水平控制，而不是科层控制。在再设计公司里，管理者对团队采取不干预的态度。因此，从委托人到代理人"传送带式"的权力委托为网络协调式所取代。再设计公司运用隐形的激励控制，而非透明的科层控制。

在再设计公司里，业务交易并不是分层管理的，而是依靠典型的自我管理的项目团队进行管理。一个调整激励的承诺取代了标准化的程序和原则,给予自我管理团队的承诺制约了层级结构所达到的协调。

对于正在开发的项目则通过对风险管理报告的审查进行分级监管,而报告是由项目发起人编写的,至少部分如此。在再设计公司里,团队开发风险管理计划……处理未解决的问题和项目风险,协商相互之间的分配和分担并创建方法来处理,以此减轻负面影响或完全消除风险。高层管理人员评估风险管理计划,决定是否继续进行这个项目,有时需要提交一份独立的评估。

总体来说,在再设计公司里,市场由企业创造,竞争通过风险管理报告产生。在许多方面,再设计公司是内部创新团队的结合体。一个社会性定位准确但隐喻性又合法的再设计公司的形象即为拥有内部创新团队的控股公司。激励结构被操纵,因此对于每支团队来说,其项目是以公司作赌注的行为。

当然,公司的再设计可能只是昙花一现,因为丑闻可能会导致再设计组织变得更加集中,市场可能会使公司重兴官僚主义的"命令和控制"系统。专业公司可能意识到让项目经理与客户的伙伴关系否决内部判断所要付出的代价,但正如安然所揭示出来的,再设计组织在当今社会具有重要意义。

官僚主义的企业管理不只是监管代理成本,而是对监管威胁也会做出反应。官僚组织产生了看似值得信赖的公司,能够做出理性和负责任的决定,减少了对监管原则的需要。当今,我们面临的挑战是让公司不存在官僚作风,从而值得公众的信任。

第三节 安然公司的风险管理和利益冲突

在崩溃之前,安然公司被认为再设计公司的典范,其高水平的金融风险管理工具广受赞誉,被视作最佳风险管理行家的供应源。然而在它倒下后,安然公司因其脆弱的风险管理程序而被谴责。

事后看来,我们可以说安然并不是模范的公司。安然公司的创新承诺太过宏伟,给团队配置了重要的资源,但没有给予执行项目所需的专家配置。以"安然在线"为例,这一项目是由一个天然气交易员自下而上地进行。虽然这个项目不在其小组的职权范围内,但在与小组外的管理人员取得联系之前,他的团队使用安然公司的资金向该项目投入了1500万澳元(不包括薪金)。"安然在线"团队在没有获得批准之前雇用了25个外部的律师事务所和380位安然的员工。在项目结束之前,项目小组组长对高层管理者说:"我从来没想过我们得谈一谈。"当"安然在线"项目面世时,安然公司的高层管理者JeffreySkilling 和 KennethLay 都感到"震惊"。

"安然在线"项目说明在安然公司,团队自我管理,提出并设计项目。员工的创新没有受到官僚主义的监管,专业人士不受管理部门的干涉,他们的工作是自下而上地进行管理。

再设计公司存在的一个问题是:在没有层级结构控制的前提下,一支团队如何从其他团队那里捕获必要的资源,因为它们可能拥有过多的资源。这在安然似乎是个问题。当"安然在线"项目获得批准后,项目团队就要去执行,而安然其他操作团队是其成功的必要条件,但项目团队没有得到它们的合作。安然在线需要交易结算、信贷、风险管理、后勤纸张处理等服务,但当项目推出后,这些工作都没有到位。结果,"安然在线"对客户有的要价过高,有的要价过低。其他项目团队的项目执行也没有充分结合公司的业务活动。

安然存在的另一个问题是:在项目的执行过程中如何管理风险。现在看来,安然一向自诩拥有先进的风险管理,但公司并没有真正去完成其风险管理的任务。被批准的交易利润单薄且预测存在损失,结果导致了"不盈利的合同"。由于风险管理失败,安然显然发生了糟糕的商业交易。

对安然的审查引发了冲突事件。一方面,整个行业都在使用手段获取灰色收入,安然公司是其中最老练的。安然公司可以在资本管理中创新,因为它将自己的经验与行业内领先的法律和会计公司结合在一起。另一方面,安然公司是个不受控制的麻烦,高薪员工根本不在意能够带来红利的交易。在安然公司,实施的项目缺乏基本的操作控制。风险管理是安然成名的基础,却也是其最薄弱的环节。下文重现这些冲突事件,包括安然公司的董事会所运用的特殊目的实体(SPE)——Raptor项目,这也是导致其破产的直接原因。

一、风险管理

(一) 法务利润中心

传统上,公司资金用于法律和审计服务即被视为损失,是根据公司宗旨针对边界约束的费用支出。当今,税务部门、会计师事务所、公司法律部门、律师事务所声称其为利润中心,能为公司"增加价值"。事实上,有人会说安然公司主要通过财务部门来增加价值。安然的转变经历了从销售天然气产品、提供金融产品到将产品销售捆绑在金融产品上。

小组委员会发现,高风险来自"安然公司安排税务部门通过复杂的避税措施庇护使公司产生了数十亿美元收入"。更准确地说,安然公司的税务部门从会计师和律师事务所上开发并购买产品以增加公司收入。在再设计公司里,税务部门寻求创新,为公司增加价值(产生收益)。问题不是这种行为,而是这些创新不能被充分评估。安然公司利用会计业务挑战极限并且处于可以被接受的边缘,批准了一些史无前例的项目。这些可以说是一种创新,但真正的问题在于,安然公司没有妥善处理这些创新背后的风险。

安然公司的财务团队推销自己是领导者和创新者,能够使用衍生产品工具和其他复杂的财务方案解决企业问题。Vinson 和 Elkins 声称自己在能源行业资本市场、项目融资和结构化融资解决方案上走在前沿。Arthur Andersen 也强调个人的技术知识、创新途径并承诺帮助客户策划最佳战略,使其在能源和公用事业市场上获得成功。Arthur Andersen 的能源和公用事业集团称赞道,安然公司能重新思考商业模式,发展价值动力学模型以评估公司资产,安然公司处于"领先优势"。

除自我交易之外,安然公司的一个教训是:当财务和法律被视为利润中心时,公司所面临的监控风险的难题。在再设计公司里,这种监控特别困难,因为专业人员是为团队工作的。正如局外的一名律师所说,他们根据协议给当事人提建议,他们很清楚地了解风险。律师帮助团队开发项目,从而使其风险暴露得以削减。出于风险管理的目的,至少团队将律师视为特聘专家。他们通过减轻、转让和对冲风险来推进项目。一位能源和公用事业公司的高级执行官说:"从事务型律师那里,我想要的是工作的质量——提出好问题和中肯的建议来捍卫我们这一方。"

在再设计公司里,不是所有的风险被消除,被资助的项目存在法律风险。高层管理人员面临许多风险,法律风险只是其中之一,不遵守法律则是一种可能性。企业的决策依赖于风险管理,而不只是风险消除。例如,Arthur Andersen 决定继续让安然公司作为客户,因为他们确信拥有适当的人员和程序来管理签约风险。在疲软的市场上,律师具有重要而隐秘的作用。律师的风险管理工作在公司以外一定是隐性的,因为律师的存在说明风险并没有被消除,只是被对冲、转移或保留。

再设计公司的专业人员推进盈利项目以创造价值,同时减少项目风险;专业人士也可以利用其专长开发盈利项目,从而创造价值。法律和审计组是利润中心,它们的项目及其所效力的团队的项目,都受风险管理报告监控。下面通过一个例子说明再设计公司并未适当地监控其专业人员。

(二) Raptor 项目和安然公司董事会

小组委员会发现,诸如安然高风险的会计行为等并没有对董事会隐瞒,董事会知道这些但并没有进行阻止。董事会听取了 Whitewing、LJM 资本管理公司及 Raptor 项目的目的,明确赞同并接受行动所取得的进展。安然公司大量的灰色收入活动不但为董事会所熟知,而且正是董事会的决议使其成为可能。

小组委员会采访的董事会成员回应,他们履行了监督公司运作的义务。但小组委员会发现,安然公司董事会本应该对交易进行调查,监督公司的运作,在批准"新的商业投机和复杂交易"时应该三思。事后看来,小组委员会也许是对的,但也只是事后诸葛亮。更重要的是,小组委员会的建议太过宽泛,公司董事会很难知道从哪里开始。如果真的这样做,他们将重组公司,抹去再设计的优势。

公司董事会有责任确保组织里存在设计合理的信息和报告系统,提供及时、准确、充足的信息,使管理者和董事会在各自的责任范围内做出明智的判断。在安然公司和其他的再设计公司里,委托人的担保来自单一风险管理系统的使用。

在再设计公司里,风险管理团队做出关键的决定。风险管理者管理公司与环境之间的边界。根据对安然公司的分析,重点在于公司与监管环境的接口。对于安然这样的金融公司来说,此接口是至关重要的,通常由风险管理者负责。例如,风险管理者对金融机构董事会的报告由监管机构的风险类组织提供,涉及信用、合规、运作、利率、资产流动性、合法性、声誉等。为了响应安然公司,风险管理者会在报告中添加战略性风险。报告显示,安然公司不仅没有遵从法律法规,还没有运营好业务。对于商业社会,安然公司的失败部分是因为缺乏足够多的法律和会计的把关人;更重要的是,它没有运营好业务。特殊目的实体是失败的商业交易。对特殊目的实体的风险管理所进行的分析尤其显示出安然公司在业务上的失败。

  风险管理对安然公司是非常关键的,不仅因为监管环境,还因为商业计划。为了响应能源行业中价格和供应的波动风险,安然公司给出了长期固定的套期保值承诺。预期出现的竞争将增大不履行这些承诺的可能性,至少,为了响应这些竞争,安然公司的战略是增加购买高杠杆比率的能源和金融产品。这提高了安然公司的债务与资本比率,由此增大了安然公司的财务风险。此外,安然公司试图将产品线多样化。为了实现这些增长机会,安然公司需要大量的内部融资。

  安然公司的风险评估和对照组的主要任务是管理市场风险。小组委员会发现,Andersen经常告诉审计委员会,安然公司运用的会计行为由于其新颖的设计,在相关领域中尚没有先例,只能大量依赖管理者的主观判断;而且,这些会计行为会招致审查,显露出不遵守公认会计原则的高风险。

  把"会计"替换成"业务",就是对创新经营策略的描述。

  Anderson对董事会的业务陈述与其他项目的陈述一样,通常由风险概况分析组成。Anderson对这些风险进行了评估,并将一些风险评为高风险。小组委员会谴责安然公司采取这些高风险的行为。

  Anderson的陈述与董事会从项目团队处得到的风险报告在实质内容上存在差异。与其他利润中心一样,安然公司青睐高风险的项目。小组委员会对法律风险的关注使安然公司所面对的其他风险被剥离出来,会计高风险的出现暴露了董事会有意识地不履行谨慎义务。小组委员会认同这样的想法,即公司外部审计机构进行的高风险活动是一面严重危险的信号旗。如果将外部审计机构替换为项目小组,那么再设计公司将处处充满危机。

  再设计公司认同这样一句格言:没有风险就没有收获。对创新简单而准确的描述为:这是一场智慧型赌博。如果公司有程序和员工管理风险,那么这场赌博就是明智的。Anderson告诉董事会,公司的人员非常老成,进行许多复杂的交易……Anderson还告诉董事会,安然公司里存在善于智慧型赌博的员工。

  在再设计公司里,风险管理决策即行政决策。以特殊目的实体来说,特殊目的实体的交易报告以风险管理状况结束。安然公司那场批准特殊目的实体"Talon"的财务委员会会议记录已被公开,项目是由Raptor团队开发,因此接下来以Raptor项目说明这一点。

  Talon方案的展示是由Ben Glisan进行的,他在该会议之前基本上被认定为安然公司的财务主管。在展示过程中,会议讨论了五张幻灯片。第一张幻灯片上有项目名称,并说明这是一种避险交易方案。第二张幻灯片以"目的"作为标题,将Raptor项目描述为一个风险管理方案。Glisan告诉财务委员会,与那些已经使安然公司闻名遐迩的创新一样,正在展示的是另一个创新方案。接下来的两张幻灯片描述了 Talon 方案的结构。一张为"结构亮点",有五个论点,其中两个论点是 Talon 方案能为安然公司带来的利益。Talon 方案可以成为安然公司的投资损失的避险交易相对人,也可以使安然公司从避险活动中获益。其他三个论点表明,Raptor 项目能够开发越来越大的财务基础,从而不断提高安然公司的损益波动保护能力。另一张幻灯片为"方法结构"。会议记录的副本记载,在这张幻灯片上,Causey 先生也参与了讨论,并表示 Anderson 会计师事务所已经花费大量时间分析 Talon 方案的结构和 LJM 2 号基金的管理结构,并且对拟议中的交易很满意。

展示的最后讨论了 Raptor 计划的风险和缓解这些风险的潜在方法,项目风险管理幻灯片上包括三个风险和三个风险缓解方法。

第一个风险为会计监督,风险缓解方法是由首席会计官和 Anderson 审查交易业务。这种说法是准确的。如果交易业务不能经受得起会计审查,那么对 Anderson 的依赖就可以缓解这种风险。这种依赖能够消除风险吗?不能。但这种依赖确实让 Anderson 成为(至少是)道德方面的担保人。这种缓解方法不能够防范因 Anderson 决定消除风险而带来的风险。

这个风险最终还是发生了。Anderson 决定再也不能担保特殊目的实体。Anderson 认为,在这种情境下,失之一尺并不意味着失之千丈。没有了 Anderson 的担保,安然公司编制了一张综合资产负债表,负责说明 Raptor 项目的应收账款。安然代表用证据证明他们遵守法律,当会计师告诉他们需要公布什么财务数据时他们均遵从照办。董事会之所以违反谨慎性义务,是不是认为 Anderson 不会撤销对特殊目的实体的支持?特殊目的实体是达到特定目标的工具,凭借其结构最终达成目标。Anderson 已经告诉董事会,这种结构令人满意。

第二个风险是股票价格大幅下降。这一风险又产生了两个风险——项目过早终止和信用风险上升。缓解这两个风险的方法是与 LJM 2 号基金提前终止业务谈判。

如果 LJM 2 号基金能够并且愿意维持并增加对 Talon 方案的投资,这些风险就可以缓解。在这次会议上,董事会被告知,LJM 2 号基金有 33 600 万澳元的资金,其中有 13 900 万美元已经投资到安然公司。更重要的是,安然公司董事会有理由相信 LJM 2 号基金会显示对安然公司的忠心,因为它由"我们的人,Fastow"管理。董事会认为 Fastow 会很配合,这是否董事会在谨慎性义务上的失职呢?在特拉华州,这当然不是。

第三个风险是对手信用,缓解方法是主净扣合约。这种想法是错的。主净扣合约不能阻止 Talon 的破产,也无法保护从 Talon 到安然公司的净收入。

Raptor 项目的特殊目的实体缺乏信誉,迫使 Anderson 撤回其支持,从而导致安然公司重述其财务报告,出现大量的收益支出和股东权益减少。这引发了安然公司的信用等级下降,并导致其最终破产。

信用风险的出现说明这项交易是失败的。即使 Raptor 项目没有利用法律和会计的掩饰手段,即使安然公司弥补了特殊目的实体的损失,Raptor 仍具有结构性缺陷。

财务委员会在一份不准确且带有欺骗性的风险管理报告的基础上，批准了 Talon 方案。财务委员会根据风险管理报告而批准了一项问题成堆的交易，它引出的问题不止针对这一项交易。

1. 依赖风险管理报告

董事会是否有能力知道什么时候依靠风险管理报告制定决策。William 得出一个结论：即使董事会成员通晓各种行业，但对于特定的业务种类缺乏细节上的认识，那么也会加重企业的问题。他指出，即使安然公司运行了一个衍生工具业务，但那些财务委员会及董事会的成员没有足够的衍生工具知识背景去理解和评价在展示会议上听到的内容。如果他们拥有这种知识背景，就不会接受那些风险缓解方法。

Raptor 项目是一场不明智的交易，为什么安然公司董事会不明白这一点？当然，董事会成员可能是明白的但只是装糊涂，这些由法庭评判。不论法庭发现了什么，政策依然不变。董事会必须有能力分析风险管理报告，从而避免董事会的职权形同虚设。

董事会不明智的商业决定引出了一个更基础的问题。为什么一份带有欺骗性的风险管理报告被提交给了他们？也许曾经有适当的报告被提出，但董事会可能只认可那些在互换信贷发生之前能够承诺充足的外部资本的方案。如果真是这样，特殊目的实体，至少在形式上，具备充分的信贷质量；更重要的是，它本可能成为一项成功的业务交易。

欺骗性风险管理的原因可能是相互勾结。主净额结算的风险缓解伪方法可能是蓄意逃税，以获得董事会的同意，而不是风险管理评估小组的错误。这不难想象，因为进行项目展示的 Glisan 是认定的财务主管，也是公司业务部门的领导，还是与 LJM 资本管理公司谈判的安然公司代表。还有可能是风险管理者担心如果不批准交易会遭到报复，由此导致串通勾结的发生。

特殊目的实体的协议由许多人签署，包括首席风险运营官 Rick Buy。因为 Talon 方案的问题在于没有正确地管理信用风险，所以 Buy 的签名引出了一个问题：风险管理师去哪儿了？Buy 承认，他把自己的角色定位在主要评价安然公司的信用风险上。然而，权力报告似乎让 Buy 躲过了一劫，认为 Buy 并没有"忽视他的职责"。Buy 没有被指控失职。Coffee 教授推测，安然公司的发展步伐远远超过风险管理系统的发展。权力报告给出了一个不同的解释。权力报告认为，安然公司的风险管理失误是因为 Buy 的作用比董事会所认为的要狭小得多，并且 Buy 没有积极地（或确保他人）仔细审查安然与 LJM 资本管理公司所有交易的经济条款。

权力报告没有把重点放在欺骗性风险管理报告上，其对安然公司风险管理小组温和的谴责似乎是基于对风险管理作用的误解。风险管理的作用不是消除风险，而是管理风险。安然公司的项目研究小组处理复杂的期权定价和建模问题，并且是安然公司风险评估和控制小组的子小组。权力报告强调，项目研究小组反对批准特殊目的实体中的一个交易，原因是从信贷能力的角度看其结构不稳定——特殊目的实体的资本是由安然公司股票构成的。Buy 声称，有时他的团队对安然公司进行评估，发现其信贷能力过低，建议对其结构做出一些良性的改变。权力报告将此作为相互矛盾的证据，因为按照 Buy 的说法,他缓解了一些信用风险。那么他究竟是否知道这笔交易应该被终止？如果风险管理的作用不是消除风险,而是缓解风险,那么 Buy 就是正确地回应了项目研究小组的报告。当权力报告发现 Buy 对自己角色的理解过于狭窄时,似乎是在期望风险能够被消除。权力报告应当问一问,为什么风险管理报告没有缓解信贷风险？

2. 依赖风险管理团队

无独有偶,权力报告拿出了证据证实 RAC(风险评估与控制部门)研究小组是由安然公司的内部会计人员所雇用的。RAC 研究小组分析了特殊目的实体的结构并确定特殊目的实体有 68% 的可能性会违约。与 Buy 一样,首席会计官不是决定放弃这个项目,从而消除可能导致的结果,而是想通过创建信贷储备来缓解风险。

小组委员会和权力报告间接地揭示出再设计公司的一个重大问题。再设计公司依赖风险管理团队,但并不总是支持这种依赖。以特殊目的实体为例。安然公司董事会认为,公司拥有许多的团队监管程序和控制的合规性,并且经常更新。然而在董事会和专门委员会所有的会议里,Buy 在报告交易限额、商业信用和市场风险方面的作用是非常有限的。尽管特殊目的实体充斥着风险,而且董事会给予 Buy 审查公司与 LJM 基金之间所有交易的权力,但是这与安然公司对风险管理团队的授权相一致。Buy 团队将其与特殊目的实体的关联解释为核实出售价格与购置价格是否一致。

再设计公司赋予风险管理团队的责任往往远超过其工作任务。如同在官僚机构的法律部门里,风险管理被视为边际约束。风险管理团队往往不被包括在重大交易中,他们的建议往往被忽视。风险管理人员在被调用之前无所事事,他们不在团队中工作,而是从团队中获取计件工作。计件工作不会向风险管理人员提供完整的信息,因此他们对风险的评估可能是片面的。

在安然公司里,风险管理的作用是有限的,既没有建立适当的项目审批流程,也没有确保所有项目进入了审批流程。董事会要求特殊目的实体交易不能在没有交易审批手续的情况下进行。权力报告不仅批评 Buy 没有确保遵循这些流程,还得出一个结论,即审批流程没有被精心设计,而且 LJM 交易审批只是例行公事,没有任何控制作用。

审批表没有要求寻找第三方的记录,除 LJM 1 号基金和 LJM 2 号基金外没有其他无特殊关系的买家购买安然公司的资产……这其中的一些问题(如该交易是否严格地照章办事)是陈词滥调,其他问题(如从财务角度来看,是否有第三方告诉安然公司这笔交易对安然是不公平的)则被包装以设置不合理的低标准或者使用否定的措辞。

这些问题存在于团队身上,它知道自己在公司中缺少力量。从安然事件中可以得到的一个重要结论是,再设计公司需要能够尽职尽责的风险管理团队。此外,鉴于当前风险管理报告的编写标准,报告有可能不会足够细致地解释缓解风险的方法已备审查。其结果是,公司会做出无远见的决定。此外,考虑到《公司法》缺乏对风险管理过程的考察,以不充足的风险管理报告为基础做出的决定不可能不使管理者和董事失职。因此,再设计公司的董事会必须确保风险管理制度所产生的报告能够让董事会做出明智和理智的决定。

3. 道德风险和督查人员的问题

安然事件中还存在两个问题。

第一，道德风险问题的存在。团队倾向于美化风险管理报告，以便自己的项目能够被选中。如果交易业务出现了不好的结果，管理者和董事会就会说："我们意识到了这一道德危害问题并给出了回应，尽管这一法律行动表明我们的回应不够充分，但是我们能够对代理成本做出反应。即便我们没有，市场也会做出反应，外人无须事后猜测。在目前的情况下，我们不承担任何责任，因为我们没有给出命令，而且我们对（不）存在的明确信号做出了反应。"

管理者和董事一般不会提到道德风险问题，因为这些问题源自他们赋予员工的权力。在自下而上的战略中，高层管理者得到的是合理的推诿。"我们把他们当作成人一般对待，但是他们背叛了我们。"把责任推卸到下层，高层很有可能从事危险活动。

一名董事或管理者的证词说："我们知道那里存在这些非常重大的风险，但我们还是这么做了。这是一个对成本—效益的衡量。"如果一名侵权律师听到这些会很开心。此外，在一家风险管理系统正常运行的公司里，管理者和董事可以选择必须拥护股东的利益。对于管理者和董事来说，这将陷入两难的境地。再设计公司允许高层管理者将责任推卸到自我管理的员工身上，从而解决了这一两难问题。但是当公司负有法律责任，或者因为一些没有被允许但从下层浮现出来的行为而导致公司遭受财务损失时，代理成本被加到了股东身上。

第二，由于企业的再设计，督查人员成为风险管理者。督查人员的热情被重塑，可能产生的一个重大的后果是出现违规行为。风险并不总是被消除，它们常常被转化、对冲及担保。

这种对公司法规遵从性理解的变化不但反映在公司里，而且反映在多领域的审计事务所中。在后安然时代，最大的新闻是咨询合作伙伴终止与审计师的伙伴关系。这一消息无法强调督查人员、税务顾问和审计师是一体的。督查人员、税务顾问和审计师的共同存在，说明这些顾问的附加价值在很大程度上源于其与审计师组织的联系。例如，当你的合作伙伴想要审核账簿时，税务产品更容易卖出去。当你的审计伙伴决定哪些需要被报告时，督查决策同样能增加价值。因为督查人员的决策被看作风险管理决策，审计师规范的理念及其业务现实之间就会出现严重的利益冲突。尽管如此，但美国证券交易委员会没有执行《萨班斯-奥克斯利法案》，让税务顾问和督查人员退出会计师事务所。

二、利益冲突

安然事件一个令人困扰的方面是安然公司董事会决定放弃自己的原则，即便存在明显的利益冲突，仍允许 Fastow 成为安然公司的首席财务官及特殊目的实体的管理者。据报道，风险评估和控制组也因 Fastow 的利益冲突而不安。Anderson 的一位合作伙伴问道："为什么思维正常的董事会批准这样一个方案？"也可能有人会问，如果脑子没有进水的话，Anderson 怎么能同时成为内部审计和外部审计机构？其实，Anderson 及其他五大会计师事务所会将这种业务卖给公司,包括安然公司。还可能有人会问,如果脑子没有进水的话,怎么能让参与交易的文森-埃尔斯事务所审查交易?

这里基于组织再设计给出了这些问题的答案,主要观点是再设计组织对利益冲突有着不一样的基本理解。冲突不是源自对自我的忠诚,而是源自对其他组织的忠诚。

在再设计公司里,利益冲突源自对其他公司的忠诚。管理方面的利益冲突问题是操控员工和外来雇工的自我利益,这样一来,他们就不太会忠于其他公司了,如特殊目的实体、Anderson 及文森-埃尔斯事务所。

安然公司的基础业务策略证明了其对利益冲突的理解。例如,在交易业务中,安然公司的交易方同时是客户、供应商和竞争对手。假定个人利益并且打破公司之间的边界而操纵利益,使得这种方式变成可能。这样足以避免利益冲突,并确保没有任何一方与安然公司竞争交易。

对于与特殊目的实体、Anderson 及文森-埃尔斯事务所的交易,安然公司不理解它们的跨境交易。董事会信任高管会确保与自利组织的交易能够增加安然公司的利益。例如,小组委员会获悉 LJM 1 号基金是一家投资管理公司。安然公司解决利益冲突的办法是利用 Fastow 的自身利益,使其成为基金经理及安然公司的股票持有人以增加安然公司的利益。

小组委员会批评董事会,因为它依靠安然公司管理、发展和执行对 LJM 资本管理公司的监控;它还批评董事会没有迅速采取行动,以至于一年多以后才进行适当的控制。如此一来,小组委员会推定一个再设计组织不主要依赖层级化控制方法,LJM 资本管理公司的自身利益必须被直接控制,而不是间接或隐秘地。

同样,小组委员会不理解再设计公司对利益冲突的理解。它发现,作为外部审计师,Anderson 可能会审计自己作为内部审计人员的工作,或者 Anderson 审计师可能不愿意因 Anderson 耗资数百万美元协助设计 LJM 资本管理公司或 Raptor 项目而批评 Anderson 顾问,尽管这样,也没有董事会成员对此表示担忧。Anderson 远远不只是安然公司的外部审计机构,它还提供大量的内部审计和咨询服务,至少审计委员会在知道这些后好像得到了安慰。这实在令人难以置信。

允许 Anderson 成为内部伙伴对安然公司具有很大的益处,但小组委员会并没有对其予以重视,也没有重视它找到的解决利益冲突的一个方法。委婉地说,Anderson 在创新项目团队里的地位确保了会计(税务和督查)风险得到早发现、早管理。不太委婉地说,拉拢 Anderson 使其成为内部伙伴,安然公司能够操纵 Anderson 的专业人员以增进双方的利益。让 Anderson 雇员成为安然公司的外用雇员,帮助安然公司从头开始设计最复杂的组织结构。

对于这些失败的组织结构,让 Anderson 的雇员从安然公司独立出来可能是更好的选择。但对于那些的确给安然公司增加了价值的创新性结构,让 Anderson 的雇员成为内部成员能够促进自由度并激励再设计公司所依赖的热情。

从规范性来说,小组委员会可能是正确的,安然公司不应该允许利益冲突的存在。

但实际上,这种冲突并没有给安然公司造成损失。总结安然事件时必须予以谨慎。安然公司施行的许多交易使员工只对公司忠心,正是这些交易促成了安然公司的成功。毫无疑问的是,如果小组委员会和权力报告是正确的,那么它们不仅批评了安然公司,还批评了所有再设计公司的经营策略。

第四节 案例评述

会计造假行为只是安然公司破产的直接因素和表面原因,风险管理和公司治理才是其破产的根源,这也是再设计公司普遍面临的问题。再设计公司要提高内部风险管理控制,风险管理团队需要被理解和被认同。

传统的公司组织结构已经较为成熟,对风险防控已经形成较成熟的体系,但是等级制度严明、创新性被压抑、信息传递慢等固有缺陷使其面临巨大的挑战,像安然公司这类占据策略优势的进取派公司组织——再设计公司的出现,正是符合市场和时代需求的、对新型公司组织结构的探寻。再设计公司没有层级结构,它是由一个一个项目团队组成的。项目团队之间是平行的,团队内的成员也是平等的。公司的高层管理者对项目团队没有命令的权力,管理依赖于风险管理报告。虽然这种打破传统公司组织结构的新型组织结构设计,在理论上是可行的,但是在实施过程中却产生了很多意想不到的麻烦。

其实,安然公司董事会对再设计公司的结构性缺陷也是了解的,但是没有加以阻止,因为董事会不知道在实践过程中如何能够在不抹去再设计公司的优势的基础上去改变。本案例的重心并不是批判再设计公司的结构缺陷,而是希望能引发关注,让更多人加入寻找解决之法的队伍中。

讨论题

1. 针对这个案例,如何改进安然的再设计结构的劣势?
2. 安然公司让安达信成为公司内部伙伴,使会计监督的风险几乎降为0,如何评价这种做法?
3. 公司经营风险有哪些?
4. 公司治理产生的原因是什么?

讨论题的分析要点
请扫二维码参阅

第二十章　新世纪金融公司的声誉风险

> **导言**
>
> 　　新世纪金融公司自1995年创立以来，一直保持着快速发展。尤其在1997年上市之后，公司的次贷发行和购买一直保持着高度的增长。2003年和2004年，美国住房市场发展迅猛，在这一背景下，2004年新世纪金融公司进行了重组并成为一家房地产投资信托公司（REIT，投资于不同类房地产或房地产资产的实体），开始在纽约证券交易所交易。
>
> 　　迅猛发放的贷款给公司带来了隐患。董事会和审计委员会并未过多地关注公司贷款的质量及问题，外部审计师的监督也不完善，在美国次贷危机爆发之后，新世纪金融公司的风险终于全面爆发，公司股价遭受重创并于2007年4月申请破产保护，这成为美国房市降温以来最大的一起次级抵押贷款机构倒闭案。
>
> 　　（本章案例部分内容选自：Krishna Palepu, S Srinivasan, A Sesia. New Century. Financial Corporation [J]. Harvard Business Review, 2008.）

第一节　新世纪金融公司案例的背景

一、事件简述

（一）公司创立与高管背景

　　1995年，布拉德·莫瑞斯、爱德华·高特吉尔和罗伯特·科尔成立了新世纪金融公司（New Century Financial Corporation）。2005年，科尔任董事会主席和CEO（首席执行官）；莫瑞斯任副主席和首席运营官；高特吉尔任副主席，分管财务。在创立新世纪金融公司之前，他们三人在房地产行业拥有丰富的经验，并在一家专门从事住宅按揭贷款发行与服务的公开交易的储蓄贷款公司担任高管。科尔此前曾担任一家国际房地产开发公司的总裁和底特律国民银行运营子公司与公共存储公司的总裁。1990—1993年，莫瑞斯是一家律师事务所的合伙人，专门从事按揭贷款公司的法律代理。类似地，高特吉尔拥有担任按揭网络公司（一家零售按揭银行公司）CFO（首席财务官）的按揭银行业务经验。

（二）公司上市并成为房地产投资信托类公司

新世纪金融公司发行、保留、出售并服务于为次级借款人设计的家庭按揭贷款。1996年，公司在运营的第一个整年发行了超过35 000万美元的贷款。次年，新世纪金融公司在纳斯达克上市。2001年，公司的次贷发行和购买超过62亿美元，并继续高速增长，在2005年达到560亿美元。2004年，新世纪金融公司重组为一家房地产投资信托公司，并开始在纽约证券交易所交易。公司增加了所提供的产品，截至2006年，新世纪金融公司提供固定利率按揭、浮动利率按揭、混合按揭（浮动利率在后期变成固定利率）和只付利息按揭（在最初几年借款人只付利息不还本金）。新产品也改变了新世纪金融公司贷款的风险。浮动利率按揭、只付利息按揭、100%贷款价值比率贷款及自述收入贷款的风险高于固定利率完全摊销贷款。

2003年和2004年，美国住房市场发展迅猛。新世纪金融公司的执行者认为，股票市场低估了公司股票，之后他们伙同其他几家次优贷款公司将新世纪金融公司变成了房地产投资信托类公司，并开始在纽约证券交易所交易，希望能够以较高的分红吸引更多的投资者。然而，这种转变并没有带来多大的效用，房地产投资信托类的公司结构使得新世纪金融公司更难将收益存留下来以备不时之需。

（三）贷款的发放机制

新世纪金融公司运营两个贷款部门：批发贷款部门（也称新世纪按揭公司）和零售按揭贷款部门。新世纪金融公司主要是通过批发贷款部门发放贷款、接触客户的，而这类公司通常是地方性的、规模较小的。抵押贷款经纪人通常主动找上客户，建议他们选择适合的贷款方式，并且从这个过程中赚取手续费。

批发贷款部门在美国19个州运营33个中心，并通过约1 000个账户管理人和约50 000个独立的按揭经纪人发行了公司约85%的贷款。这些经纪人负责找到潜在的借款人、帮助他们完成贷款申请、充当借款人和新世纪金融公司之间的协调人直到贷款交易结束。这个部门也从其他贷款人那里购买贷款。

此外，新世纪金融公司维持了以网络为基础的贷款承销过程，称作快速合格（FastQual）。零售按揭贷款部门在美国35个州运营235个销售办公室，与一个电话营销单位和网站结合在一起，直接服务于潜在借款人。但是因为没有直接接触客户，新世界金融公司及其他如它这样的公司就此失去了对借贷者情况的掌握以及对客户选择贷款种类的把握。一些出借人和行业顾问表示，次优贷款人对经纪人的依赖在一定程度上能解释为什么会出现众多的按揭贷款欺诈案件，而次优抵押贷款违约情况的恶化大多源自按揭欺诈行为。新世纪金融公司披露的信息表明，某年12月，2.5%的还款人没有提供首个月份的月供还款。而通常，有意欺诈贷款的借款人在借款的前几个月还是能提供月供还款的。早在五年前，新世纪金融公司这样的贷款提供商就开始放松对借款人的要求。住房价格上涨过快，致使那些不能偿还月供金额的借款人可以卖掉他们的房子或者以更优惠的条款重新获得贷款。而这也促使贷款提供人能够为很少的或没有预付定金的人提供贷款;有些时候,他们还会让借款人越过填写收入证明等条目众多的申请表格。

(四)迅猛发放贷款中的隐患

从2000年12月31日至2004年12月31日,投资人对新世纪金融公司的增长给予了约70%复合年收益率的丰厚回报。截至2005年年底,几名关注新世纪金融公司的分析师认识到次贷市场的困难和竞争压力,但是他们相信新世纪金融公司与其同行相比处境尚好。一名分析师在2005年9月评论道:"根据现有的数据,新世纪金融公司是成本最低的发行人之一,这对它的长期按揭银行业的利润能力而言是好消息。"2006年年初,一名分析师表示了惊讶:"尽管公司激进地扩张,但我们并没发现证据表明承销的恶化,新世纪金融公司的信用趋势仍旧高于行业平均水平。"然而,其他人开始质疑公司的贷款质量。一名分析师在2006年9月就新世纪金融公司贷款质量与其竞争对手相比写道:"以严重拖欠和止赎贷款的总数衡量,新世纪金融公司贷款资产的质量恶化程度更高。"另一名分析师在2006年10月写道:"这家公司2005年和2006年发行的贷款信用最可能恶化,我们认为这些也正是得益于宽松的承销标准的贷款。"此外,金融研究与分析中心——风险度量集团旗下报告那些显示出财务或运营困难的早期征兆的公司的机构,在它发表于2006年11月6日的报告中指出对新世纪金融公司收入质量的担心。

(五)申请破产保护

新世纪金融公司肆无忌惮地沉迷于增加贷款发行,毫不在意这种商业战略带来的风险,这个风险犹如一颗定时炸弹,终于在2007年爆炸。2007年4月2日,饱受信贷记录差的贷款人违约率上升打击的新世纪金融公司向法院申请破产保护,这是美国房市降温以来最大的一起次级抵押贷款机构倒闭案。纽约当地时间下午15时59分,新世纪金融公司在场外交易市场的股价下跌14%至9.15美元。2004年12月,该公司市值超过35亿美元;而现在,公司股价已经跌去了97%。

根据新世纪金融公司递交给威明顿联邦法院的破产文件,公司计划在45天内出售绝大部分资产,并解雇大约3200名员工。公司宣布,同意以大约5000万美元的价格将其发放的部分贷款及其在某些证券化信托中的剩余权益出售给Greenwich资本公司,并将在法院批准的情形下向Carrington资产管理公司及其关联公司出售服务资产和服务平台,收购价为1.39亿美元左右。

(六)新世纪金融公司破产与美国次贷危机的关系

2000年以来,美国持续低利率,房价又在不断上涨,大大刺激了次级抵押贷款的发展。2001年,次级抵押贷款规模为1 200亿美元;2002—2005年,年增长率超过50%,2005年达到6 250亿美元,2006年略微降至6 000亿美元。2004—2006年的两年内,美联储连续17次加息,联邦基准利率从1%升至5.25%,次贷利率则更高,多在10%以上。大幅攀升的利率加重了购房者的还贷负担,受此影响,2006年美国房价开始下降,很多次级抵押贷款市场的借款人无法承担高利率,不能按期偿还借款;购房者又难以将房屋出售,或者通过抵押获得融资。普通居民的信用降低,债券的评估价格下跌,一些次级贷款公司开始向投资银行出售资产以抵押债券,但其向投资银行提供的债券担保凭证存在风险高、流动性弱的特点。为了分散风险,投资银行向一些保险公司等金融机构和对冲基金提供流动性强、风险较低的担保债券凭证以换取流动资金。随着美国房地产市场降温,一度红火的次级抵押贷款市场自 2006 年开始走软。2006 年年末,次级抵押贷款的坏账率飙升,20 多家次级抵押贷款公司破产或申请破产。2007 年第一季度,次级抵押贷款市场问题恶化,其中的浮动利率贷款逾期还款比例和借款人丧失抵押品赎回权比例双双升至历史最高点。2007 年 3 月 13 日,全美第二大次级抵押贷款机构——新世纪金融公司濒临破产的消息使纽约股市首次因次级抵押贷款市场危机而遭到重创,道琼斯指数当天下跌了 242.42 点,跌幅达 1.97%,是六年来除"2·27"上证指数暴跌外的第二大跌幅。然而,投资者当时并未意识到危机的严重性,股市很快重拾升势。

这场崩溃对金融服务业和金融市场造成了巨大影响,受打击最严重的是金融服务业中最响亮的一些名号,包括花旗集团、贝尔斯登、UBS 和美林,每家都承受了灾难性的损失。2006 年和 2007 年,市场形势的恶化对按揭贷款行业产生了巨大的影响。许多公司大幅减值与按揭相关的资产。最大的按揭贷款人之一,美国全国金融公司(Countrywide)被美国银行收购。超过 150 家公司,包括次级贷款和优质贷款的贷款人,在 2007 年倒闭。虽然在 2007 年倒闭的还有其他次贷贷款人,但根据破产法院调查官的意见,新世纪金融公司的问题"是导致次贷崩溃的早期因素"。

二、资产证券化背景

资产证券化是实现现代金融体系风险配置的工具,在不影响客户关系的情形下灵活地改变资产负债表的风险承担状况,使风险由存量化变成流量化,是金融体系由传统迈向现代的重要标志。

资产证券化的目的参与主体及其作用请扫二维码参阅

三、美国次级贷款行业的发展

20 世纪 90 年代初,次级贷款只占美国全部按揭贷款数量和金额的一小部分。但是到 2005 年,次贷借款已经变成一个 6 250 亿美元的行业,占全部按揭贷款的 20%。2001—2006 年,次级贷款规模增长了 216%。

美国次贷行业的详细内容请扫二维码参阅

第二节 新世纪金融公司的问题

一、申请破产保护

2005年年初,新世纪金融公司正飞速增长。这家公司在10年前成立,此时已经成为美国最大的次级贷款发行人之一,股价达到历史最高,2004年每股收益比2002年高80%;但是仅仅15个月后,新世纪金融公司就遭遇了清算危机。

2006年11月,泰基·宾卓成为新世纪金融公司新任CFO;1个月后,他开始询问有关公司按揭贷款回购储备的问题。2007年2月,公司宣布,由于与按揭贷款回购责任相关的会计错误,需要重新报告2006财年前三个季度的财务数字。这个消息促使新世纪金融公司的贷款人要求增加保证金,并拒绝提供任何新的融资。同年3月,管理层宣布公司已经停止接受按揭贷款申请并将不能按时发布2006年年报。2007年4月2日,新世纪金融公司申请破产保护。

二、新世纪金融公司的业务和会计政策

新世纪金融公司利用从其他金融机构获得的短期信贷为按揭贷款融资,这被称为仓库贷款,在卖出以前的贷款的同时,提供继续发行贷款所需的流动性。为了维持仓库贷款人的授信规模,新世纪金融公司被要求保持一定的流动性和贷款比率并按要求追加保证金。贷款人要求及时得到符合美国通用会计原则的财务报表,许多贷款人还要求新世纪金融公司在任何一个刚刚结束的两个季度期间报告至少1美元的净收入(即净利润不能为负,至少是盈利的)。

贷款通常在发行后的30—90天被出售或证券化。新世纪金融公司将大部分贷款作为整体贷款或证券化贷款卖出,它还构建融资证券化将部分贷款保留在资产负债表上。新世纪金融公司从贷出利率与卖出贷款或借钱为贷款融资的利率之间的利差获得收入,还从出售贷款或为证券化贷款提供服务获得收入。

(一)整体贷款销售

新世纪金融公司把按揭放在贷款池中卖给投资者——金融机构,如高盛、摩根大通、雷曼兄弟与摩根斯坦利等。投资者对贷款池中的25%进行尽职调查,双方谈判决定贷款池的构成和价格。如果在尽职调查期间,投资者对贷款不满意(例如,虚假文件、不能接受的承销条件或错误的评估价格),他们可以拒绝或"踢出"贷款池中的一部分。由于按揭人支付的利率高于新世纪金融公司卖给这些投资者所支付的利率,新世纪金融公司相当于在面值之上溢价出售这些贷款。

根据新世纪金融公司与投资银行之间的贷款购买协议,如果贷款出现早期支付违约或EPD(当一个借款人没有支付前三期还款中的任何一期时),或者发现新世纪金融公司对贷款进行了错误陈述(例如,过高陈述作为抵押的物业价值),或者出现借款人欺诈公

司就必须回购这些贷款。事实上,新世纪金融公司约90%的回购源自第一次支付违约——借款人未能支付第一期还款。回购贷款被大幅减值,并通常在给予大幅折扣之后卖出。新世纪金融公司将这些回购贷款和被踢出贷款当作"刮碰了"的贷款池,在它们未完全偿还本金的基础上折价出售。

会计准则要求公司为贷款回购设立亏损储备金。新世纪金融公司以前三个月售出的贷款额和历史上实际的回购率为基础估计未来的回购。亏损储备金必须涵盖溢价返还、利息返还和未来严重性亏损。溢价返还是新世纪金融公司在出售贷款时收取的高于面值的溢价金额,在违约时须退还。利息返还是投资者本应该收到但是因按揭人不能还款而没有得到的利息,而新世纪金融公司必须向贷款购买人支付其未收到的利息。未来严重性亏损是因本金和回购贷款在回购日的公允价值的差异而导致的预期亏损。

(二)构建为销售的证券化

在构建为销售的证券化中,新世纪金融公司将贷款卖给为了证券化而建立的特殊目的实体信托;然后,信托在为投资者准备的贷款池的基础上出售证券。新世纪金融公司通过提供高于证券化后的本金总价值的额外担保(OC,超担保)进行信用强化(CE),以防证券池中的贷款未能带来预期的现金流。因此,证券池中的最低级证券和初始亏损风险归属于新世纪金融公司。新世纪金融公司在付清本金、利息、服务费和其他信托费用之后,可以从超担保贷款里获得支付。来自这些超担保贷款的预期现金流和净利息构成了新世纪证券化的剩余利息。新世纪金融公司有时把来自超担保贷款的预期现金流当作净利息差证券(NIMS)予以证券化并出售,但会在净利息差证券池中保留一些剩余权益,构成了新世纪金融公司资产负债表的部分剩余利息资产。

会计准则要求,证券化贷款在出售后,应从资产负债表中扣除并记录剩余利息,而证券化收益应作为销售收入计入损益表。根据美国通用会计原则(财务会计准则140)的要求,剩余利息以公允价值计价,即该资产在双方自愿的买卖交易中的当前价格。由于剩余利息没有市场价格,新世纪金融公司根据估计未来现金流对其估值。这要求估计许多变量,如调整风险后的贴现率、提前还款率、证券池中贷款的预期亏损、证券化信托的终止日期及终止时超担保池中的贷款价值。

(三)构建为融资的证券化

通过构建为融资的证券化,新世纪金融公司在资产负债表上将"为投资持有的按揭贷款"(LHFI,以证券化贷款为担保的证券)记为资产,并将为此而融资的债券记为负债。公司从按揭人处收取利息(记为利息收入)并向债券持有人支付利息(记为利息支出),设置了贷款亏损减值准备(ALL,为投资持有的贷款亏损储备金)。新世纪金融公司以预计亏损率、提前还款率和利率为基础计算下18个月中为"投资持有的按揭贷款"的潜在亏损额,并以此估计贷款亏损减值准备的价值。亏损的计提记为费用,实际亏损计入亏损减值准备账户。

（四）持有出售贷款的成本与市价孰低法

新世纪金融公司所有的未归类为"投资持有的按揭贷款"的贷款（包括打算出售的回购贷款），归类为"持有出售贷款"。

会计准则要求，持有出售贷款按资产负债表日的成本或市价中较低的金额计价，初始成本超过公允价值的数额在资产负债表上记为估值减值准备。估值减值准备的变化记为变化发生期内净损益的一部分（财务会计准则65）。

三、董事会和审计委员会未关注到贷款质量问题

董事会本来可以在2004年的大部分时间直至2007年更多地关注贷款质量问题，但是它过多地依赖高层管理者运行公司的日常事务。虽然董事会通过审计委员会对贷款质量"表示关注"，但在2004年和2005年并没有将其当作重点，而且试图解决贷款质量问题的努力也没有效果。同时，2005年和2006年的奖金系统没有提到与贷款质量的关系。虽然董事会审查了质量保证报告并请管理层对2004年的贷款质量进行汇报，但检察官没有发现证据表明董事会会议讨论过贷款提早违约（EPD）和踢出率问题。

尽管贷款质量问题依旧，但检察官发现在2005年的七次审计委员会会议上没有讨论过贷款质量；直至2005年10月，在高管和几名董事之间才有一次"合理、充分"的讨论，大家承认公司出了问题。检察官认为这次讨论也未能导致"有意义的行动"，因为没人被赋予解决这些问题并向审计委员会汇报结果的责任。直至2006年1月，审计委员会才将贷款质量提到优先处理的日程并要求管理层拟订改进计划，但即便在此时，审计委员会仍"未能跟进以确保这个努力是最高优先级"。

新世纪金融公司董事会出于财务业绩的考虑，对还债方式（只付利息和固定还款额）予以差别对待（见表20-1）。

表20-1 新世纪金融公司发放的各种贷款占总贷款比例

月份	只付利息占比(%)	固定还款额占比(%)
2002年6月1日	—	35.71
2003年3月1日	0	—
2003年12月1日	2.77	42.46
2004年6月1日	21.39	43.73
2004年12月1日	21.04	43.50
2005年6月1日	38.49	44.89
2005年12月1日	—	45.51
2006年6月1日	—	42.85
2006年12月1日	—	47.24

从表20-1可以看出，新世纪金融公司大大增加了对只付利息（IO）贷款和固定偿还额贷款的通过率。2004年和2005年，新世纪金融公司发放的只付利息贷款数额大幅增

长。2005年,新世纪金融公司的管理层推断,只付利息贷款的高发放额是导致新世纪金融公司缩小利润率的部分原因。也就是说,他们认为,如果提供只付利息贷款的条件不变,公司公开披露的财务业绩就会受到损害。反过来,管理层的结论是,倡议改变"承销指南和薪酬结构"以遏制应用付息贷款产品的可能性。这一行动是成功的。在2005年的第四个季度里,新世纪金融公司发起的只付利息贷款份额急剧降至贷款发起总额的22.4%。这一事件表明,新世纪金融公司的管理层有必要在艰难的竞争环境下采取果断行动以提高公司的盈利能力。

之后,新世纪金融公司的管理层意识到固定还款额贷款的拖欠率显著上升了;然而,相对于2002年,固定还款额贷款的比例在2006年下半年增长了超过4个百分点。

虽然缺乏证据显示,二级定价市场存在惩戒效应,但这意味着如果新世纪金融公司收紧贷款标准从而降低固定还款额贷款的数额,公司无法预测所获得的直接好处。因此,新世纪金融公司的管理层并没有努力地遏制这些贷款的发放,尽管他们明确知道,这一做法的后果从长期来看是很严重的。

管理层对固定还款额贷款不作为,与之形成对比的是,管理层选择在威胁到公司盈利能力的只付利息贷款上有所作为。这可以通过新世纪金融公司对声誉资本价值的忽视来予以解释。

在这方面,新世纪金融公司管理层的背景,为他们的决策提供了一些线索。新世纪金融公司最资深的经理人拥有长期的银行抵押贷款的从业经历。他们中的每个人可能都意识到抵押贷款银行和其他的专门住房金融公司在市场低迷时期的高死亡率。这些经理人的从业经历很可能使他们倾向于让新世纪金融公司尽量减少在成为一家拥有高抵押贷款质量的发行公司上花费力气。简而言之,他们认为,在这个行业里,投资与声誉资本上的投入很可能付之东流。

四、外部审计师的不完善监督

新世纪金融公司聘请毕马威(KPMG)作为外部审计机构,从1995年成立直至2007年4月。毕马威几位在按揭行业拥有不同程度经验的合伙人负责新世纪金融公司的审计。2005年,约翰·唐纳文成为新的项目合伙人,带领一支庞大的新的审计师团队。唐纳文新近加入毕马威,此前Anderson的合伙人直至其倒闭,他没有丰富的按揭公司审计经验。审计团队之外,毕马威专员(如那些来自结构融资组的专家)有时也在新世纪金融公司的季度审核和年度审计中提供帮助与专家意见。

审计师知道截至2005年12月31日回购要求被积压了,明白2006年第三季度回购储备计算方法进行了不当修改,但他没有质疑公司所计算的回购储备。此外,新世纪金融公司的财务主管告知检察官,审计师在采用成本与市价孰低法对持有出售贷款估值时同意合并贷款种类。在贷款亏损减值准备的问题上,检察官认定"毕马威在测试差异的大小时,允许新世纪金融公司使用不良文件记录的政策和不当的估值建模方法"。检察官称,即使审计机构的内部专家对新世纪金融公司为剩余利息估值使用模型和假设表示了担心,审计师仍签署了财务报表。

检察官写道:"如果毕马威精心地、符合职业标准地进行了审计和检查,新世纪金融公司财务报表中包含的错误陈述在2007年2月之前就会被发现。尤其是2005年的毕马威项目团队,没有容纳对客户行业拥有丰富经验和具备与被分配任务相关经验的审计师……团队还容纳那些在按揭银行业方面没有什么经验的审计师。项目团队缺乏经验,再加上新世纪金融公司在一个控制力强且难以打交道的财务主管领导下的孱弱会计部门,情况更加严重了。"

五、新世纪金融公司宣布重新编制财务报表

2007年1月底,新世纪金融公司的管理层通知审计委员会和董事会,在2006年第二季度改变会计方法后,公司一直错误地计算了贷款回购储备。同年2月7日,新世纪金融公司宣布将重新编制2006年第一季度至第三季度的财务报表,以便修正与贷款回购损失减值准备相关的错误。此外,公司宣布,重新编制的财务报表将减少收入,预期2006年第四季度会发生亏损。2月8日,新世纪金融公司股价收盘于19.24美元,比前一天的收盘价下跌了36%。3月2日,公司公告将不能按时递交2006年年报,而且已经请求仓储贷款人免除或修改一些贷款条件。3月5日,公告发布后的第一个交易日,新世纪金融公司的股价以4.56美元收盘。

这些会计问题导致新世纪金融公司发生了流动性危机。2007年3月8日,公司停止接受新贷款的申请,并且披露它不能满足仓库贷款人15 000万美元保证金要求中的7 000万美元。纽约证券交易所于3月13日摘牌该公司证券。4月2日,新世纪金融公司申请破产保护。毕马威在4月27日请辞独立审计师。5月24日,新世纪金融公司宣告其2005年的财务结果也是错的。

六、检察官对新世纪金融公司的破产调查

2007年6月1日,新世纪金融公司申请破产后,美国特拉华地区破产法院任命一名破产检察官调查新世纪金融公司"会计与财务报表的不规范、错误或虚假陈述"。2008年2月29日,检察官递交了最终报告,主要关注2004—2007年,报告结论为:新世纪金融公司在贷款质量的监督和关键的会计估计上存在严重问题。

(一)贷款质量的监督

检察官认为,尽管高级管理层早在2004年就已经发现贷款质量问题,但公司直至2006年第四季度才对贷款质量投入足够的关注。新世纪金融公司并不担心贷款质量,只要它可以成功地将贷款销售给投资者(即便投资者为这些贷款支付的价格在2004年和2005年下降了)。新世纪金融公司的质量保证部门发现,在2003年6月至2003年12月间发行的贷款中,12%—25%出现了"严重"错误。公司内部审计部门审计了截至2004年年末发行的贷款并发现了可能影响贷款销售的"高风险"问题。2004年4月,首席信用官报告,踢出率正在上升,而且与贷款发行相关的质量保证结果处于"无法接受的水平"。

尽管高级管理层和审计委员会时常讨论贷款质量,但他们并没有采取有意义的行动来解决这些问题。

2005年,信用部门计划监督并找出那些批准了缺陷贷款的承销人,但这项计划未获批准。首席信用官猜测道,一个可能的原因是来自生产部门的抵制。根据检察官的报告,派吹克·弗兰根,批发部门的主管(同时负责公司的贷款发行与生产),对内部审计怀有"不可能错"的厌恶,而且在现场审计已经显示存在贷款质量问题的时候依然强调贷款生产。检察官写道,"高级管理层可能放弃了管理日常事务的职责",尤其是在解决踢出问题的失败上……结果,新世纪金融公司亏损了可能上亿美元的收入。

(二) 会计做法

检察官找到七类不符合通用会计原则的不当会计行为。其中,计算回购储备、持有出售贷款的成本与市价孰低法估值、剩余利息估值的错误导致了2005年和2006年前三个季度财务报表的重大不实陈述。总体而言,检察官估计贷款回购减值准备、成本与市价孰低法估值准备和剩余利息估值的不实陈述导致从2005年第一季度至2006年第三季度的七个季度中,税前收入多计了26 300万美元。其中,在经审计的2005年财务报表中,对应的数据为6 360万美元,而当年报告的税前总收入为44 340万美元,主要问题体现在以下几个方面:

1. 回购储备

检察官判定新世纪金融公司错误地计算了回购储备。公司采用历史回购数据计算回购率。例如,2005年第四季度,回购率以2001年以来的历史平均值为基础,计算结果为0.659%,被应用于前3个月出售的贷款,因为管理层假定回购会在3个月内进行。2005年第四季度,整体贷款销售达107亿美元,带来2005年12月31日7 060万美元的估计回购和700万美元的回购减值储备,并作为应付账款和应计负债的一部分计入公司2005财务年度合并资产负债表。但实际上,新世纪金融公司对收到的回购要求数量没有可靠的数据。根据回购要求所涉及的问题,这些回购由新世纪金融公司的不同部门处理。例如,欺诈问题由法律部门处理,承销问题由贷款生产部门处理,等等。过了一段时间,这种分散导致回购要求积压超过3个月未能解决,截至2005年年底总计约18 800万美元。更严重的是,内部审计部门从未有审计回购要求的处理,新世纪金融公司也没有完善的控制系统登记、处理和跟踪回购要求。回购要求积压迅速增长,并在2006年10月31日达42 100万美元。2006年第二季度,计算回购的历史期间变为2001—2004年年初,导致2006年第二季度的估计回购率为1.0%,2006年第三季度又继续升至1.75%以更好地反映当时的市场环境。

2004—2007年,新世纪金融公司在回购储备计算中包括"溢价返还",但从未包括"利息返还";自2006年第三季度开始,它还减去了"未来严重性亏损"。在回购储备的计算中,新世纪金融公司还错误地包括了"严重性存货"(资产负债表上对已回购贷款价值的调整),尽管它其实是一个与持有出售贷款相关的估值减值准备账户。自2006年第二季度开始,新世纪金融公司不再将"严重性存货"计入回购储备。

2. 资产负债表外证券化的剩余利息

检察官发现,新世纪金融公司使用"有缺陷的、过时的、内部发展出来的以 Excel 为基础的估值模型为剩余利息估值"。有关剩余利息估值模型的运作及模型假设是怎样确立、获批准的文件严重缺乏。

新世纪金融公司管理层和独立董事"多次抵制毕马威专员的警告,而专员警告新世纪金融公司用以计算剩余利息的贴现率低于大多数同行的贴现率"。2005 年,新世纪金融公司使用的贴现率为 12%—14%,而其竞争对手使用的贴现率为 15%—21%。通过使用更低的贴现率,公司财报中对剩余利息的估值更高。但是,按照财务会计准则 140 的要求,新世纪金融公司在 2005 年年报的附注里披露了剩余利息公允价值对贴现率的敏感度,提供了在贴现率负向变化 10% 和 20% 之后,剩余利息公允价值变化的百分比。

新世纪金融公司根据 1997—2002 年平均历史表现估计提前还款率和损失率,没有考虑市场情况的变化。公司还假设所有保留在超担保贷款池中的贷款可以按面值售出,不论其拖欠情况或市场状况如何。这些假设直至 2007 年 2 月才被修改,以反映更近的数据。检察官写道:"新世纪金融公司中熟悉剩余利息估值模型的每个人,包括董事会成员、最高层管理者、公司的最高财务和会计主管和二级市场部门里建立与使用了剩余利息模型的人,理解这些模型结果的正确性取决于关键假设。但是,那些假设中的许多是有缺陷的,它们倾向于造成膨胀性估值。"

3. 持有出售贷款。

检察官报告,新世纪金融公司未能将成本与市价孰低估值法应用于持有出售贷款。成本与市价孰低估值法与行业做法一致,也与新世纪金融公司的政策一致。为了进行成本与市价孰低分析,行业会计规则通常要求将贷款进行分类组合(例如,运行良好和终止运行的贷款),并在各个组合中分别进行成本与市价孰低分析(例如,FAS65 要求将住房贷款和商业贷款分组)。对于那些市场价值低于成本的贷款类别,估值减值准备用以降低其价值为市场价值。虽然新世纪金融公司对贷款分开进行成本与市价孰低分析,但将贷款放进一个单一的类别进行估值,用运行良好贷款的利润冲销了某些贷款(如刮碰贷款)的亏损。其结果是,适当的估值减值准备没有被用于降低净收入,使得新世纪金融公司的持有出售贷款证券组合被高估,刮碰贷款和其他终止运行的贷款池也没有被及时减值。

4. 贷款亏损减值准备

随着新世纪金融公司资产负债表上贷款投资组合的增长,贷款亏损减值准备成为一个关键的会计估计。检察官发现了几个与不当计算方法和缺乏定期更新以反映真实贷款损失情况相关的不足之处。新世纪金融公司认为,由于过去的亏损比预期的低,贷款亏损减值准备的储备过高;但是预期未来贷款亏损会增加,因此没有把减值准备调低。检察官发现,新世纪金融公司明知贷款亏损减值准备模型是对实际亏损糟糕的预测,但是没有予以修正。然而,检察官并不认为贷款亏损减值准备的不实陈述是重大错误。

第三节 反思与启示

一、声誉资本的重要性

声誉资本是企业给社会公众的综合印象,是企业无形资产的总和。企业声誉资本是由口碑、形象、美誉、表现、行业地位、舆论反应、社会责任等组成的综合性"名声指标"的统称,它并不直接体现在企业的资产负债表和损益表上,却是企业发展的关键性因素。积累企业声誉需要长期、持续的努力。声誉资本是企业最强大的软性竞争力,美国管理大师凯文·杰克逊称之为"企业最宝贵的资产"。

声誉资本是企业的软性竞争力,其威力不可小觑;但需要强调的是,声誉资本是由企业日常经营方方面面的点滴积累而成。企业管理者必须具有声誉资本的意识,认识到企业声誉的强劲作用,从应对公关危机事件与增强企业竞争力的角度,完善与调整企业经营策略,以强化企业竞争力的基石。因此,声誉资本在日常经营中产生着巨大的经济利益和发挥着法律监督作用,有如一种货币对经营者的行为进行奖惩。

良好的声誉是信托公司多年发展和积累的重要资源,是公司的生存之本,是维护良好的投资者关系、客户关系等诸多重要关系的保证。良好的声誉风险管理对增强竞争优势、提升盈利能力和实现长期战略目标起着不可忽视的作用。

加强声誉风险建设刻不容缓,2007年7月以来,以美国次贷危机为导火索的百年一遇的金融危机迅速席卷全球金融市场,对全球金融业造成了巨大的冲击。以美国为例。在金融危机发生后很短的时间内,美国五大投行或破产或衰退,拥有悠久历史的美国投行界发生了天翻地覆般的变化;十几家中小银行破产倒闭,甚至全球最大的花旗银行也难逃一劫,不仅资产大幅缩水失去龙头地位,甚至被迫进行重组;投资者、客户对金融机构的信心空前脆弱,金融机构面临前所未有的信任危机。

公司高层管理人员应该认识到声誉管理的作用,妥善处理客户的投诉,加强员工对声誉风险的认识,建立完善的合规体制与制衡机制——声誉风险防范的核心环节。一家公司声誉好坏的根本原因在于有没有良好的内部控制和组织结构,各部门能否按照合规要求各司其职并互相制衡。因此,公司应加强合规管理,建立一套有效的合规风险管理机制,有效识别、监测、评估、报告合规风险,主动避免违规事件发生,主动采取各项纠正措施和适当的惩戒措施,持续修订相关制度等,从而提高合规管理水平,避免声誉风险。

二、公司内部控制不是智慧和头脑,而是义务和责任

当公司内部控制不够完善时,有效的外部治理就显得十分必要。外部治理环境包括控制权市场、经理人市场、产品竞争市场、对公司内部控股股东和管理人员的约束机制。

在本案例中,根据检察官的意见,新世纪的公司文化关注并鼓励贷款生产、销售和增长。虽然管理层忽视了贷款质量的下降、未能投资于必要的科技与人员满足增长的需

要,但是检查官没有发现任何证据显示公司故意操纵数字。检查官说内部控制的欠缺,尤其是没有书面的与财务报表相关的会计政策,"极大地"促成了公司的问题。在检察官看来,新世纪金融公司的审计委员会没有解决关键的运营风险、对公司内部审计部门管理不足、在2006年以前未能持续关注贷款质量。虽然内部审计部门的确发现了贷款质量、服务和评估的问题,但没有(在检察官的估计看来)解决财务报告中的内部控制问题。考虑到新世纪金融公司处于一个高风险的行业,检察官认为它没有有效的内部控制系统和强有力的内部审计部门是很不幸的。

内部控制,更多的是外部所强加的,要求公司里的每个人使用正确的方法、做该做的事情,而不是不择手段地运用智慧和能力去实现公司价值的最大化。从这个意义上说,内部控制的目标是强制性的,措施是防御性的。COSO的报告里要求,"再好的内部控制体系也不能够把劣迹斑斑的或没有经营智商的管理层变成非常有经验、头脑和能力的管理层"。所以,内部控制的作用不在于智慧和能力,而在于完成外界强制要求完成的事情(在实现主要目标的前提下)。内部控制是一种防御性措施,所强调的是一种必须履行的义务和责任,而不是智慧和能力。

继2001年安然公司突然向纽约破产法院申请破产保护、成为美国历史上最大的一宗破产案之后,美国国会和政府加速通过了《萨班斯-奥克斯利法案》,强化了对管理层、董事会、审计委员会和审计师的治理与披露要求,但这些问题还是不断地出现。因此,新世纪金融公司的现象并不是谁的错,世上并没有可以一劳永逸的灵药。管理层不能为了追求企业利润最大化而忽略了市场风险,即使拥有很好的内部控制制度,但执行时流于表面、不能有效地执行,也只能使企业的经营风险更大。完善的内部控制制度是企业生存的基石,而贯彻执行才是企业生存的保障。只有认识到内部控制的不足,才可以让我们更好地改进;也只有这样,才可以让企业走得更长远!

讨论题

1. 什么是资产证券化?
2. 新世纪金融公司破产的主要原因是什么?

讨论题的分析要点
请扫二维码参阅

本篇参考文献
请扫二维码参阅

拓展性案例
中化集团：建立基于全面预算管理的风险管理系统

2015年7月22日，在美国《财富》杂志公布的2015年度"世界500强"榜单中，中化集团以806.35亿美元的营业收入列第105位。在财政部2015年9月印发《财政部关于2014年度国有企业财务信息管理工作情况的通报》中，中化集团2014年度财务决算工作和财务快报工作因成绩突出，双双获得通报表扬。在国资委业绩考核中，中化集团连续十一年、三个任期被评为A级。只有经过多年市场残酷洗礼的员工才能体会到，在这些耀眼成绩的背后，他们走过了一条多么凶险又曲折的道路。20世纪90年代末，随着国家进出口经营权的放开以及政策性垄断资源逐步丧失，中化集团传统外贸经营模式基础发生了根本性动摇。1998年，在亚洲金融危机影响加剧、国家石油和化肥经营体制发生重大变化的背景下，中化集团长期扩张积累的矛盾集中暴露，引发了严重的支付危机，一度面临破产，只能通过"止血堵漏"来暂时化解危机。2008年以后，受到美国金融危机和欧洲债务危机的影响，全球经济低迷，但是作为外贸集团的中化集团不但没有受到外围经济不景气的影响而业绩低迷，经营业绩反而节节上升。十年间遭遇两次金融危机，却有着截然不同的表现，中化集团究竟是如何做到的？如今，世界经济在国际金融危机后深度调整，中国经济也进入结构调整和转型升级的新常态。传统外贸行业遭遇前所未有的巨大冲击。面对严峻的内外考验，中化集团又如何构筑抵御风险的铜墙铁壁？

资料来源：案例作者为中山大学管理学院，刘运国、刘梦宁、邱家俊；作者拥有署名权、修改权和改编权。

 案例分析题

1. 请分析中化集团在亚洲金融危机时所面临的外部环境变化，及其自身的管理缺陷和资源约束，分析其深陷支付危机背后的逻辑。
2. 中化集团的快速扩张行为有何失败的教训？结合外贸企业的特点，分析该类型企业集团在进行内部控制管理活动时该注意哪些因素？
3. 建立风险管理系统为何要基于全面预算管理，这两者有什么内在联系？
4. 对中化集团的风险管理系统进行分析评价，并总结两次金融危机中表现截然不同的根本原因。

案例全貌
请扫二维码参阅

案例分析要点
请扫二维码参阅

第七篇

金融衍生品与风险管理

第二十一章　金融衍生品的基本理论
第二十二章　美国西南航空公司的燃料套期保值
第二十三章　P2P网络借贷平台的风险控制
第二十四章　华茂股份的棉花期货套期保值策略

金融衍生品为风险管理提供了新的工具，利用金融衍生品，公司和个人投资者可以将任何风险转嫁给其他风险偏好者；金融衍生品可以基于实物资产，包括有形资产、农业产品、金属和能源。通过本章的学习，读者将了解金融衍生品、风险管理的理论知识，并经由案例掌握金融衍生品、风险管理的实际操作。

第二十一章　金融衍生品的基本理论

　　风险是从事商业活动的决策者必须考虑的主要因素之一。通常存在两种风险：一种风险与潜在的交易属性相关——与未来销售或者成本的不确定性有关，被称为商业风险，这种风险十分常见，实际上，承担商业风险和获得潜在收益正是资本的根基；另一种风险涉及利率、汇率、股价和商品价格不确定性等多方面因素，被称为金融风险。

　　金融风险与商业风险在以下几方面有所不同。金融风险带来的利率波动的不确定性会损害一家公司以合理成本获得融资的能力，而融资能力是公司提供产品和服务的保证。由于本国货币的升值，跨国公司在国外市场的杰出表现可能化为灰烬。尽管金融市场充满风险，但它也为处理风险提供了新的途径——衍生品交易。衍生品是一种收益取决于标的资产的金融工具，即衍生品的市场表现取决于其他金融工具的市场表现。

第一节　金融衍生品介绍

　　金融衍生品通常是指从标的资产①派生出来的金融工具，既包括衍生品合约中的标的资产，也包括衍生品合约中的标的负债。在市场上购买或者出售的资产要求交割时，尽管有时候可以使用信贷安排，但大多数支付是立即执行的。出于这些特性，我们称这种市场为现货市场，即达成某种销售协议后立即支付货款、货物或交割债券。相对于现货市场，存在另一种允许买方或卖方选择是否继续的合约，此类型的合约在衍生品市场交易。

　　与普通的资本市场相比，衍生品市场交易的合约收益是由标的资产的收益所决定的。请注意，我们所说的是衍生品合约，就像其他合约一样，它们是由买卖双方共同决定的。这些合约都有一个价格，买方尽可能以较低的价格购买而卖方尽可能以较高的价格出售。

一、衍生品工具

（一）期权

　　期权是买方和卖方之间达成的合约，它使得期权买方有权利但无义务以约定的价格

---

① 衍生品的收益都取决于其他事物的表现，因此使用"衍生品"这个词，其他事物通常被称为标的资产。

在某一时间买入或者卖出某物。期权买方付给卖方一些费用,被称为期权价格。期权买方随时准备按合约条款买入或者卖出。购买某物的期权被称为看涨期权,卖出某物的期权被称为看跌期权,买入或者卖出的固定价格被称为执行价格。此外,期权有明确的期限,买入或者卖出资产的期限必须在到期日之前。

尽管期权是在有组织的市场内进行交易,但是大部分期权是合约双方私下交易达成的。与在交易所交易相比,他们更偏好这种交易方式。这种私下交易的市场被称为场外市场,是期权交易的主要市场。有组织的期权交易市场产生于1973年,其成立的目的是减少场外交易市场的利息费;但是由于公司和金融机构的踊跃参与,场外交易市场又再次繁荣起来。

1. 看涨期权与看跌期权

看涨期权是以固定的价格买入一项资产的权利。期权标的物可以有很多种,但我们集中讨论股票期权。假设购入看涨期权之后股票价格立即上升,由于执行价格是固定的,因此看涨期权现在具有价值。同样,新看涨期权会以更高的价格出售,从而具有同样到期时间和执行价格的看涨期权必须以更高的价格出售。类似地,假设购入看涨期权之后股票价格立即下跌,看涨期权的价格也会下跌。从中可以看出,看涨期权的买方期望股票价格上涨,看跌期权的买方希望股票价格下跌。假如股票价格低于执行价格,看跌期权为实值期权;假如股票价格高于执行价格,看跌期权为虚值期权,虚值期权永远不该被执行;假如股票价格等于执行价格,看涨期权为平价期权。

2. 期权类型

两种主要的期权类型是股票期权和指数期权,以及其他类型的期权。

(1) 股票期权是指以单只股票为标的物的期权。股票期权的标的物为几千只股票,即便某只股票期权的交易量可能很小。另外,每只股票的特定期权如果到期日很长,或者为深度实值期权和深度虚值期权,其交易量都很小。

(2) 指数期权是指以股票指数衡量所确定的一组股票的总体价值。第一只指数期权于1983年在芝加哥交易所发行,并且从那时开始指数期权取得了很大的成功。指数期权的标的可以是广泛的指数,如标准普尔500指数和纳斯达克100指数,也可以是相对小的指数。虽然道琼斯工业指数只包括30只股票,但是其指数期权交易相当活跃。此外,还有很多以工业指数为标的的指数期权(如工艺、通信、石油)。

(3) 货币期权。货币可以被视为一种资产,更像是股票或者债券,货币的价格(汇率)在市场上是有波动的。投资者可以买入货币存入国外银行,在这期间获得国外的利率收益,其中的利率可以看成债券的利率或者股票的红利。

(4) 其他种类期权。债券期权及其相关期权被称为利率期权,在场外交易市场很受欢迎。许多金融机构现在提供支付利息的证券,利率是基于某个最小值加上高于某个特别水平的股票市场表现。交易标的物很可能为股票指数中某只表现更好的期权,如标准普尔500指数或者伦敦金融时报100指数。其他的种类诸如股票价格小于某一特定值时到期的期权;基于股票价格平均值、最大值、最小值的期权;允许你决定在买入后到期之前,是看涨还是看跌的期权。这类期权被称为奇异期权,是场外交易市场创新产品中的一小部分。

(5) 实物期权并不是基于实际资产的期权,不是像名字所表达的那样,它不是实质期权。实物期权通常在公司投资决策中使用。实物期权有实际价值的权利,但是到期日和执行日不是很明确。

3. 期权交易费用

期权交易包括特定的交易费用,这取决于交易者是交易所的会员机构投资者、非会员机构投资者还是通过经纪人交易。

(1) 场内交易和结算费用。场内交易和结算费用是交易所、清算公司执行交易收取的最低费用。通过经纪人的交易,该部分费用包括在经纪人的佣金中。对于做市商,费用通过做市商的清算所来收取。清算所与做市商签订合约,以每份合约为基础收取费用、结算交易。场外期权而不产生这些费用。

(2) 佣金。得到交易所席位最主要的好处是避免了每次交易所需缴纳的佣金。做市商的间接成本是在交易所付出的费用,同时放弃了参与其他活动可能赚取的利润。期权佣金是基于最低固定费用及每份合同所收取的费用,大约20美元的互联网费用加上每份合约1.25美元/小时的经纪人所收取的费用。当执行一份股票期权时,投资者必须按照买卖股票的数额支付佣金。假如投资者执行了期权现金结算,则该交易只包括复式记账项目。一些经纪人对期权现金结算不收取费用,当期权没有被执行时,也就没有佣金费用。

(3) 买卖价差。做市商的买卖价差是一项重要的费用。假设做市商报出的看涨期权买入价为3美元、卖出价为3.25美元,买入该看涨期权的投资者就必须立即支付买卖价差0.25美元。也就是说,如果投资者立即卖出看涨期权,就会得到做市商报出的买入价3美元,投资者立即损失0.25美元。

(二) 远期合约

远期合约是指买方与卖方签订的合约规定在未来某个时间以固定价格买入或卖出某物。远期合约听起来很像期权,但期权是一种权利,而不是义务。假如标的资产价格改变,期权购买方可以决定是否以约定的价格买入或者卖出;相反,远期合约要求买卖双方必须执行合约。

(三) 期货合约

期货合约是指买方与卖方约定在未来某一时间以商定的价格买入或卖出某物的合约,期货合约在期货交易所交易,每日清算。期货合约是从远期合约中发展而来,并且与远期合约具有很多相同的特点。基本上,期货合约就像流动性较强的远期合约。但是与远期合约不同,期货合约是在有组织的期货交易所上交易的。例如,期货合约的买方(有义务在约定的时间买入标的物)可以在期货合约到期前在市场上卖出该合约,使得他不再有义务买入该标的物;同样,期货合约的卖方(有义务在约定的时间卖出标的物)也可以在期货市场上买入对应合约,使得他不再有义务卖出该标的物。期货合约与远期合约不同的是,期货合约需要每日清算。在每日的清算中,遭受损失的投资者向获利的投资者支付费用。期货价格每日都有波动,合约的买卖双方试图从价格的变化中获利并且降低交割标的物的风险。

(四)互换

尽管期权、远期合约和期货合约是衍生品市场的基本工具,但还有很多其他的衍生品组合和变异,其中最广泛使用的就是互换。互换是双方约定交换一系列现金流的合约。总体来说,互换就是双方约定在未来确定的时间互相进行一系列支付的金融衍生品。根据基本计量值的性质,互换主要分成货币互换、利率互换、股权互换和商品互换四类。例如,一家公司现在从某项投资中获得现金,但是希望以不同的货币投资于其他项目。该公司联系某互换交易商,交易商作为互换合约的另一方与该公司在场外市场签订互换合约。公司和交易商实际上是互换了一系列的现金流。互换合约一方可能以另一方的损失而获利,这取决于标的资产未来价格和利率的变化。另一种常见的互换合约是商品互换,合约的标的物为大宗商品的价格。此外,交易双方还可以通过购买期权签订一份互换合约,称为互换期权。

二、金融衍生交易的重要概念

(一)卖空

一笔典型的股票市场交易涉及两方,一方买入、另一方卖出;但是也可能卖出的一方事实上并没有股票,其从经纪人那里借入股票。这一卖出方使用的交易策略被称为卖空。卖空方这样做的原因是期望股票价格会下跌,然后以较低的价格买入股票,获得利润并且偿还从经纪人那里借入的股票。

建立一个卖空头寸就将承担某项义务,即卖空方在某天买回股票还给经纪人。在普通的借贷交易中,借入方明确将偿还贷出方的数额;然而卖空交易不同,卖空方不知道需要付出多少买入股票归还给经纪人。这一市场是风险更高的借贷市场。事实上,卖空是一个非常大胆的投资策略。

但是卖空方可以通过有效对冲多头头寸来抵消风险,获得收益。在衍生品市场上,卖空可以获得更多的收益。卖空股票相对于买入股票来说更复杂也更昂贵,但是持有衍生品空头头寸就如同买入衍生品一样简单。卖空股票要求能够找到愿意借出股票的人。由于借入证券是很昂贵的,因此通常一名投资者会持有股票多头头寸并且有保护地卖空。

(二)回购协议

回购协议是指买卖双方签订的不具有法律约束效力的合约,卖方统一将某项特定的资产卖给买方并在未来某个时间以约定的价格买回。实际上,卖方以隐含的利率从买方借入资金。衍生品交易者通常以最低的成本借入或者贷出资金,因此回购通常以比较低的成本借入资金,特别是当公司持有政府债券的时候。回购对于卖方而言是以最小的风险获得短期利息,对于买方而言是以相对低的利息借入短期资金。

很多衍生品定价模型假定经纪商能以无风险利率借入或者贷出资金。回购协议利率约等于经纪商资金的边际成本,因此回购协议利率是对经纪商借入或者贷出资金所需成本的估计。由于回购协议的广泛使用,回购协议利率约等于无风险利率。

（三）收益和风险

收益是指可用于衡量投资的表现,两种主要的衡量方法分别是美元收益和百分比收益。美元收益是以美元为单位表示的投资所获的总利润或损失,以衡量投资表现。例如,股票的美元收益是股票价格变化加上红利支付的美元总额,代表投资的绝对收益。百分比收益是指单位美元投资所获的收益。在百分比收益衡量方法中,收益等于股票价格加上红利之和变化的百分比。

风险是指未来收益的不确定性。投资者一般厌恶风险,因此当收益相同时,投资者会选择风险较低的投资项目,然而他们不能逃避投资的不确定性。值得庆幸的是,金融市场和衍生品市场的竞争使得投资者能够根据风险级别选择不同类型的投资。

第二节　金融衍生品的作用

一、金融衍生品的积极影响

（一）风险管理

因为衍生品的价格与现货市场上的价格相关,所以它们能被用来降低或者规避持有现货的风险。寻求降低风险的衍生品市场参与者被称为套期保值者,试图提高风险的衍生品市场参与者被称为投机者。例如,买入现货然后卖出远期合约能够降低风险,这种交易被称为套期保值。如果商品价格下跌,期货市场价格也会下跌,投资者就能够在现货市场重新以低价买进标的物,这笔收入至少能够抵消现货市场上的损失。

套期保值的另一面就是投机。除非一个套期保值者能够找到另一个具有相反需求的套期保值者,否则套期保值者的风险必须由另一个投机者承担。衍生品交易给投机者提供了一个有效的可选方法。除了基础的股票市场和债券市场,投资者可以交易期货合约,很多投资者宁愿投机期货市场也不选择基础证券市场。投资者更便捷地使用衍生品的同时,套期保值者使用衍生品也将更便捷且能够降低成本。

（二）价格发现

远期和期货市场是发现价格的一个非常重要的来源,特别是期货市场,被当作首要的、决定一项资产的即期价格的市场。这看起来也许很不平常,因为现货价格应该是确定的,但对于很多在期货市场上交易的资产来说,现货市场是庞大且独立的。黄金、石油和大宗商品在不同时间、不同市场进行交易,每类商品又有不同的种类和质量等级,因此存在很多个作为标的资产的现货价格。期货市场将这些信息汇总达成后反映为期货合约标的资产的现货价格,最早到期的期货合约的价格被称为近期合约。

远期和期货市场上的价格也反映了人们对即期价格在未来的一种预期。正如我们之后所看到的,现货价格包含了同样的信息,但通常难以分析。另外,期货市场更加活跃,因此从期货市场上得到的信息经常被认为是更加可靠的。然而,远期价格或者期货价格不应该被当作现货市场上商品的未来价格,它反映的是市场参与者现在锁定的未来的现货价格,而无须承担未来价格的不确定性。因此,远期和期货市场具有价格发现功能。它们并不是直接提供对未来现货价格的预测,而是提供有关风险和流动性的有价值的信息。

(三)操作优势

衍生品市场具有一定的操作优势。

首先,衍生品市场能够降低交易成本,意味着佣金和其他交易成本对衍生品市场中的投资者更低。作为现货交易市场的替代或者持有现货的一种补充,衍生品交易市场更方便也更吸引人。

其次,与现货市场相比,衍生品市场具有更高的流动性。一般来说,尽管在现货市场上,大型公司的股票更具有流动性,但是现货市场无法承受某些巨额交易所产生的大幅价格变动。在这种情形下,投资者可以通过衍生品市场获得同样水平的预期回报和风险,衍生品市场更适合大宗交易。这种高流动性部分缘自衍生品交易所需的初始资本金比较少,回报率和风险能够被调整到所期望的水平上。由于需要更少的初始投入,衍生品市场能够吸引更多的交易。

最后,衍生品市场能让投资者以更简单的方式进行卖空。证券市场所采用的一些限制卖空的做法并不适用于衍生品市场。因此,很多投资者选择在衍生品市场而非证券市场上进行卖空。

(四)市场有效性

即使没有衍生品市场,证券市场的现货市场也可能是有效的;然而,即使在年轻的市场中,也存在少量套利机会。这些套利机会意味着一些资产价格在某些时候偏离了正常价值,投资者在给定的风险条件下可以获得超出市场平均水平的收益。

现货价格和期货价格有着重要的联系。在衍生品市场上,低廉的成本、简单的方式和迅速的交割调整,可以消除套利机会。社会由此受益,因为基础商品的价格会更加精准地反映商品的经济价值。

二、金融衍生品的消极影响

(一)风险暴露与套期保值的效用

一旦分析师认定公司在利用衍生品进行套期保值,就必须对公司的潜在风险、风险管理策略、套期保值活动及套期保值业务的有效性进行评估。遗憾的是,目前按财务会计准则133进行披露并不总是能够为全面的分析提供充分和有效的信息。例如,金宝汤公司为了使可变利率债务达到目标比例,使用了固定—可变的互换,在这一过程中,公司承担了利率变动的风险。可是,公司并没有提供信息说明它据以达到目标比例的方法,也没有说明它在此过程所承担的风险水平。除此以外,公司既没有提供有关外汇风险暴露程度的信息,也没有说明使用外币互换和远期合同减轻风险的程度。

财务会计准则133主要是为投资者提供衍生品的当前价值,以及该价值对报告的盈利能力的影响。不过,对于这种披露,公允价值通常并不是很重要的,名义价值也不能提供评估公司套期保值活动所需的信息,而且公司并没有被要求对通过套期保值活动减轻风险暴露程度进行量化披露。如果公司披露相关信息,就可使投资者和债权人更好地了解套期保值的效用。

(二) 交易个别风险与公司总风险的暴露

公司使用套期保值规避各项交易、承诺、资产或负债的个别风险,尽管对各项具体风险的套期保值常常会降低一项经济变数带来的总风险暴露,但公司很少以规避公司范围内的总风险为目标使用套期保值。此外,会计准则也只是提出一个广泛的问题:套期保值的最终目的究竟是什么?如果套期保值的目的是通过降低公司现金流(或资产净值)对具体风险因素的敏感性来降低总体经营风险,那么对具体风险暴露的套期保值能否达成一致?有可能,但不一定。

与此相关的分析性问题是,理性的管理者是否会签订加大公司总体风险的衍生合约?在有些情形下会的。之所以如此行动,是因为现代经营的规模化和复杂性,以及通过公司不同部门达成一致目标的难度所致。例如,公司财务部门负责控制融资现金流,因而会参与利率互换以降低利息支出的易变性,尽管这些利息支出与公司的经营活动现金流呈负相关。同样,一家公司的美国分部和欧洲分部也可能通过外币互换进行外币业务的套期保值,但其目标可能是冲突的,因为每个部门只会考虑自己的风险暴露,而不会关注公司的总体风险。分析师必须分析衍生品对公司的总体影响,记住,具体风险暴露的套期保值并不能保证规避公司的总体风险。

(三) 是否计入经营收益或非经营收益

衍生品分析的另一个问题是,是否应该将未实现和已实现衍生工具的利得和损失包括在经营收益中?如果衍生品属于套期保值工具,则未实现及已实现的利得和损失就不应包括在经营收益中。此类衍生品的公允价值也应排除在经营资产之外。就对利率变动进行套期保值的衍生工具而言,这一分类是很清楚的,因为暴露的潜在内容(通常是利息费用或利息收入)本身属于非经营性项目。对于其他类型风险的套期保值,如外汇及商品价格风险,这一分类不是很清楚。

当套期保值活动不是公司经营的核心部分时,将套期保值的影响纳入经营收益就会掩盖经营收益或现金流的易变性,衍生品的利得和损失及公允价值应作为非经营性项目处理。如果公司将风险管理服务作为业务的核心部分,我们就必须将所有投机利得和损失(以及公允价值)视为经营收益(以及经营资产和负债)的组成部分。

三、基于金融衍生品的公司风险与公司价值的文献综述

（一）衍生工具能降低公司风险

在国外，大多数学者的实证研究支持衍生工具的运用能够降低公司风险的观点（Allayannis and Ofek，2001）；而在国内，有关衍生工具运用对公司风险影响的研究相对较少，实证研究可参考黄建兵等（2008）等。

相关文献综述
请扫二维码参阅

（二）衍生工具运用无效或提高公司风险

国内外的相关研究表明，衍生工具的运用或者不影响公司收益的波动性，或者会显著提高公司的系统风险。

相关文献综述
请扫二维码参阅

（三）衍生工具能够提升公司价值

基于公司价值最大化的衍生工具运用动因理论，如果减少预期税收假说、降低财务困境成本假说、避免投资不足假说、降低融资成本假说等成立的话，那么公司就可以通过衍生工具降低未来现金流的波动性，从而提升公司价值（Allayannis and Weston，2001；Graham and Rogers，2002；Cater，2006；Bartram，2005）。偏好运用衍生工具的公司通常倾向于增大负债率（Stulz，1996；Leland，1998）。

相关文献综述
请扫二维码参阅

（四）衍生工具运用无效或降低公司价值

国内外的相关研究表明，衍生工具的运用或者无效，或者会显著降低公司价值。

相关文献综述
请扫二维码参阅

（五）文献评述

回顾国内外学者关于衍生工具运用对公司风险与公司价值影响的相关研究，我们发现学者的研究结论存在诸多的分歧，大部分实证研究更加支持衍生工具的运用能够降低公司风险、提升公司价值的观点，部分研究则得出相反的结论。

在使用套期保值并兼顾公司整体风险的优化模型的领域，也有学者在此方面进行探讨。杨中原等（2009）提出了套期保值整体风险控制原理，通过控制收益率的偏度来减小重大风险发生的概率，以套期保值收益率的方差最小为目标，建立了基于整体风险控制

的组合套期保值模型,解决了在多种期货对一种现货套期保值过程中整体风险的规避问题。杜建慧(2016)给出了一个基于整体风险控制的组合套期保值优化模型,考虑了偏度和峰度对套期保值的影响,运用相关性强的期货组合进行组合套期保值,并使用差分进化算法进行了求解,大大地提高了套期保值的有效性。

第二十二章　美国西南航空公司的燃料套期保值

导　言

2001年6月12日,美国西南航空公司(以下简称"西南航空")的融资负责人,Scott Topping,非常关注公司的燃料价格。在过去的18个月里,高企的飞机燃料价格导致航空业业绩下挫。Scott意识到,自航空业在1978年被放松监管之后,航空业的盈利和存续主要依赖于对各种费用的控制,而飞机燃料费用成为航空业除劳动力价格之外的第二大运营费用。如果航空公司可以有效地将燃料费用控制在一定的范围内,就可以更加准确地估计预算和预期收益。Scott的工作就是对冲燃油成本,但他明白飞机燃料的价格在很大程度上是不可被准确预知的。如图22-1所示,自1998年12月21日以28.50美分/加仑探底过后,飞机燃料的现货价格(墨西哥湾沿岸)呈现一种整体上扬的趋势。2000年11月11日,墨西哥湾沿岸的飞机燃料现货价格为

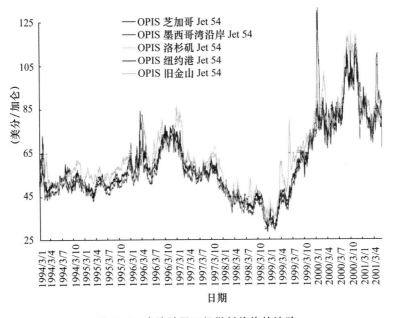

图22-1　海湾地区飞机燃料价格的波动

101.25 美分/加仑，与 1998 年的价格相比，涨幅达 255%。2001 年 6 月 11 日，墨西哥湾沿岸的飞机燃料现货价格收盘价为 79.45 美分/加仑。尽管这个收盘价远低于最高位，但 Scott 认为飞机燃料价格的走势仍然是不确定的。在 25 个交易日内，历史每日均波动率为 58.7%。显然，燃料价格风险是航空业应重点关注的。1999 年下半年至 2000 年，燃料价格不断上涨，与 1999 年相比，2000 年西南航空均可载量座位里程的燃油费用上升了 44.1%。2000 年，西南航空的燃料均价为 0.7869 美元/加仑，而 1999 年的均价为 0.5271 美元/加仑。

（本章案例部分内容选自：Dave Carter, Dan Rogers, and Betty Simkins. Fuel Hedging in the Airline Industry: The case of Southwest Airlines [J]. Social Science Electronic Publishing. 2004.）

第一节　美国西南航空公司

美国西南航空公司是 Rollin King 和 Herb Kelleher 在 1971 年建立的。创建初始，以三架波音 737 客机服务于得克萨斯州的三个城市——达拉斯、休斯敦和圣安东尼奥。当时，西南航空采取一个很简单的战略：假如你将乘客安全、准时、尽可能最低的票价送至目的地，并且让他们觉得旅程舒适美好，乘客还会继续乘坐这家公司的航线的。这个战略正是西南航空取得成功的关键，西南航空还意识到空中旅行将成为过度竞争的生意。

1988 年 5 月，西南航空成为史无前例的"三冠王"——最佳按时抵达纪录、最佳行李安放和最少乘客投诉；西南航空在 1992—1996 年也获得了"三冠王"的荣誉。除成为质量最高的航空公司外，西南航空还是善于创新的，首个开启飞行常客回归计划，以旅行的次数而非飞行的航程向乘客提供信用贷款。此外，公司还率先提供诸如老年人折扣、当日空运支付服务、无票登记等独一无二的项目。

2000 年，得克萨斯州的小航空公司发展成美国航空业运营国内航线的第四大航空公司，以及美国从国内起飞的第一大航空公司。截至 2000 年年末，西南航空运行着 344 架波音 737 飞机，服务于美国 29 个州的 57 个城市及 58 个机场。2000 年，西南航空开始服务于布罗法、阿尔巴尼和纽约；2001 年，又扩展到西棕榈和佛罗里达州。

表 22-1 是西南航空公司 1998—2000 年的利润表，历史上，西南航空在运营过程中具有季节性特点。例如，季营业收入呈减少趋势，收入在第一季度就会下降。2000 年，其季营业收入占总营业收入的 22%。

表 22-1　西南航空公司的利润表　　　　　　　　　　　　单位：千美元

项目	2000 年	1999 年	1998 年
营业收入			
乘客	5 467 965	4 562 616	4 010 092
货运	110 742	102 990	98 500
其他	70 853	69 981	55 451
营业收入合计	5 649 560	4 735 587	4 163 980
营运费用			
薪资与福利	1 683 689	1 455 237	1 285 942
燃料与燃油	804 426	492 415	388 348
维护与维修	378 470	367 606	302 431
代理费	159 309	156 419	157 766
飞机租赁	196 328	199 740	202 160
场地费及其他租金	265 106	242 002	214 907
折旧费	281 276	248 660	225 212
其他	859 811	791 932	703 603
营运费用合计	4 628 415	3 954 011	3 480 369
营业利润	1 021 145	781 576	683 611
其他费用(收益)			
利息	69 889	54 145	56 276
资本化利息	(27 551)	(31 262)	(25 588)
利息净收益	(40 072)	(25 200)	(31 083)
其他(利得)损失	1 515	10 282	(21 106)
其他费用(收益)合计	3 781	7 965	(21 501)
会计准则调整累积影响及税前利润	1 017 364	773 611	705 112
所得税	392 140	299 233	271 681
会计准则调整累积影响前利润	625 224	474 378	433 431
会计准则调整的净所得税	(22 131)	—	—
净利润	603 093	474 378	433 431
基本每股收益	1.25	0.94	0.87
会计准则调整影响	(0.04)	—	—
基本净每股收益	1.21	0.94	0.87

第二节　航空业的燃料套期保值

航空公司的高管明白，在行业内部竞争压力下，将燃料价格的压力以提高票价的方式让乘客分担，这种事情是不太可能发生的。因为大航空公司与其他航空公司在其服务的主要航线上相互竞争,面对高昂的燃料价格,票价上涨的空间没有多少。例如,大陆航空在多次促使整体票价上涨未果之后,也就打消了提高票价的念头。该公司表示,确实存在燃料价格过高的问题,但是巨大的竞争压力使得公司不能够将燃料价格压力转嫁给乘客,让乘客担负价格的上涨。

表 22-2 展示了在航空行业,航空客运(板块 A)和航空货运(板块 B)的竞争信息。在板块 A 中,1994—2000 年,基于均可载量座位里程,西南航空拥有 5.51% 的市场份额。在板块 B 中,同期,西南航空在航空载货中占较少的份额。2000 年,在定期飞行航班和载客航班中,西南航空已成为美国第一大航空公司。很显然,对于西南航空来说,竞争是首要考虑的因素。空中旅行已成为过度竞争的业务,在价格上拥有竞争优势是生存和成功的法宝。正如 Warren Buffett 所说,"你不能在商品化业务中成为最高成本生产者,有时候成为最低成本生产者也不好"(McCartney et al.,2002)。

表 22-2 美国航空公司的市场份额

板块 A:基于均可载量座位里程计算的市场份额

航线	平均收入(百万美元)	座位里程(1994—2000 年)	市场份额(%)
主要航线			
联合航空	16 796	1 168 894.0	20.52
美国航空	16 913	1 126 177.0	19.77
达美航空	13 528	966 188.0	16.96
西北航空	9 750	657 477.6	11.54
大陆航空	7 356	498 731.0	8.75
全美航空	8 240	418 607.0	7.35
西南航空	3 891	313 827.9	5.51
美西控股	1 879	160 005.0	2.81
阿拉斯加航空	1 746	119 565.0	2.10
地区航线			
美铁	880	94 232.6	1.65
夏威夷航空	423	38 455.1	0.67
图兰航空	360	27 787.1	0.49
中西快递	347	17 603.5	0.31
梅萨航空	452	16 966.4	0.30
科姆控股	517	15 113.9	0.27
边疆航空	151	14 992.8	0.26
天西航空	291	12 147.6	0.21
美莎芭航空	235	12 054.7	0.21
中途航空	200	9 775.3	0.17
大西洋海岸航空	253	8 642.7	0.15
总计		5 697 244.2	100.00

(续表)

板块 B:基于均可载货运吨位及里程数计算的市场份额

航线乘载	货运吨位里程(百万里)	市场份额(%)
联邦快递	7 401.9	31.71
UPS 快递	4 339.1	18.59
美联航	2 529.9	10.84
西北航空	2 205.1	9.45
美国航空	1 916.7	8.21
达美航空	1 435.0	6.15
亚特拉斯航空	1 048.3	4.49
大陆航空	995.1	4.26
安邦快递	887.0	3.80
全美航空	277.7	1.19
环球航空	129.6	0.56
西南航空	69.1	0.30
阿拉斯拉航空	57.4	0.25
夏威夷航空	53.7	0.23
总计	23 345.6	100.00

航空公司意图通过对燃料价格做套期保值来避免在维持巨大的机翼上花费更多,从而获得比基线收益更大的收益。事实上,Neidl(Neidl and Chiprich,2002)指出,"尤其是在 2000 年下半年,相对获得较大收益的航空公司倾向于选择较好的对冲头寸"。而没有做对冲头寸的航空公司则不能获得较好的收益。例如,在 2000 年的最后一个季度,美国航空公司未做套期保值,如果没有增加其燃油费用的话,公司就会获得 3 800 万美元的利润而不会损失 8 800 万美元。不同于大多数的大宗商品普通购买者和生产者,航空公司一般由财务部门而非燃料购买者执行对冲操作。

燃料价格风险管理工具在 1989 年被航空公司采用(Clubley,1999)。航空公司在原油、取暖用油、飞机燃料上采用衍生工具以防范燃油成本风险。大多数航空公司采用大众化的工具规避飞机燃料成本,如互换、期货、看涨期权(如平均价选择权)和利率上下限(如零成本区间)。

除使用专门飞机燃料外,两个最主要的原因使得航空公司还会使用其他可替代燃料。第一个原因需要对提纯进行简单的回顾,当炼制者提炼原油的时候,主要产品是汽油、柴油(取暖用油、柴油机燃油、航空煤油)和残余燃料油。炼制者经常将其产品分别称作一桶油的高层、中层和底层。来自同一桶、同一位置的产品具有相似的特性,而价格也差不多。因此,取暖用油与飞机燃料具有相同的特性,常被当作燃料使用。此外,既然飞机燃料是从原油中提炼出来的,那么提炼的高价原油也就常被飞机当作燃料使用。第二个原因,飞机燃料不能作为期货合约和交换合约的保证,飞机燃料衍生品合约只能在场外交易市场上操作。但是,原油和取暖用油的交换合约可以在活跃、流通性强的市场(如美国纽约商业交易所)上交易,瓦斯油可以在伦敦的英国国际石油交易所交易。这些交易性产品具有高流动性和低信用风险,体现在合约标准化且不易被改动,但也意味着持有者面临巨大的基差风险。

基差风险是指对冲商品的价值会随着规避价格风险的衍生品合约的价值而变动。当原油、取暖用油和飞机燃料价格高度相关的时候，一旦商品间的关联被破坏，基差风险就会变得很高。一个理想的对冲无论是在期货市场还是现货市场上都做出正确的头寸，规避任何基差变化的风险。但是，实际上，即使大宗商品有衍生品合约以规避风险，也必须高度重视基差风险。更加准确地说，在期货市场上，基差是给定商品或者替代品的现货价格与距现货月份最近的期货合约价格之间的差额。因此，基差风险是指在套期保值期内，在期货市场上使用期货合约规避风险时的差额变动所引起的风险。

基差风险为什么会出现呢？套期保值基差风险的表现形式有合约标的基差风险、时间基差风险和区位基差风险三种。当合约标的在质量、一致性、重量、附属产品不一致时，产品基差风险就会出现。例如，航空公司经常使用原油合约做飞机燃料的套期保值，由于两种燃料存在一定的区别，会出现产品基差风险，尽管使用的燃料处在同一个商品分类里，但是原油的种类繁多，如黏性不一（重型和轻质的原油）、含硫量不同（低硫原油和高硫原油）。当套期保值的时间出现不一致时，时间基差风险就会出现。例如，如果套期保值者想做一个长期的套期保值，但是只有短期合约可以被提供，这时时间基差风险就会很高。区位基差风险是众多基差风险中的一种，当两个不同地点的合约价格不同、衍生品合约的交货地点不同时，区位基差风险就会出现。

虽然这些相关商品不一致所引发的风险不常见，但套期保值者还是应有所了解。美林证券全球商品互换部门的主管 Julian Barrowcliffe 说："将取暖用油和飞机燃料混为一谈，用取暖用油替代飞机用油作为套期保值的标的物，这个错误是一些重大损失的缘由。有时，他们不可能去检查每一个标的物。"例如，1990 年年末，当伊拉克入侵科威特（第一次海湾战争）的时候，欧洲的取暖用油与飞机燃料的差额比平常提高了 5 倍，海湾沿岸地区飞机燃料与家庭供暖燃油的价差每加仑升至 28.5%，是每加仑 3.5% 均差的 8.1 倍，相较于均差，28.5% 的价差比均差提高了 714%。这就表示，在这段时间内，飞机燃料与取暖用油或原油的基差风险被放大了。中东地区的军事冲突致使航空燃料供不应求，导致其价格上涨，航空公司在面对价格压力时只能使用替代标的物进行套期保值。

第三节　航空公司频繁使用燃料套期保值

航空公司在套期保值时所使用的工具包括互换（普通互换交易、差额互换交易和基差互换）、看涨期权（如利率上限协议）、利率上下限协议（零成本和溢价领子期权）、期货合约与远期合约。

一、互换

1. 普通互换交易

普通互换交易（之所以被称为普通互换交易是因为其简单而基本，不像其他的互换交易合约）是一份合约，协定在一段时间内交换浮动价格与固定价格。它是资产负债表外合约，不包含任何实物项目的转让，双方通过现金交易完成各自的契约责任。在一个燃料互换中，互换合约明确规定燃料的数量、持久时间（互换合约到期的时间）、燃料的固定价格和浮动价格。在特定的时间内，固定价格和浮动价格的差额以现金体现，通常以月表示，有时也以季度、半年或者整年表示。

燃料套期保值通常使用两种互换合约来运作。图22-2的案例A描述一个普通航空燃料互换是如何在场外交易市场中运作的，案例B描述如何在有序的交易所内利用高流动性的交易合约（如纽约商品交易所的取暖用油日期互换）进行套期保值。在所有的互换交易合约中，航空公司通常是固定价格的购买者，以这种形式规避燃油价格变动的风险。

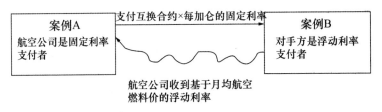

图22-2 航空燃料互换合约的案例

2. 差额互换交易和基差风险

普通互换交易是通过同一商品的固定价格与浮动价格之间的差异来体现的，而差额是通过不同商品之间的固定差额及其真实差额之间的差异来体现的。公司可以利用差额互换交易作为管理套期保值操作中基准风险的工具。例如，假设一家航空公司选择使用取暖用油普通互换交易规避航空用油的敞口风险，那么它就会签订一份额外的互换交易——航空用油与取暖用油的差额交换交易，规避取暖用油互换交易的基差风险，就可以消除在未来航空用油价格远高于取暖用油价格的风险。基差风险是应用于交叉避险的一个重要工具。

二、看涨期权

看涨期权是指在到期日以特定的价格（敲定价）购买特定资产的权利。在石油行业，场外市场期权通常是以现金结算的，而在美国纽约商品交易所的石油交易所交易期权是以远期合约交易的。场外市场期权的交易通常是以一段时间的均价为基准的，如一个月。航空公司倾向于以均价购买燃料，因为航空公司通常一天向飞机供给燃料若干次。既然选择以一个月的均价购买燃料，航空公司就会倾向于以均价做套期保值（平均价格期权）。

在能源行业，期权是规避跨市场风险的工具，尤其是在市场流动性高的时候。例如，航空公司购买取暖用油期权以规避航空燃料价格上涨所引起的跨市场风险。当然，跨市场套期保值仅在商品价格起重要作用之时使用。

西南航空公司明白能源期权灵活性的重要性，但是相对于其他期权来说，能源期权的价格是不菲的。能源期权具有很好的弹性，在于其保险费很高。图22-3显示了当航空燃料价格锁定在60美分/加仑时，使用互换、看涨期权和溢价领子期权规避损失以保证收益的示意。

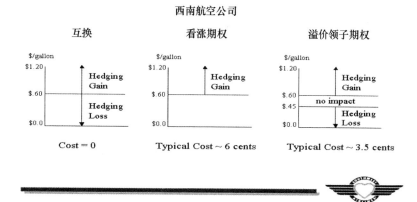

图 22-3 互换、看涨期权和溢价领子期权的示意

三、利率上下限协议

利率上下限协议(包括零成本和溢价领子期权)是看涨期权和看跌期权的组合。当套期保值者想要购买一件商品时,就会使用利率上下限协议,以低于现价的敲定价卖出看跌期权、高于现价的敲定价买入看涨期权。在合约期内,当商品的价格高于敲定价时,看涨期权就会起到规避风险、保证收益的作用。溢价领子期权可以用卖出看跌期权的收益抵消买入看涨期权的费用。在溢价领子期权期限内时,套期保值者的头寸中会出现商品的最高价和最低价。图 22-4 是一个航空燃料溢价领子期权净成本的案例。航空公司以 0.80 美元/加仑购买看涨期权、以 0.60 美元/加仑卖出看跌期权,不管未来航空燃料的价格上涨到什么程度,航空公司都不会以低于 0.60 美元/加仑且高于 0.80 美元/加仑的价格购买燃料。当期权交易中的卖出看跌期权与买入看涨期权的费用相抵时,这样的期权被称为零成本期权。

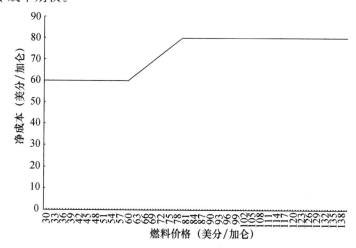

图 22-4 飞机燃料溢价领子期权的净成本

注:买入 80 美分/加仑的买入期权、卖出 60 美分/加仑的卖出期权。

四、期货合约与远期合约

期货合约是指在未来指定的时间买入或者卖出特定数量和质量的商品。合约中在未来会买入的一方被称为持有长头寸、卖出的一方被称为持有短头寸。期货合约是在交易所进行的,交易是标准化的,对标的物的数量、质量、交割上都有特定的标准,也规范交易者的行为,以降低交易对手的风险。采用实物交割方式结算期货合约的占少数,能源期货合约采用此方式的少于1%;反之,期货合约一般是以对冲头寸的方式进行结算的。

远期合约与期货合约类似,但是存在两点重要的区别:一是期货合约是标准化的且在规范化的交易所里进行,而远期合约则可以就合约内容进行协商,不必在交易所进行;二是期货合约采用逐日盯市制度,而远期合约则在交割日结算。期货合约在合约期内的每一天都要结算,根据被套期保值标的物的现值进行日现金结算。纽约商品交易所支持对原油、取暖用油、汽油(可结合其他商品)使用期货套期保值。

表22-3显示了燃料套期保值者如何利用取暖用油期货合约来规避燃料价格风险的。套期保值者在1月以66.28美分/加仑的价格购买了1份期货合约,合约数量42 000加仑。同期,纽约的燃料现价为80.28美分/加仑。如果套期保值者在8月29日以98.59美分/加仑的价格将42 000加仑的燃料出售,其盈利就是32.31美分/加仑(98.59-66.28)。而同期,纽约商品交易所的燃料现价为103.6美分/加仑(如果没有进行套期保值的话,他就要额外付出23.32美分/加仑购买燃料)。但是,通过购买期货合约和在现货市场上购买燃料,期货市场的32.31美分/加仑的盈利与现货市场的23.32美分/加仑的亏损相抵。套期保值者购买燃料的实际净费用为71.29美分/加仑(103.6-32.31)。

表22-3 纽约商品交易所取暖用油期货 单位:美分/加仑

日期	现货价格	期货价格	差额
1月6日	80.28	66.28	14.00
8月29日	103.60	98.59	5.01
		32.31	8.99

五、《财务会计准则第133号》衍生工具的会计处理

美国财务会计准则委员会为了进一步促使公司衍生工具的敞口风险透明化,发布了《财务会计准则第133号》。在此之前,大多数衍生工具记在资产负债表外,且只在资产负债的附注中出现。在《财务会计准则第133号》中,考虑到持有衍生品的头寸和衍生工具的有效性,套期保值公允价值的变化不是体现在利润表上就是体现为综合收益的一部分——股票价值的变化。

Scott Toping的管理者想对套期保值进行套期保值的会计处理,必须通过相关的有效性度量。为了提高效率,至少在套期保值合约期的每一个报告期对有效性进行度量,任何衍生工具中的无效部分或者被排除部分公允价值的变化将体现在报表的盈余变化上。

美国财务会计准则委员会规定,套期保值的有效性是从历史表现、未来表现(回溯测试)和预测未来表现(前瞻性测试)得到体现的。美国财务会计准则委员会只提供测试套期保值有效性的广泛性的指导方针,可采用两种建议性的方法测量历史表现,即 80—125 法和相关法。

(1) 80—125 法(也称美元价值补偿方法)是指如果衍生工具价值的变化与被套期项目价值的变化的比率在 80%—125%,就被认为是有效的。

$$有效性 = \sum n_i = 2(\Delta PH)_i \Big/ \sum n_i = 2(\Delta PD)_i$$

其中,$(\Delta PH)_i = (PH)_i - (PH)_{i-1}$,$(\Delta PD)_i = (PD)_i - (PD)_{i-1}$,PH 为被套期保值商品的日价格,PD 为衍生品的日价格,i 为合约日期,n 为合约期的总天数。

(2) 相关法。若被套期项目价值的变化与衍生工具价值的变化的相关性高,则此套期保值是有效的。也就是说,若相关性回归的 R^2 约为 80,则是有效的,并且回归线的斜率应该接近于 1.0(此方法在《财务会计准则第 133 号》中未明确指出)。关于套期保值有效性度量的资料,可参考 Kalotay and Abreo(2001)、Risk books(1999) 和 Energy Information Administration(2002) 等。

高层管理者要求 Scott 提出未来 1—3 年的套期保值策略。鉴于燃油的高价位,他无法确定哪个是最佳的策略,而且必须将《财务会计准则第 133 号》的要求考虑到套期保值策略中。

2000 年,西南航空燃料的平均费用为 0.7869 美元/加仑,这是自 1984 年起最高的燃料年均费用,前文提到,燃料和原油均可载量座位里程的燃油费用在 2000 年上涨了 44.1%,相比 1999 年的单位加仑航空燃料年均费用上涨了 49.3%。

虽然 Scott 认为航空燃料的价格在接下来的一年中会下降,但是他也不能确定能源价格的确切走势。他明白,做预测是难的,尤其是预测未来发生的事情。中东地区任何政策上的不稳定都会导致能源价格意想不到地上扬。航空公司没有做套期保值,如果燃料价格继续上升,西南航空航空燃料的费用也会由此增加;反之,如果燃料价格下降,西南航空航空燃料的费用也会降低。

如何规避这些风险? Scott 列举了五项措施,分别为不作为、使用航空燃料或取暖用油的普通互换交易、使用期权合约、使用零成本期权和使用原油或取暖用油的期货合约。他估算西南航空未来一年的航空燃料用量接近 110 000 万加仑。

第二项措施会出现以下两种结果不同的情况:

一是安然公司为 Scott 提供了 1 年期的场外交易航空燃料普通互换交易。合约规定西南航空的固定价是 76 美分/加仑,浮动价基于海湾沿岸航空燃料的月均价决定,合约费用在合约期内每月支付,为方便起见,互换标的物的数量是 100 万加仑,假定安然公司愿意提供西南航空公司想要的尽可能多的互换合约。

二是 Scott 同时考虑纽约商品交易所取暖用油的 1 年期的日期互换交易,合约标的物的数量为 42 000 加仑,合约取暖用油的固定价为 73 美分/加仑,浮动价依据纽约商品交易所港口取暖用油期货最近一个月开市交易日的结算价的算数平均值决定,合约费用在合约期内每月支付。

下面在案例中详解两种结果。

案例Ⅰ
在场外交易市场进行航空燃料的普通互换合约交易

在互换交易期中,需要在现货市场购买燃油的航空公司在购买互换之后可以减少因价格波动而带来的经济损失,将波动的价格固定下来,浮动价是商品市场燃料的月均价,净收益(或损失)由浮动价减去固定价所确定。航空公司的航空燃料的普通互换合约交易将固定价和浮动价互换,假如浮动价为月均价80美分/加仑,固定价为70美分/加仑,则浮动价的买家每月付给航空公司的费用为10美分/加仑。当合约规模为100 000加仑时,付给航空公司的费用为10 000美元。

案例Ⅱ
在纽约商品交易所进行纽约港口取暖用油日期互换交易

纽约商品交易所可以进行长达36个月的取暖用油日期互换交易。假如18个月期互换交易的交易规模为42 000加仑,浮动价为月均价0.6841美分/加仑,固定价为0.59美分/加仑,航空公司作为持有长头寸的一方需要付给对方3 952.20美元[(0.6841－0.59)×42 000],航空公司此时以低价在燃料现货市场上购买燃油。假定航空燃油与取暖用油的基差没有发生改变(两者的价格具有高相关性),期货市场上的损失与低价购买燃料的收益相抵,航空公司就达到了将燃料价格固定下来的效果。

讨论题

1. 简单列举本案例所需掌握的重点知识。
2. 美国西南航空公司为何进行套期保值?
3. 如何理解从《财务会计准则第133号》衍生工具会计处理出发的有效性度量?

讨论题的分析要点
请扫二维码参阅

第二十三章　P2P 网络借贷平台的风险控制

> **导言**
>
> P2P 网络借贷这一新兴业务,在我国基本处于无行业标准、无准入门槛、无监管机构的环境,随着 P2P 借贷的井喷式发展,许多问题逐渐暴露出来,包括法律空白、监管缺失、风险控制能力弱等,行业自身的风险和负面影响受到社会的广泛关注。本章以 P2P 网络借贷风险控制为研究对象,从我国 P2P 平台的发展现状、运营模式、风险类型和监管状况四个方面进行分析,选取 AA 网络借贷平台作为案例,详细介绍 AA 网络借贷平台的背景、运营模式和运营状况,采用层次分析法构建层次结构模型,得到各个指标权重,计算出 AA 网络借贷平台和其他 14 个典型平台的风险得分并进行比较。根据模型得到的 AA 网络借贷平台风险得分与指标系数,分析该平台在运营过程中存在的风险以及进行风险控制的建议。

第一节　绪　　论

在国外,P2P 网络借贷的兴起,源于征信体系的成熟与互联网技术的进步。征信体系的成熟,使得纯线上的借款人信用审核与贷款利率确定成为可能;互联网技术的进步,降低了信息传递的成本,实现了自动化的信贷审批与供需匹配。

在我国,P2P 网络借贷大量采用以人工尽职调查为主的线下征信模式,与传统金融业相比,互联网金融的比较优势无法实现。我国 P2P 网络借贷高速发展的重要动因为"金融脱媒"。准入限制形成了金融业的高额利润,而 P2P 网络借贷以"监管套利"的方式,从事类似于商业银行的业务并由此获得了较高的利润。在此背景下,我国的 P2P 网络借贷模式具有典型的中国特色,隐含的风险也特别复杂。

一、研究背景与意义

P2P 是英文"peer to peer"的缩写,意即"个人对个人",是一种聚集微小额度的资金并借贷给有资金需求人群的一种商业模式。P2P 理念起源于 2006 年"诺贝尔和平奖"得主穆罕默德·尤努斯的乡村银行模式。尤努斯教授认为现代经济理论在解释和解决贫困方面存在缺陷,为此他于1983年创建格莱珉银行,开展无抵押的小额信贷业务和开发一系列的金融创新机制,不但创造了利润,而且使成千上万的穷人尤其是妇女摆脱了贫困,使扶贫者与被扶贫者达到双赢。格莱珉银行在提供小额贷款的同时也鼓励小额存款,并通过格莱珉银行将这些存款发放给其他需要贷款的人。这一模式就是最初的P2P金融雏形。

2005年3月,世界上第一家真正意义上的P2P网络贷款平台(Zopa)成立于英国伦敦,提供P2P社区借款服务,并在美国、日本和意大利成功推广;2006年,Prosper网络小额贷款平台在美国成立并运营,让资金富余者通过Prosper平台向需要资金的人提供贷款并收取一定的利息;2007年5月上线的美国加利福尼亚州的森尼维尔市借款俱乐部(Lending Club),使用脸书应用平台、其他社区网络与在线社区撮合出借人和借款人。这种模式使借贷双方互惠双赢,加上高效便捷的操作方式、个性化的利率定价机制,推出后得到广泛的认可和关注,迅速在世界各国发展。

我国P2P网络借贷的初始发展期一般认为,在2007—2012年这个阶段中,P2P网络借贷主要以信用贷款为主,最为突出的平台代表当数拍拍贷。拍拍贷于2007年成立,既是国内最早的网络借贷平台,也是截至目前坚持纯线上模式的纯信用P2P网络借贷平台。2012—2013年是业内公认的网络借贷平台的快速扩张期,在这个阶段,平台创办者大都具备民间线下借贷的背景和经验;与此同时,网络借贷平台开发技术也日渐成熟。因此,这个时期的P2P网络借贷平台大都采取线上和线下结合的模式开展运营,同时在风险把控能力上也有较大提升。在此期间,国内的P2P网络借贷平台数量从最初的20多家快速扩增为200多家,月成交金额和有效投资人也迅速达到一个较高的水平,代表平台包括陆金所、宜人贷、投哪网、融金所、团贷网等。2013年,国内的P2P网络借贷平台发展持续升温,达到了一个新的高度。截至2013年年底,P2P网络借贷平台数量突增为600多家,月成交金额也达到110亿元左右的高水平。当然,这在很大程度上得益于网络借贷系统开发技术的成熟和普及。不过,此阶段上线的大部分平台以自融高息为主,平台风险加大,因此在这个时期内曾爆发集中的提现危机。2014年以来,P2P网络借贷行业开始进入一个以规范监管为主的政策调整期。在这个阶段,国家明确表示鼓励和支持P2P网络借贷的发展,P2P网络借贷行业受到前所未有的重视,尤其是在2015年,互联网金融首次被写入国家"十三五"规划,足以证明国家对这个新兴行业的重视。

由于P2P网络借贷在我国基本处于无行业标准、无准入门槛、无监管机构的环境,随着P2P网络借贷的井喷式发展,许多问题逐渐暴露出来,包括法律空白、监管缺失、风险控制能力弱等,行业自身的风险和负面影响受到社会的广泛关注。

P2P网络借贷帮助中小微企业融通资金、为中小投资者提供理财渠道,大大地缓解了中小微企业融资难的问题,刺激和促进了经济的发展。然而,大量平台倒闭跑路、非法集资、欺诈违约的问题层出不穷,损害了众多中小投资者的利益,使得投资者普遍对P2P网络借贷缺乏信任,严重阻碍了P2P网络借贷行业的健康发展。因此,无论是基于投资者的角度,还是基于整个P2P网络借贷行业持续、健康发展的角度,研究网络借贷平台的风险控制具有很强的现实意义;同时,P2P网络借贷行业风险的产生也促进了风险管理的完善,这项研究也具有一定的理论意义。

二、国内外研究现状

(一)国外研究现状

关于 P2P 网络借贷平台,国外学者进行了大量研究,得出了不同的结论。在 P2P 网络借贷的风险来源方面,Klaff(2008)认为由于网络借贷是匿名交易,双方信息不对称,从而存在很大的信用风险;Ravine(2008)提出借款人的种族、性别、年龄等特征影响到能否成功借款(比如,在美国,黑人比白人更难借款),因此借款人自身也是风险来源之一。在平台的风险控制方面,Hildebrand(2010)认为,如果平台只是单纯的中介而不承担违约责任,那么平台就会为收益而引入高风险的借款项目,从而导致借贷违约风险。因此他们提出,只有平台承担部分违约责任,才能更加谨慎地引入借款项目和进行风险控制。Lin 则认为社交网络的个人信息可以弥补网络借贷中的信息不对称缺陷。

(二)国内研究现状

对于 P2P 网络借贷这一新兴行业,国内学者的研究方向主要集中在 P2P 网络借贷平台的运作模式、发展现状、风险控制与法律监管等方面。例如,郭卫东(2014)在研究网络借贷模式时,根据运营形式,将 P2P 网络借贷平台分为五种:一是以宜人贷为代表的线下交易型平台;二是以拍拍贷为代表的纯中介的线上交易型平台;三是以安心贷为代表的线下—线上型平台;四是以红岭创投为代表的线上—线下型平台;五是以宜农贷为代表的公益型平台。高佳敏(2013)则根据 P2P 网络借贷在我国的演化特征,将 P2P 网络借贷模式分为三种:一是以 Prosper、Zopa 为原型的纯中介的传统模式;二是以宜信为代表的债权转让模式;三是来自红岭创投的本金垫付模式。

在分析我国 P2P 网络借贷行业发展现状时,雷舰(2014)和田俊领(2014)认为 P2P 网络借贷行业发展迅猛、平台交易活跃、地域分布集中。

在 P2P 网络借贷风险控制方面,张日金(2015)认为 P2P 网络借贷行业的主要风险有借款人信用风险、借贷平台道德风险、互联网信息技术风险和法律政策风险四种,并且针对性地提出对应的风险控制应对措施。唐嘉悦和郝蒙(2014)构建了层次结构模型,建立了评价指标体系,计算出风险指标的权重和平台得分后进行实证分析。俱思蕾(2015)对比国内外典型的 P2P 网络借贷运营模式,分析我国 P2P 网络借贷行业的风险管理现状,并针对性地提出风险管理和加强监管的建议。曾良银(2013)与高泽宇(2015)则通过案例分析,提出 P2P 网络借贷平台风险控制的对策与建议。董妍(2015)认为,风险控制既关系到整个行业的生存和发展,也关系到投资市场的良性发展,而信息披露是 P2P 网络借贷行业风险控制的关键。

研究内容与思路
请扫二维码参阅

内部控制与风险
管理理论综述
请扫二维码参阅

第二节　我国P2P网络借贷行业的发展、风险与监管

一、P2P网络借贷行业的发展概况

（一）运营规模

P2P网络借贷行业进入我国后，一直处于井喷式发展。据"网贷之家"统计，截至2015年12月底，P2P网络借贷行业运营平台达到2 595家，相较2014年年底增加了1 020家（见图23-1）。

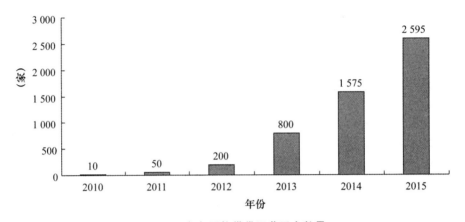

图23-1　各年网络借贷运营平台数量

截至2015年年底，2015年全年网络借贷成交量达到9 823亿元，相比2014年全年网络借贷成交量（2 528亿元）增长288.57%（见图23-2）。2015年10月，网络借贷历史累计成交量首次突破万亿元大关，而截至2015年12月底的历史累计成交量达到13 652亿元。

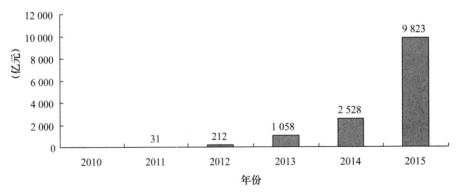

图23-2　各年网络借贷成交量

随着网络借贷成交量稳步上升,P2P网络借贷行业贷款余额也同步走高。截至2015年12月底,网络借贷行业总体贷款余额达到4 395亿元,而2014年年底总体贷款余额为1 036亿元,增长幅度为324.22%(见图23-3)。这组数据表明网络借贷行业吸引了大量的投资者进入,网络借贷行业正在飞速地发展。

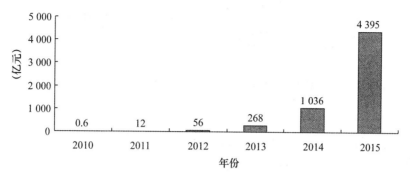

图23-3　各年网络借贷贷款余额

2015年网络借贷行业总体综合收益率为13.29%,相比2014年网络借贷行业总体综合收益率下降了457个基点(见图23-4)。纵观2015年12个月的综合收益率走势,前11个月几乎呈单边下跌态势,主要原因在于P2P网络借贷逐步成为资产配置的一部分,越来越多的投资人开始进入P2P网络借贷,在借款端增长不如投资端的情形下,供需结构的持续失衡使网络借贷综合收益率持续下降。同时,伴随着全年央行多次降准、降息所造成的宽松的货币市场环境,推动网络借贷综合收益率持续地下行。受年末因素影响,投资人资金需求较大;同时,12月有多次的股票打新机会,各大平台出于资金挽留的考虑,不同程度地加息,带动2015年12月网络借贷平台综合收益率的上升。

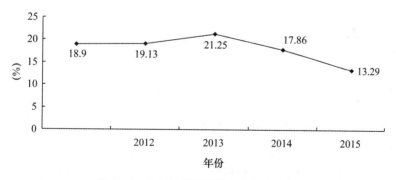

图23-4　各年网络借贷综合收益率走势

2014年网络借贷行业投资人数与借款人数分别达116万和63万,而2015年网络借贷行业投资人数与借款人数分别达586万和285万,较2014年分别增长405%和352%,网络借贷行业人气明显飙升(见图23-5)。

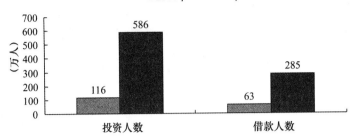

图 23-5 网络借贷平台投资人数和借款人数

(二) 地域分布

我国 P2P 网络借贷行业的地域分布较为集中,这与地区的经济发展有着密切关系。截至 2015 年 12 月底,广东、山东、北京分别以 476 家、329 家和 302 家的运营平台数量排前三位,占全国总平台数量的 42.66%(见图 23-6)。其中,山东的运营平台数量相比 2014 年增长超过 100%,广东、北京的运营平台数量相比 2014 年分别增长 36.39% 和 67.78%。与 2014 年一样,排名前六的省份是分布在经济发展靠前的沿海地区。随着各地逐步出台支持互联网金融发展的政策,2015 年,湖北、四川、贵州等内陆省份的网络借贷也出现了快速发展,其中湖北的运营平台数量相比 2014 年的增长幅度超过了 100%。

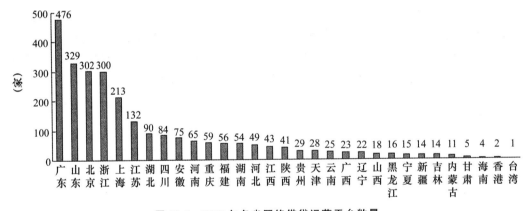

图 23-6 2015 年各省网络借贷运营平台数量

2015 年网络借贷成交量位居前五的省份分别是广东、北京、浙江、上海、江苏,累计成交量占全国的 87.17%,相比 2014 年占比(81.72%)更高,表明网络借贷成交正在向这些省份集中。其中,广东以 3 109.63 亿元的成交量居首位,对比 2014 年增长近 300%,北京、浙江则分别以全年累计成交量 2 850.07 亿元和 1 204.81 亿元排第二、第三位。

(三) 运营模式

我国 P2P 网络借贷平台主要有以下三种运营模式:

1. 纯中介的线上模式

纯中介的线上模式是以 Prosper、Zopa 等国外的 P2P 网络借贷平台为原型的传统模式,在我国 P2P 网络借贷行业的典型代表是拍拍贷,其运作原理如图 23-7 所示。

图 23-7　拍拍贷运作原理

拍拍贷借款流程为:借入者发布借款列表→借出者竞相投标→借入者借款成功→借入者获得借款→借入者按时还款

纯中介的线上模式的特征为:借贷双方直接通过平台进行线上交易,资金借贷效率相对较高。平台在其中担任中介角色,对投资者的资金不提供担保,虽然降低了平台的系统性风险,但是投资者承受的借款信用风险较大。

2. 中介＋担保机构的线上模式

中介＋担保机构的线上模式的代表性平台是红岭创投,其运作模式如图 23-8 所示。

图 23-8　红岭创投运作模式

中介＋担保机构的线上模式与传统的 P2P 网络借贷平台模式基本相似;不同的是,红岭创投推出了本金垫付制度,当借款人逾期或违约时,平台先行垫付投资人的本金,从而吸引了大批投资者。中介＋担保机构的线上模式引进了担保机制,降低了投资人的信用风险,但是在这一模式下,平台必须具备很强的风险控制能力,才能避免因坏账过多而导致资金流动性风险。

3. 中介＋专业放贷人的线下模式

中介＋专业放贷人的线下模式的典型代表是宜信,其运营模式如图 23-9 所示。宜信的融资模式没有采用竞标方式,而是采取线下债权转让方式融通资金。

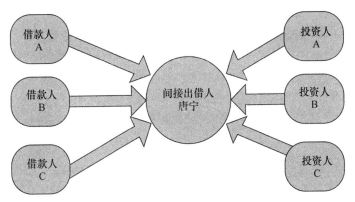

图 23-9　宜信运营模式

中介＋专业放贷人的线下模式的特征为:平台作为借贷双方债务转移的中介,由平台放贷给借款人,再将债权拆分转让给多个投资人。在贷款达成后,借款人每月还款,使投资人了解每笔债权的偿还、收益状况。当出现违约时,平台偿还投资人全部本息。在这种模式下,平台在整个交易过程中是风险承担方,对平台的资金透明度有着很高的要求。

二、P2P 网络借贷行业的监管现状

自 P2P 网络借贷行业在我国兴起以来,基本处于无行业标准、无准入门槛、无监管机构的状态,行业秩序亟须治理。2014 年 9 月,中国银监会创新监管部主任王岩岫提出了 P2P 监管十原则,明确了 P2P 监管的基本方向。2015 年 7 月 18 日,中国人民银行等十部门联合发布《关于促进互联网金融健康发展的指导意见》(以下简称《指导意见》),提出了一系列鼓励创新、支持互联网金融稳步发展的政策措施。《指导意见》指出,P2P 网络借贷作为信息中介,主要为借贷双方的直接借贷提供信息服务,不得提供增信服务,不得非法集资;同时《指导意见》提出,网络借贷业务由银监会负责监管。除另有规定外,从业机构应当选择符合条件的银行业金融机构作为资金存管机构,对客户资金进行管理和监督,实现客户资金与从业机构自身资金分账管理。《指导意见》的发布使得 P2P 网络借贷的监管首度明朗化。

2015 年 12 月 28 日,中国银监会会同工业和信息化部、公安部、国家互联网信息办公室等部门发布了《网络借贷信息中介机构业务活动管理暂行办法(征求意见稿)》(以下简称《办法》)。《办法》的基本原则为:网络借贷信息中介机构按照依法、诚信、自愿、公平的

原则为借款人和出借人提供信息服务,维护出借人与借款人的合法权益,不得提供增信服务,不得设立资金池,不得非法集资,不得损害国家利益和社会公共利益。借款人与出借人遵循"借贷自愿、诚实守信、责任自负、风险自担"的原则承担借贷风险。网络借贷信息中介机构承担客观、真实、全面、及时进行信息披露的责任,不承担借贷违约风险。《办法》明确了网络借贷业务规则和风险管理要求,坚持底线思维,加强事中、事后行为监管。《办法》还明确提出网络借贷信息中介机构不得从事或者接受委托从事"利用本机构互联网平台为自身或具有关联关系的借款人融资"等十二项禁止行为。《办法》的出台将从根本上改变网络借贷机构缺乏准入门槛、监管规则和体制机制不健全的状态,有利于治理行业乱象,引导行业进入规范经营和稳健发展的轨道,并为下一步完善相关基础设施和配套措施提供依据,促进普惠金融的发展。

三、P2P网络借贷行业的风险类型

P2P网络借贷行业的高收益必然伴随着高风险,问题平台的不断出现证实了这一点。根据以往学者对P2P网络借贷行业风险的研究,结合中国银监会《人人贷有关风险提示的通知》中提出的P2P网络借贷行业七大风险以及案例平台的实际运营情况,P2P网络借贷平台主要有以下几种风险:

(一)法律风险

法律风险是指企业在经营过程中因自身经营行为的不规范或者外部法律环境发生重大变化而造成不利法律后果的可能性。我国现行的法律体系尚未设立P2P网络借贷行业专门的条款,导致我国P2P网络借贷行业在2007—2015年平台数量的爆发式增长衍生出多种运营模式。例如,在以宜信为代表的债权转让模式下,借贷双方存在时间差和额度需求很难逐一匹配的问题,并且在吸收存款上,由于财务操作并不透明,很难保证P2P网络借贷平台没有将投资人的资金挪作他用,这是隐藏的法律风险。此外,实行本金垫付制度的平台超出了P2P网络借贷的经营范围。在《办法》出台以后,预计大部分P2P网络借贷平台将被迫改变运营模式,原有的竞争力会大幅减弱、经营压力增大;同时,跑路的问题平台数量也会大大增加。

(二)技术风险

技术风险是指互联网安全技术风险。2013年10月,黑客对网络借贷平台频繁进行攻击,出借人的资金安全和个人隐私安全受到威胁,引起出借人的集体恐慌,导致许多平台出现挤兑。

(三)信用风险

信用风险分为借款人信用风险和网络借贷平台信用风险。借款人信用风险是指借款人在借款到期后无法还本付息的违约风险。造成借款人违约的因素主要有借贷成本高、贷前信用评估能力不足、无抵押或无担保、借款人信用缺失或经营不善等。网络借贷平台信用风险是指网络借贷平台可能因内部控制不完善而发生内部人员非法集资、挪用资金、携款跑路等的风险。

(四) 流动性风险

流动性风险是指 P2P 网络借贷平台无法及时获得充足资金,或者无法以合理成本及时获得充足资金以应对资产增长或支付到期债务的风险。流动性风险的产生一般是在债权转让模式下,由于借贷双方存在期限和金额的错位配置,而平台为了实现高利润,将借款在期限和金额上进行拆标(比如,将长期拆成短期、大额拆成小额),在标的集中到期之后,平台很可能出现资金流动性不足而无法偿还本息。

(五) 操作风险

操作风险是指因不完善或有问题的内部操作过程、人员、系统或外部事件而导致的直接或间接损失的风险。操作风险来自 P2P 网络借贷平台的业务流程及控制。不同的运营模式有着不同的业务流程,目前我国的 P2P 网络借贷平台严重缺乏对业务流程的内部控制,内部控制的不完善是问题平台大量产生的重要原因。

(六) 市场风险

市场风险又称系统性风险,是指在出现系统性的、大面积的市场事件时造成投资价值受损的风险。2015 年新上线的平台数量大增,导致各大中小平台的竞争更为激烈,同时受股市大幅波动的影响,众多平台面临巨大的经营压力,停业平台数量不在少数,这便是市场风险的体现。

第三节 AA 平台风险控制分析

一、AA 平台简介

(一) AA 平台背景

AA 平台于 2014 年 7 月正式上线运营,总部位于江苏泰州,自身定位是满足本地中小企业的小额、短期借款,主要以房产抵押、票据质押、信用担保等短期借款为主,借款周期一般为 1—3 个月。目前,平台的线上年收益率为 10.8%—12%,线下理财产品年收益率为 7.2%—12%。AA 平台与环迅支付合作,将环迅支付作为第三方支付平台和第三方资金托管,确保资金进、存、出的全程安全。同时,AA 平台在兴业银行泰州分行设立风险备用金专用账户,以应对客户违约风险。AA 平台的注册资本为 1 200 万元,与同行业平均注册资本 3 885 万元相比,属于"草根"平台,竞争力较弱。

(二) AA 平台运营模式

AA 平台的运营模式是"中介+担保机构"线上模式与"中介+专业放贷人"线下模式的结合。AA 平台的线上融资流程为:借款人经平台审核通过后可以获得信用评级,发布借款请求,筹得资金;有闲置资金的投资者可以将闲置资金通过网络平台出借给信用良好、有资金需求的企业和个人进行理财,从而获得更高的资金收益。其中,投资流程为:

投资人进行实名、手机、邮箱认证→开通环讯支付第三方支付个人账户→网银充值到第三方个人账户→选择投资项目。AA平台的线上运营模式如图23-10所示。

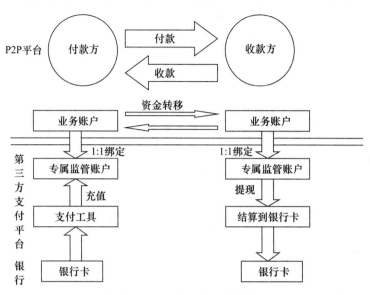

图 23-10　AA平台线上运营模式

AA平台线下运营原理为:公司董事长陈先生作为第一出借人,以个人名义根据借款人的时效性需求将自有资金出借给借款人,由此对借款人形成特定的债权。投资人通过受让陈先生的债权进行资金出借,在完成债权转让手续后,投资人即对借款人建立借贷法律关系,投资人的出借资金作为债权受让对价支付给第一出借人陈先生。AA平台的线下运营模式如图23-11所示。

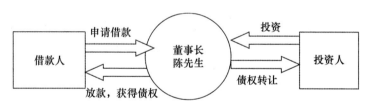

图 23-11　AA平台线下运营模式

线下投资流程为:投资人填写客户委托申请书→选择理财产品→签订个人出借咨询与服务协议→刷卡转账→领取收款确认书、债权转让受让协议和债权明细表→理财产品到期签订债权转让协议→收取本金和收益。

(三) AA平台运营状况

1. 平台成交量

(1) 线上成交量。由于平台起步晚又位于苏北小城,导致平台的知名度不高、缺乏人气,2014年的成交数为94笔,总金额为1498万元;直到2015年后,平台成交量才初具规模。2015年线上平台标的为189笔,总金额为6987万元,2015年平台月成交量如图23-12所示。

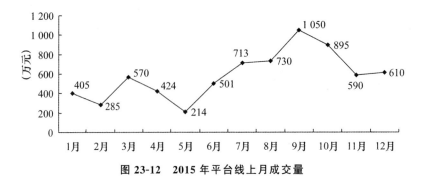

图 23-12　2015 年平台线上月成交量

(2) 线下成交量。平台线下投资额在 2014 年达到 6 000 万元，2015 年投资额为 92 893 421.09 元，借款总额为 600 738 282.50 元。

2. 平台产品构成

(1) 线上出借端产品分为微企贷、精英贷和私营贷三种。

微企贷针对人群为小微企业主，额度为 150 000—5 000 000 元，贷款用途为资金周转、扩大经营、设备购置等。该产品要求申请人为年龄 20—55 周岁、持有营业执照满一年的企业和产业拥有者。

精英贷针对人群为公务员、教师、医生等，额度为 10 000—150 000 元，贷款用途为家庭装修、消费、教育等。该产品要求申请人年龄为 20—55 周岁、在国有企业及事业单位工作满 12 个月。

私营贷针对人群为个体户私营业主，额度为 10 000—150 000 元，贷款用途为资金周转、扩大经营等。该产品要求申请人为年龄 20—55 周岁、持有营业执照满一年的个体产业拥有者。

线上出借端产品按照借款期限分为 1 月标、2 月标、3 月标、半年标、一年标等。

(2) 线下理财产品投资额全部为 5 万元起，分为以下四种：月投欣，投资周期为 1 个月，年收益率为 7.2%；季度丰，投资周期为 3 个月，年收益率为 8%；半年盈，投资周期为 6 个月，年收益率为 10%；满年鑫，投资周期为 12 个月，年收益率为 12%。

2015 年，平台线上投资人数为 1037，借款人数为 69；线下投资人数为 441，借款人数为 112，平台借款人数相对较少（见图 23-13）。

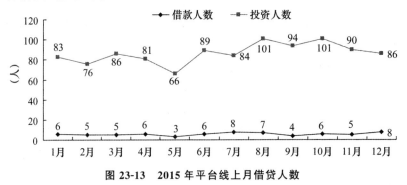

图 23-13　2015 年平台线上月借贷人数

二、风险评价

（一）模型构建

在评估 P2P 网络借贷风险时,我们从回报率、品牌、营业收入、透明度、分散度、流动性、杠杆七个指标进行衡量,选取依据是第三方平台"网贷之家"对各平台人气、品牌、透明度、分散度等因素的评分,同时结合平台实际运营机制。P2P 网络借贷平台风险控制体系指标如表 23-1 所示。

表 23-1　P2P 网络借贷平台风险控制体系

指标	积分	说明
回报率	回报率积分	收益/投资总额
品牌	人气积分	投资人数、借款人数
	品牌积分	资金认可度、运营时间、总部城市、股东背景等
营业收入	成交积分	总成交量、时间加权成交量
	营业收入积分	借款管理费、成本费用等
	收益积分	收益率、风险收益比
透明度	透明度积分	企业证照、股东法人信息、高管团队信息、办公环境、平台运营数据、逾期率及黑名单、借款资料、借款账户信息的公布和资金托管情况
分散度	分散度积分	人均投资金额、人均借款金额、借款集中度、TOP10 借款待还占比及 TOP10 投资待收占比等
流动性	流动性积分	久期、债权转让、提现情况
杠杆	杠杆积分	待收杠杆、地域杠杆

第一,回报率。回报率由收益/投资总额得到,是七个指标中唯一的反向指标,在观察多个问题平台后发现,跑路或者提现困难的平台存在一个共同点,即回报率过高。因此,我们将回报率作为反向指标,纳入网络借贷平台风险控制体系中。

第二,品牌。品牌指标包含人气积分和品牌积分。人气积分表征平台投资人数和借款人数,由投资人数和借款人数加权得出;品牌积分根据资金认可度、运营时间、总部城市、股东背景等信息评分得出,品牌积分越高表明平台的知名度越高、越能得到出借人的认可。人气积分与品牌积分相辅相成、相互影响,最终影响品牌指标对平台风险得分的贡献率。

第三,营业收入。成交积分、营业收入积分和收益积分归类于营业收入指标。成交积分根据平台实际成交量和时间加权成交量加权得出,成交积分越高表明平台成交量越高。营业收入积分取决于平台的借款管理费收入,借款管理费＝借款金额×期限×费率,平台管理费费率普遍为 0.3% 左右。收益积分由平台的平均收益率和风险收益比确定。

第四,透明度。透明度指标根据平台对企业基本信息、运营数据、借款资料等的公布程度得出。平台透明度越高,信用风险和流动性风险相应降低。

第五,分散度。分散度积分由人均投资金额、人均借款金额、借款集中度、TOP10借款待还占比及TOP10投资待收占比等加权得出,分散度越高表明平台的投资人和借款人越分散、平台运营风险越低。其中,借款集中度由投资人数/借款人数得出。

第六,流动性。流动性指标表征投资人在平台投资资金回收时间的长短,根据久期计算得出,并根据有无净值标、有无债权转让标、提现速度等予以适当调整。

第七,杠杆。杠杆指标用于衡量平台的风险承受能力,积分越高表明平台资金杠杆越小、风险承受能力越高。杠杆指标由待收杠杆确定,根据地域杠杆和TOP10逾期资本比予以适当调整。

根据层次分析法和P2P营业收入平台风险控制体系,使用yaahp软件构建层次结构模型(见图23-14)。

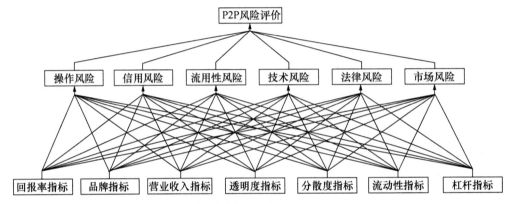

图23-14 层次结构模型

对以上风险指标进行一致性检验,结果如表23-2至表23-8所示。

表23-2 P2P网络借贷风险评价

风险评价	操作风险	信用风险	流动性风险	技术风险	法律风险	市场风险	权重
操作风险	1.0000	0.3333	0.5000	0.2500	0.2000	0.5000	0.0517
信用风险	3.0000	1.0000	2.0000	0.5000	0.3333	4.0000	0.1591
流动性风险	2.0000	0.5000	1.0000	0.3333	0.2500	3.0000	0.1008
技术风险	4.0000	2.0000	3.0000	1.0000	2.0000	5.0000	0.3247
法律风险	5.0000	3.0000	4.0000	0.5000	1.0000	6.0000	0.3083
市场风险	2.0000	0.2500	0.3333	0.2000	0.1667	1.0000	0.0554

注:一致性比例为0.0474;对P2P网络借贷风险评价的权重为1.0000;λmax为6.2987。

表23-3 操作风险的一致性检验

操作风险	品牌	营业收入	透明度	分散度	流动性	杠杆	回报率	权重
品牌	1.0000	0.3333	3.0000	0.5000	0.5000	0.2000	0.2500	0.0570
营业收入	3.0000	1.0000	5.0000	4.0000	2.0000	0.3333	0.5000	0.1602
透明度	0.3333	0.2000	1.0000	0.5000	0.2500	0.1429	0.1667	0.0312
分散度	2.0000	0.2500	2.0000	1.0000	0.3333	0.2000	0.2000	0.0587

(续表)

操作风险	品牌	营业收入	透明度	分散度	流动性	杠杆	回报率	权重
流动性	2.0000	0.5000	4.0000	3.0000	1.0000	0.2500	0.3333	0.1052
杠杆	5.0000	3.0000	7.0000	5.0000	4.0000	1.0000	2.0000	0.3465
回报率	4.0000	2.0000	6.0000	5.0000	3.0000	0.5000	1.0000	0.2412

注：一致性比例为 0.0358；对"P2P 网络借贷风险评价"的权重为 0.0517；λ_{max} 为 7.2922。

表 23-4　信用风险的一致性检验

信用风险	品牌	营业收入	分散度	流动性	杠杆	透明度	回报率	权重
品牌	1.0000	4.0000	5.0000	3.0000	2.0000	0.5000	0.3333	0.1545
营业收入	0.2500	1.0000	2.0000	0.5000	0.3333	0.2000	0.1667	0.0434
分散度	0.2000	0.5000	1.0000	0.3333	0.2500	0.1667	0.1429	0.0303
流动性	0.3333	2.0000	3.0000	1.0000	0.5000	0.2500	0.2000	0.0653
杠杆	0.5000	3.0000	4.0000	2.0000	1.0000	0.3333	0.5000	0.1131
透明度	2.0000	5.0000	6.0000	4.0000	3.0000	1.0000	0.2500	0.2205
回报率	3.0000	6.0000	7.0000	5.0000	2.0000	4.0000	1.0000	0.3729

注：一致性比例为 0.0438；对"P2P 网络借贷风险评价"的权重为 0.1591；λ_{max} 为 7.3576。

表 23-5　流动性风险的一致性检验

流动性风险	品牌	营业收入	透明度	分散度	流动性	杠杆	回报率	权重
品牌	1.0000	0.5000	3.0000	2.0000	0.2000	0.3333	0.2500	0.0676
营业收入	2.0000	1.0000	4.0000	3.0000	0.2500	0.5000	0.3333	0.1036
透明度	0.3333	0.2500	1.0000	0.5000	0.1429	0.2000	0.1667	0.0312
分散度	0.5000	0.3333	2.0000	1.0000	0.1667	0.2500	0.2000	0.0448
流动性	5.0000	4.0000	7.0000	6.0000	1.0000	3.0000	2.0000	0.3543
杠杆	3.0000	2.0000	5.0000	4.0000	0.3333	1.0000	0.5000	0.1587
回报率	4.0000	3.0000	6.0000	5.0000	0.5000	2.0000	1.0000	0.2399

注：一致性比例为 0.0240；对"P2P 网络借贷风险评价"的权重为 0.1008；λ_{max} 为 7.1955。

表 23-6　技术风险的一致性检验

技术风险	品牌	营业收入	透明度	分散度	流动性	杠杆	回报率	权重
品牌	1.0000	0.3333	0.5000	2.0000	0.2500	0.2000	0.1667	0.0448
营业收入	3.0000	1.0000	2.0000	4.0000	0.5000	0.3333	0.2500	0.1036
透明度	2.0000	0.5000	1.0000	3.0000	0.3333	0.2500	0.2000	0.0676
分散度	0.5000	0.2500	0.3333	1.0000	0.2000	0.1667	0.1429	0.0312
流动性	4.0000	2.0000	3.0000	5.0000	1.0000	0.5000	0.3333	0.1587
杠杆	5.0000	3.0000	4.0000	6.0000	2.0000	1.0000	0.5000	0.2399
回报率	6.0000	4.0000	5.0000	7.0000	3.0000	2.0000	1.0000	0.3543

注：一致性比例为 0.0240；对"P2P 网络借贷风险评价"的权重为 0.3247；λ_{max} 为 7.1955。

表 23-7 法律风险的一致性检验

法律风险	品牌	营业收入	透明度	分散度	流动性	杠杆	回报率	权重
品牌	1.0000	0.2500	0.5000	2.0000	0.3333	0.1667	0.2000	0.0448
营业收入	4.0000	1.0000	3.0000	5.0000	2.0000	0.3333	0.5000	0.1587
透明度	2.0000	0.3333	1.0000	3.0000	0.5000	0.2000	0.2500	0.0676
分散度	0.5000	0.2000	0.3333	1.0000	0.2500	0.1429	0.1667	0.0312
流动性	3.0000	0.5000	2.0000	4.0000	1.0000	0.2500	0.3333	0.1036
杠杆	6.0000	3.0000	5.0000	7.0000	4.0000	1.0000	2.0000	0.3543
回报率	5.0000	2.0000	4.0000	6.0000	3.0000	0.5000	1.0000	0.2399

注：一致性比例为 0.0240；对"P2P 网络借贷风险评价"的权重为 0.3083；λ_{max} 为 7.1955。

表 23-8 市场风险的一致性检验

市场风险	营业收入	透明度	分散度	流动性	杠杆	品牌	回报率	权重
营业收入	1.0000	0.5000	3.0000	2.0000	0.2500	0.3333	0.2000	0.0675
透明度	2.0000	1.0000	4.0000	3.0000	0.3333	0.5000	0.2500	0.1035
分散度	0.3333	0.2500	1.0000	0.3333	0.1667	0.2000	0.1429	0.0298
流动性	0.5000	0.3333	3.0000	1.0000	0.2000	0.2500	0.1667	0.0486
杠杆	4.0000	3.0000	6.0000	5.0000	1.0000	2.0000	0.5000	0.2393
品牌	3.0000	2.0000	5.0000	4.0000	0.5000	1.0000	0.3333	0.1584
回报率	5.0000	4.0000	7.0000	6.0000	2.0000	3.0000	1.0000	0.3528

注：一致性比例为 0.0309；对"P2P 网络借贷风险评价"的权重为 0.0554；λ_{max} 为 7.2519。

通过模型得到回报率指标、品牌指标、营业收入指标、透明度指标、分散度指标、流动性指标、杠杆指标的权重分别为 0.3045、0.0714、0.1119、0.0883、0.0338、0.1377 和 0.2524（见表 23-9）。

表 23-9 指标及其权重

指标	权重
回报率指标	0.3045
杠杆指标	0.2524
流动性指标	0.1377
营业收入指标	0.1119
透明度指标	0.0883
品牌指标	0.0714
分散度指标	0.0338

以相同方式计算品牌指标下人气积分和品牌积分的权重，以及营业收入指标下营业收入积分、成交积分、收益积分的权重，矩阵一致性检验结果如表 23-10 和表 23-11 所示。

表 23-10 品牌指标的一致性检验

品牌指标	人气积分	品牌积分	权重
人气积分	1.0000	0.5000	0.3333
品牌积分	2.0000	1.0000	0.6667

注：一致性比例为 0.0000；对"品牌指标"的权重为 1.0000；λmax 为 2.0000。

表 23-11 营业收入指标的一致性检验

营业收入指标	营业收入积分	成交积分	收益积分	权重
营业收入积分	1.0000	0.5000	0.1667	0.1033
成交积分	2.0000	1.0000	0.2000	0.1741
收益积分	6.0000	5.0000	1.0000	0.7225

注：一致性比例为 0.0000；对"营业收入指标"的权重为 1.0000；λmax 为 3.0000。

在品牌指标、营业收入指标权重为 1 的前提下，分别得到权重值：人气积分为 0.3333、品牌积分为 0.6667、营业收入积分为 0.1033、成交积分为 0.1741、收益积分为 0.7225。

因此，当品牌指标为 7% 时，人气积分为 2.3%、品牌积分为 4.7%；当营业收入指标为 11% 时，营业收入积分为 1.1%、成交积分为 2%、收益积分为 7.9%。

$$\begin{aligned} P2P\ 网络借贷风险总得分 =& 流动性积分 \times 14\% + 品牌指标 \times 7\% + \\ & 透明度指标 \times 9\% + 营业收入指标 \times 11\% + \\ & 杠杆指标 \times 25\% + 分散度指标 \times 3\% - \\ & 回报率指标 \times 30.5\% \\ =& 流动性积分 \times 14\% + (品牌积分 \times 4.7\% + \\ & 人气积分 \times 2.3\%) + 透明度指标 \times 9\% + \\ & (营业收入积分 \times 1.1\% + 成交积分 \times 2\% + \\ & 收益积分 \times 7.9\%) + 杠杆指标 \times 25\% + \\ & 分散度指标 \times 3\% - 回报率指标 \times 30.5\% \end{aligned}$$

（二）数据描述

我们按照"网贷之家"的网贷平台评级细则对 AA 平台各项风险因素进行打分，并选取"网贷之家"2015 年排名前十的平台（陆金所、人人贷等）以及四家近期出现提现困难或跑路问题的平台（上咸 BANK、速可贷等）与 AA 平台进行对比。

1. 成交积分

（1）总成交量积分的计算公式为：

$$总成交量积分 = \max\left(0, 100 \times \frac{\ln Q_i - \min(\ln Q)}{\max(\ln Q) - \min(\ln Q)}\right)$$

其中，Q_i 为平台月成交量，Q 为所有评级库的平台月成交量。$Q_{\min} = 1\,000\,000$ 元，$Q_{\max} = 2\,506\,266\,950$ 元。

线上:$Q_i = 5\,822\,500$ 元

$$\text{总成交量积分} = 1.762/7.827 \times 100 = 22.51$$

线下:$Q_i = 50\,061\,523.54$ 元

$$\text{总成交量积分} = 3.913/7.827 \times 100 = 50.00$$

(2) 时间加权成交量积分的计算公式为:

$$\text{时间加权成交量积分} = \max\left(0, 100 \times \frac{\ln Q_i - \min(\ln Q)}{\max(\ln Q) - \min(\ln Q)}\right)$$

$$\text{时间加权成交量} = \text{借款期限} \times \text{成交量}$$

$$Q_{\max} = 71\,854\,673\,456 \text{ 元} \times \text{月}$$

线上:平均借款期限=3.3 月,$Q_i = 19\,214\,250$ 元×月

$$\text{时间加权成交量积分} = 2.956/11.182 \times 100 = 26.43$$

线下:平均借款期限=3.14 月,$Q_i = 157\,193\,183.92$ 元×月

$$\text{时间加权成交量积分} = 5.057/11.182 \times 100 = 45.22$$

(3) 净值秒标积分(减分项):平台没有净值标和秒标,该项积分为 0。

综上得:

$$\text{线上成交积分} = 22.51 \times 0.5 + 26.43 \times 0.5 = 24.47$$

$$\text{线下成交积分} = 50 \times 0.5 + 45.22 \times 0.5 = 47.61$$

2. 营业收入积分

(1) 借款管理费积分的计算公式为:

$$\text{借款管理费积分} = \max\left(0, 100 \times \frac{\ln Q_i - \min(\ln Q)}{\max(\ln Q) - \min(\ln Q)}\right)$$

$$\text{借款管理费} = \text{时间加权成交量} \times \text{费率}$$

其中,$Q_{\max} = 71\,854\,673\,456 \times 0.3\% = 215\,564\,020.37$,$Q_{\min} = 77\,896\,390.9 \times 0.3\% = 233\,689.17$。

线上:$Q_i = 19\,214\,250 \times 0.3\% = 57\,642.75$

$$\text{借款管理费积分} = 0$$

线下:$Q_i = 157\,193\,183.92 \times 0.3\% = 451\,779.55$

$$\text{借款管理费积分} = 0.659/6.827 \times 100 = 9.66$$

(2) 其他费用积分的计算公式为:

$$\text{其他费用积分} = \max\left(0, 100 \times \frac{\ln Q_i - \min(\ln Q)}{\max(\ln Q) - \min(\ln Q)}\right)$$

其中,Q 为平台充值、提现费用,$Q_{\max} = 100$,$Q_{\min} = 0$。

线上:$Q_i = 3$

$$\text{其他费用积分} = 20.74$$

线下:$Q_i = 0$

$$\text{其他费用积分} = 0$$

(3) 成本费用积分(反向指标)的计算公式为:

$$\text{成本费用积分} = \max\left(0, 100 \times \frac{\ln Q_i - \min(\ln Q)}{\max(\ln Q) - \min(\ln Q)}\right)$$

注:"网贷之家"评级细则规定成本费用以收益近似估计。

其中,Q 为平均月收益,$Q_{max}=176\,709\,677.42$ 元,$Q_{min}=437\,211.42$ 元。

线上:$Q_i=184\,322.1$ 元

$$成本费用积分=100$$

线下:$Q_i=750\,888.49$ 元

$$成本费用积分=91$$

综上得:

$$线上营业收入积分=40.25$$
$$线下营业收入积分=33.55$$

3. 收益积分

(1) 收益率积分的计算公式为:

$$收益率积分=\max\left(0,100\times\frac{\ln Q_i-\min(\ln Q)}{\max(\ln Q)-\min(\ln Q)}\right)$$

其中,Q 为平均年收益率,$Q_{max}=22.27\%$,$Q_{min}=6.41\%$。

线上:$Q_i=11.6\%$

$$收益率积分=47.63$$

线下:$Q_i=9.7\%$

$$收益率积分=33.26$$

(2) 风险收益比积分的计算公式为:

$$风险收益比积分=\max\left(0,100\times\frac{\ln Q_i-\min(\ln Q)}{\max(\ln Q)-\min(\ln Q)}\right)$$

其中,Q 为风险收益比,风险收益比$=\dfrac{收益率-3\%}{待收杠杆}$,$Q_{max}=0.77$,$Q_{min}=0.0023$。

线上:$Q_i=(11.6\%-3\%)/0.156=0.55$

$$风险收益比积分=94.32$$

线下:$Q_i=(9.7\%-3\%)/3.124=0.021$

$$风险收益比积分=38.07$$

综上得:

$$线上收益积分=70.98$$
$$线下收益积分=35.67$$

4. 人气积分

(1) 投资人数积分的计算公式为:

$$投资人数积分=\max\left(0,100\times\frac{\ln Q_i-\min(\ln Q)}{\max(\ln Q)-\min(\ln Q)}\right)$$

其中,Q 为单月投资人数,$Q_{max}=1\,190$,$Q_{min}=205$。

线上:$Q_i=89$

$$投资人数积分=0$$

线下:$Q_i=37$

$$投资人数积分=0$$

(2) 借款人数积分的计算公式为:

$$借款人数积分 = \max\left(0, 100 \times \frac{\ln Q_i - \min(\ln Q)}{\max(\ln Q) - \min(\ln Q)}\right)$$

其中,Q 为单月借款人数,$Q_{\max}=59\,774$ 人,$Q_{\min}=35$ 人。

线上:$Q_i=6$

$$借款人数积分=0$$

线下:$Q_i=28$

$$借款人数积分=0$$

(3) 短期活动影响积分(减分项)的计算公式为:

$$短期活动影响积分=0$$

综上得:

$$线上人气积分=0$$
$$线下人气积分=0$$

5. 杠杆积分

(1) 待收杠杆积分的计算公式为:

$$待收杠杆积分 = \max\left(0, 100 \times \frac{\ln Q_i - \min(\ln Q)}{\max(\ln Q) - \min(\ln Q)}\right)$$

$$待收杠杆 = \frac{待收 \times (1-抵质押系数)}{注册资金 \times 做实程度 + 0.5 \times 合作机构注册资金 \times 做实程度 + 风险准备金 + 其他保证金}$$

线上:待收=20 500 000 元,抵质押系数=90%,风险准备金=1 135 933.57 元,线上待收杠杆=0.156

$$待收杠杆积分=85.14$$

线下:待收=72 154 762.5 元,抵质押系数=25.64%,风险准备金=5 172 233.57 元,线下待收杠杆=3.124

$$待收杠杆积分=44.59$$

(2) 地域杠杆积分(减分项)的计算公式为:

$$地域杠杆 = \frac{待收 \times (1-抵质押系数)}{总部城市积分}$$

线上:地域杠杆=2 050 000/5=410 000

线下:地域杠杆=53 654 281/5=10 730 856.2

(3) TOP10%逾期资本比(减分项)的计算公式为:

$$TOP10\%逾期资本比 = \frac{TOP10\%逾期金额}{注册资金 \times 做实程度 + 0.5 \times 合作机构注册资金 \times 做实程度 + 风险准备金 + 其他保证金}$$

线上:逾期总金额=519 000 元

$$TOP10\%逾期资本比=51\,900/\,13\,135\,933.57=0.0040$$

线下:逾期总金额＝20 900 000 元

$$TOP10\%逾期资本比＝2\,090\,000/17\,172\,233.57＝0.1217$$

综上得:

$$线上杠杆积分＝65.14$$
$$线下杠杆积分＝34.59$$

6. 流动性积分

流动性积分根据久期积分计算得出,并根据有无债权转让、净值标、秒标和提现情况予以适当调整。

(1) 久期积分的计算公式为:

$$久期积分 = \max\left(0, 100 \times \frac{\ln Q_i - \min(\ln Q)}{\max(\ln Q) - \min(\ln Q)}\right)$$

其中,Q 为平均借款期限。

线上:$Q_i = 3.3$

$$久期积分＝77.34$$

线下:$Q_i = 3.14$

$$久期积分＝79.92$$

(2) 债权转让积分分为线上和线下。

线上:投资人之间债权转让共 16 笔,金额 542 324.33 元

线下:全部为公司与投资人之间的债权转让

(3) 净值秒标积分:无净值标、秒标。

(4) 提现情况积分(减分项)为 0。

线上:到期后随时提现,当天到账(除非周六、周日环迅支付不出款)

线下:投资期间随时赎回

综上得:

$$线上流动性积分＝77.34$$
$$线下流动性积分＝79.92$$

7. 分散度积分

(1) 人均借款金额积分的计算公式为:

$$人均借款金额积分 = \max\left(0, 100 \times \frac{\ln Q_i - \min(\ln Q)}{\max(\ln Q) - \min(\ln Q)}\right)$$

其中,Q 为人均借款金额,$Q_{max} = 24\,681\,318$ 元,$Q_{min} = 66\,500$ 元。

线上:人均借款金额 $Q_i = 1\,940\,833.33$ 元

$$人均借款金额积分＝3.374/5.917 \times 100＝57.02$$

线下:人均借款金额 $Q_i = 5\,363\,734.67$ 元

$$人均借款金额积分＝4.39/5.917 \times 100＝74.20$$

(2) 人均投资金额积分的计算公式为:

其中,Q 为人均投资金额,$Q_{max} = 2\,762\,000$ 元,$Q_{min} = 24\,600$ 元。

线上:人均投资金额＝44 503.18 元

人均投资金额积分＝0.593/4.721×100＝12.56

线下:人均投资金额＝407 427.29 元

人均投资金额积分＝2.807/4.721×100＝59.46

(3) 借款集中度积分的计算公式为:

$$借款集中度积分 = \max\left(0, 100 \times \frac{\ln Q_i - \min(\ln Q)}{\max(\ln Q) - \min(\ln Q)}\right)$$

$$借款集中度 = \frac{投资人数}{借款人数}$$

其中,Q 为借款集中度,$Q_{max}=205/35=5.86$,$Q_{min}=1\,190/59\,774=0.02$。

线上:借款集中度 $Q_i=89/6=14.83$

借款集中度积分＝0

线下:借款集中度 $Q_i=37/28=1.32$

借款集中度积分＝4.19/5.68×100＝26.23

综上得:

线上分散度积分＝32.61

线下分散度积分＝23.14

8. 透明度积分

透明度积分下二级指标的详细情况如表 23-12 所示。

表 23-12 透明度积分下二级指标

二级指标	线上	线下
企业证照公布积分	已公布	已公布
股东法人信息公布积分	已公布	已公布
高管团队信息公布积分	已公布	已公布
办公环境公布积分	已公布	已公布
平台运营数据公布积分	已公布	未公布
逾期率及黑名单公布积分	逾期率已公布,黑名单未公布	未公布
借款资料公布积分	已公布	未公布
借款账户信息公布积分	已公布	未公布
资金托管情况积分	环迅支付作为投资人资金托管人,兴业银行作为风险准备金托管人	兴业银行作为风险准备金托管人
投资人见面会积分	举办过 1 次	举办过 1 次

线上透明度积分＝60

线下透明度积分＝55

9. 品牌积分

品牌积分下二级指标的详细情况如表 23-13 所示。

表 23-13 品牌积分下二级指标

二级指标	说明
资金认可度积分	成交量×借款期限/收益率
运营时间积分	2014 年 6 月上线
总部城市积分	江苏泰州
股东背景实力积分	股东资金实力雄厚
团队背景实力积分	风控团队拥有 10 年线下借贷经验
媒体报道积分	江苏新闻网、泰无聊财经频道
Alexa 排名积分	无排名
平台获风投、挂牌积分	未获得风投
协会积分	中国金融管理协会理事单位、中国互联网金融企业服务联盟、中国互联网金融行业促进会会员

线上品牌积分＝40

线下品牌积分＝40

各项风险因素得分如表 23-14 所示。

表 23-14 平台风险因素得分

平台名	流动性积分	品牌积分	人气积分	透明度积分	营业收入积分	成交积分	收益积分	杠杆积分	分散度积分	回报率指标
陆金所	63.84	84.20	97.90	38.09	94.15	100	30.19	24.12	87.84	20.20
人人贷	47.99	63.94	88.23	47.68	69.63	91.05	55.18	26.88	91.41	25.54
投哪网	96.22	58.00	81.51	59.92	42.88	67.60	52.42	22.43	47.82	20.30
宜人贷	45.28	56.47	84.48	21.63	68.21	91.82	55.04	29.29	85.72	16.70
微贷网	94.08	48.01	82.92	44.48	29.30	74.32	64.89	19.56	72.95	30.02
拍拍贷	79.12	59.18	83.82	35.84	30.97	52.29	64.27	28.71	76.08	36.30
积木盒子	75.04	50.02	79.98	59.52	39.73	72.24	40.45	27.02	46.90	34.00
有利网	64.23	61.47	88.96	46.58	64.14	85.22	44.89	11.11	85.62	26.13
易贷网	83.72	54.69	70.79	40.16	45.05	71.73	55.44	17.92	51.29	37.00
开鑫贷	36.21	67.74	51.58	38.56	41.81	67.26	35.52	65.11	35.05	34.00
上咸 BANK	65.69	33.02	56.50	26.83	18.37	34.54	69.49	41.87	40.95	56.00
速可贷	58.64	34.27	59.99	41.90	16.36	34.39	64.06	46.59	38.31	51.30
通融易贷	70.55	38.36	47.16	38.32	19.90	38.82	57.06	42.90	32.89	53.00
众信在线	71.75	36.81	34.53	33.60	5.00	5.00	53.39	67.44	35.35	62.00
AA 平台线上	77.34	40.00	0.00	60.00	40.25	24.47	50.98	65.14	32.61	34.40
AA 平台线下	79.92	40.00	0.00	55.00	33.55	47.61	35.67	34.59	23.14	32.00

根据各项风险因素权重和各平台风险因素得分,加权计算平台风险总得分,结果如表 23-15 所示。

表 23-15　平台风险总得分

平台名	风险总得分
陆金所	26.93
人人贷	24.66
投哪网	30.28
宜人贷	24.62
微贷网	26.19
拍拍贷	23.86
积木盒子	22.92
有利网	21.45
易贷网	23.42
开鑫贷	24.48
上咸BANK	15.46
速可贷	18.05
通融易贷	17.26
众信在线	18.98
AA平台线上	29.84
AA平台线下	21.74

（三）结果分析

根据不同的风险总得分，将平台评为 AA、A、B、C、HR 五个等级，得分越高表明平台的风险控制能力越强，得分越低则表明平台的风险控制能力越弱（见表 23-16）。

表 23-16　平台风险评级标准

分值	>30	26—30	23—25	20—23	<20
等级	AA	A	B	C	HR

等级为 AA 的平台有投哪网，等级为 A 的平台有陆金所、微贷网和 AA 平台线上，等级为 B 的平台有人人贷、宜人贷、拍拍贷、易贷网和开鑫贷，等级为 C 的平台有积木盒子、有利网和 AA 平台线下，等级为 HR 的平台有上咸 BANK、速可贷、通融易贷和众信在线。四家等级为 HR 的平台就是出现跑路和提现困难的问题平台，由此证明上述评级符合平台实际的风险控制情况。

AA 平台线上等级为 A，由于 AA 平台线上拥有严格的风险控制体系，设立了风险准备金（第三方托管），对投资人的资金有第三方资金托管，平台 2015 年逾期率为 0.75%，并且实行本息垫付制度。因此，对 AA 平台评级为 A，与平台实际的风险控制情况相吻合。AA 平台线下等级为 C，风险控制能力较弱，平台面临的风险较大。

由模型得到 AA 平台的操作风险、信用风险、流动性风险、技术风险、法律风险和市场风险的具体数值如表 23-17 所示。

表 23-17　AA 平台六大风险

风险类型	线上	线下	平台风险均值
操作风险	34.96	23.30	26.41
信用风险	19.91	15.80	17.16
流动性风险	39.31	34.59	34.61
技术风险	26.66	19.18	19.43
法律风险	36.28	29.82	26.60
市场风险	21.68	14.04	17.71

平台风险均值越小,表示平台风险控制能力越弱,风险越大。由表 23-17 并结合六大风险权重比较分析 AA 平台线上与线下的风险,可以看出平台线下面临的信用风险、操作风险与市场风险较大。

平台的实际运营情况分析如下:

(1) 线下对借款人的审核力度不大,部分小微企业主借款人由于是总经理的"熟人",在没有经过平台规定的借款审核流程的情形下,平台就对其放款。这种现象存在操作风险,并且造成了极大的信用风险隐患。

(2) 在查看平台的借款合同后发现,线下还存在 A 借款人同时是 B 借款人的担保人的现象,平台工作人员的解释是"总经理对 A 借款人很熟悉,不会出问题"。这种现象同样存在很大的操作风险。

(3) 平台的部门分为理财部门、风控部门、业务部门、财务部门和网络部门,其中风控部门和业务部门存在一人多岗的现象,可能会出现业务员为了借款提成而隐瞒借款风险的问题。

(4) 一些借款人在借款到期后不断地通过展期协议来延期借款,对平台的资金流动造成了不小的影响。同时,线下对逾期借款的催收工作不到位,目前线下的逾期借款有 10 笔,总金额达 2 000 万元,逾期率达 1.89%,而且逾期日期在 300 天以上的就有 4 笔。长此以往,平台将面临流动性风险。

(5) 从图 23-12 可以看出,平台成交量在 2015 年 3 月至 5 月大幅下降,随后几个月又大幅上升,这是来自股市和央行降准降息的影响。由此可以说明,无论是线上平台还是线下平台都面临不可避免的市场风险。

(6) 在《办法》出台以后,P2P 网络借贷平台只能作为纯中介平台,AA 平台原先的运营模式(债权转让模式)将面临很大的法律风险。

三、风险控制建议

(一) 对 AA 平台的建议

1. 严格审核借款人

为了预防借款人信用风险,平台应当对借款人信息进行严格的审核,要求其提供相应的资料证明,除平台现有的提供身份证件要求外,还应当要求借款人提供学历证明、学位证书、工作证明等,还要了解其借款目的、资金来源等。对于小微企业主借款人,应当对其进行实地调查,了解生产经营的真实状况,包括现金流、订单等。对熟悉的借款人也不能放松警惕,必须按照平台的借款流程严格执行。

2. 加强内部员工管理

平台应建立健全内部控制制度,明确公司各部门的职责,并且设立专门的风险管理岗位(借款评估人员、借款审批人员和借款管理人员),对借款进行事前、事中、事后的风险管理,杜绝一人多岗的现象。对于易产生风险的岗位,应当不定期地进行检查,从而能够及时发现并处理风险事件。

3. 加强借款催收力度

平台应借鉴商业银行的催收技巧,针对不同的逾期客户进行有效的催收。对于无法按期正常还款的客户,平台应当早日采取措施,采取查封借款人账户、申请拍卖其固定资产等方式清偿借款,确保平台资金的流动性,减少平台的损失。

4. 加强平台信息披露

应当及时、充分地向投资人披露平台的运营状况、风险准备金、借款人黑名单及借款违约情况等信息,从而使投资人更加信任平台;同时,平台也应当及时向监管机构报告。

5. 加快平台转型

《办法》做出了 18 个月过渡期的安排,平台应当在过渡期内规范自身行为、自查自纠、清理整顿,早日完成转型以适应全新的 P2P 网络借贷业务。

(二)政策建议

1. 建立 P2P 网络借贷征信体系

征信体系的建立可以解决借贷交易双方信息不对称的问题,从而降低网络借贷中存在的信用风险。网络借贷平台可以加强与金融信用信息基础数据库运行机构、征信机构等的业务合作,依法报送、查询和使用有关金融信用信息。

2. 监管方引入保险制度

保险公司在风险补偿、社会管理和保险投资等方面的经验,有助于提升客户投资回报率等。通过引入财产保险相关业务,使投资者的资金得到保障,降低了投资风险。从长期来看,此类合作是对客户投资保障机制的调整和完善;从短期来说,引入保险制度是网络借贷平台应对激烈的市场竞争的营销策略。

3. 完善市场退出机制

P2P 网络借贷行业的特殊性,使得其在退出机制上与一般企业不同,监管机构应当制定该行业的市场退出机制,以维护 P2P 网络借贷平台用户的利益。在破产退出,P2P 网络借贷平台时应当维持未到期的借款合同,并且保护好借款人和出借人的个人信息。P2P 网络借贷平台应当提前制订关于管理未到期借贷、向出借人分配偿还资金、追踪延迟支付或违约支付的适当计划,以便在倒闭时,平台经营的借贷能够得到持续管理,偿还的款项能够得到归总。

 讨论题

1. 简单列举在本案例中所需掌握的重点知识。
2. 在进行风险评价时,选取的指标有哪些?
3. 在进行风险评价时,如何构建模型?

讨论题的分析要点
请扫二维码参阅

第二十四章　华茂股份的棉花期货套期保值策略

> **导　言**
>
> 2010—2012年,国际棉花处于供过于求的局面。从需求方来看,全球范围内的经济周期低谷使得棉花生产下游棉纺织制造行业的业绩低迷,对棉花的需求大幅减少;而从供给方来看,全球范围内棉花产量并没有随着需求的萎缩而削减,反而有逐年增长的趋势,全球棉花出现严峻的供过于求的产能过剩局面,并导致国际棉花期末库存量不断走高。作为棉花需求大国,我国常年处于棉花供不应求的状态,但随着国内棉纺织行业受经济周期低迷和人口红利消失的影响而萎缩,目前国内的供需缺口正在逐年缩小,棉花进口量逐渐减少。预计未来,棉价将持续振荡走低。本案例为华茂纺织股份有限公司(以下简称"华茂股份")对其库存棉花执行卖出套期保值策略。我们建议其在与国内棉价相关度更高的郑州商品交易所进行棉花套期保值,根据测算,华茂股份每季度应卖出1 067手CF期货合约,以规避未来棉价下跌所导致的风险。
>
> (本章案例部分内容选自:任艳.华贸股份棉花期货套期保值策略分析报告[D].西南财经大学,2013.)

第一节　华茂股份棉花期货套期保值策略

一、棉花需求供给分析

(一)棉花需求方面——持续萎缩

(1)消费量。受经济疲软的影响,消费量在2012年和2013年预计将持续减少。

(2)宏观基本面分析。全球经济周期低谷仍持续,经济回暖仍需时日。

(3)棉花下游需求分析(财务报告分析)。棉纺织行业17家上市公司仅4家在2012年中报中未出现业绩下滑,总体面临经济周期低迷带来的增长困境。

(4)政策因素。中国"十二五规划"对加速棉纺织替代产品——新化学纤维产业发展的规划,导致国内棉花需求进一步下降。

(二) 棉花供给方面——持续增长

(1) 产量。受到当年棉花价格下跌的影响,预计棉花产量在2012年下半年度小幅下降。
(2) 库存量。依据历年数据观察走势,预计产量和库存量在全球范围内有所增长。
(3) 自然因素。美国旱灾对棉花供给减少影响有限,我国涝灾对供给不构成趋势性影响。

二、套期保值策略

(一) 套期保值市场的选择

可供华茂股份选择的套期保值市场有两个,即郑州商品交易所的 CF 期货合约和美国洲际交易所的 NYBOT 期货合约。

(二) 现货与期货相关度的计算

在测算两个期货市场中棉花期货价格走势和国内棉花现货走势的相关度时,我国郑州商品交易所棉花现货与期货的相关度(r1)为 0.947283,美国洲际交易所棉花现货与期货的相关度(r2)为 0.919687;郑棉与国内现货价格的相关系数高于美棉,因此选择国内郑州商品交易所 CF 期货合约。

综上所述,华茂股份的棉花库存存在贬值风险,未来一年应采取卖出套期保值策略。

第二节 风险测量量化模型 VaR

据 2011 年年报披露,安徽华茂公司(采购方)与利华公司是关联交易方。

交易金额为 11 323.54 万元,华茂公司在利华公司的采购量占同类交易的比例为 7.44%,华茂公司的棉花采购总交易金额为 152 198.1 万元(11 323.54/7.44%),2011 年国内棉花 cc index328 的日均价作为市场价 23 697.92 元/吨(棉花的标准等级 328B,郑棉期货的 CF 棉花一号的交割品种),华茂公司的棉花需求量为 6.4224 万吨(152 198.1/23 697.92)。

一、套期保值比率

$$套期保值比率 = \frac{衍生工具的价值}{现货价值} = \frac{期货价值}{现货价值}$$

本案例选择风险测量量化模型 VaR,这是为全球主要的银行、投行、公司、金融监管机构所采用的最主要的风险管理方法之一。

二、套期保值比率的确定

1. 公式

$$h_{\text{VaR}} = \rho \frac{\delta_s}{\delta_f} - \frac{E(R_f)\delta_s}{\delta_f} \sqrt{\frac{1-\rho^2}{[\Phi^{-1}(\alpha)]^2 - [E(R_f)]^2}}$$

其中,R_f是期货收益率,R_s是现货收益率,ρ是期货收益率与现货收益率的相关系数,δ_s是现货收益率的标准差,δ_f是期货收益率的标准差,δ_{sf}是现货收益率和期货收益率的协方差,$E(R_f)$是期货收益率的期望值,Φ^{-1}是置信水平α下标准正态分布的分位数。

2. 计算套期保值比率

运用上式对cc index328现货和郑棉期货从2010年1月4日至2012年6月20日共622个日数据进行计算,得出置信度0.95下的h为0.5381、置信度0.99下的h为0.5503。

3. 运用风险测量量化模型VaR

季度生产所需棉花量=6.4424/4=1.6056(万吨)

季度套期保值额度=1.6056×60%=0.9634(万吨)

套期保值额度为企业棉花的年需求量的60%。

$$P = cc\ index328\ 现价 \times 0.9634 \times 10\ 000 = 18\ 164 \times 9\ 634 = 174\ 991\ 976(元)$$

$$h = 期货的价值/现货的价值 = \frac{F_t N \times C}{P}$$

$$N = \frac{hP}{F_t C} = \frac{0.5503 \times 174\ 991\ 976}{18\ 045 \times 5} = 1\ 067(手)$$

其中,N是期货合约的手数,$C=5$手/吨,P是现货价值(棉花价格=18 164元/吨×数量),F_t是期货合约价格(18 045元/吨)。

4. 套期保值策略方案与成本

季度手续费=1 067×8×2=17 072(元)

年手续费=17 072×4=68 288(元)

第三节 套期保值策略方案的预估

未来存在三种情形:未来棉花价格的走向无变动、价格下跌(符合预期)或价格上涨(与预期相悖)。假设在每种变动情形下,期货、现货变动幅度一致或者不一致以及孰高孰低,共七小类。

棉花的期货和现货均未出现价格变动或变动幅度极小可近似看作无变动(见表24-1)。

表24-1 第一小类的价格变动

棉花	现货市场	期货市场
2012年6月29日	买入现货9 634吨,价格为18 164元/吨	卖出期货合约1 067手,价格为18 045元/吨
2012年9月29日	价格为18 164元/吨	买入1 067手合约平仓,价格为18 045元/吨
跌幅	0	0
盈亏	0	0,承担手续费

华茂股份在期货和现货市场上均无盈利或亏损,只需承担当季度的期货交易手续费,约为1.7万元。

假设棉花的期货和现货价格下跌幅度相同,均为2 000元/吨(见表24-2)。

表24-2 第二小类的价格变动

棉花	现货市场	期货市场
2012年6月29日	买入现货9 634吨,价格为18 164元/吨	卖出期货合约1 067手,价格为18 045元/吨
2012年9月29日	价格为16 164元/吨	买入1 067手合约平仓,价格为18 045元/吨
跌幅	2 000元/吨	2 000元/吨
盈亏	库存资产贬值 9 634×0.2=1 926.8(万元)	盈利 0.2×1 067×5=1 067(万元)

华茂股份当季度在期货市场上盈利1 065.3万元(1 067-1.7),其中1.7万元是季度期货交易手续费,可覆盖棉花库存1 926.8万元资产贬值的约50%损失。

假设棉花期货下跌幅度为2 500元/吨、现货下跌幅度为1 500元/吨(见表24-3)。

表24-3 第三小类的价格变动

棉花	现货市场	期货市场
2012年6月29日	买入现货9 634吨,价格为18 164元/吨	卖出期货合约1 067手,价格为18 045元/吨
2012年9月29日	价格为16 664元/吨	买入1 067手合约平仓,价格为15 545元/吨
跌幅	1 500元/吨	2 500元/吨
盈亏	库存资产贬值 9 634×0.15=1 445.1(万元)	盈利 0.25×1 067×5=1 333.75(万元)

华茂股份当季度在期货市场上盈利1 332.05万元(1 333.75-1.7),基本可覆盖棉花库存1 445.1万元的资产贬值损失。

假设棉花期货下跌幅度为1 500元/吨、现货下跌幅度为2 500元/吨(见表24-4)。

表24-4 第四小类的价格变动

棉花	现货市场	期货市场
2012年6月29日	买入现货9 634吨,价格为18 164元/吨	卖出期货合约1 067手,价格为18 045元/吨
2012年9月29日	价格为15 664元/吨	买入1 067手合约平仓,价格为16 545元/吨
跌幅	2 500元/吨	1 500元/吨
盈亏	库存资产贬值 9 634×0.25=2 408.5(万元)	盈利 0.15×1 067×5=800.25(万元)

华茂股份当季度在期货市场上盈利 798.55 万元（800.25－1.7），可覆盖棉花库存 2 408.5 万元资产贬值的约 1/3 损失。

假设棉花的期货和现货价格上涨幅度相同，均为 2 000 元/吨（见表 24-5）。

表 24-5 第五小类的价格变动

棉花	现货市场	期货市场
2012 年 6 月 29 日	买入现货 9 634 吨，价格为 18 164 元/吨	卖出期货合约 1 067 手，价格为 18 045 元/吨
2012 年 9 月 29 日	价格为 20 164 元/吨	买入 1 067 手合约平仓，价格为 20 045 元/吨
跌幅	2 000 元/吨	2 000 元/吨
盈亏	库存资产贬值 9 634×0.2＝1 926.8（万元）	盈利 0.2×1 067×5＝1 067（万元）

华茂股份当季度在期货市场上亏损 1 068.7 万元（1 067＋1.7），一个季度前库存棉花资产的增值达到 1 926.8 万元，若不进行库存且不套保，则公司会增加 1 926.8 万元的原材料成本。

假设棉花期货上涨幅度为 2 500 元/吨、现货上涨幅度为 1 500 元/吨（见表 24-6）。

表 24-6 第六小类的价格变动

棉花	现货市场	期货市场
2012 年 6 月 29 日	买入现货 9 634 吨，价格为 18 164 元/吨	卖出期货合约 1 067 手，价格为 18 045 元/吨
2012 年 9 月 29 日	价格为 19 664 元/吨	买入 1 067 手合约平仓，价格为 20 545 元/吨
跌幅	1 500 元/吨	2 500 元/吨
盈亏	库存资产贬值 9 634×0.15＝1 445.1（万元）	盈利 0.25×1 067×5＝1 333.75（万元）

华茂股份当季度在期货市场上亏损 1 335.45 万元（1 333.75＋1.7），但一个季度前库存棉花资产的增值达到 1 445.1 万元，若不进行库存且不套保，则公司会增加 1 445.1 万元的原材料成本。

假设棉花期货上涨幅度为 1 500 元/吨、现货上涨幅度为 2 500 元/吨（见表 24-7）。

表 24-7 第七小类的价格变动

棉花	现货市场	期货市场
2012 年 6 月 29 日	买入现货 9 634 吨，价格为 18 164 元/吨	卖出期货合约 1 067 手，价格为 18 045 元/吨
2012 年 9 月 29 日	价格为 20 664 元/吨	买入 1 067 手合约平仓，价格为 19 545 元/吨
跌幅	2 500 元/吨	1 500 元/吨
盈亏	库存资产贬值 9 634×0.25＝2 408.5（万元）	盈利 0.15×1 067×5＝800.25（万元）

华茂股份当季度在期货市场上亏损801.95万元(800.25+1.7),从一个季度前库存棉花资产的增值达到2408.5万元,若不进行库存且不套保,则公司会增加2408.5万元的原材料成本。

讨论题

1. 如何确定华茂股份棉花期货套期保值的策略方向?
2. 该案例所采用的风险测量量化模型是什么?
3. 如何预估套期保值策略方案?

讨论题的分析要点
请扫二维码参阅

本篇参考文献
请扫二维码参阅

拓展性案例
中铝洛铜的精益化套期保值方案

中铝洛铜成立于1955年,目前已经发展成为集采矿、选矿、冶炼、加工与贸易为一体的铜生产和加工基地,也是国内较早采用铜期货合约进行风险管理的企业之一。近年来,随着企业生产规模的扩大、产品种类的增加以及业务流程的复杂化,简单的套期保值一方面很难有效锁定生产经营过程中的全部风险敞口,另一方面会大幅提高套保成本,给企业带来较大的资金压力。因此,结合生产业务流程、细化套保方案和锁定风险敞口,成为企业降低经营风险、保持健康可持续发展的关键。本案例讲述了中铝洛铜在国内外铜价波动加剧背景下的套保抉择,介绍了铜生产和加工流程、行业特点,以及铜期货的主要交易市场和交易产品,讨论了中铝洛铜经营风险敞口及其如何立足业务流程进行精益化套期保值操作。

资料来源:中国管理案例共享中心;案例作者为北方工业大学经济管理学院,刘永祥、黄凌灵;作者拥有署名权、修改权和改编权。

案例分析题

1. 套保方案细化后必然导致铜期货持有头寸的大幅增加,如何锁定风险的基础上尽量减少期货头寸、降低套保比?

2. 铜精矿的采购以 LME 铜月均价为基础，为防止原材料价格上涨需要在伦敦金属交易所进行买入保值，生产出来的阴极铜主要在国内销售，为防止产品价格下跌需要在上海期货交易所进行卖出保值，若两个市场的价格差距拉大，如何处理双边保值的市场比价风险？

3. 套期保值效果如何评价？

案例全貌
请扫二维码参阅

第八篇

战略管理和风险控制的理论与案例

第二十五章　战略管理和风险控制相关理论
第二十六章　英国乐购公司的风险管理与企业战略
第二十七章　中铝宁夏新能源集团的信息化战略规划与实施

教与学

  本章除补充介绍了内部控制系统的发展历程、构建原则、整合框架等相关理论外,着重讲解了战略风险的相关理论,并且介绍了信息化战略风险。通过英国乐购公司和中铝宁夏典型案例的分析,使读者掌握相关知识并能进行深入探讨。

第二十五章 战略管理和风险控制相关理论

第一节 战略管理与风险控制

在管理领域提出战略风险概念的是决策理论,即战略性决策所带来的风险(Andrews,1971)。战略管理学者对风险的系统研究始于 20 世纪 70 年代末期,在 20 世纪 90 年代初期达到顶峰(Bettis,1990)。虽然战略风险基本上是战略管理中风险研究的核心问题,但其定义及主要的研究方法并没有得到统一(David,1990)。

内部控制系统详述请扫二维码参阅

一、战略风险的定义

过去三十多年,战略风险一直是管理学等学科的重要研究领域,许多学者从跨学科角度对企业战略风险进行了大量的整合研究。在国际贸易领域,Fitzpatrick(1973)等认为,战略风险是跨国企业所面临的东道国规制不确定性和文化融合风险。在经济学领域,Rowe(1977)等从成本—收益分析角度对战略风险进行了界定;在金融学领域,Lubatkin and O'Neill(1990)等认为,战略风险是企业隔离收益与宏观经济和产业经济波动的可能性;在管理学领域,Barton(1990)认为,战略风险是企业面临破产等不确定性经营后果时进行决策所面临的风险。进入 21 世纪以后,我国学者也展开了对战略风险的相关研究。祝志明等(2005)认为,战略风险是企业竞争优势丧失与长期财务目标无法达成的可能性;张荣琳和霍国庆(2007)认为,战略风险是企业在管理战略的过程中,因战略行为不当而使企业遭受巨大损失的不确定性。至今为止,虽然对战略风险尚没有形成完整、统一的定义,但学者从不同的角度丰富了战略风险的内涵,不断地完善了企业战略风险的理论内容,使其成为企业战略管理研究的热门分支之一。

综上所述,战略风险概念存在的主要分歧为,战略风险到底是战略性的风险(strategic risk)还是战略的风险(risk of strategy)? 通过分析我们可以得出,两者的侧重点不同。前者主要考虑战略风险的风险特性,战略风险被认为是企业所面临的风险中具有战略性的部分,被归类为风险中较为综合的一种,其首要属性是风险,"战略"一词仅指对企业来说具有战略性;后者则更加注重战略风险对企业战略、战略管理的影响,常被归类于战略管理研究的范畴,"战略"一词在此是指企业制订的战略规划。

本书的观点更倾向于后者,即战略风险是战略的风险。因此,下文所提到的战略风险的含义为:相关因素的变化造成战略目标实现的不确定性,进而导致组织遭受损失的不确定性。

二、战略风险的类型与成因

就国内外对战略风险类型与成因的研究来看,战略风险理论可以分为战略系统风险理论、战略行为风险理论和战略过程风险理论三个流派。Baird and Thomas(1985)最早提出战略系统风险理论,并得到 Winfrey and Budd(1997)、Simons(1999)和 Slywoztky(2004)等的继承与发展。Velk 和 Stallen 将企业行为理论应用于战略风险研究,认为企业是有限理性的,无论是决策者还是企业组织本身都存在广泛的主观偏见,构成企业战略中最重要的限制因素。我国学者张荣琳和霍国庆(2007)将战略决策的形成与执行过程引入战略风险理论的研究,将战略风险分为四种类型,并探讨战略风险的成因,提出了针对性的管控策略(见表 25-1)。

表 25-1　战略风险类型与形成原因研究回顾

理论与代表人物	战略风险类型	形成原因
Baird and Thomas(1985)提出战略风险可能性模型	宏观环境风险 行业风险 组织风险 战略问题风险 决策制定者风险	(1) 经济、政策法律、技术变革、文化价值等; (2) 行业总体利润、资本密集度、行业生命周期、竞争强度等; (3) 组织价值、组织生命周期、组织结构、激励、市场份额、信息系统等; (4) 可控性、后果的不确定性、组织架构等; (5) 自信程度、知识水平、个人偏好等。
Baird(1994)提出战略风险系统权变模型	产业风险 企业风险	(1) 外部成因; (2) 内部成因,包括破产灾难、信息缺乏、阻碍创新、企业家精神等。
Winfrey and Budd(1997)提出战略风险系统多维模型	创业风险 运作风险 竞争风险	战略风险来自企业与整体环境之间的关系、企业与资源环境之间的关系和企业与产品市场环境之间的关系。
Simons(1999)提出战略风险构成理论	运营风险 资产损失风险 竞争风险 商誉风险	(1) 核心运作差、业务流程不合理、制造能力弱化; (2) 财务价值、知识产权等资产发生退化; (3) 竞争对手的战略、顾客需求的变化、供应商定价、政策变化等。
Slywoztky(2004)提出战略风险构成理论	技术更新风险 消费者风险 新业务风险 品牌风险 竞争风险 行业经济风险 市场风险	企业技术水平低、顾客需求变化快、产品质量差、品牌管理能力弱、竞争对手的战略、行业趋同化、市场增长停滞等。

(续表)

理论与代表人物	战略风险类型	形成原因
杨华江(2002)提出战略风险管理系统化理论模型	环境风险 资源风险 战略能力风险 公司主题发展战略的正确性	(1) 政治、经济、技术、行业市场竞争结构和竞争激烈程度； (2) 企业技术资源、企业管理资源、市场资源、融资能力； (3) 资源转化为能力的机制、战略领导能力、管理控制能力、技术创新和新产品开发能力、营销和市场开发能力。
张荣琳和霍国庆(2007)引入战略决策的形成与执行过程构成理论	战略假设风险 战略治理风险 战略错位风险 战略刚性风险	(1) 企业高层领导者和战略管理人员的战略分析能力、企业愿景和信息化水平； (2) 企业主要利益相关者之间的权利均衡度、信息对称度、价值观认同度及企业治理结构的健全度等因素； (3) 企业的执行力、应变力和控制力； (4) 企业的核心能力。

三、战略风险的影响因素

学者们对战略风险的构成要素进行了深入研究。杨华江(2002)研究了集团公司战略管理过程中的战略风险产生机制，指出可以从环境风险、资源风险、战略能力风险和公司主题发展战略风险四个方面分析集团公司的战略风险。祝志明等(2005)认为，从战略管理的角度来讲，对战略风险因素的分析与对企业战略影响因素的分析是一致的，企业重要的战略风险因素可以分为战略环境、战略资源、战略知识和战略运营系统四类。袁志刚(2005)认为，以竞争优势为目标的企业战略管理强调企业外部环境与内部条件的结合，注重影响企业战略的各种风险因素的管理和控制，这些风险因素主要分为企业外部环境、企业资源、企业能力和企业文化。

综合上述理论可以看出，学者们普遍认同战略风险的影响因素主要分为外部环境、内部资源和能力两个方面。其中，企业外部环境所带来的风险因素可以统称为战略环境。在内部因素方面，企业自身拥有的资源是决定战略的主要因素，所以战略资源是企业的重要风险因素之一。此外，对于企业战略的制定与实施，战略定位是非常关键的，而且还与制定战略的高层领导者的素质、理念等息息相关。因此，战略环境、竞争能力、战略资源、战略定位、企业领导者都对企业战略风险具有重大的影响，其中战略定位处于核心地位。

（一）企业的战略环境

战略环境是指企业外部对企业战略影响重大的一些因素，如政治、经济、技术更新、行业状况、市场发展等。适者生存这样的自然法则同样适用于社会中的企业。企业必须适应所面临的外部战略环境，只有适应了才能提高竞争力，进而增加利润，在市场竞争中存活下来。战略环境中的政治环境和经济环境是比较宏观的环境因素，它们的改变会导致企业的战略大方向和重点方针的调整;技术环境的变化则直接影响企业在行业中的影响力排名,实际收益也会随着排名的变化而变化,从而有必要针对变化改变战略的重点;行业中竞争结构的变化趋势与整体的发展趋势、盈利水平等构成行业因素,对战略定位和竞争优势产生影响。此外,竞争对手的战略也会影响本企业的战略。综上所述,企业战略环境各个方面的变化都会影响企业的发展,改变企业的机遇。

(二)企业的竞争能力

战略管理能力、管理控制能力、市场营销能力、技术创新和研发能力等是企业竞争能力的重要组成。此外,战略资源在一定条件下也会成为企业竞争能力的一部分。这些能力相互之间存在一定关系,它们在市场上相互影响与促进,在与其他企业的对比竞争中形成竞争优势。一家企业的技术创新和研发能力是决定其市场地位高低的关键,若低于竞争对手,则产品的市场占有率会下降,从而失去核心竞争力,由此形成了战略风险。

(三)企业的战略资源

资产资源、人力资源、技术资源、市场资源和管理资源等是战略资源的重要组成。从要素上,战略资源可分为有形资源与无形资源。资产资源在对企业战略目标的保障程度上起到重要作用,因为资金短缺肯定会形成战略风险。技术资源作为维持企业技术优势的基础性资源,决定企业是否具有竞争优势,因此在战略风险管理中应当着重关注。而市场资源则确保了企业价值链的传输,若缺乏市场资源,则会降低企业产品的竞争力,致使企业利润缩减、产品优势丧失殆尽,进而形成战略风险。此外,企业的运行模式和组织结构等管理资源也是保证企业正常、高效运行所必备的资源,管理资源短缺会造成战略执行不一致、信息流动不通畅,企业决策质量就会下降、资源无法得到优化配置,从而出现战略风险。

(四)企业的战略定位

企业的战略定位也对战略风险的产生具有非常重大的影响。企业战略的形成是建立在一定的调查研究基础上的,战略内容主要包括战略目标、企业使命、战略指导思想、战略方针、发展方向等。企业运用自身的所有资源、能力、核心竞争优势,推动战略的执行以达成战略目标。战略指导方针与企业自身能力是否匹配、战略将导致的市场状况是否朝着有利的方向前进、战略的发展方向是否正确等,都是在战略定位方面可能出现的风险。

(五)企业的领导者

企业最高管理层、核心管理人员、企业家都属于企业领导者。领导者负责制定战略,只有当领导者的能力与战略匹配时才能在制定出正确、合适的战略的基础上达到预期目标。领导者的决策风格、风险偏好、创新能力、事业心、经验与经历、学习能力及知识结构都会影响其领导能力。能否准确地把握战略态势、制定合理的发展战略、优化配置资源、统筹全局、根据实际发展情况与时俱进地调整战略、有效地控制和管理竞争中的战略风险以最终达成战略目标,这些都是一名领导者领导能力的体现。企业领导者的风险偏好决定了该企业所制定的战略是激进的风险偏好型还是保守的风险厌恶型,相应的战略目标是不相同的。此外,领导者的经验与经历会影响他对市场和企业运行状况的判断,而观念与知识结构则影响了企业战略的制定。

四、战略风险的评价方法

(一)模糊综合评价法

郭菊娥等(2005)和李艳(2008)等所使用的是模糊综合评价法。他们认为,完全定量化的方法需要大量的历史数据作支持,计算方法复杂,不易被企业接受;同时,这些方法完全基于数据的研究结果,没有与战略管理人员的定性判断相结合。因此,他们提出运用模糊综合评价法解决战略风险的测度和识别问题。

(二)德尔菲法

德尔菲法也称专家调查法,是美国著名的智库(兰德咨询公司)于20世纪50年代开发的,它是根据拥有专门知识的专家的直接经验对研究问题进行判断和预测的方法。

(三)层次分析法

层次分析法(analytic hierarchy process,AHP)是美国匹兹堡大学T.L.Saaty教授在20世纪70年代提出的,它是一种定性分析与定量分析相结合的多目标决策方法。

在国外的研究中,还有人借鉴金融学、财务管理学等学科的研究成果,认为战略风险与企业特定变量的变化特征有关。在这种思路的指导下,金融理论中的资本资产定价法、夏普法等也被不同程度地引入战略风险的评价(见表25-2)。

表25-2 战略风险评价方法

评价方法	测量维度	应用领域	理论依据	优点	缺点
资本资产定价法	股票收益与风险相关	金融学	战略系统风险理论	清楚的估计风险并进行调整	假设条件不符合实际,不适用于股权分散的情形,预测结果不够精确,与战略风险理论原则相悖
状态定义法	资产收益与风险相关	管理学	战略系统风险理论	更好地反映状态变化特征,符合战略风险本质	有可能夸大风险因素的作用,忽视变量之间的相关性,单一指标具有片面性,历史数据难以为决策提供支持,预测结果存在偏差
成本—收益分析	收益与风险相关	经济学	战略过程风险理论	可以应用于战略风险过程管理与控制	前提假设不符合实际,需求量大,方法不够完善,产生折现的效力问题,评价标准易受主观偏见的影响
期望值法	心理偏见与风险相关	心理学	战略行为风险理论	了解人们在多种可能性下选择偏好,实践操作性强	混淆期望值和效价的概念,没有给出参考点与价值函数的具体形式,预测结果的主观性较大,适用范围具有局限性

综合来看,战略风险评价方法主要分为两类:一类是需要依靠评价者主观判断的方法(如比较传统的模糊综合评价法、德尔菲法、AHP法等),能够比较好地结合战略风险管理人员的经验和主观认识,同时计算简便、易于接受,但主观判断也增大了这类方法的人为误差;另一类是借鉴其他学科领域的纯粹定量化方法(如资本资产定价法、夏普法等),从理论上看,这类方法有一定的合理性,也得到了部分人的认同,但仍然有人对其提出质疑,例如美国学者 Miller(1990)及国内学者刘海潮和李垣(2003)就分别从实证与理论的角度指出这类方法仍存在很多问题。

五、战略风险管理策略

企业战略风险是不可避免且无法根除的,防范和消除战略风险要耗用一定的资源并要求企业具备较强的风险管理能力。从增强企业安全和建立企业核心竞争力的角度出发,企业应持续对战略加以监控,合理控制战略风险水平,以确保企业战略目标的实现。

（一）根据战略风险管理技术分类

从战略风险管理技术角度,我们可以将风险管理方法可分为,控制型和财务型两大类。

1. 控制型风险管理技术

控制型风险管理技术的重点是根据风险分析,使用控制技术改变存在于企业中的风险因素,减小风险发生的概率,尽可能地减少损失。在事故发生前,使事故发生概率减小;在发生事故时,尽可能地使损失减少。控制型风险管理技术主要有以下几种方法:

(1) 避免损失。避免损失是指尽可能地减小发生损失的可能性,也就是放弃一些已经存在的风险单位,还有就是从根本上消除特定的风险单位,主动放弃或者进行改变该项活动。当某项风险因素造成损失的概率较大、严重程度较深或者风险产生的效益低于风险的处理成本时,适用避免损失方法。该方法具有简单、彻底的优点,但是也存在处理方法较为消极的缺点。该方法虽然能够避免风险但同时也失去该风险可能带来的利润,而且实行容易受到各方面的限制,实施空间不足。此外,从经济性的角度考虑,此种方法可能并不合适,并且在避免一种风险的同时可能会出现新的风险。因此,采用这种方法须谨慎考虑。

(2) 预防损失。预防损失是指提前减少和消除有可能造成损失的各种因素,要在发生风险事故之前采取风险处置措施,旨在以减少和消除风险因素的方式减小损失发生的概率。这种方法是事前的措施,也就是防患于未然。

(3) 抵制损失。抵制损失是指为了使损失程度降低而在损失发生时或者损失发生后采取的措施,抵制损失可以有效地进行风险处置。

2. 财务型风险管理技术

由于会受到各种因素的限制,人们对风险的预测难以做到非常精确;同时,风险防范措施的发挥效果具有一定的局限性也是难以避免的。因此,风险事故造成的损失具有一定的必然性。财务型风险管理技术是在事项发生之前进行财务安排的方法,采用提供资

金的形式,使损失有所减少。财务型风险管理技术主要有以下几种方法:

(1)自留风险。自留风险是指企业或者单位自己承担风险产生损害所带来的后果,也就是风险自我承担。自留风险分为主动自留和被动自留,在财务型风险管理技术中具有极其重要的作用。自留风险的优点是能够减少潜在的损失,节约费用,方便有效且成本低。但自留风险也有很明显的缺点,即风险单位的数量及企业的风险承受能力会限制该方法的效果,无法达到风险处置目的,反而会造成财务困难,失去自身风险处置的作用。

(2)转移风险。转移风险是指当某些单位或者个人不想承担损失时,有意识、有目的地转移损失或者与损失有关的财务后果,转嫁到其他单位或者个人。转移风险又分为财务型保险转移和财务型非保险转移。财务型保险转移是指通过与保险人签订保险合同,单位或者个人将包括财产风险、责任风险、人身风险等各方面的风险转嫁给保险人。作为一种风险转移方式,保险对于风险管理是非常科学、有效的。财务型非保险转移是指单位或者个人通过与另一些单位或者个人签订经济合同,将风险或者风险造成的财务损失后果转嫁给这些单位或者个人。

(二)根据战略风险成因分类

从战略风险成因角度,我们可以将风险管理方法分为战略假设风险管控策略、战略治理风险管控策略、战略错位风险管控策略和战略刚性风险管控策略。

1. 战略假设风险管控策略

企业应该在与利益相关者充分沟通和讨论的基础上,确立明确的使命愿景和战略发展方向,从而为企业的战略分析提供聚焦点和范围。企业战略领导者要培养开阔的战略视野、全面的战略素养和敏感的战略直觉,深入研究和准确把握本企业的业务运作规律与组织管理规律,能够洞察企业内外部环境的变化并动态调整自身的战略假设。对于大中型企业而言,在条件具备时应建立一支专业的、结构合理的战略管理团队,持续地扫描、监控、预测、评估企业的战略环境,并据此动态地修正企业的战略假设。此外,企业应加速企业的信息化进程、制定和实施正确的信息化战略、提升企业的信息技术应用水平和知识管理水平、强化搜索企业外部信息的能力和促进企业内部的信息资源共享,为企业战略分析提供技术保障。

2. 战略治理风险管控策略

(1)平衡利益相关者之间的利益,建立能够保护所有利益相关者正当权益的机制。

(2)制定利益相关者管理策略,建立利益相关者信息沟通制度,使利益相关者能够适时了解企业战略的制定和实施情况,能够在信息透明的前提下参与企业决策。

(3)以弱化政治行为为目标,循序渐进地变革企业文化,培育多赢、合作、以人为本、持续发展、社会责任等有利于企业发展的价值观以减少个体利益冲突,促进员工之间的互动式信息交流,营建团队协作的氛围,建设和谐的企业文化,减弱企业内政治行为的影响。

(4) 不断健全企业治理结构完善企业的治理规则、倡导正确的治理伦理，以确保企业战略选择的科学性和合理性。

3. 战略错位风险管控策略

(1) 企业应持续不断地提高战略执行力，在制定战略时以既定的战略执行力为依据但要超越已有的执行力，战略一经确定就要立刻采取行动，充分调动战略执行人员的积极性和创造性，渐次调整组织结构、人力资源、企业文化、薪酬激励等要素，充分整合企业所需的内外部资源，使企业的资源和能力与战略目标的要求相匹配，在这个过程中不断地检验和提高企业的执行力并为下一个更高的战略目标做好准备。

(2) 企业应培养并持续提升企业的应变能力。一方面，领导者应培育员工对新生事物的适应能力，在企业内部形成一种崇尚变革的企业文化；另一方面，企业应尽可能地预见这些变化并建立风险预警系统，制定应急策略，建立应急管理组织，预留应急资源，将突发事件的影响控制在最小限度。

(3) 企业应加强战略控制，充分运用先进的信息技术，实时获取企业战略实施过程中的各种信息，加强绩效考核，对照企业的战略目标分析差距并制定和实施纠偏策略。

4. 战略刚性风险管控策略

(1) 企业应通过建设学习型组织来培养开放进取的观念、持续学习的态度、不断破除思维定式的勇气等，建立不断超越自我和超越现状的企业文化。

(2) 企业应建立民主决策机制，鼓励企业员工和外部利益相关者提出建议，培育畅所欲言的氛围，使企业内外部利益相关者能够通过讨论和对话来协调彼此的战略利益与短期利益，从而对企业的战略发展达成共识。

(3) 企业应建立无边界的柔性组织结构，即使已经形成一定的核心刚度，也可以通过内部的重组和外部的合作来化解风险，尽可能地减少由此带来的经济损失。例如，公司在业务已经形成核心刚度后毅然剥离和出售该业务，从而摆脱了核心刚度的困扰。

六、战略风险管理与企业业绩的关系

传统的经济理论（如资本市场理论等）认为风险与收益为正相关关系，高风险必然带来高回报；反之亦然。然而，为了验证风险与收益的关系，鲍曼以美国 85 个行业为研究样本，结果却发现大多数行业的风险与收益呈现显著的负相关关系。这一重大发现违背了当时学术界所假定的正相关关系，他称之为风险—收益悖论，也被后续研究者称为鲍曼悖论。鲍曼的发现开辟了战略管理领域中的风险—收益关系研究，众多学者纷纷开展了后续研究。国内学者有祝志明、曾进以及曾永艺等对战略风险—收益关系进行了实证检验，验证了鲍曼悖论的存在。与此同时，大量学者分析了研究范围、方法等方面并质疑鲍曼悖论。学术界有两种主流的理论假说用以解释企业风险与收益的关系，即风险决策权变说（contingent risk decision hypothesis）和战略禀赋说（strategic endowment hypothesis）。目前，关于企业风险—收益关系最被广泛接受的理论假说为风险决策权变说。该假说认为，企业风险与收益的因果关系为低绩效→（管理层选择高风险行为）→高风险。战略禀赋说认为,风险与收益不存在因果关系,它们只是企业拥有的战略禀赋所产生的自然结果的两个维度,两者相互作用、相互依存。某些企业拥有的市场支配力、消费定位、多元化策略和产品专利等垄断性战略资源,使其能在维持低风险水平的同时获得高收益。风险与收益的负相关关系也许只是企业战略禀赋的异质性所产生的结果。战略禀赋说得到了若干实证检验的支持。

七、总结与展望

战略风险理论历经三十多年的发展和演变,但目前尚未形成被普遍接受的研究成果,各种理论流派依然处于百花齐放的状态。我们归纳总结得出战略风险管理理论主要存在以下问题:

(1)对战略风险的内涵、类型与形成等问题没有形成统一的认识,度量方法也尚未形成一套独立、完整的方法论体系。

(2)战略风险管理的研究结论多数属于规范分析,并未接受严格的实证检验,在实践应用中的适用性还有待完善。

(3)理论体系不完整,研究局限在战略风险识别、战略风险度量的层面,缺乏对战略风险管控的研究。

未来的战略风险管理研究或许可以进一步考量外部性战略资源与内部性战略资源的结合,融合定性方法和定量方法度量战略风险,增强战略风险分析的实践应用性。此外,企业应着眼于如何实现资源积累和提高资源柔性,从而形成企业的动态核心能力,以积极应对风险。

第二节 信息化战略风险管理

一、信息化战略的定义

信息化战略这一概念最早是 Boynton and Zmud(1987)提出的,他们认为信息化战略是一系列活动,主要包括运用新信息化识别组织存在的机会,确定如果利用这一机会所需的资源,制订战略和行动计划以实施这些机会。随后 Earl(1989)认为,信息化战略是指决定信息技术所做的长远、方向性计划,强调信息化战略与业务需要相一致,充分运用信息技术获取优势。Smits 等认为,信息化战略是企业为了适应环境以支持企业实现其战略,通常由管理者制定的关于信息系统在组织中实施的愿景、目标、方针与计划等一系列综合体。随着中国信息化进程的加速发展,国内学者也对信息化战略进行了广泛的研究。赵明认为,信息化战略属于职能级战略,是指为了实现企业所制定的目标,确定企业信息化发展的战略方向,具体包括企业信息化建设要实现的目标、实施方法及评价标准等。陈鸣认为,信息化战略是指利用信息技术优化生产流程、改善顾客关系、提高管理水平、优化资源配置等,是企业战略的重要组成部分。

综上所述,我们认为信息化战略具有以下特点:信息化战略的性质是一项职能战略,与营销战略、生产战略等一样,其目的是实现企业战略;信息化战略的内容是关于企业信息化建设方面的目标及规划;信息化战略的实质是支撑企业总体战略、提升企业竞争力的手段之一。

二、信息化战略相关理论

(一)信息资源集成管理理论

企业在发展过程中积累了大量的信息资源,而这些信息资源大多处于分散和孤立的状态,相互之间缺乏有效的共享和整合,降低了信息资源的利用效率。因此,加强对企业信息资源集成的管理可以提高信息资源的利用效率,提升企业的核心竞争能力。

信息资源集成管理理论文献请扫二维码参阅

(二)信息系统集成理论

在企业信息化建设的过程中,不同部门根据业务需要建立了不同的应用信息系统,而这些系统之间的相互独立却导致了企业中存在若干个"信息孤岛",从而降低了企业信息化效率,也导致了企业对信息化的投入所要达到的预期收益。实现企业信息系统之间的集成进而实现资源的共享,能够有效地解决"信息孤岛"问题。

信息系统集成理论文献请扫二维码参阅

(三)信息化项目管理理论

企业信息化建设一般由多个连续的或并行的信息系统组成,而每个信息系统的开发属于知识密集型和资金密集型项目,因此有必要对企业信息系统的建设开发进行统筹规划与管理。信息化项目管理是项目管理在信息技术行业的应用,主要针对企业中的单个或多个信息系统的建设进行规划与组织,保证项目按照预期的目标完成。

信息化项目管理理论文献请扫二维码参阅

(四)信息化战略规划方法

Bakos et al.(1986)指出,信息技术作为竞争的武器得到普遍的应用,但是学者们对于信息技术的战略重要性尚没有达成一致。卢志平从五维度研究信息化战略,并提出信息化战略阶段和相应的发展战略。张流柱和佘浩针对中小企业信息化战略存在的问题,提出可以借助专业信息服务商提供信息技术支持的建议。张玉林(2005)针对企业信息化战略规划,提出一种新的分析框架模型,强调将业务流程分析法和关键成功因素法进行组合,从而使得信息化建设与企业战略具有一致性。范玉顺等(2008)提出信息化管理的战略框架,并阐述其基础、战略规划、实施与管理、组织与控制这四方面的内容;同时提出信息化管理成熟度模型,按照信息化水平高低将信息化管理分成五个等级。

三、信息化战略相关模型

(一)信息化战略构成模型

Smits等运用案例分析法进行分析,提出信息化战略四成分模型,包括信息化战略环境、信息化战略流程、信息化战略内容和信息化战略效果四方面,如图25-1所示。

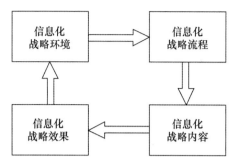

图 25-1 信息化战略四成分模型

信息化战略环境是指能够影响信息化战略的因素,包括企业的技术环境、组织环境、内部环境及外部环境;信息化战略流程是指制定和改变信息化战略的方式;信息化战略内容是指信息化战略提供解决企业信息化问题的方案或者企业信息化建设方向,主要包括信息化建设的职责范围、目标、架构和规划;信息化战略效果是指为了实现组织的目标,信息化战略必须是有效的,其有效性可以通过信息系统的开发是否实现预期功能、信息化战略改变企业战略的程度等衡量。

(二)中小企业信息化战略方法模型

Levy 和 Powell 对中小企业的信息化战略进行研究,提出了适合中小企业的信息化战略方法模型,如图25-2所示。

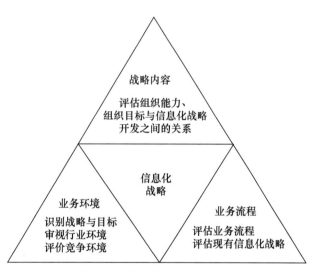

图 25-2 信息化战略方法模型

信息化战略方法模型指出,在制定企业信息化战略时应该考察业务环境、业务流程和战略内容。其中,业务环境主要指明确企业的战略与目标、业务所属的行业环境及竞争环境;业务流程指分析企业的业务流程,找出创造价值的流程,分析是否拥有相应的信息系统支持价值创造流程,评价企业目前的信息化建设情况;战略内容指信息化战略在企业战略的指导下,分析组织及其具备的能力,根据组织能力开发相应的信息系统。由此可以看出,信息化战略的有效制定与企业的业务环境、战略内容及业务流程有着紧密的联系。

（三）战略匹配模型

以 Henderson 和 Venkatraman 为代表的学者在 20 世纪 80 年代中期开展相关方面的研究,并于 90 年代初期提出战略匹配模型,如图 25-3 所示。

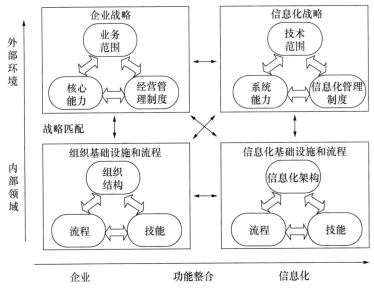

图 25-3　战略匹配模型

战略匹配模型强调企业的成功取决于企业战略、信息化战略、组织基础设施和流程、信息化基础设施和流程四部分的相互匹配。从图 25-3 可以看出,该模型包括两个维度,分别从外部环境与内部领域考察企业和信息化的状况,从而形成四个象限,分别是企业战略、信息化战略、组织基础设施和流程以及信息化基础设施和流程。在企业领域,外部定位和内部安排的匹配对企业取得最大经济效益是非常关键的,其在信息化领域也是相关的。

战略匹配的概念基于战略匹配和功能整合两个基本的构建模块。战略匹配,即企业战略与组织基础设施和流程、信息化战略与信息化基础设施和流程之间的匹配,同时强调外部环境和企业内部领域的一致性。功能整合,即企业战略与信息化战略、组织基础设施和流程与信息化基础设施和流程之间的整合。具体地说,这种整合方式解决了信息化功能重塑,支持了企业战略能力,而这种能力是非常重要的,因此信息化是作为公司战略资源的形式出现的。

运用信息化为企业构建战略优势,意味着信息化支持企业战略,而战略可以提升企业的关键成功因素和核心能力,即信息化能够支持企业实现其目标。

四、信息化战略风险

信息化系统在管理、技术、时间、资金、实施和维护等方面存在较多的风险因素,主要体现在管理层、执行层和操作层三个方面。

(一)管理层战略风险

企业管理层能否对信息化做出正确、长期、准确的战略发展规划,决定了信息化系统成功的概率及其对企业做出的贡献。如果管理层对信息化的价值理解不透彻,急于求成、盲目跟风,就会给企业带来风险。首先,管理层应从信息化的实用性、功能性、安全性等方面进行全面的统筹和权衡,以支持企业经营管理、提高工作效率为最终目标,可采取分步实施、重点突破、逐步完善的信息化部署战略;其次,企业信息化是对管理观念的一种转变和突破,企业高层必须理解和接纳这种管理思想,在人力、物力、财力上给予信息化建设高度重视。领导者的重视和亲身参与,势必增强各级员工的积极性和参与意识,为信息化项目的实施奠定良好的基础。

(二)执行层战略风险

战略执行部门在根据规划实施信息化项目的过程中,可能存在来自技术落后、资金短缺、管理低下、人才缺乏等方面的风险。

1. 信息化系统选择风险

如今,市场上各种信息化软件、硬件产品众多,不同的应用平台和开发工具、不同的硬件集成等将决定企业信息化未来的效益、维护成本和转移成本。一旦系统或设备选型不当,就会限制企业信息化的长远发展。因此,企业在选择信息化系统时要兼顾功能和技术要求,功能上既要满足当前的业务需求,也要考虑未来的业务发展。

2. 信息化项目管理风险

信息化系统的实施过程是复杂且艰巨的,不仅渗透企业内部经营的各个层级和部门,还要适应信息化的快速发展,完善与系统提供商的合作沟通等。在项目实施的过程中,各部门之间沟通与协同作用的缺失、核心系统实施人员的流失或中途调动、实施费用严重超出预算等会直接影响信息化战略的实施。因此,项目实施领导小组应严把项目进度、成本质量关,负责各级部门的组织和沟通协调,确保实施人员的稳定性。

(三)操作层战略风险

操作层是指实际应用信息化系统的部门或人员,由于易被忽视,产生操作层战略风险的可能性也较高。

1. 业务流程风险

在应用信息化系统之前,企业必须根据岗位职责,完善和优化各岗位的业务流程,使信息化系统与实际业务工作相匹配;否则,就会造成系统与实际脱节,形成信息孤岛,无法发挥作用。

2. 基础数据风险

在利用信息化系统进行数据分析的时候,必须要求数据及时、规范准确、完整,否则得出的分析结果就可能与实际大相径庭。因此,企业应制定一些规章制度以明确和规范数据内容,通过督导检查、高额奖惩等手段来确保数据的及时性和准确性。

3. 信息安全风险

其一,尽量确保信息化系统在安全性上不能有漏洞,发现问题要及时与系统供应商沟通解决;其二,购置相应的安全防护软件或硬件设备,减少系统安全风险,提高系统运行的稳定性;其三,制定和完善系统安全运行规章制度、数据故障应急预案,确保系统出现故障时得到及时处置。

五、信息化项目的分阶段风险管理

信息化项目的风险管理是识别信息系统风险、评估风险、采取措施使风险降到可接受范围内的过程。分阶段风险管理模型是根据项目生命周期管理(包括事前风险管理、事中风险管理和事后风险管理)的要求,按照事前、事中和事后各阶段分别识别风险、评估风险与控制风险如表25-3所示。

表25-3 分阶段风险管理模型

风险管理阶段	识别风险	评估风险	控制风险
事前风险管理阶段	基本风险1… 基本风险n	风险级别1… 风险级别n	控制策略1… 控制策略n
事中风险管理阶段	基本风险1… 基本风险n	风险级别1… 风险级别n	控制策略1… 控制策略n
事后风险管理阶段	基本风险1… 基本风险n	风险级别1… 风险级别n	控制策略1… 控制策略n

(一)事前风险管理

事前风险管理是指对信息化项目在系统开发前的风险进行识别、评估和控制。事前风险管理阶段的目的是协助企业进行系统规划分析,识别建设新系统的风险及其造成的可能后果。该阶段的基本风险如表25-4所示。

表25-4 事前阶段基本风险

风险类别	基本风险
项目方案	引入项目的动机风险 满足企业需求
经济	资金保证 预计效益
技术	技术成熟适用 开发商的技术实力 自身技术人员储备

(续表)

风险类别	基本风险
管理	管理水平 管理制度 业务流程优化程度 基础数据
人员	业务素质 信息化素质 信息化支持度

（二）事中风险管理

事中风险管理是指对系统实施过程中的风险进行识别、评估和控制。一般而言，在项目进行过程中未出现重大变化的情形下，只要按照项目预定目标要求实施项目即可。因此，合理地控制进度、成本和质量，对于项目的成败起着重要的作用。同时，在项目实施的过程中会涉及组织、权限和流程的重新调整，极有可能面临来自主观、客观方面的各种阻力和挑战，如果因认识不当、组织不严、领导不力、资源不足而盲目推进，就会导致项目延误甚至失败。因此，我们可以从管理变革、项目进度、项目成本和实施质量等方面识别基本风险。该阶段的基本风险如表 25-5 所示。

表 25-5　事中阶段基本风险

风险类别	基本风险
管理变革	机构重组风险 领导支持程度
项目进度	项目预期进度符合情况 进度控制的有效性
项目成本	项目预期成本符合情况 成本控制的有效性 项目资金保障程度
实施质量	系统建设规范程度 系统性能 预期功能完成情况 用户满意情况

（三）事后风险管理

在信息化项目完成实施并进入应用阶段后，风险并没有完全解除，还存在影响信息化建设成果能否发挥实际功效的潜在风险。事后风险管理是指对项目实施完成后直至报废或升级这一阶段的风险进行识别、评估和控制，目标是保证系统能正常运行，达到预期的目的和要求。我们可以从系统性能、系统安全、系统维护与系统管理等方面识别基本风险。该阶段的基本风险如表 25-6 所示。

表 25-6　事后阶段基本风险

风险类别	基本风险
系统维护	企业自身维护能力 系统开发商的服务水平
系统性能	硬件可靠性 软件可靠性 处理速度和响应时间
系统安全	操作失误 黑客、病毒攻击 软件存在漏洞 自然风险
系统管理	用户对新系统的支持程度 系统管理规范程度

六、企业信息化风险管理策略

（一）建立信息化风险管理机构

随着企业信息化的不断推进，信息化在企业中的地位不断凸显，并且成为企业核心竞争力的组成部分。因此，企业应及时组建信息化风险管理机构，其职能是建立科学的风险分析、评估体系，定期评估信息化风险，监控信息化的实施、运行过程，从企业整体利益出发，根据风险的性质和特征，选择不同的风险处置方案。企业可以设置企业信息化主管（CIO），直接对企业决策层负责。

（二）建立科学、规范的业务流程

企业信息化关键的一步，就是建立一套科学、规范、先进、适用的工作业务流程，并且将管理策略和制度融入业务流程中。因此，企业应将烦琐的管理制度和业务策略信息化，以程序化的手段融入业务流程中，成为业务处理过程的决策工具，实现业务流程、业务控制策略和企业管理制度一体化的信息化系统。

（三）营造信息化风险管理环境

信息化是把"双刃剑"，我们既要认识到信息化给企业带来的积极意义，也要认识到信息化失败给企业带来的危害，因此营造信息化风险管理环境是至关重要的。企业应培养员工的风险管理意识，并贯彻到日常工作中。随着信息化的逐渐深入，只有员工清楚地意识到风险防范的责任以及风险管理的方法和措施，企业整体的风险管理能力才会逐步得到提升。

（四）引入第三方风险检测评估机构

在信息化风险管理中，很多风险必须采用专业的手段和设备才能够进行检测与分析，因此还应该引入第三方风险检测评估机构，通过专业化的检测手段发现系统错误，对系统做出公正、客观、科学的评价，最大限度地避免信息化的"豆腐渣"工程。在这个过程中，企业应摒弃传统的自我保护思想、害怕被发现问题，以更加开放的心态进行信息化建设，加强内外合作，才能逐步增强抗风险能力。

第二十六章　英国乐购公司的风险管理与企业战略

> **导　言**
>
> 美国反欺诈财务报告委员会下属的 COSO，在 2004 年 10 月发布的《企业风险管理——总体框架》(Enterprise Risk Management, ERM) 是在 1992 年《内部控制——整体框架》报告的基础上，结合《萨班斯-奥克斯利法案》的相关要求扩展所得，因而也被人们认为是针对内部控制的最新研究报告。新的 COSO 报告明确提出了风险偏好、风险识别、风险容忍度等概念，以及一类新的目标——战略目标。
>
> 为了实现企业战略目标，并且对战略实施情况进行监督和控制，风险管理成为企业战略目标管理中不可或缺的关键因素。COSO 在《企业风险管理——总体框架》中是这样定义的，"企业风险管理是一个由董事会、管理层和其他员工共同参与的过程，它应用于企业战略制定和企业内部的各个层级与部门，用于识别可能对企业造成潜在影响的事项，并在企业风险偏好的范围内管理风险，为企业目标的实现提供合理保证"。

由于风险问题被提升到前所未有的战略高度，传统的实施系统和策略不足以应对新的需要，必然会产生新的系统和策略或借用其他的成熟工具。作为一种有效的管理控制工具，平衡计分卡弥补了企业以往只关注财务指标的考核体系的缺陷，通过财务、顾客、内部流程及学习与发展四个维度之间相互作用的因果关系展现企业的战略轨迹，实现从绩效考核到绩效改进、从战略实施到战略修正的战略目标实现过程。我们进一步研究企业战略管理和风险管理，发现将平衡计分卡与风险管理流程结合起来，可以形成一套有助于部门间沟通及监督和控制企业风险的管理系统。同时，风险管理需要一个基于战略的管理会计工具作为平台；而平衡计分卡则需要平衡收益和风险、平衡经营管理和风险管理，使两者的整合有了主观上的需要。因此，将平衡计分卡引入内部风险控制的系统中，不但有利于内部风险控制系统的实施和完善，而且使得这一工具自身更加完善。

我们借助 Margaret Woods 在 Linking risk management to strategic controls 一文中的描述，介绍英国最大的零售商乐购（Tesco）公司将平衡计分卡和企业风险管理进行系统整合的实际操作方法，在实践方面给中国企业以启示。本案例研究风险管理的两个方面;其一,对乐购公司进行详细的案例研究,强调风险管理理论模型的设计而非在实践中考虑风险;其二,本案例联系企业风险管理(ERM)的关键概念,并以COSO与平衡计分卡的推广作为战略业绩测评系统。这样,风险管理和企业战略之间的联系以一种清晰的方式得以呈现。

第一节 基础理论

有观点认为,风险在业务活动中是固有的、长期存在的,但是对组织中正式化风险函数的建立是近期所关注的事物。公司治理框架用于创建结构,这有利于形成所有权和经营权相分离的管理层责任,但是到目前为止,这样的控制似乎未能阻止公司丑闻再次发生。监管部门提出一些实践建议和具体要求,强调在提高责任感和降低企业失败风险时内部控制制度的重要性。

在英国,企业管控委员会的联合准则在1998年发布,包含一些委员会早期的建议。经过修订的联合准则在2003年7月发布,优秀公司的治理原则被列入包括财务报告、内部控制和信息披露的一系列标题中。与内部控制相关,联合准则要求董事会保持一个"健全的"内部控制系统,以保障股东的投资、公司资产和每年至少审查一次控制系统的有效性,财务、运营、合约和风险控制都应该包括在审查里。然而,联合准则没有要求董事会报告外部审查的结果。为了确保内部控制的有效性,董事会应该任命一个至少有三名成员的审计委员会,他们应该是独立的非执行董事。因此,联合准则强调执行董事对内部控制的重要,明确包括风险管理控制。

美国反欺诈财务报告委员会下属的COSO发布了两份关键的报告,制定了内部控制制度的指导方针。在1992年报告中概述的内部控制框架指出,风险管理应作为控制系统的五个要素之一;但是2004年报告的内容与普华永道为特定目的而开发的一个框架相结合,要求管理者评估和改善公司的风险管理体系。这样做,被认为是"扩展了内部控制,提供一种更健全的、范围更广泛的企业风险管理主题……这包含了内部控制框架"。风险管理逐渐变得重要,从作为内部控制的一个组成部分到有效地包含内部控制,这种思想上的转变对风险和审计是越来越重要的。

2004年COSO报告补充了《萨班斯-奥克斯利法案》,这项法案直接回应了世界通讯公司和安然公司的财务丑闻。尽管它不规定内部审计功能的作用,但强调董事对有效内部控制的责任。SOX法案404条款要求公司的年度报告应该包含一份内部控制报告,必须包括管理层对建立与维护内部控制系统和评估系统有效性的责任申明,并由外部审计师在一份声明中补充证明和反映管理评估的报告。因此,与英国一样,美国监管机构也试图强调管理层对内部控制系统设计和维护的责任。

在设计内部控制和风险管理系统时,管理者应该平衡好增长和回报的优势,这可能由源于冒险而承担的潜在损失。因此,制定战略目标和确定可接受的风险水平紧密交织在一起。本章试图证明风险管理系统可以用于鼓励管理者实现战略目标,同时将风险和董事会建立的风险偏好相统一。换句话说,风险管理可以增大战略成功的可能性。

一、企业风险管理的发展

风险管理评估文献表明,风险的定义和我们对风险管理的理解相差无几。在前理性主义时代,风险被认为是自然因素产生的结果,不能预期或管理。但随着科学思维的发展,有观点认为风险是可以通过明智地使用规避和保护策略来量化和管理的。随着科学进步和社会公众的期待,风险管理演变为制度化。因此,风险管理导致对风险不利影响的责任得以扩散,同时责任制需要一些风险管理示范。

斯莱姆和麦克纳米(1999)所描述的"组织中风险管理方法主要形式的转换",第一个形式转换涉及这样一个事实:随着时间的推移,风险管理已经从基于保险和交易的功能扩展到一个更广泛的概念,它与公司治理和战略目标的实现相关联。风险管理的概念被集中体现在财务部门使用金融工具进行对冲交易和融资风险的局面已经不复存在,风险被更为广泛地定义为包括企业声誉、法律法规、健康和安全、员工、供应链管理和一般的经营活动等方面的事物。从广泛的角度来看,风险几乎是不可避免的,这对于内部控制系统的设计具有重要意义。

第二个形式转换是扩大风险定义的结果,这导致重新考虑风险管理的目的,被认为有利于决策并提高企业战略绩效(德勤,1997)。英格兰和威尔士特许会计师协会(ICAEW)将业务风险定义为"不确定性有利于企业追求其目标和策略"(2002年ICAEW)。因此,风险管理过程的核心之一是"在企业战略中固有风险的识别、等级和来源"(ICAEW,2002)。

风险的广泛定义和战略及管理角色在风险管理中的识别即企业风险管理(ERM)特征,有时被称为全面风险管理。COSO对企业风险管理框架的定义如下:

"企业风险管理是一个由董事会、管理层和其他员工共同参与的过程,它应用于企业战略制定和企业内部各个层级和部门,用于识别可能对企业造成潜在影响的事项并在企业风险偏好范围内管理风险,为企业目标的实现提供合理保证。"(COSO,2004)。首先,企业风险是由董事会发起,但通过业务部门组织管理;其次,企业风险的广泛性是因为它包含所有可能影响目标的潜在事件;最后,企业风险管理旨在包含指定范围内的风险偏好和提供这方面的合理保证。

内部审计师针对美国企业的一项调查显示,比斯利等(2005)发现,174个受访者中只有48%在企业里使用企业风险管理系统,另有1/3计划在未来实施企业风险管理。我们应谨慎看待比斯利的发现,因为调查反馈率只有10%,而且大多数受访者来自年销售额超过13亿美元的美国大型企业。虽然从这样的结果中得出结论是明确的,但一些迹象表明企业风险管理的应用仍处于相对早期阶段。

引入企业风险管理存在挑战,企业风险管理协助战略目标的实现,我们必须使风险管理者的利益与更为广泛的实体相一致,至少在原则上是这样。因此,企业有可能将企业风险管理合并至现有的控制和绩效管理系统中。虽然这种整合可能引发内部审计师和风险管理者等专业人士之间的问题,但企业风险管理和其他控制系统的目标之间并没有明显的内在冲突。

如今,使用最为广泛的控制和绩效管理系统是平衡计分卡或标准成本法。在本案例的下一部分,我们讨论平衡计分卡的基本原理,并在其适用范围内结合企业风险管理的实施工具。

二、平衡计分卡

平衡计分卡是卡普兰和诺顿推行的一种管理控制系统,起源于波特的战略作为行业间竞争力的概念。平衡计分卡的流行可以部分被解释为:它承认非财务因素在决定战略成功上的重要性,而且推进绩效管理远离只关注纯粹财务指标的传统。此外,平衡计分卡可以作为事前反馈控制系统和绩效衡量系统,并提供比之前以财务系统为特征的绩效指标更为明显的优势。

平衡计分卡提出,企业为了实现自身的战略目标必须从四个方面——财务、顾客、内部运营、学习与成长着手。1996年,卡普兰和诺顿提出了不同角度的绩效和战略结果的因果关系。例如,改善组织学习可能导致内部改进,从而提高客户满意度并最终反映更高的财务水平。

这些角度间存在内部联系,所以因果关系的排列可能有所不同,但基本原理仍然是:为经营行为设置目标,使战略绩效可以得到提高。管理会计文献中存在一些争论,从一定程度上证明平衡计分卡是一个有效的控制和绩效改进工具,但证明其存在因果关系是极其困难的。

卡普兰和诺顿认为,平衡计分卡在确保企业战略的明晰度和促进战略成功的方面是有价值的,但仍须谨慎看待这些所谓的好处。格雷迪认为,战略目标需要对关键的成功因素和行动进行分类,但平衡计分卡并不采取这种措施。此外,交流渠道的重要性也不能被低估。蒙查特认为,未能进行有效的沟通会导致糟糕的经济表现,但平衡计分卡似乎假设实际中不存在有效的交流渠道。

尽管存在一些批评,但平衡计分卡最大的好处之一在于它可以克服财务评估方法的短期行为(Norreklit,2000),并且反映管理者将企业风险管理引入企业所面临的挑战。各种类型的风险都可能威胁战略目标的实现,并且系统需要营建如何管理企业内部风险的一种文化或意识。如果风险可以与平衡计分卡的四个方面相联系,那么这些风险的管理就可以被整合至现有的绩效评估系统中。

第二节 案例概况

乐购公司(Tesco)始创于1919年,是英国领先的零售商,也是全球三大零售商之一。乐购公司在全球拥有超过2 800家门店,分布于12个国家,已成为年销售额达418亿英镑(约6 395.4亿人民币)的国际零售公司,在全球"财富500强"中排第59位。乐购公司在全球确立了"为顾客创造价值,从而赢得他们的终身信任"的核心理念,以及"不懈努力地为顾客提供所需商品与服务"的价值观。2004年,乐购公司以1.4亿英镑的现金投资方式购买顶新国际集团属下的全资公司——乐购的50%股份,正式进入中国。

一、战略性计划和控制:乐购公司的平衡计分卡

2009年,乐购公司在年度报告的公司管理部分介绍了集团的计划和控制结构。乐购公司按照收入和资本支出进行划分,实行五年滚动计划编制。在确定目标之后,通过平衡计分卡进行监控。目标分为独立的四大类——顾客、内部运作、员工和财务。单笔业务为达成目标所取得的业绩由执行委员会进行季度审核。执行委员会是董事会的下属部门,由执行董事和公司秘书组成,每周开一次会,负责公司的日常管理和业务控制。单笔业务的目标通过分级管理制和平衡计分卡来制定与监控,而不是仅仅由某个部门控制。

乐购公司执行董事的薪酬与实现目标所取得的业绩紧密相联,同时针对所有在公司工作一年以上的员工,公司也有一套利润共享方案。执行董事的奖金既有长期的也有短期的,相当于执行董事年薪的150%。工资与多方面取得的成就挂钩,包括每股盈利增长、股东利润总额以及战略性目标的实现情况。员工得到的利润份额根据其基本工资按比例计算,最多不超过税务部门规定的免税上限(3 000英镑/年)。

乐购公司的战略性计划以平衡计分卡形式进行监督和控制。此外,公司通过平衡计分卡可以知道,高的经济收益源自在顾客、业务和员工等方面取得的好成绩。顾客的需求如果得到满足,就会创造一种提高效益的良性循环(见图26-1)。

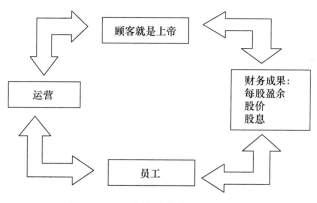

图26-1 平衡计分卡内的因果关系

乐购公司依据多年的管理经验得知,加强员工培训及有效的招聘有助于降低员工流动率,确保员工绩效不断提高,最终达到更好的运营管理成效;同样,好的运营管理也可以提高员工绩效水平。因此,两者的因果关系是双向的。有效的运营有助于确保满足顾客的需求,一旦顾客的满意度提高了,公司的财务目标也就能完成了。由此产生的高盈利能力有助于提高公司的投资效率,可以为公司顾客提供更全面、更优质更多的产品,还能增加员工的奖金收入,降低员工流动率。这种控制和目标业绩相互作用、周而复始的

方式,能够增加股东的价值。乐购公司已经采取这种运作模式,并且坚信利用平衡计分卡进行战略绩效管理的做法是一种良性循环。

二、整合战略与风险管理

乐购公司认为,从顾客、员工和运营方面确保目标的达成并不表明风险得到了控制,有必要确保风险管理控制与平衡计分卡所确立的绩效目标之间是互相补充而不是相互冲突的。达到此目的的第一种方法是运用图 26-2 所描述的风险控制回路策略。乐购公司风险管理研究所在 2008 年制定的"风险管理标准"中指出了风险管理三大要素,即风险评估、风险报告和风险应对策略。风险评估包括建立风险偏好并辨别各种风险。在管理和内部审计部门实施风险监测后,紧接着就生成了风险报告。风险应对与控制由部门负责,内部审计单独监测管理部门所建立的风险系统。内部审计也可以就风险控制的不足之处及有待改善的方面向部门经理提供建议。

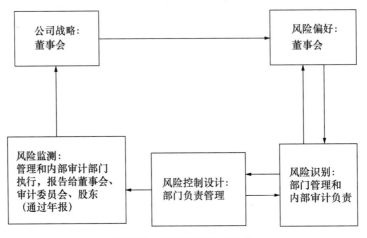

图 26-2 风险管理控制回路

如图 26-2 所示,董事会确定的公司战略被理解为可接受风险的最高水平,这是董事会成员根据市场和股东要求并权衡了风险与回报之后确立的。风险偏好还受到现有业务组合及已知风险的影响。部门经理协同内部审计负责制作风险列表,列出在所有业务中可能遇到的风险种类,并设计控制方法。

在业务部门层面,控制策略的有效性通过绩效评估进行监测。每个业务部门的主管全权负责风险管理,由基于风险的内部审计予以补充。审计人员应关注已察觉的"问题"区域和新业务这两个风险尚未完全摸清的方面,"问题"区域通常根据管理经验和直觉进行识别。

内部审计发挥三重作用:首先,协助识别风险;其次,为设计控制方法提供建议;最后,利用审计技术检测风险控制系统的有效性。其中,首要目标是提高风险管理过程规范化的意识。

控制力度与战略紧密相联,如果需要在高风险区域进行投资,审计部门就会转向监控这些风险以保证战略目标的实现。此外,重大风险登记表由董事会保管,对表内的各种风险进行分门别类,这样一来,任何重大风险都会在很短的时间内引起董事会或审计委员会的注意。

三、为战略和风险控制设计沟通系统

对于任何部门而言,为了实现战略目标和进行风险控制,与其他部门的有效沟通是至关重要的。它确保所有员工在平衡计分卡范围内了解公司的战略目标,以及与实现这些目标有关的平衡计分卡维度和基于风险的绩效评估方法。如果沟通系统设计得很完善,平衡计分卡与风险控制之间就不会发生冲突,所有员工也会具有风险意识,平衡计分卡和企业风险管理得以实现相同的目标。

图 26-3 描述了乐购公司的内部沟通系统。箭头的方向代表信息的流向,向上的箭头表示汇报路径,而向下的箭头表示针对有关目标的沟通。战略业绩方面的问题由员工向战略总监汇报(在乐购公司,战略总监同时也是财务总监),而风险方面的问题则上报给监督委员会和内部审计部门。非执行董事的职位由审计委员会担任,内部审计主管定期向审计委员会汇报,审计委员会则通过关注某个具体领域的业务来推动内部审计。

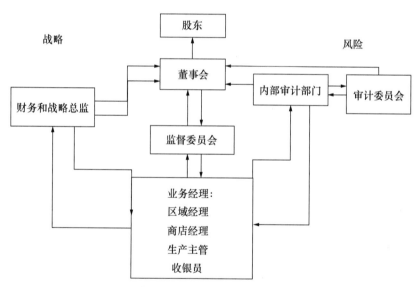

图 26-3 战略和风险控制的沟通系统

图 26-3 表明,乐购公司的战略和风险均通知到集团内部各管理层的人员。集团内部控制系统确保为达成战略目标而设计激励措施,同时确保业绩被监控和汇报至相应部门。在风险方面,业务经理参与风险识别有助于将风险管理的重要性传达给整个集团。与此同时,风险报告从部门经理自下而上经过监督委员会、内部审计部门和审计委员会这样一个有效途径到达董事会。因此,任何业务、任何个人都逃脱不了审查。这样做的目的在于确保所有员工明白董事会对风险管理的期望,从而使责任在微观层面就得到有效监控。

 **讨论题**

1. 平衡计分卡与风险管理是如何整合的?
2. 乐购公司如何建立有效的风险管理控制回路?
3. 乐购公司的经验给予国内企业哪些启示?

讨论题的分析要点
请扫二维码参阅

拓展性案例
ABC 公司的战略风险管理

2008 年席卷全球的金融危机,使所有企业感觉到了生存和经营的巨大压力。除了市场中的不确定性风险,企业在发展过程中存在的风险也是值得关注与考虑的。ABC 公司的国内外客户企业、国际经济的稳定性、技术革新、国内工程机械行业火爆带来的后期隐患和业内激烈的竞争等,这一系列战略风险直接影响企业战略目标的实现。本案例通过战略风险识别、战略风险评估和战略风险应对三个方面,梳理企业的战略风险管理路径。

资料来源:中国管理案例共享中心;案例作者为河海大学商学院,杨恺钧、李晓宇、苏海燕;作者拥有署名权、修改权和改编权。

 案例分析题

1. 请结合案例总结 ABC 公司各阶段的公司战略。
2. 请简略分析 ABC 公司所面临的战略风险。
3. 请简要分析 ABC 公司采取的战略风险管理对策,你有哪些建议?

案例全貌
请扫二维码参阅

案例分析要点
请扫二维码参阅

第二十七章　中铝宁夏新能源集团的信息化战略规划与实施

> **导言**
>
> 在全球化和新网络经济的大潮中,企业面临新的竞争形势。企业之间的竞争格局和模式随着信息技术的飞速发展而不断地改变,相应地,产业优势和效益也将发生很大的变化。信息化战略作为企业战略的重要组成部分,在应对市场竞争、打造核心竞争力过程中具有越来越重要的作用。信息化战略规划的方法、实施步骤及实施效果可直接影响企业信息化建设的成功与否。一个成功的信息化战略规划可以促进企业生产力的全面提升,提高企业的内部管理效率,支撑企业经营管理得到更好的发展,实现企业的可持续发展和产业价值最大化。
>
> (本章案例选自:王姮. 中铝宁夏新能源集团信息化战略规划与实施研究[D]. 宁夏大学,2014.)

第一节　企业信息化战略规划理论分析

企业信息化应坚持先进的管理理念,运用先进的计算机网络技术,整合企业现有的生产、经营、设计、制造和管理,及时地为企业战术层、战略层、决策层等系统提供准确而有效的数据信息,以便对市场和需求做出迅速反应,提升企业的核心竞争力。

信息化战略应与企业发展战略保持一致,在全面分析企业现状的前提下,确定企业信息化战略目标,并制订符合企业发展的信息化战略规划。一个完整的战略规划能够引导企业开始信息化进程,明确企业在进行信息化建设时必须紧紧围绕战略目标;给企业指明信息化建设中每个环节的方向和目标;便于企业对实施效果做出评价,从中找出问题、解决问题;使实施的原则、措施、步骤符合企业信息化战略。

中铝宁夏新能源集团在制定信息化战略时重点考虑企业经营战略的主导作用,充分理解企业的发展方向,短期目标、长期目标和当前经营发展状况紧密结合,寻找突破运营瓶颈的关键点;企业内外部信息技术环境直接影响中铝广夏新能源集团信息化的目标和方向的选择,信息技术基础设施、现有信息化程度、员工信息化意识等反映了中铝宁夏新能源集团的信息技术能力。对于信息技术能力较弱的子公司,应从基础开始信息化建设,强化员工的信息技术意识和培训,普及信息化技术,通过更多的实践增强信息技术能力,以保证信息化建设得以成功;对于信息技术能力较强的子公司,一开始就可以定位于更高层次的信息化建设目标,从而取得更大的成功与发展。仔细分析产业内和产业间的优秀实践案例、信息技术发展趋势、市场中具有竞争力的产品和服务,就能从中找出企业在信息化中存在的问题和差距,得出的结论可以为中铝宁夏新能源集团的信息化建设指明思路和方向。分析中铝宁夏新能源集团生产、销售、内外部物流和人、财、物的管理过程,找出企业发展中的运营瓶颈,制定相应的解决防范措施,使信息化建设能够"准而精"地实施。信息化建设是一项长期而效果并非显而易见的工程,资金保障和人员保障便成为企业信息化建设的最大约束条件。因此,企业在制定信息化战略时一定要充分考虑现有的资源状况,有效地将现有资源发挥到价值最大化,建立信息化组织以保障信息化建设的可执行性。一个有效的战略规划可以使信息系统具备明确的战略目标和科学的开发计划,使系统具有较强的适应性和较高的可靠性,从而缩短开发周期、节省开发费用。

第二节　中铝宁夏新能源集团信息化战略的现状与分析

一、集团基本情况

(一) 电业概况

电力信息化是电子计算机应用的起步阶段,当时的计算机体积大、价格昂贵,主要应用于电力实验计算和验证、工程设计与计算、科研计算等方面。20世纪80年代以来,随着信息技术、计算机技术在各行各业的快速推广,电力系统也得到了快速发展,信息化得到广泛的应用和延伸,各级电力企业将信息化由操作层向管理层延伸。电力信息化建设被纳入电力企业的总体发展战略,信息化进一步与电力企业的生产、经营、管理相融合,使电力系统信息化得到快速发展。

(二) 集团背景与发展概况

中铝宁夏新能源集团(原宁夏发电集团有限公司)成立于2003年,经过十多年的发展,中铝宁夏新能源集团资产总额由成立之初的9亿元增长到265亿元,形成了火力发电、风力发电、太阳能发电、煤炭开发、装备制造五大产业板块和煤炭—铁路—火力发电、风电设备—风力发电、硅材料—光伏发电设备—太阳能光伏发电多条产业链协同发展。集团目前属中外合资企业,是以区内用电为主的大型电源项目建设和引导以向区外送电为主的大型电源项目建设的办电主体。目前,集团员工为7 000多人。在信息网络时代,实现集团信息化管理的全面转型、建立起科学的信息管理战略规划,成为中铝宁夏新能源集团提高核心竞争力、实现集团价值最大化的关键因素。

(三)集团建设情况与发展内容

经过十多年持续不断地完善规划、投资改造,中铝宁夏新能源集团已经成为一家中型企业。集团在火电、煤炭、新能源三大产业积极开拓市场,并对火电产业通过技术改造、综合治理等节能措施大幅降低火电机组供电煤耗,强化营销人员及各级管理人员的责任落实,紧盯电网要电量,抓住燃煤市场价格下行的有利时机,强化燃煤成本核算,最大限度地降低标煤单价和生产成本。

宁夏发电集团与中铝的并购,使集团不仅实现了结构调整,还开辟了新的煤电铝基地和煤炭新基地。除此之外,并购还可以弥补中铝在新能源领域的不足。并购后,集团充分发挥宁夏发电集团的人才优势,为中铝的新能源板块提供可靠的人才支撑。今后将立足宁夏、辐射西北,将宁夏发电集团建成中铝在西北地区最大的能源平台,为集团控亏增盈、结构调整和战略转型贡献力量,也为宁夏服务业发展积累了可借鉴的经验。

二、集团信息化战略分析

(一)集团战略规划分析

重视企业信息化是集团发展的必然趋势。为此,集团制定了明确的企业目标与经营理念。

1. 企业宗旨

依托集团基础设施的优势,以大众为主要服务对象、以交易服务为核心业务、以信息化为手段,优化供应链管理,创新商业模式,提升电力、新能源、新材料、装备制造等项目机械电子工业产品的效率和服务水平,实现企业经济效益和社会效益最大化。

2. 经营特点

依托专业化、现代化设施,以信息化技术和资本融合的方式,整合工业、商贸流通和服务业资源,以创新的商业模式改变原有的机电产品商贸物流方式,为广大制造业企业和机电产品流通企业提供包括商品融资在内的综合服务,最大限度地降低产品流通成本、提高流通效率。

3. 招商引资

为了使项目达到最佳的经济效益和社会效益,中铝宁夏新能源集团依托《公司法》和中国证监会的相关规定,先采取发起方式设立股份有限公司,具备上市条件时再上市募集投资以扩大经营规模。

4. 核心理念

以勤俭、创新的创业精神持续地为社会创造价值、为顾客创造价值、为企业创造价值、为员工创造价值。

5. 发展战略

以诚信为基础,以人才为支撑,以效益谋生存,以创新求发展。

6. 使命与目标

立足宁夏及周边地区，做西北服务业发展的领跑者，面向全球市场，当中国制造业振兴的助推器。

7. 人才发展战略

建立人才选聘、员工培训和淘汰激励机制，使员工素质和企业管理水平得以提高。目前，企业经营管理人员中大专以上文化程度的占员工总数的80%以上。

8. 集团信息化发展战略

集团应用信息化水平，加快专业化、现代化建设，降低产品成本，提高企业效率，提高企业服务的可靠性、精确性，全面提升企业经营水平。

企业对内、对外整合资源以提升集团经济实力，从企业信息化发展阶段、战略目标、发展规模等方面入手，认清企业业务流程、组织机构和管理中存在的主要问题的基础上，优化业务流程，规划发展战略，确定项目目标，规划信息化发展战略策略，通过全面、客观的分析，根据企业能力、信息化水平、信息化发展的需求以及各个方面的约束条件，提出实施方案；在项目的整个过程中不断地对企业内部员工开展相关培训，以保证企业信息化实施的成功完成。

（二）集团信息化的环境分析

2007年9月召开的银川市加快发展服务业动员大会上，自治区、市主要领导更加明确和强调银川市"三个中心，一个目的地"的发展战略，从而把中铝宁夏新能源集团的发展提高到一个新的战略高度。中铝宁夏新能源集团对外应有利于顾客和合作伙伴的协作与整合，便于企业运作，建立企业社会形象；对内应改善管理模式，提高企业经济效益与未来发展规划。

1. 顾客群分散

集团涉及原材料上游供应商、生产制造商和下游供应商或最终消费者，囊括市场流向的全过程。由于市场需求千变万化，企业应随时保证以最快捷的服务满足顾客需求，因此集团必须依据消费者的具体需求设计生产过程，要求企业生产经营必须规划出有针对性、强有力的市场目标性，在生产之前必须深入市场调研，确实掌握消费者的需求信息及动向。

2. 制造业投资环境耗费大

企业建立一个信息系统所花费的资源是巨大的、资金是庞大的。由于电业、新能源、煤业等市场信息化程度较低、业务分散功能还不够完善、地区信息化发展的局限、远程通信能力差、缺乏决策能力，限制了企业信息化发展的脚步。宁夏地区经济的发展、信息化水平的发展以及企业内部人才的缺乏，使得企业领导虽然重视信息化发展的建设，但是没有雄厚的资金、地方政府的支持，建设一个信息化系统平台只是空想。企业至今一直期望发挥信息化的优势，实现企业之间及顾客之间的信息共享功能，整合旧的资源，改善企业运营状况，加快企业发展的步伐。

3. 环境和能源的压力

环境和能源也是企业扩大规模的动因之一。由于各个分公司的地理位置分散,在物流等方面既加大了运输的浪费,又增加了城市的车流量,并对城市污染也造成了一定的危害。企业希望通过信息化的调度来缓解这方面的压力。

4. 不能适应顾客和政府的体系,资源信息整合难

企业希望建立电—新能源—煤联动的信息化沟通桥梁,但是要做到信息资源的整合、得到供应商及政府的信任、共享信息资源、保证数据安全是一个漫长的沟通过程。供应商的经营模式不同、业务流程不同、管理机制不同,要做到整合必须耐心地与其沟通,得到他们对开展信息化建设的支持。企业还涉及多个政府部门,主要包括交通、工商、税务、海关、银行、检验检疫等,这些政府部门的内部信息系统为物流业提供了最基本的业务数据。

(三) 集团信息化管理体系现状的分析

中铝宁夏新能源集团自创建以来,执行集团制度,制定了完善的集团发展理念,经营管理方式明确,但受本地区经济、文化、环境、融资及传统物流行业遗留问题的影响,企业战略的发展受阻。

(1) 集权管理。企业组织结构中的高层管理者保留了制定重大决策的权力,在过去的一段时间内,集权确实发挥了优势。例如,下属公司经理制定各自的总体规划,组织各项活动的协调工作,在危机时刻或者运营失去控制时有坚强的领导团队对整个组织做出协调一致的反应,但是却慢慢地降低了员工的工作积极性。企业员工无法享受监督权利,各个部门工作守旧、没有灵活性,并且企业许多的决策要等高层管理者的决定,既浪费工作时间又耽误决策的最佳时机。

(2) 组织结构。企业通过几次融资,规模日益庞大、人员增多、下属企业组织机构复杂。集团是由18家公司和子公司在资产重组与引入战略伙伴的基础上组建的,企业涉及生产项目种类众多,各家公司和子公司之间建立信息化沟通及资源共享相对较难,这种组织机构为信息化发展战略的实施增加了困难。

(3) 经营管理。集团下属公司与子公司至今延续改革开放以来形成的经营管理模式,"大而全、小而全"的经营模式并未发生根本性的改变,企业经营管理工作的信息化水平远未达到较高水平。经营管理水平在近几年虽然有所提高,但企业的投资约束机制尚未形成、内部人员管理还未完全按制度规范、企业资金困难等,发展信息化的作用和功能还未得到重视,难以发挥经营优势。

(4) 融资局限。受宁夏地区经济发展水平的制约,当地缺乏配套的专业化基础设施、企业经营规模多而杂、生产性服务业整体水平低、市场发育尚不成熟,远远不能满足制造业供应链专业化物流及主辅业分离的需求,导致制造业长期以来存在"缺乏配套产品资源、成本高、融资难"的矛盾,严重制约着企业的发展。

(5) 组织文化管理。员工进入企业后,培训次数过少,企业员工及工作团队对企业文化理念模糊,缺乏共同的价值观、规范原则、信念等。同时,企业的组织设计不够完善,在

组织协调及激励员工努力工作等方面，企业高层管理者没有制订详细的设计计划，致使各部门员工之间缺乏合作、工作积极性及竞争力。

三、集团信息化战略存在的问题与原因

（一）管理体系存在的问题

（1）管理制度问题。企业内部工作分散化，由于市场变化等因素，业务流程不清晰，组织结构建立在基本工作流程上，企业缺乏总体规划，各下属公司或部门信息块分割，管理制度存在很大的人为性和随意性。虽然企业不断改革管理模式，但还是无法改善此现状。

（2）人才问题。企业人才的流动性相对较大，企业下属公司较多、人员众多且层次差异较大，企业没有对用人机制做好规划。对于人才的培养，企业应该帮他们确定职业发展方向，从绩效、奖励等方面留住人才。

（3）培训问题。企业与上海复旦软件园技术团队合作开展信息化建设，组建了银川高新区佳奇信息技术有限公司，上海复旦软件园技术团队需要长时间地与企业内部人员沟通，了解企业内部具体情况。

企业内部培训没有与开发团队同步，在信息化建设中，企业应该不断组织培训，学习信息化技术知识，提升员工对信息化建设的理解和支持。

（4）资金问题。宁夏物流行业尚处于发展初期，在融资方面一直比较困难。企业近些年不断加大融资力度，但是由于地方经济局限，效果并不显著，而企业信息化系统的建设从开发、使用到维护需要庞大的资金投入。

（5）信息化解决方案问题。集团对信息化建设投入了大量资金，但是在信息化方案上常常遇到问题，企业没有在内部挑选业务熟练人员配合信息化技术的开发，及时沟通，面对诸多可选择的好方案，仅仅凭借掌握信息化技术的人员是不够的。

（二）信息化系统存在的问题

1. 现行系统的操作界面与业务流程

企业职能部门众多，采用"金字塔"状的集权控制模式，但是随着以顾客、竞争和变化为主体的3C市场格局的逐渐形成，这种管理模式的弊端逐渐显露，在企业中表现为职能部门各自为政、缺乏相互交流和工作的协调统一、多层级的管理，造成信息阻塞，直接影响企业信息系统的实施效果。

（1）根据对中铝宁夏新能源集团业务流程的分析，信息系统的主要内容包括系统管理模块、订单信息处理模块、加工模块、配送模块等。在应用管理系统的过程中，企业只使用了对合同、订单、货物等的简单操作，并没有真正发挥信息管理系统中强大的综合管理功能，同时由于已使用的管理系统缺少自主更新、升级的功能，致使信息管理系统不能与企业的业务发展同步。

（2）应用效益低下，人机交互能力差。员工素质在使用系统之前没有进行详细的培训，在使用过程中时有发生误操作、系统报错等情况，给维护人员造成了较大困难。再者，在系统使用的过程中，使用人员发现了一些烦琐的工作流程，对界面设计不满意。

（3）企业属于加工、制造、服务、研究等行业，在现行信息管理系统中缺少一套完整、良好的服务功能。例如，货物查询、运输查询、结算查询、顾客信息反馈等，这些功能体现了企业对外服务的能力和形象。再如，系统没有完全满足企业与顾客、企业内部的信息交流，以及及时获取业务部门对信息的处理和共享的资料，没有实现以信息化降低管理成本的目标。

2. 网络布局

企业网络是一个综合的网络系统，包括基础设施网、制造信息网、组织网和服务网，需要各要素的协同发展。集团对于各要素在设计网络思路、体系及框架时缺少综合的考量，以至于现行系统存在以下问题：

（1）基础设置网络。企业物流节点采用制造型、运转型和流通型，物流节点建设相对滞后，随着第三方物流的出现，企业需要加入新的物流节点概念。在进行网络布局时，企业忽略了城市物流节点的网络规划是一个动态的过程，只是单纯地考虑供应点和市场需求点，没有将自然地理条件、企业基础设施条件、城市发展规划等因素考虑到网络布局规划中，造成服务范围发生交叉和重合，对于布局存在地区分割、部门分割的重复问题，资源难以得到有效的整合。整个网络中对物流各个节点的优化设计不完善，限制了越来越多的执行、指挥、调度等工作，致使企业成本并没有下降。同时企业具有"重硬轻软"的观念，重视网络硬件的投入而忽视信息的管理。

（2）管理组织网络。信息管理系统人为因素的干扰较多，系统在运营过程中受人事流动的影响，没有为管理者提供可靠、真实的结果，干扰了业务的正常经营。同时，现行系统还没有实现网络资源的共享与传递，造成资料数据的大量堆积及人力的消耗；又由于货源不稳定、经营秩序不规范，时常出现两地信息不一致的现象，影响企业业务的正常运作。此外，企业对网络安全的质疑和信息化技术的欠缺，企业各个模块并未全部实现信息传递与共享；信息系统缺乏统一的规划及标准，所使用数据的类型、格式不一致，在传递和转换的过程中常常发生数据出错及丢失。

（3）电子商务。网络基础上的电子商务能够降低企业的成本，增强顾客或企业之间的联系与合作，为企业带来现代互联技术下的经济效益。企业虽然开发了运营网站，但是由于企业技术人员对其他行业业务规律及信息技术缺少基本的认识，还未开始实施电子商务。

3. 顾客信息化搭建

信息化的搭建不可能由一家企业单独承担，而应该由外部供应商或政府部门共同参与，才能解决整个电业行业的信息化问题。企业现行系统还没有可实现两业联动的信息平台，信息化系统只能满足企业内部运作，还没有完全实现与上下供应商、分公司的资源共享与信息传递的信息化平台。一方面，部分供应商认为与企业信息沟通困难，从而流失了供应商和潜在顾客;另一方面,地方信息化建设落后,政府建设缓慢,有业务往来的一些供应商的信息化发展仅仅处于单点应用阶段,造成企业顾客信息化搭建困难。

4. 内部环境随市场变化

电业市场随时变化,市场竞争的优势不再是企业拥有多少物质资源,而是能调动、协调、整合多少社会资源,主要依托企业信息系统的管理。企业内部业务流程发生部分改动,但是企业信息化管理平台的建设外包给了某技术团队,现行系统扩充或者更改需要与其协调沟通,影响了经营的时效性和市场竞争力。

5. 企业规模不断扩大

企业规模不断扩大,信息化发展不断驱动企业建设电子商务等新的信息化管理系统,现行系统不能满足企业当前的发展状况,必须重新扩充及开发新管理系统。对于企业来说,今后信息化建设面临极大的挑战,引入电子商务系统中的港、站、库、配送中心、运输线路等设施的布局、结构和任务须进行较大的调整;加大了顾客服务的要求,个性化的网站主页、企业与顾客之间的即时沟通、追踪化服务等。随着电子商务的日益普及,企业应总结和解决现行系统的问题,重新开发符合企业发展要求的新型物流配送中心。

第三节 中铝宁夏新能源集团信息化战略规划

一、企业定位、总体目标与内容

(一) 企业定位

中铝对宁夏发电集团重组完成后,根据自治区政府的能源产业发展战略,承担目前由宁夏发电集团负责的煤炭、电力、新能源、新材料、装备制造等项目,并开发建设煤电铝一体化项目。重组完成标志着中铝的煤电铝一体化战略取得突破,并进行了结构调整,同时开辟了新的煤电铝基地和煤炭新基地。中铝运用现代化的企业信息管理技术和先进装备,利用先进的经营理念和成功经验,整合煤炭、电力、新能源、新材料、装备制造业等联动发展的相关信息资源,从服务银川经济技术开发区制造企业入手,重点建设辐射西北地区至全国范围的综合服务型公共信息服务平台,以现代化信息技术手段提升改造传统煤炭、电力、新能源、新材料、装备制造业管理,切实提升煤炭、电力、新能源、新材料、装备制造业的生产水平和经营管理水平,通过发展和良性循环来实现企业资源的集约化利用,得以降低工业原材料、生产成品流通成本和制造业的生产经营成本,改善当地工业发展的投资环境。这不但可以满足宁夏及周边地区工业生产企业生产资料和工业品专业化的需要,而且可以满足未来军事战备动员和灾害应急物流的需要。

(二) 信息化战略总体目标

中铝宁夏运用现代网络技术构建稳定、可靠、先进的信息通道,建立信息集成一体化平台,借助网络技术,针对计划、项目建设、运行、调度等环节实现全面管理。中铝宁夏现代化综合服务型及公共信息服务平台为目标,与多家有代表性的制造业企业,开发并推广使用标准化的企业网络信息服务成套基础设备和软件系统,提升企业信息技术应用水平,搭建互联网公共信息平台服务体系,促进企业间的联动发展。

（三）信息化战略内容

技术的不连续性就是运用从前完全不同的科学技术与经营模式,引起产品性能主要指标发生巨大跃进,对市场规则、竞争态势具有决定性影响,甚至导致产业重新洗牌的一类创新。中铝宁夏信息化战略内容：其一,开发标准化企业网络信息服务成套基础设备和软件系统；其二,开发企业公共信息服务平台；其三,选择几家有代表性的制造业企业和电业企业,推广使用标准化的企业网络信息服务成套基础设备和软件系统,搭建制造业与物流业联动发展的公共信息平台,待取得示范经验后大规模推广应用。

二、信息化总体战略规划

（一）信息化建设规划原则

(1) 整体性。信息化系统的整体性意味着企业业务流程及组织结构的设计整体性成功。信息化规划,应从企业的整体发展战略出发,达到提升企业的核心竞争力的目的,项目规划要有管理模式的创新,这样才能支撑集团的战略实现。

(2) 适应性。切实把握企业所处区域的特点及行业地位,结合企业信息化的现状及自身特点、能力和资源,制定出适合企业的解决方案与总体思路。

(3) 先进性。企业应根据资金需求选用先进及成熟的技术和产品,保障企业在发展信息化建设中的能力及良好的升级能力。

(4) 规范性。企业应严格按照国家政策开发信息化建设项目。

(5) 开放性。企业信息化建设对内要重组与优化企业业务流程,协调生产过程,符合企业的管理理念及制度要求；对外要整合企业上下流资源,营建企业间的全程供应关系,实现业务流程和信息化系统的融合与集成。

(6) 安全性。企业应对开发人员开展素质培养,保证数据及顾客资料的严格保密,安全传输数据。

(7) 灵活性。市场变动及组织机构或人员调整,要求项目建设过程应充分具备扩展及变更能力,使系统具有灵活性。

（二）信息化系统建设策略——企业系统规划法

根据中铝宁夏新能源集团的信息化战略目标,制定以下信息化系统建设策略：

(1) 根据集团信息化战略内容,制订项目总体设计方案,包括网络平台及应用平台。

(2) 根据信息化总体设计方案,企业高层管理者与技术团队充分沟通,完成信息化系统平台建设资料的交接。

(3) 根据项目总体战略方案,确定集团各个模块的划分、功能与关系。

(4) 根据各个模块的功能,确定管理流程,划分子系统模块,保证数据的一致性。

(5) 根据所确定的方案,技术人员与企业员工沟通并研究各个模块划分是否合理,进一步细化信息系统建设工作,完成企业系统规划研究报告。

（6）根据企业系统规划研究报告及开发计划书再与企业高层管理者沟通意见，详细研究、设计信息系统流程，确保集团业务流程按信息系统管理思想搭建，进一步完善信息系统实施策略。

（7）按总体设计蓝图、子系统模块图实施信息系统，不断优化业务流程，通过信息系统完成项目实施。

（8）项目管理软件试运行，记录出错结果、操作员建议等内容。

（9）项目管理软件正式上线运行，开始执行后期维护。

第四节 中铝宁夏新能源集团信息化实施方案与措施

一、信息化战略实施运行机制分析

科学良好的运行机制是成功实施信息化战略的根本保障，它将有效地解决信息化建设过程中出现的一系列冲突与矛盾。

（1）为了促进企业信息化战略的成功实施，首先要选择准确的切入点。

（2）以数据量的大小和实时性要求为标准，优先处理对当前经营战略具有重大意义的信息化建设。

（3）选择对未来经营发展具有根本性影响的业务领域，这就需要准确和连续性的相关资料。

（4）导入一个新的方案或一个新的业务操作，以便一步到位，避免后期返工。

（5）尽早统一协调综合应用项目，从而避免因以新代旧而造成不必要的浪费。

（6）在具备可扩展和可集成的前提下，考虑优先使用一些能够独立应用的系统。

（7）鼓励信息化素质较高的组织与部门提前进入并做好带头作用。

（8）企业必须整体规划、分散实施信息化建设，解决运营瓶颈问题，根据企业自身需求和现有资源，围绕企业远景和长期、短期目标进行规划，确定"整体规划，分步实施，重点突破"的总体指导方针。

（9）进一步明确信息化的目标是规范企业管理、提高管理效率。

二、信息化战略实施原因

中铝宁夏新能源集团信息化战略目标以管理创新为基础、以应用为主导、以信息资源规划管理为核心、以数据网络为支撑、以提高集团综合竞争力为宗旨，建立一个对企业生产、经营、战略、管理具有很强支撑作用的功能齐全、高效实用、高度集成的信息化系统，最终实现数字化和信息化。首先，实现上述目标的总体原则是坚持"六个统一"，即"统一规划、统一设计、统一标准、统一建设、统一投资、统一管理"。企业通过统一安排、分步实施，控制信息化建设的发展节奏，尽量避免分散投资、重复建设、分散建设和多头管理，促进企业信息化建设的健康可持续发展。其次，坚持"三结合"原则，即企业信息化实施必须与加强企业内部管理、提升企业管理水平紧密结合，与增强员工创新能力、提升业务技能水平紧密结合,与开拓潜在市场、提高运营效益紧密结合。最后,坚持"业务驱动、突出重点、管控结合、建用并重"原则。企业应以业务驱动,突出信息化战略实施的重点,深化信息化应用。

三、信息化战略实施步骤

中铝宁夏新能源集团要想成功地实施企业信息化战略,决策层必须予以大力支持,以全体员工的全力配合为保障,以各组织部门的积极响应为基础,在企业与咨询顾问友好合作的前提下,信息化的实施才能得到坚实的保障。首先,根据集团信息化战略规划,明确信息化建设的阶段目标,做好战略宣传与人员培训;其次,在此基础上,优化资源的合理分配,建立专门的信息化组织,选取企业内优秀、成熟的人力资源,以确保信息化战略的实施得到人力资源的有效支持;最后,按照"统一规划、分步实施"原则,深入做好系统需求分析,分阶段实施各项计划。需要注意的是,实施过程肯定存在一些影响信息化战略实施的风险,企业应增强风险意识,对存在的风险因素进行全面识别与评估,积极地加以防范与控制,加强对信息化项目的紧缺管理,借助咨询管理的力量做出科学的预测和动态的管理调整,以确保企业信息化战略规划的各项目标能够成功实现。企业信息化战略实施步骤如图 27-1 所示。

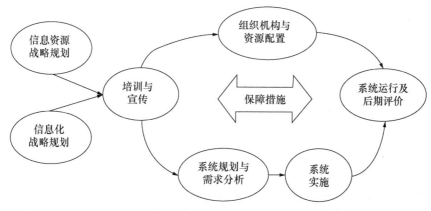

图 27-1　企业信息化战略实施步骤

四、信息化战略实施策略

中铝宁夏新能源集团为了实现信息化建设目标,避免出现系统实际应用范围缩小、技术落后、维护工作量太大等难以达到预期目标的问题,制定信息化战略实施的基本策略就显得尤为重要。

(一)加强决策管理

信息化是一项复杂的系统工程,涉及各种软件、硬件技术,以及企业经营管理的各个层面、企业内部业务流程、企业组织机构重组、人力资源调动、制度规范化所引起的一系列权限变更。所以,信息化战略的实施应该在企业领导者的主导下,各级决策者讨论研究,以高标准为起点,从全局意识上权衡、协调、组织并做出相应的决策。

(二)加强业务流程管理

业务流程管理是一套达成企业各业务环节整合的全面管理模式。为了优化企业的职能机构、业务流程、数据共享平台、信息再处理能力,建立合理、规范的流程管理不仅可以节省大量的时间和金钱,还能够提高工作质量。可视化流程明确了职责,所有人清楚地知道什么时候应当完成哪些工作,不再有借口造成延误、误会或疏忽。此外,良好的流程管理可提高一致性,集团内部和外部各方对工作具有明确的期望,使得员工、顾客和合作伙伴有了更高的满意度与向心力。

(三)加强技术管理

信息化的前提是软件、硬件的引进与更新,有了新的技术开发与应用支撑,信息化才能向更高的目标发展。因此,引进国内外的先进技术,吸引知识人才,加强内部技术培训,普及网络知识,提高各应用系统的运行性能,满足企业信息化过程各层面、各环节的统筹管理的需求。

(四)加强数据管理

在信息系统总体架构中,最为基础性的是数据的收集与共享。在做好数据管理方面,我们主要考虑以下两个方面:第一,制定统一的数据编码规范,避免数据的重复录入;第二,保证数据来源的可靠性和准确性。企业应建立统一的数据管理平台,保证各个部门能够及时、准确地录入有效数据,并保证数据的共享性。

(五)加强制度管理

规范流程与数据是信息系统建设中的核心内容和重要风格,而规范化需要制度来制约。对于所设计的业务流程和信息系统运行应建立相应的制度,主要包括严格的权限管理、信息安全管理、系统安全管理等。

第五节　中铝宁夏新能源集团信息化战略实施风险、保障与评估

一、战略实施风险控制

(一)风险评估与识别

随着计算机网络应用的日益普及,网络安全问题也随着出现,因此对网络的风险管理显得非常重要。只有对风险进行识别、评估与控制,才能以较低的成本获得较高的安全保障和风险保障。近几年,由于对信息化项目的认知不够完整,且信息技术的载体不易被人感知,因此人们很难预先把握一些重要因素的变化情况。最有效的风险管理是避免或减少损失的必要手段。在风险管理过程中,我们不但要有较强的风险意识、防范风险和解决问题的措施,还要通过合理的方法对风险进行识别、分析和控制,找出风险来

源，区分这些因素对项目实施的影响，并采取相应的防范与化解措施。

1. 战略管理观念带来的风险

中铝宁夏新能源集团是西北地区的老发电企业，传统的管理观念和落后的信息技术要适应一场全新的信息化管理变革，很难在较短的时间内达成全局性的共识。决策者的错误思路，可能会使整个信息化建设走向困境。企业管理体制导致企业领导更换频繁，一任领导一个思路，最后使整个信息化工作陷入困境，打击了企业员工对信息化的信心。将信息化建设简单地当作信息软件的应用，将直接导致信息化建设走向失败或者造成损失。

2. 信息系统安全存在风险

信息系统对网络安全的依赖度很高，操作系统、数据库和应用安全都会影响系统的稳定性。数据的操作合法性及数据安全备份和内容恢复都是需要关注的重点。当前，企业存在不重视系统安全的现象，如用户口令泄密、超级用户授权过多等。

3. 信息化成本控制带来的风险

中铝宁夏新能源集团信息化在成本控制方面的风险是费用预算的不准确。项目实施所需的资金远远超过了最初的预算，一旦出现资金链问题，为了不影响企业的正常运营，决策者只能停止项目的继续实施。成本预算中常见的误区主要有：只考虑到软件、硬件的购买费用，而忽略了后期的培训费用、实施咨询费用、维护费用等。而事实上，后几项费用之和往往会超过前两项。因此，企业在编制成本预算时必须考虑全面，合理概算各项费用，拟订完整的费用开支明细，并在实施过程中尽量将成本控制在计划之内，避免发生"金融危机"。

4. 实施后带来的风险

对风险评估后，就要分析存在的风险（包括损失概率和损失程度），针对每种损失选择不同的方法，将损失减到最低。而认真、正确地评价实施成果，离不开清晰的实施目标、客观的评价标准、科学的评价方法。人们普遍存在忽视项目评估的问题和方法，这正是信息化的巨大风险所在。

（二）风险控制与预防

在分析了信息化建设的风险之后，企业应对各个风险因素制定相应的措施，以防范和避免各种风险的出现。我们将从以下几个方面做好对战略实施过程中存风险的防范与控制。

1. 重视信息化总体规划，将风险控制在可预见的范围

信息化规划需要解决短期目标和长期目标的定位与结合的问题。短期目标为：通过流程重组确定当前的需要，明确支持当前战略发展的信息系统内容，确定短期的改进目标。长期目标为：评估和分析技术发展趋势，结合行业供应链分析，确定未来的技术框架，形成长期建设目标。企业一定要选择好的软件商、咨询公司，这是降低信息化实施工程风险的较好方法或措施。

2. 加强项目监管

一是提高项目管理人员的素质;二是项目管理人员应熟悉企业的业务流程和作业流程,分析和了解企业管理中存在的弊端,要有改革创新的精神以保证企业的稳定性和安全性,防止中途离职给项目实施带来损害。

3. 建设良好的激励机制

通过良好的激励机制来激发和调动员工参与信息化建设的积极性,形成学习和应用信息技术的良好氛围。

二、战略实施保障措施

一场信息技术的变革往往会因投资大、历时长、技术过于复杂、利益冲突而陷入无法前进的困境。因此,实施信息化战略要冒很大的风险,企业从一开始就应该建立可靠的实施保障措施,以应对意想不到的风险与问题,保证信息系统取得最大限度的成功。

(一)组织保障

成立项目管理小组,其成员主要由事业部门和业务部门组成,组长的基本条件为:对企业的管理状况很熟悉,具备一定的基层管理经验;具有创新精神,具备学习现代管理思想和方法的经历与条件;思维敏捷、精力充沛,具有百折不挠的精神;以理服人,具有较强的组织能力和沟通能力,威望高。

项目管理小组具体成员主要由各部门主管或业务骨干组成,项目管理小组的主要工作为:计划的制订与实施,并且保证计划顺利地进行;数据准备工作,确保录入数据的准确、及时;负责原型测试和模拟运行测试的组织,并对管理改革提出建议和解决方案;组织企业内部的培训,担负员工教育工作;组织制定新的工作规程与工作准则;提交工作成果报告。

(二)管理保障

信息系统的成功实施离不开管理机制的保障措施。领导应该身体力行、亲自应用,自始至终、一贯如一地支持信息系统的建设;强化考核和激励机制,加强系统管理人员的考核、应用人员的考核、系统运行效果的考核等;改变落后的管理模式;消除对变革的消极抵抗情绪;尽量按规划进行信息系统建设或实施,如果企业内外部环境确实发生了较大变化,则应先对规划报告进行修改,再依据修改后的规划实施;定时、定期对规划进行修改,强化质量体系管理。信息系统重在应用,信息系统的效益是随着系统应用的不断深入而逐渐体现出来的。

(三)技术保障

在技术保障方面,企业应注意以下几个问题:信息代码标准化先行、确保基础数据的规范和准确、提高企业的标准化管理水平、定期对系统进行升级、时刻关注国内外信息技术的最新进展。

(四)资金保障

信息化工程的实施必然在软件和硬件购买、应用软件开发、咨询服务等方面产生相应的费用,因此必须有充足的资金予以保障。根据经验,资金往往是制约信息系统正常推进的最大障碍,国内很多企业的信息系统之所以拖延工期或失败,就在于企业不能保证按需投入资金。

三、战略实施效果评估

(一)投资预算

中铝宁夏新能源集团信息化建设的投资主体是集团总部,投资额度既可作为对子公司的追加投资,也可作为集团提供的服务再向各子公司收取费用。信息化投资安排取决于各应用需求以及与应用项目建设相关的工程建设。投资规划还应包括各子公司在集团整体规划框架下所制订的信息化投资计划。根据集团各大项目建设的安排和各子公司经营发展的需求,企业信息化投资的初步规划如表27-1所示。

表27-1 中铝宁夏新能源信息化投资的初步规划

序号	投资项目	计划金额(万元)	时间安排	备注
1	信息化整体规划、组织结构调整、规划评审论证	200	2014—2015年	
2	骨干网络扩展、完善	318	2014年	
3	建立数据库、网管、安全体系	465	2014—2015年	
4	决策支持分系统			
5	行政业务管理分系统			
6	资源管理分系统	1 820	2014—2015年	
7	电子商务分系统			
8	制作执行分系统			
9	信息技术培训	8	2014—2016年	
	总计	2 811		

(二)效益评价

1. 实施信息化战略,有益于提高企业经济效益

(1)降低经营风险,促进销售资金回笼。对于信用不同的顾客,系统应设置不同的信用限额,并且具备完善的应收账款分析。在业务中,使用计算机进行实时控制,降低与信用不好顾客交易时的风险,促进销售资金的回笼,从而使销售成本降低20%以上、顾客交期达成率提升50%以上、销售收入提升12%以上。

(2)减少流动资金占用。集成的信息系统将生产、库存、采购等业务联系起来,生产需求可以直接传达给采购部门,原料需求的数量和时间更加准确,采购业务有的放矢,最大限度地缩短了采购物的存放周期和减少了库存数量,从而使库存减少30%以上、仓储成本下降10%以上。

(3) 降低采购成本,提高货物质量。加强采购过程的管理,特别是供应商选择过程的管理,使其得到有效的控制。具体包括价格审批和供应商选择——比质比价的过程,使采购操作过程规范化,不仅可以有效地降低采购价格,还有益于提高采购物质量。系统包含了大量的针对供应商的记录、统计与分析,并且在业务运作过程中辅助决策,能够在生产活动的初控制货源质量,为良好的产品质量打下坚实的基础,从而使采购成本降低20％以上、采购达成率提升30％以上。

(4) 加强对集团费用的预算控制和使用。加强对集团费用的预算控制和使用,通过事前的预算确定费用发生的标准,并按照这个标准进行实时控制。对已经发生的业务项目,使用计算机进行详尽、及时的事后分析,以及时地发现问题,寻找问题的症结及解决问题的方法,及时消除不合理问题,避免造成损失,从而使费用降低15％以上、利润提高20％以上。

(5) 提高生产能力的利用率,减少资源浪费。在生产过程中,企业应合理安排各生产任务的衔接匹配,提高对生产能力的利用率;对于分切的处理,企业应建立科学合理的数学模型,在保证生产任务的前提下,尽力减少纸边的浪费、节约资源以降低制造成本。

条码信息自动采集技术与企业资源计划系统的结合大大提高了员工的工作效率,降低了日常出入库的出错率,减少了人工成本,从而使固定资产使用率下降15％以上、生产达成率提升40％以上。

2. 实施信息化战略,有益于提高企业管理效益

(1) 加强对业务链的整体控制与调控。各个业务环节在使用系统后将从整体上得到控制,信息化系统从全局角度管理整个业务链,加强对质量的追踪,促进质量管理水平的提高和效益的提高。新的管理系统使各部门的数据入口唯一,使整个企业建立起一个统一的、可以互相交流的信息服务平台,避免了同一笔数据在两个地方存在两种不同的记录以及造成的很多浪费情况。

(2) 及时反馈信息,为决策提供支持。通过数据中心,相关人员不仅可以随时出具管理者所需的统计分析数据且不受地域的限制,满足日益加强的管理需求,帮助企业在越来越激烈的市场竞争中受益。

(3) 遏制暗箱操作,加强供应链、顾客关系的管理。信息化后,采购操作和销售操作变得透明,遏制了暗箱操作。采购物品的价格上限和销售产品的价格下限都可得到控制,有效地降低了采购成本、增加了销售利润。在造纸行业,供应商或顾客通常比较固定,系统通过对供应商、顾客资源的日常管理,从业务数据中挖掘出有用的管理信息,加强了整个业务群体的牵制与合作。

(4) 强化了资源的管理与控制。通过对业务的事前计划、事中考核和事后分析,集团大大加强了对企业资源的控制力度,系统化的管理使资源在科学而严密的控制下得到高效的使用,这对受资源影响很大的造纸行业尤其重要。

(5) 增强企业核心竞争力。在实施和应用信息化战略的过程中,员工的素质逐步得到提高,其竞争意识和学习意识得到了加强。素质高、敬业爱岗的干部队伍和员工队伍

是保证企业长期发展的动力与力量。

3. 实施信息化战略，有助于提高企业社会效益

集团目前经济相对落后、信息相对闭塞，实施企业资源计划，系统不仅提高了经济效益，还提高了社会效益，主要体现在带动地方经济、解决就业问题、拉动相关附属行业和解决污水污染问题等。

第六节　结论与展望

本章从集团信息化战略角度出发，剖析中铝宁夏新能源集团的信息化战略分析、环境分析、信息化应用及信息化管理体系存在的问题，以业务流程优化、企业重组等方面为研究内容，考虑企业的实际情况及地区、企业自身的约束条件，对集团信息化战略进行重新规划，从战略目标、总体框架、战略规划实施策略的确定，根据经验分析风险并制定应对策略，建立起与企业战略一致且协调的战略方案，适应并满足集团现阶段信息化发展过程的要求，使集团更加科学、合理地提高信息化战略决策、管理和建设水平。

总之，对于如何利用互联网技术搞好企业信息化建设这一任务，虽然压力巨大，但是只要企业抓住本集团的特点，找准发展信息化战略的关键点，充分利用企业资金，企业的信息化管理目标就能够实现。

 讨论题

1. 中铝宁夏信息化战略系统存在哪些问题？
2. 中铝宁夏如何识别战略化信息风险？
3. 企业实施信息化战略可以带来哪些效益？

讨论题的分析要点
请扫二维码参阅

本篇参考文献
请扫二维码参阅

教师反馈及教辅申请表

北京大学出版社本着"教材优先、学术为本"的出版宗旨,竭诚为广大高等院校师生服务。为更有针对性地提供服务,请您认真填写以下表格并经系主任签字盖章后寄回,我们将按照您填写的联系方式免费向您提供相应教辅资料,以及在本书内容更新后及时与您联系邮寄样书等事宜。

书名		书号	978-7-301-	作者	
您的姓名				职称职务	
校/院/系					
您所讲授的课程名称					
每学期学生人数	_____人_____年级			学时	
您准备何时用此书授课					
您的联系地址					
邮政编码			联系电话(必填)		
E-mail(必填)			QQ		
您对本书的建议:			系主任签字 盖章		

我们的联系方式:

北京大学出版社经济与管理图书事业部
北京市海淀区成府路 205 号,100871
联 系 人:徐冰
电　　话:010-62767312 / 62757146
传　　真:010-62556201
电子邮件:em_pup@126.com　　em@pup.cn
Q　　Q:5520 63295
新浪微博:@北京大学出版社经管图书
网　　址:http://www.pup.cn